本书由渭南师范学院优秀学术出版基金资助出版

大学体育与健康

左海燕◎著

College Physical Education and Health

中国社会科学出版社

图书在版编目(CIP)数据

大学体育与健康 / 左海燕著 . —北京：中国社会科学出版社，2017.10
ISBN 978-7-5203-1668-2

Ⅰ.①大…　Ⅱ.①左…　Ⅲ.①体育-高等学校-教材②健康教育-
高等学校-教材　Ⅳ.①G807.4

中国版本图书馆 CIP 数据核字（2017）第 293636 号

出 版 人　赵剑英
责任编辑　任　明
责任校对　冯英爽
责任印制　李寡寡

出　　　版　中国社会科学出版社
社　　　址　北京鼓楼西大街甲 158 号
邮　　　编　100720
网　　　址　http：//www.csspw.cn
发 行 部　010-84083685
门 市 部　010-84029450
经　　　销　新华书店及其他书店

印刷装订　北京君升印刷有限公司
版　　　次　2017 年 10 月第 1 版
印　　　次　2017 年 10 月第 1 次印刷

开　　　本　710×1000　1/16
印　　　张　29
插　　　页　2
字　　　数　471 千字
定　　　价　138.00 元

目 录

第一篇　体育健康篇

第二篇　体育养生篇

第三篇　体育竞赛篇

第四篇　体育健身篇

第五篇　体育欣赏篇

第一篇　体育健康篇

第一章

体育概述

第一节　体育的起源

一　体育的概念

"体育"一词是由国外传来的，是一个国际通用的、流传范围很广的词。这个词最早出现的时间大约是 19 世纪，而我国是在 19 世纪末 20 世纪初从日本引进的，日本则是从西方引进的。

在我国古代，并无"体育"一词，而是使用"养生""导引""武术"等名词。1894 年前后，随着德国、瑞典体操传入我国，便用"体操"作为体育的总概念。1903 年，清朝政府批准执行的学堂章程，就明文规定各级各类学校要开设体操课（即体育课）。从 1906 年开始，并用"体操"和"体育"两词，直到 1923 年，在北洋政府新学制课程标准起草委员会公布的《中小学课程纲要草案》这一官方文件中，才正式把"体操"一词改为"体育"，"体操课"改为"体育课"。

我国对"体育"含义的认识有一个过程，解释也不尽相同。中华人民共和国成立后，经过多次学术讨论，对体育概念有了比较统一的解释。根据《中国百科全书》对体育概念的解释：体育（广义）亦称体育运动，是人们根据社会生活的需要，遵循人体生长发育和机能活动规律，以运动动作作为基本手段，以增强人民体质、提高运动技术水平、丰富文化生活而进行的一种有意识、有组织的身体运动和社会活动。体育属于社会文化教育范畴，受一定社会、政治、经济的影响和制约，也为一定社会的政治、经济服务。

从体育（广义）的内涵看，体育包括两个基本部分和两种属性。一是作为体育方式、手段和方法的人体运动部分，具有继承、交流、借鉴、吸收的自然属性；二是运用这种手段和方法，来实现社会所规定的体育目的、法令和制度部分，具有历史性和阶段性，即社会属性。体育的本质就是这两种属性相结合的产物。体育既作用于人体，使人身心健康，又作用于社会，促进社会物质文明和精神文明的发展，这是体育的自然属性和社会属性两者相互作用的结果。

从体育（广义）的外延来看，体育的范围包括三个组成部分，即学校体育、竞技体育、群众体育。

学校体育，它是现代体育的基础，也是现代教育的重要组成部分，是全面发展人的身体，增强体质，传授体育知识、技术和技能，提高运动技术水平，培养良好意志品德的一种有目的、有计划、有组织的教育过程。它与德育、智育、美育、劳动技能等相配合，培养全面发展的人，从而为造就一代新人打好基础，为人们终身进行体育锻炼创造条件和培养兴趣。

群众体育，是指以健身、健美、医疗、娱乐为目的的，内容丰富，形式多样，因人而异的一种群众性的健身活动。这种活动一般是自愿参加的，其组织形式有集体的也有个人的，并特别追求自我教育、精神的放松以及锻炼效果。因此，体育锻炼是现代人的必需，也是提高生活质量必不可少的内容。

竞技体育，是为了最大限度发挥和提高个人和集体在体格、身体能力等方面的潜力，以取得优异成绩为目的而进行的科学、系统的训练和竞赛。这种竞赛具有激烈的对抗性、竞争性和高度的技艺性，必须按照一定的规则进行，竞赛成绩应为社会所承认。竞技运动是整个体育中最活跃、最积极的因素，也是促进各类体育发展的重要条件。

以上三方面因其各自不同的内容和特点而相互区别，但又互相联系、互相渗透。它们的共同特点是都是通过体育锻炼来全面发展身体、增强体质，都具有教育、教学的因素，都是学习知识、提高技术的过程，都有竞赛的因素等，从而构成了体育的整体。

二　体育的起源

体育是人类社会一种特有的文化现象，它是和人类社会的产生与发展相适应的。关于体育的起源问题，传统的观点认为"劳动是体育产生的唯一源泉"。随着体育科学研究的深入，各门学科的相互渗透和借鉴，体育学术界的视野和思路更加开阔，人们对"劳动产生体育说"提出了补充论述。如有人认为"体育产生不是单源而是多源"，认为生产劳动是体育的"主要源泉"，而不是"唯一源泉"。有人认为"体育产生于人类社会生活的两种需要：一种是社会生产活动的需要，另一种是人类生理、心理活动的需要"。原始人的身体活动大致可分为三种：一是与生产直接有关的活动，如捕鱼、狩猎、农耕等；二是原始武力活动所必需的技能，如走、跑、跳、攀、爬等；三是既不与生产、攻防直接有关，又非生活必需的技能，而是仅仅为了满足人的某种需要，如游戏、杂技、舞蹈、娱乐等。原始人类不仅需要劳动，而且需要生活。他们有喜、怒、哀、乐，也有交往的需求，因而集群而居。仅就体育产生的动因而言，除了劳动的需要外，还有适应环境的需要、对付同类袭扰的防卫需要、同疾病斗争的生存需要、表达和抒发内心各种感情的需要。因而，就必须具有健康的身体，要进行强健自身的活动。

（一）原始体育在生活和劳动过程中萌生

人类的祖先古猿由于生活环境的改变、生活方式的影响，完成了从猿到人的具有决定意义的转变——直立行走。原始人的生活条件非常严酷，他们只能以采集、狩猎、捕鱼等方式来收集各种食物，维持生存。原始人的思维还很不发达，生产工具非常简陋，只有一些简单的石器，他们的劳动主要靠身体的活动。他们靠快跑或长途跋涉去追捕能跑善跳的野牛、野鹿；用刺杀来对付虎、豹、熊等凶猛野兽；靠攀登和爬越去采集野果；靠游泳或投掷矛器去捕鱼。人们当时的跑、跳跃、投掷、攀登、爬越，根本的目的是为了生存，而不是有意识地去锻炼身体、增强体质。因此，严格地说，这些只能称为生活和劳动。然而这些又是我们现代体育活动的雏形，现代体育运动正是从这些活动中脱胎出来的。

（二）体育是原始社会教育活动的主要内容和手段

原始人在长期的生产、生活实践中，对自然和社会的认识不断深化，生产工具不断改进，生产力不断提高，劳动工具日趋多样化、复杂化。这一方面对人类提出了更高的社会需要，必须通过学习和培养才能学会使用和制造较为有效的劳动工具，并提高劳动技能；另一方面，由于劳动产品有了一些剩余，这就有可能由专人对年轻一代实施教育、传授劳动技能以及进行身体培训。同时，人的大脑思维也有了发展，这从主、客观上为教育的产生提供了可能性。原始社会的教育主要是一些生产技能的传授，而原始社会的生产技能又多是极笨重的体力劳动，因此，在原始教育中，对身体的培训占相当比重。体育是原始社会教育的主要内容。

（三）原始体育的产生与军事、医疗卫生、宗教祭祀和娱乐活动的关系

1. 原始体育与军事。原始社会末期，开始出现了由血亲复仇发展到掠夺财产和奴隶的战争。战争推进了武器的演进，促进了人们为了掌握这些武器、提高战斗技能，进行军事训练和身体训练的积极性。像我国的武术就是在军事技能——武艺的基础上演化而来的。

2. 原始体育与医疗卫生。原始人的生活条件非常严酷。自然灾害及其相互间的袭扰，使人们的健康和生命都缺少保障，寿命很短。考古材料表明，骨的损伤显示了饮食的不足、结核病及关节炎等，而骨折不能完全复原以及头盖骨破裂、抛物刺入胸腔及骨盆之间的骨骼内往往造成死亡。由于饮食习惯上的茹毛饮血，卫生不佳，又多有消化病如胃溃疡等，因而刺激了原始医疗保健活动的产生和发展。如康阴氏的"消肿舞"等，就是为了治疗由于环境、气候所造成的身体疾病而进行的身体活动。这些既是医疗手段，又是健身活动。从目的上看，比那些为了生存、防卫、教育而进行的身体活动更接近于体育。以后又逐渐发展成各种成套的保健体操，健身的目的更明确，体育的因素也进一步增加了。

3. 原始体育与娱乐、宗教祭祀活动相互交融。原始娱乐的主要形式是舞蹈。而舞蹈与体育有很多共同特点，都有健身的作用，某些健身性的舞蹈（非表演性的）本身就是体育的内容。原始人为了表达对狩猎成功的喜悦、对自然的崇拜，对祖先的祭祀以及抒发内心的情感，往往在酋长的率领下，进行集体舞蹈。这种舞蹈既是身体的训练，又是娱乐。在原始社会末期，已经有了专门的球类游戏，而且出现了观赏优秀球员竞赛的娱乐活动。随着宗教活动的产生，人们逐渐用舞蹈、竞技和角力来进行祈祷，娱乐神灵，祈求庇护。为了表示对寺院的尊敬，进行步行巡礼（赶庙会）、步行化缘等，其中包含着许多体育因素的古代奥林匹克运动会，就是由这样的祭祀活动中的竞技活动发展成定期举行的节日竞技运动会。综上所述，体育是由于人类生产和生活、个体和社会、生理和心理等方面的需要而产生的一种社会活动，它主要产生于劳动过程。原始社会的体育和教育、军事、医疗卫生、娱乐以及宗教祭祀等活动，互相联系、互相促

进、互相推动，有的甚至是在同一个过程中进行。因此，它们共同进化和发展，宛如孪生兄弟，在原始社会的母体中，共同孕育萌生。

第二节　体育的发展

我国体育伴随几千年古老文化的发展而演进。夏、商、周、春秋时代，由于奴隶主阶级的统治需要和频繁的战争，刺激了军事武艺的发展和对军队士兵身体训练的重视。一些与军事有关的体育项目如射、御、角力、拳搏、奔跑、跳跃、剑术及其他武艺都很盛行。随着社会、经济、文化的发展，特别是文字的出现，产生了学校体育，有关体育的内容也有了文字的记载。周代学校教育实行文武结合，教育的主要内容是礼、乐、射、御、书、数，其中的射、御和乐中的舞都包含体育的因素。同时，奴隶主阶级为了满足自己享乐的需要，发展了一些娱乐性的体育活动如泛舟、划船、打猎、赛马等。

一　古代体育的发展

春秋时期是一个动荡的时期。这个时期出现了许多思想家、政治家和军事家，他们的哲学思想、军事思想、教育理论、体育实践对这一时期的体育活动具有很大的推动作用。如孙武的《孙子兵法》，这本不朽的军事经典，就包括了不少有关身体训练的体育内容。孔子除在他兴办的私学中进行六育教育外，还主张学生进行郊游和游泳。他本人也爱好射箭、打猎、钓鱼、登山等体育活劫，注意卫生保健，因而身体强健。但由于孔子哲学思想上的"天命论"和过分强调"仁""礼"，以致他的一些体育思想未能得到更多的发扬，没有起到应有的作用。

战国时期正是奴隶制崩溃、封建制确立的时期，新兴地主阶级正处于上升阶段，对社会发展起着进步的作用。各国在变法中都很注重尚武之风，提倡结合军事训练开展体育活动。诸子百家也多提倡讲武。如墨子主张把射、御定为贤的标准，依此予以赏罚等。由于社会、政治、经济的迅速发展，城市繁荣，医学、养生学和民间的体育活动也得到了发展，民间的体育娱乐活动非常活跃。

由于汉代雄厚的物质基础，使得宫廷和民间的娱乐性体育活动丰富多彩，名目繁多。角抵戏兴盛于世，其中有关的体育项目有角抵（包括角力、摔跤等），杂技（其中有倒立、爬绳、爬竿、柔术等动作），舞蹈（剑戟舞、蹴鞠舞等）以及秋千、舞龙、耍狮、高跷等活动。有的活动后来发展成竞技运动项目，有的则至今仍是人们喜闻乐见的传统体育娱乐活动。

两晋、南北朝时期，中国社会出现了混乱、分裂的局面。在体育方面，汉代那些能促使人们强身祛病的活动量大的项目如角抵、蹴鞠等被废弃，而那些可供统治者享乐的歌舞、百戏等项目得到提倡，致使体育走上歧途，但在客观上相应地促进了娱乐性体育和养生的发展。

二　近代体育的发展

在我国封建社会中期即隋、唐、五代时期，特别是唐朝，由于全国统一，加强了中央集权制，社会安定、经济发达、繁荣昌盛、和平统一的局面保持了一百多年。在这种社会条件下，体育的发展也出现了空前的繁荣景象。

首先是当时的封建阶级兼重文治武功。在军事上实行府兵制，规定"凡民二十为兵，六十而免"，并且通过练兵讲武活动，使一般男性的农兵都受到了严格的军事训练。在考试制度上，由武则天首创了武举制度，提倡考武状元。这一制度的实行，大大鼓舞了民间练武之风，对体育的发展也起到了促进作用。

隋、唐代体育活动的特点是范围广、规模大，上起宫廷和文官武将，下至平民百姓。如隋炀帝召集全国体育、杂技、乐舞能手综合表演的"角抵大戏""经月而罢"，简直相当于一次全国运动会。由于隋、唐代生产技术的提高，促进了体育场地和器材的改进。如唐代出现了充气的足球和球门，用油料浇筑球场。体育运动项目繁多、技艺高超，仅球类运动就有马球、蹴鞠、步打球、十五柱球、踏球、抛球等。同时，由于医学和各种养生术的发展，使养生、导引有了新的发展。特别是我国古代伟大的医学家孙思邈的著作中关于导引、养生、按摩的理论，对当时和后世都有不可忽视的贡献。在军事武艺方面，骑射、剑术、角抵、硬气功等，不论是教习方法还是技艺水平，都较汉代有了发展和提高。另外，民间的体育活动如拔河、秋千、竞渡、滑雪、滑冰、登高、射鸭（一种戏水活动）、棋类等都非常盛行。

到了封建社会的宋、元、明、清时代，体育随着社会的变革而发展变化。北宋时代由于沿袭了武举制，又加上王安石变法，提倡富国强兵，对体育的发展起了刺激作用。毕昇活字印刷术的发明，促进了体育图书资料的出版，对体育理论的研究和论述也具有一定的推动作用。明代开国皇帝朱元璋设武举、立武学,仿古代富兵于农,实行卫所制度,"农时则耕,闲时练习",因而粮多兵强,武艺高超。清初为了抵御沙俄侵略,实行了讲武绥远、御敌防疆的政策。在"康乾盛世",考试制度上也沿袭了武举制,甚至规定文科考试先考骑术,不合格者不准参加笔试;练兵制度也比较完善。因而民间也涌现许多武艺高超的名人壮士。在明、清之际,中国武术的发展又出现了一个新的高潮。但乾隆之后,政治腐败,民不聊生;特别是鸦片战争以后,鸦片大量输入,毒害了广大人民,加之清朝政府为了维护其统治,"禁民习武",致使民族体质日衰,被外人辱为"东亚病夫",体育也由此一蹶不振。

三　现代体育的发展

1949 年中华人民共和国成立,为体育运动的发展开辟了广阔的前景,体育的地位提高很快。在中华人民共和国成立前夕所通过的中国人民政治协商会议的共同纲领中,就明文规定:"提倡国民体育。"十月开国大典刚结束,就在北京召开了全国体育工作者大会,并及时将原"中华全国体育协进会"改组为"中华全国体育总会"。当时的中央人民政府副主席朱德同志亲自出席了大会,并做了重要讲话。1950 年,毛泽东主席亲自为新中国第一本体育杂志《新体育》题了刊头。1952 年,为了祝贺中华体育总会第二次会议的召开,毛泽东主席做了"普及人民体育运动,为生产和国防服务"的题词。我国新《宪法》第二十一条也明文规定:"国家发展体育事业,开展群众性的体育活动,增强人民体质。"第二十四条规定:"国家培养青年、少年、儿童在品德、智力、体质等方面全面发展。"1952 年 1 月,成立了中华人民共和国体育运动委员会,以后又陆续健全了各省、市、自治区和地、县的体育运动委员会。近年来,随着社会的进步、科学技术的发展、国家有关法规的进一步出台,由此形成了政府机构、社会组织和群众团体相互配合的体育运动的完整机制。

第三节　体育的功能与作用

一　增强体质,强国强民

这是体育的本质功能,也是体育能在人类社会中长盛不衰和持续不断存在的原因。通过体育手段来实现增强人体质的目的，促进人自由、全面地发展。这正是体育的独特之处，也是体育区别于其他社会活动和事物对人和社会作用的根本点，并且具有不可替代的基本特征。人的身体素质是思想道德素质和科学文化素质的物质基础，也是一个民族和国家强盛的基础。毛泽东在《体育之研究》一文中指出，"体育一道，配德育与智育，而德智皆寄于体。无体是无德智也。"还指出，"体者，载知识之车而寓道德之舍也。"体育最基本的作用和本质功能恰恰是作用于一个人，一个民族的身体素质，对人民的健康和身体素质的提高以及民族的强盛具有独特作用。通过体育达到增强体质，强国强民的目的，已经成为人类社会一种普遍的做法。这也是当今世界各国普遍重视体育运动的根本原因。

二　培养人们勇敢顽强、克服困难、超越自我的意志品质

人们在进行体育运动时，特别是在运动训练过程中，要克服许多由体育运动产生特有的身体困难，体验到很多在正常条件下不可能获得的身体感受。这也是人们在从事其他活动过程中很难体会得到的身体感受。它对一个人的内在意志品质具有特殊地培养和陶冶作用。强筋骨、强意志、调感情是体育的特殊功效，可以起到"文明其精神，野蛮其体魄"的作用。体育的这些功能对青少年意志品质的培养作用尤为重要。

三　培养人们竞争、团结、协作的社会意识

体育有利于人的"社会化"。竞赛是体育运动的一个最显著的特征。体育竞赛能有效地培养人们的竞争意识和团结协作精神。没有强烈地取胜欲望和良好的团结协作精神，在体育竞赛中不可能取得胜利。人类现实社会是一个充满着激烈竞争的场所，需要团结和协作精神。体育竞赛，特别是在集体项目的竞赛过程中，要想取得胜利，既要有力争胜利的顽强竞争意识，又要懂得与同伴和队友的团结协作，才可能达到目的。而这种"模拟社会"的功能，是体育运动所独有的。

四　丰富个人和社会的文化生活，提高人们的生活质量

人们通过参加和欣赏体育运动不仅能增强体质还能够愉悦身心，丰富

文化生活。世界上还没有其他任何一种活动能像体育竞赛那样有规律地举行，特别是以奥运会为最高层次的国际体育竞赛已经成为现代人们关注的焦点和欣赏的热点。各种不同形式和类型的体育竞赛，以它独有的形式和方式为人类社会生产出丰富多彩的文化精神食粮，提高人类的生存和生活质量。群众体育的趣味性和娱乐性是体育给他们带来的特殊享受。它改变和改善着当今人们的生存和生活方式。

五 为社会提供和构建公平、公开、公正的价值体系和价值标准

公平是人类社会所共同追求的一种理想社会状态。竞赛是体育最鲜明的特点，通过竞赛，优胜劣败，决出名次，可以激发荣誉感，鼓舞上进心。这是其他任何形式的社会活动和手段所不能代替的。在一定意义上说，没有竞赛，就没有体育运动。体育竞赛就是在公平的规则下，在公开场合中，通过最大限度地发挥个人和集体的体力和智力，优胜者得到奖励和人们的尊重。体育运动向人们和社会所展示的，以公平、公开、公正为核心的价值体系和价值标准得到了不同民族和国家的普遍尊重和推崇。"阳光下的公平竞争"正是现代人类社会所需要构建的价值体系和价值标准的道德核心。

六 体育的交流功能

在体育运动过程中，能增强人与人之间的交流和交往，是促进人们的友谊和增强团结的重要手段。通过体育活动，能够扩大人们的情感交流，增加人与人之间的相互了解，改善人际关系，共同创造和谐文明的社会环境。国与国之间的体育交往，还能够促进国家与国家之间，不同民族之间的相互了解和相互信任，有利于人类社会的和平与发展。

七 体育的经济功能

体育是人的活动，特别是体育成为一种很多社会成员参加的经常性活动后，总是在一定的物质消费的基础上进行的，必然要消耗一定的人力、物力和财力。因此，与体育活动相关的服装、器材、装备和体育场地设施等就会随之而产生，体育服务等社会行业就必然会出现。特别是在现代社会，体育中的很多内容已经发展成为人类社会的第三产业，在社会经济生活中发挥着越来越大的作用。许多国家的政府还出台了体育产业发展纲要

等政府文件。这些都充分说明了体育的经济功能和作用。

八　体育的教育功能

体育是学校教育的一个重要组成部分，是教育的一个重要手段和方面。几乎所有国家都把体育作为教育的内容之一。体育在培养人们健康、合理的生活方式，集体主义精神，爱国主义精神，刻苦耐劳，顽强拼搏精神等方面有着重要作用。

九　体育的娱乐功能

体育运动能得到广大社会成员的喜爱，一个重要原因是体育与文化、艺术等活动一样具有较强的娱乐功能。人们在体育运动的过程中能体验到乐趣和快感，因而它也成为人们娱乐的一种形式。此外，体育还具有政治功能、对外交往功能、科学研究功能等多种派生功能。体育的派生功能和体育的独特功能一样，在人类发展和社会进步中起着重要的作用，同时也促进了体育运动本身在人类社会中的不断发展。

总之，随着社会发展和体育本身的发展也会不断地变化和发展，正确认识和深入研究体育的功能，有助于了解体育在人类社会中的作用和充分地发挥体育的不同功能，使体育更好地为人类社会进步和发展服务。

第四节　体育与现代社会

现代社会正面临着深刻的变革，科学技术的现有水平及其不断发展所蕴藏的空前增长潜力，给人类社会带来巨大的进步，人们在创造和享受的同时，也不断更新价值取向。现代社会促进着人的发展，而人的发展又是推动社会现代化的先决条件。因此，了解现代社会，把握人的发展，是大学生步入社会之前的重要一课。

一　现代社会生活的特征与挑战

随着科学技术的进步和社会的开放，我们的生活环境和劳动条件发生了巨大的变化。例如，劳动过程的机械化、自动化；汽车、电梯代步；生活电气化、信息化；食物半成品、快餐化；机械化、自动化、信息化、智能化等共同构成了人们享受社会生活的物质条件。我们的生产和生活由于现代化的高度发展而日趋效率化和合理化，劳动的时间缩短了，但社会学研究表明，社会发展可持续化、社会资产投入无形化、社会知识化、教育终身化、生产方式集约化、信息传递网络化的趋势和特征，对学校体育教学改革与发展，对人才培养的方针和途径以及人才如何适应未来社会生活需要提出了新的要求，这也是学校体育特别是高校体育所面临的重要问题。

二　现代社会带来的挑战与危机

现代社会生活给人们带来方便和舒适，但同时也带来了许多的危机和不利的因素，归结起来有五个方面。

第一，面临高科技的挑战。信息时代，大众传媒的覆盖面越来越大，电脑被广泛运用，信息爆炸，人们要不断地取得、挑选和运用这些信息，学会面对崭新的环境。

第二，精神紧张。以自动化为代表的生产方式，不仅使劳动者自身劳动生产的喜悦减少，反而增加了厌倦感。此外，由于伴随机器工作，精神紧张程度也会越来越强，增加了精神的疲劳。城市人口高度集中，交通拥挤，噪声增加，再加上以广告为代表的宣传泛滥等，均可成为容易使人疲劳的因素。

第三，面临道德和情感的困惑。现代社会以互联网用户构成的社区将成为城市日常生活的主流，这些超越时空的因素使人们的交往方式变得复杂，这种情感的交流是不完全的。办公家庭化、信息个人化又呼吁人应有面对面的情感交流的机会。这种时空的阻断和交流的渴望使人们不可避免地产生道德和情感的困惑。

第四，人类面临生态危机。人口高度集中，居住条件的不断改善，与大自然的距离越来越远。阳光、水、空气这些自然的因素对人的健康是不可缺少的，也是无法替代的。

第五，社会公害问题严重。现代社会中由于利益的驱使，一部分人或损人利己，或知法犯法，或造假贩假……这些都给社会生活的稳定繁荣带来负面影响。另外，利用职务谋私等腐败行为也会有较大的社会负面影响。

三　现代社会生活方式对人体健康带来的影响

现代社会的生活方式主要是由人们满足自身的需要的方式所决定的。

科学技术的发展，使生产过程自动化、电气化和智能化过程加快，繁重的体力劳动大大减少。在某些情况下，甚至可以不用人体直接参与生产活动。过去那种长时间、高强度的劳动操作，被由小肌肉群参与的小动作所取代。现代生产方式的变化，造成了现代人的肌体结构和机能（身体、心理）与生活环境之间产生了不平衡。身体活动的机会越来越少，这必然导致体力的下降。现代社会物质又极大的丰富，营养摄入过剩，加上日常生活的运动量减少，就会使人肥胖。一些人随着肥胖程度加大，体能逐渐下降；而另一些人则体质衰弱，成为"亚健康人"。现代生活中一些影响健康的因素也离我们越来越近（表1）。

表1　　　　　　　　现代社会生活中妨碍健康的要素

社会要素	妨碍健康要素	对健康的影响	疾患
劳动机械化 交通工具发达 电视普及 丰富的食品 信息化 竞争激烈 工业化 国际化	运动不足 精神紧张 营养过剩 环境污染 人际关系淡漠	隐性的（功能老化） 体能下降 储备低下 抵抗能力低下 衰弱 情绪不稳定 意志力低下 神经官能症	显性的（病态） 心脏病 高血压 动脉硬化 腰痛 糖尿病 肺病 精神疾病 其他
行政途径		预防的途径	医疗的途径

四　未来社会对人才的要求

国际经济和政治竞争，归根到底是人才的竞争。决定人类命运的最重要的因素是人的因素。《中国教育改革和发展纲要》中指出："世界范围的经济竞争、综合国力竞争，实质上是科学技术的竞争和民族素质的竞争。"从这个意义上来说，谁拥有符合现代社会发展的人才，谁就能在21世纪的国际竞争中处于战略主动地位。因此，未来社会对人才的要求十分迫切，各种教育也都是为了顺应未来社会对人才的要求。在这个前提下，每一个大学生都应该具备使命感和责任感，努力去适应未来社会对人才的要求。

未来社会的人才应具备哪些素质？《未来教育面临的困惑与挑战》认为，未来人才必须具备较高的思想道德品质，较好的科学文化素质，较完善的心理素质，较强健的身体素质。

（一）较高的思想道德素质

现代社会的发展要求人具有较强的社会责任感、合作精神和集体主义精神；要有良好的职业道德和社会公德；要具有较强的民主意识和自主意识；善于继承本民族的优秀文化遗产，吸收域外文化中有价值的成分，形成正确的价值观念和高尚的审美情趣；在世界各民族文化日趋相容的今天，更要求人才具有强烈的爱国主义精神和国际主义精神。

（二）较好的科学文化素质

面对 21 世纪知识量的剧增、知识更新速度加快、科学技术迅速发展的挑战，新一代的人才不仅要系统地掌握基础知识和具有熟练运用知识的技能，而且要具有选择、加工和综合处理知识、信息的能力，善于吸收现代科学技术最新成果；还需要具有运用计算机、程序控制等技术的能力；为了适应现代社会较强的职业流动性，新一代人才必须具有较强的求知欲望和学习能力，确立终身学习的观念，善于通过工作实践，汲取新的科学技术知识。

（三）较完善的心理素质

现代社会要求人才思维活动的过程加快，减少反复性，增加科学性和准确性，提高广泛性和深刻性；要求人才思维和认识方式由封闭型转变为开放型，由单项型转变为多项型和系统型，特别强调认识和思维的创造性。同时，要求人才具有较强的应变能力和承受挫折的能力，只有具备了以上的心理素质，才能更好地适应未来复杂多变的社会、经济、文化生活的需要。

（四）较强健的身体素质

身体素质是人的其他素质发展的基础和生物载体，现代社会要求人应具有较强健的身体素质，以提高人体对外界的适应能力，对疾病和灾难的抵抗力和承受力。应经常性地进行体育锻炼，并了解相关的人体健康知识。现代社会要求人的大脑反应要灵敏、动作要灵活迅捷，以适应快节奏、多变化的社会生活；并善于放松和调节自己，使身心始终处于和谐的状态。

总之，现代社会要求培养人才应从思想道德情操、知识能力、科学素质和身心素质等诸方面和谐健康发展。

思考题

1. 简述体育的概念及其起源。

2. 简述体育的发展。

3. 简述体育的功能。

4. 简述体育与现代社会的关系。

第二章

体育文化与健康

第一节　体育文化

一　体育文化的概述

我国体育文化有着丰富的历史资源，它博大精深，其深厚的思想底蕴，渗透着中国人的生活智慧和人生追求。但也应该看到，中国体育文化是建立在个体农业经济为基础的自给自足的自然经济之上；从社会结构上看，中国体育文化是以血缘宗法自然原则与高度统一的社会为背景，以儒家思想为核心的。

二　体育文化的发展

（一）挖掘、整理传统体育文化，使其向科学化、系统化和规范化转换

中国传统体育作为特定社会和农业文明的产物，既有积极的、精华的一面，也有落后的、消极的一面。所以对待传统体育文化要批判地继承，要勇于剔除，勇于抛弃，对于它的民族性精华要勇于吸收，大力利用。要在继承传统体育文化的基础上改革旧有的、落后的成分，要创造性地丰富和发展传统，寻求传统体育中的民族智慧，弘扬优秀的传统养生、娱乐与健身方法及健康向上、科学合理的优秀文化内涵，并赋予其新时代竞争与奋进的体育精神，使其在广泛开展的基础上走上完善发展的道路，创造出传统文化所缺乏而又为现代体育所必需的新成分、新内涵、新要素。

（二）加强国际交流，组织更多高水平的国际赛事

文化的发展离不开交流，中国是世界的中国，在当今这个开放的世界

上，不同文化之间的相互交流及影响，甚至融合互补是不可避免的，也是十分必要的。运动赛事的国际化是时代发展的需要，中国实行全方位开放，需要打开国门，走向世界，积极举办国际比赛，参与国际比赛，加强国与国之间的体育交流，促进相互了解。过去，中国缺乏全国性和广大地区性的体育比赛，这些弱点，在很大程度上影响了我国体育的发展和向外传播。随着改革开放的深入，人们更加清醒地认识到，只有在与世界文化的交流中，民族文化才能超越自己的局限。只有向世界敞开胸怀，积极接纳一切先进的体育文化，同时又将本国体育文化的精华经过系统整理后向世界输出，融入世界体育文化发展之中，才能使中华民族日益强盛，才能给中国体育文化增添活力使其不断丰富和发展，成为当代世界先进文化的重要组成部分。

（三）将学校作为弘扬中国体育文化的主阵地

无论是日本还是韩国，在推广体育运动项目的最初，都非常重视学校教学这一环节。学校是体育的摇篮，是原始体育形态走向规范化、科学化、普及化的必由之路。借鉴日本和韩国的成功经验，弘扬中国体育文化，必须改造吸纳传统体育项目的精华，将传统体育纳入到学校体育教学体系中。

（四）高度重视和大力促进体育文化的创新

体育文化要屹立于世界文化之林，最重要的是要突出文化上的超越、创新。创新是一个民族进步的灵魂。任何文化都有自己的缺陷，都有自己未能解决的问题，因此，一种文化要不断走向全面，就必须具有开放的气度和创新精神。

（五）以承办奥运为契机，推进体育文化建设

2008 年北京奥运会，是弘扬我国崇尚自然、以人为本、天人合一等体育观念、展示我国体育运动水平乃至综合国力的过程，也是中西方体育文化大交流、大融合，吸收和借鉴西方优秀体育文化的良机，同时，也为中华民族传统体育步入世界体坛提供了千载难逢的好机会。因此，我们应借北京 2008 年奥运会为契机，大力推进我国体育文化建设。一方面大力弘扬本民族体育文化，弘扬符合社会发展的人文精神，加速对传统体育项目的研究和推广，让中国体育文化走向世界，与西方体育文化交流、融合，努力将中国体育文化中的精髓融入奥林匹克运动之中。另一方面又要对西方体育活动方式进行加工改造并有选择地吸收，西方体育文化作为世

界先进文化的一部分，可以加速我国体育文化的改造，使中国体育文化不断获得新的文化血液，加快推进中国传统体育跻身世界体育行列的步伐。

第二节　健康

一　健康的概念

健康就是指人在良好的社会环境中，在生活完善和心理正常的情况下，体内所有的器官和系统协调地相互配合，共同发挥作用，从而使人得以积极从事对社会有益的劳动；是指生理的、心理的、环境的和行为的相适应和协调的良好状态。

二　健康评价的指标

（一）身体健康的评价指标

1. 身体没有疾病，不需治疗；

2. 身体的发育正常；

3. 有良好的食欲，夜间睡眠好；

4. 体态、脸色好，有精神，能适应外界环境的各种变化；

5. 能很好地进行日常活动，消除疲劳；

6. 能抵抗一般性的感冒和传染病。

（二）心理健康的评价指标

1. 有良好的道德行为，能与家庭成员、朋友、伙伴们协力合作；

2. 有健康的人生观，能正确理解人生的意义，对生活充满了希望，有信心，有理想；

3. 有健康的价值观，对行为有正确的判断能力，能控制情绪；

4. 有公德意识、环保意识、公平竞争意识、法制意识，能积极从事有益于社会的劳动。

（三）社会健康的评价指标

1. 家庭温馨，具有良好的衣、食、住、行条件；

2. 社会和平、稳定、发展，没有犯罪行为发生；

3. 死亡率低，人口控制良好，人均寿命逐渐延长；

4. 物质污染和精神污染能得到控制，能实现社会物质文明和精神文明协调发展。

三　世界卫生组织提出现代人体健康的标准为十条

1. 精力充沛，能从容不迫地应付日常生活和工作压力。
2. 处世乐观，态度积极，乐于承担责任，不挑剔。
3. 善于休息，睡眠良好。
4. 应变能力强，能适应环境的各种变化。
5. 对一般感冒和传染病有一定抵抗力。
6. 体重适当，身材匀称，站立时头、臂、臀比例协调。
7. 眼睛明亮，反应敏锐，眼睑不发炎。
8. 牙齿清洁，无缺损，无痛感，齿龈颜色正常，无出血现象。
9. 头发光泽，无头屑。
10. 肌肉、皮肤富有弹性，走路轻松。

第三节　大学生体育健身的价值

一　8-1>8 的缘由

我国大学生曾经在积极从事体育活动锻炼中总结出 8-1>8 的经验。实践证明，如果我们每天从事 8 小时的学习时间中抽出 1 小时进行体育锻炼，其学习效率大于 8 小时一直学习的效率。正因为这样，有的学生将体育锻炼比作"充电"或者比作"磨刀不误砍柴工"，这是有深刻道理的。著名生理学家爱德华和施奈德博士进行了一辈子关于体育运动作用的研究，最后得出结论："坚持体育活动，是健康生存所必需的，是人的基本生理需要。由于肌肉活动而受伤的人很少，而由于缺乏运动而导致生长发育迟滞和生活质量下降的人却很多"。所以，"用你 5% 的时间去保持健康，这样你就不必用 100% 的时间病休。"

二　体育与全面发展

马克思早就指出："生产劳动同智育和体育相结合，不仅是提高社会生产的一种好方法，而且是造就全面发展人的唯一方法"。德育、智育、体育、美育等几个方面不仅相互依存，而且能够相互促进。这早已被古今中外卓有成就的文化名人的实践所证明。

良好的身体素质，可以促进一个人完美人格的形成和发展。人格作为人的综合品质，当然也是有身体之载体的。身体素质状况，对人格中许多品质和能力具有决定性的影响。一个人体质的增强和体能的提高，能够提高其适应环境的适应能力，从而提高他的自信心、竞争能力和勇气。而且可以培养学生坚强意志和吃苦耐劳的精神，对完成学习和工作任务，对社会生活中自立自强都具有很重要意义。而这些又反过来影响学生的心理，增强他们的成就感、自信感和责任感。

体育锻炼有助于形成良好的心理品质，有助于调节情绪、发展兴趣的效应已被科学实验所验证，体育锻炼使中枢神经系统得到适当的激活，并使人体释放一种多肽物质——内啡肽，它能使参加体育锻炼的人直接感受到运动带来的舒适、愉快的心情。从而使人精神振奋，有助于形成良好的心理品质。

在当代，人们已经不把延年作为生活的最终目标，而是看作争取使生命更高尚、生活更丰富所具备的条件。人们追求的是延长黄金时代，留住青春，为社会做更大贡献。我国清华大学师生曾经提出"为祖国健康工作五十年"的响亮口号，这就是中国现代生命价值观的具体体现。

第四节　体育与健康文明的生活方式

一　何谓生活方式

生活方式是指人们长期受一定社会文化、经济、政治、家庭等影响而形成的一系列的生活习惯、生活制度和生活意识。

生活方式是人们生命活动的方式，它包括生产过程和社会文化领域人与人之间相互关系的全部复杂体系。同时它也是全部社会准则的一种表现。本节所说的生活方式。主要是指在人们生产劳动以外的时间中为了生存、发展和享受所进行的活动。即将生活的含义局限在一个特定的狭义范围。人类闲暇生活最基本的条件是营养、运动、休息和生活环境。这些条件是维护人类生存和延续不可缺少的。人类不但要生存、繁衍，更要发展。因此，人们必须有一个身心健康的体魄来保证其发展过程的顺利进行。

健康的生活方式不仅是遵守卫生习惯，而且同劳动条件、工作紧张程度、工作时间长度、工作的时间点、环境状况密切相关。早在古希腊时期，医学家希波克拉底，对生活方式和健康关系就有过论述，19 世纪俄国学者梅契尼可夫指出："俭朴而节制的生活方式，对健康和长寿具有重要意义。"然而这些忠言未得到人们的足够重视，现代医学流行病学研究表明，不健康的生活方式是致命因素中最重要的因素，而且由此引起的一些严重威胁人类健康的疾病正在日益扩展，主要包括心血管疾病、各种癌症、慢性肺部疾病、糖尿病和骨质疏松症等，目前这种疾病引起的死亡人数在发达国家占死亡总数的 70%—80%。

二　生活方式的变革

21 世纪是"环境革命"时代，也是世界范围内生活方式变革的新世纪。发动环境革命是要告别工业社会对消费主义模式的崇尚，建立起环境友好的新的生活方式。即以商场的消费观为标志，以尽可能少的自然资源消耗来提高我们的生活质量；同时，要尽量不把我们的生活废弃物导入自然系统，这种环境友好的简约消费观念是以幸福观为基础的，即我们对生活质量和生活幸福的理解，应该从物质主导转向非物质为主导，应该从追求单纯的物质满足转向精神满足。然而在工业文明熏陶下，人们把物质享受等价于生活质量，错误地把对幸福的判断建立在自己比周围其他人或比自己过去可以消费更多的观念上来。诚然，物质消费对生存是必要的，其实使人感到幸福与否的东西实际上是与社会关系、工作性质和闲暇时间满足有关。

在一些国家，多少年来，将拥有更称心的工作、更舒适的房子和更豪华的车子作为幸福生活的具体定义。而在今日，这些人深觉任何财富都没有健康重要，他们不再攀比谁的别墅大、谁的车子高级，而是比谁的胆固醇正常、谁的体重更标准，也就是开始追求"自愿简单地生活"，追求"淡泊人生"，成为反思沉溺于物质之后人们的新趋势。

我们倡导的生活方式具有以下特征：劳动是基础，体育锻炼是有效手段；每个人的幸福发展都与社会和集体利益密切相关；崇高的理想和乐观的态度是健康文明的生活方式的灵魂。

第五节　体育锻炼与健康

一　体育锻炼对体质的影响

　　生命的早期阶段，特别是青春发育期，是骨龄发育的关键时期。全身骨钙含量出生时为 25 克，15—25 岁时增加到 1000 克左右，成年女性骨钙含量为 500 克。在生长期获得尽可能高的骨量对预防骨质疏松的发生有重要作用。生长期影响骨量的因素有遗传和环境因素。环境因素中体育锻炼对促进骨量的形成和骨矿物质的增加起到了重要作用。

　　经常进行体育锻炼，可以促进机体的新陈代谢，提高神经系统的兴奋性，使呼吸和循环系统功能增强。同时可调节和缓冲运动中的血压变化，维持血流动力学的平衡，调节水电解质平衡，维持机体内环境的稳定，扩张血管，增加心肌和运动肌肉中的血液供应，促进有氧耐力的提高。长期进行体育锻炼，可以提高血液中高密度脂蛋白的含量。这种高密度脂蛋白含量的增加，不仅意味着机体有较强的免疫力，并且可以清除血管壁上淤积的斑块物质，减少冠心病发生的概率。

　　体育锻炼可使肌肉得到充分的锻炼，使肌肉强劲有力，动作协调优美，充满节奏感和韵律感，体型健美，充满活力，朝气蓬勃；适量的体育锻炼还可以延年益寿，提高生命和生活质量。

二　对神经系统的影响

　　体育锻炼使神经系统的兴奋性和抑制性能得到均衡发展。锻炼时，交感神经系统兴奋，肾上腺分泌量增加，神经系统兴奋性提高；锻炼结束后，神经系统兴奋性降低，抑制性增强，机体处于休息和恢复状态；运动兴奋性与抑制能力增强，神经系灵活性提高。体育锻炼可使紧张的大脑皮层得到休息，紧张的情绪得以放松，是一种积极的休息方式，劳逸结合，能够大大提高学习和工作的效率。

三　对人际关系的影响

　　体育锻炼使人与人之间的交流机会增多，在平等、友好、和谐中进行体育锻炼，能增进人们之间的友谊，提高交际能力，增强安全感，提高独立性，消除紧张情绪，提高自己的价值观，促进心理相容，克服孤僻离群。这种良好的人际关系，可以激发生活的自信心和进取心，形成豁达、乐观、开朗的性格，保持良好的心理状态，以积极的态度面对挫折和压力。

越来越多的人已经意识到积极的体育锻炼生活方式可增进身心健康，有许多运动心理学专家研究表明，普通人参加适量运动可增强自我效能，同时可以降低焦虑和抑郁水平，提高自尊，改善心境，保持积极情绪状态，也能提高人的认知和生活质量；大多纵向研究表明，经常进行体育锻炼的健康人比不进行体育锻炼的人有更好的认知能力，表现在进行需要高度集中注意力和反应速度的工作时，其反应时间比较短。

四　对意志品质的影响

体育锻炼可以陶冶人的情操，锻炼人的意志品质，包括自觉性品质，对面临的任务目的有正确的理解，不受外界种种因素的干扰，能正确估计困难，不回避困难和挫折；果断性品质，能适时做出决定并加以执行；自控性品质，有较好的自制力，善于控制自己的情绪和言行；坚韧性品质，有充沛的精力和坚韧不拔的毅力。

思考题

1. 体育文化的概念及其发展。
2. 健康的概念及评价指标。
3. 体育锻炼对健康的影响。

第三章

体育健身的原理与方法

第一节　体育锻炼的科学基础及原理

一　体育锻炼的生理学基础

（一）人体运动时的能量来源

人体运动时的唯一直接能量是来自体内一种特殊的高能磷酸化合物——三磷腺苷（ATP）。人体内有三个系统可以合成 ATP，分别是磷酸原系统（ATP-CP 系统）、乳酸能系统（无氧糖酵解系统）和有氧氧化系统。

1. 磷酸原系统（ATP-CP 系统）的特点：短时间（仅能持续 8 秒左右）、大强度运动。

2. 乳酸能系统的特点：比磷酸原系统（ATP-CP 系统）供能时间稍长（多于 10 秒的大强度运动，可持续 30—40 秒以上）。

3. 有氧氧化系统：进行长时间耐力运动的主要供能系统。

（二）超量恢复概念

运动时，消耗过程占优势，由于能源物质的消耗大于恢复，所以运动时能源物质逐渐减少，肌肉和身体各系统的工作能力逐渐下降。运动停止后消耗过程减弱，恢复过程占优势，这时能源物质和各器官系统功能逐渐恢复到原来的水平。体内能源物质的再生与合成进一步加强，运动时被消耗的物质不仅恢复到原来水平，而且在一段时间内超过原来的水平，此时机体的工作能力最强，随后又逐渐回到原来的水平，这就是超量恢复现象。

（三）体育锻炼与供氧系统

氧运输系统的作用：是由呼吸系统、血液循环和心血管系统组成。呼吸系统把氧气从体外吸入体内，氧气进入血液与血液中的血红蛋白结合。血液在体内沿一定路线流动：右心室的血液流向肺部，在此进行气体交换，吸入氧气，然后流向左心房，再从左心房流入左心室，由此流向全身；在营养了全身细胞和装载了代谢废物之后，血液又流回右心房，血液在全身循环一次所需时间不到 1 分钟。

二 体育锻炼的心理学基础

（一）运动知觉是人脑对当前运动物体或动作在空间、时间上位置的反应；它是一种复杂的知觉，各具所反映对象的不同，可分为本体运动知觉和客体运动知觉。

（二）体育运动动机产生的条件

内在需要和外部诱因。内在需要包括；生理需要、心理需要和社会需要。外部诱因是指激起主体参与体育活动的外部诱因，这些刺激包括：物质因素和精神因素，二者统称环境因素。

（三）体育兴趣的培养

体育兴趣的培养是建立在人们对体育活动需要的基础上，在各种各样的体育活动中形成的，对体育活动的实践起着主导作用。

1. 体验成功。在进行体育活动的过程中，每一次的成功和胜利都会使练习者深受鼓舞，产生积极的情绪体验，使其更关心体育活动，对更大成功和胜利产生信心和希望。

2. 寓教于乐。人都有趋乐避苦的倾向，教师在教学中优美的示范动作、生动的语言和和蔼的态度会使学生感到亲切、可敬，会驱除学生练习时的恐惧心理，教师的"乐教"就会转化为学生的"乐学"。

3. 激发兴趣。学生体育兴趣的培养离不开教师的诱导，教师在教学训练中用各种方法持续"引趣"是学生形成体育兴趣的重要条件。

第二节 运动损伤的预防与治疗

以身体参与为主的体育活动无疑是意外伤害发生率相对较高的一个领

域。学生进行体育活动时就有可能发生擦伤、挫伤、撕裂伤、肌肉拉伤、关节韧带扭伤、脑震荡、骨折脱位等运动损伤，严重者甚至危及生命。因此在鼓励学生积极参加体育活动的同时，要使学生了解运动损伤的发生规律，有效地预防各种运动性伤害事故的发生。

一　运动损伤的概述及分类

（一）运动损伤的概念

学生进行体育活动时就有可能发生擦伤、挫伤、撕裂伤、肌肉拉伤、关节韧带扭伤、脑震荡、骨折脱位等运动损伤，严重者甚至危及生命。

（二）运动损伤的分类

1. 按受伤组织结构分类：分为皮肤损伤、肌肉、肌腱损伤、关节软骨损伤、骨及骨骺损伤、滑囊损伤、神经损伤、血管损伤、内脏器官损伤等。

2. 按伤后皮肤、黏膜是否完整分类：分为开放性损伤和闭合性损伤。开放性损伤是指伤后皮肤或黏膜完整性遭到破坏，如擦伤、刺伤等；闭合性损伤是指伤后皮肤或黏膜仍保持完整，如挫伤、韧带和肌肉拉伤、闭合性骨折等。

3. 按运动能力的丧失程度分类：分为轻度伤、中度伤、重度伤。受伤后能按训练计划进行训练的称为"轻度伤"；受伤后不能按训练计划进行训练，需停止患部练习或减少患部活动的称为"中度伤"；完全不能训练的称为"重度伤"。

4. 按损伤的病程分类：分为急性损伤和慢性损伤。慢性损伤又分陈旧性损伤和劳损性损伤。

5. 按运动技术与训练的关系分类：分为运动技术伤和非运动技术伤。运动技术伤与运动技术特点密切有关，少数为急性伤，如肌肉拉伤、跟腱断裂等，多数为过劳伤；非运动技术伤多为意外伤。

（三）运动损伤的发生规律

掌握运动创伤的发生规律，并采取适当的预防措施，对防治运动创伤有非常重大的意义。不同运动项目各有其不同的损伤易发部位及专项多发病。例如：体操项目易伤腰（腰部肌肉筋膜纤维炎、脊椎棘突骨膜炎以及椎板骨折）、肩（肩袖损伤及肱二头肌长头肌腱腱鞘炎）、膝（伸膝腱膜炎、髌骨软骨病及半月板损伤）、腕（伸屈肌腱腱鞘炎）；投掷项目易伤肩（肩袖损伤）、肘（肘内侧副韧带损伤及骨关节病）及腰（肌肉筋膜纤维炎）；篮球项目易伤膝（髌骨软骨病、半月板及副韧带损伤）；足球项目易伤踝部；其他项目也是如此，特别是慢性损伤。

出现这种规律的主要因素在于：①运动项目的特殊技术要求；②某些部位的生理解剖弱点。以上两个因素如果由于某种主观原因同时起作用，如训练过度就容易发生运动专项损伤。例如，篮球运动员最易伤膝。就篮球的基本技术来看，主要特点是膝于半蹲位滑步、进攻、防守、制动，踏跳与上篮。这些动作都要求膝于半屈曲位屈伸与扭转，而膝的这个角度，又恰恰是它的生理弱点。因为膝的上下杠杆较长，半屈时膝的内、外及交叉韧带，以及两侧的肌肉，都处于较松弛状态，不能保护膝的稳定，因此，易于发生韧带或半月板损伤；另外由于这时膝的稳定，主要是依靠股四头肌的收缩通过髌骨的作用来完成的。因此这时髌骨既要保护关节的稳定，又要根据篮球动作的特点伸膝"发力"，这就很容易使髌骨软骨磨损出现髌骨软骨病。多数运动损伤的致伤条件主要体现在两个方面：一是技术动作错误、不合理、不正确；二是局部负荷过重，超出机体的最大承受负荷。

（四）运动损伤的原因

运动损伤的常见原因可以归纳为5个方面，了解其发生的原因对预防运动损伤具有重要的作用。

1. 思想因素：对运动损伤持错误认识，认为运动中出现损伤是不可避免的，从而没有树立防伤观念。

2. 运动训练水平不够：包括身体素质训练、专项技术训练、战术训练、心理素质训练、意志品质培养等几个方面。

3. 运动量安排不合理：包括局部运动量安排不合理、连续的大运动量负荷训练、一次运动量过大、违反体育卫生原则等四个方面。对学生来讲，不做准备活动或准备活动不充分就明显违反了体育卫生原则，是导致损伤的重要原因。

4. 教学、训练和比赛组织安排不当。

5. 场地设备、气象条件不良。

（五）运动损伤的预防原则

根据运动损伤的发生原因，可以有针对性地预防运动损伤，主要注意以下几个方面：

（1）加强思想教育；

（2）合理安排运动负荷；

（3）认真做好准备活动；

（4）合理安排教学、训练和比赛；

（5）加强易伤部位的练习；

（6）加强医务监督工作。

二　运动损伤的治疗

软组织一般包括肌肉、肌腱、腱鞘、筋膜、韧带、神经、血管、关节囊、软骨等。发生在这些组织的损伤称为软组织损伤。根据损伤后皮肤、黏膜是否有创口和外界相通，分为开放性损伤与闭合性损伤两大类。

（一）开放性软组织损伤的治疗

开放性软组织损伤是指受伤部位皮肤或黏膜破裂，伤口与外界相通。常有组织液渗出或有血液自创口流出。

开放性软组织损伤的治疗原则是及时止血和清理创口，预防感染，先止血然后再处理伤口。体育运动中常见的开放性软组织损伤有擦伤、切伤、刺伤和撕裂伤。

1. 擦伤：创口较浅、面积小的擦伤，可用生理盐水洗净创口，创口周围用75％的酒精消毒。局部擦红汞或紫药水，无须包扎，让其暴露在空气中即可，面部擦伤最好不用紫药水。关节附近的擦伤经消毒处理后，多采用消炎软膏或多种抗生素软膏搽抹，并用无菌敷料覆盖包扎。创口中若有煤渣、细沙等异物时，要用生理盐水冲洗干净，必要时可用消毒的硬毛刷子将异物刷净，创口可用双氧水、创口周围用75％酒精消毒。然后用凡士林纱条覆盖创口并包扎。如果创口较深、污染较重时，应注射破伤风抗毒血清。

2. 裂伤：以头面部皮肤撕裂伤最为多见。若撕裂的创口较小，经消毒处理后，用创可贴黏合即可。撕裂创口较大，则须止血，缝合创口。若伤情和污染较重时，应注射破伤风抗毒血清，并给以抗生素治疗。

（二）急性闭合性软组织损伤

急性闭合性软组织损伤一般可以分成早期、中期和后期三个阶段治疗。

1. 早期：指伤后24—48小时内。此期病理变化的主要特点是组织撕裂或断裂后出现血肿和水肿，发生反应性炎症。临床上表现为损伤局部的红、肿、热、痛和功能障碍。

治疗原则：是制动、止血、防肿、镇痛及减轻炎症。

治疗方法：有冷敷、加压包扎并抬高伤肢。这种方法应在伤后立刻使用，有制动、止血、止痛及防止或减轻肿胀的作用，24 小时后拆除包扎固定，根据伤情再做进一步处理。

外敷药常可达到消肿、止痛和减轻炎症的效果。此外，若伤后疼痛较剧烈可服用止痛剂。

2. 中期：指损伤发生 24—48 小时以后。此期病理变化和修复过程的主要特点是肉芽组织已经形成，凝块正在被吸收，坏死组织逐渐被清除，组织正在修复。临床上，急性炎症已逐渐消退，但仍有瘀血和肿胀。

治疗原则：主要是改善局部的血液和淋巴循环，促进组织的新陈代谢，加速瘀血和渗出液的吸收及坏死组织的清除，促进再生修复，防止粘连形成。

治疗方法：有理疗、按摩、针灸、痛点药物注射、外贴或外敷活血、化淤、生新的中草药等，可以选用几种方法进行综合治疗。

3. 后期：损伤组织已基本修复，但可能有瘀痕和粘连形成。临床上，肿胀和疼痛已经消失，但功能尚未完全恢复，锻炼时仍感到微痛、酸胀和无力，个别严重者出现伤部僵硬或运动功能受限等。

治疗原则：恢复和增强肌肉、关节的功能。若有淤痕和粘连应设法软化或分离，以促进功能的恢复。

治疗方法：以按摩、理疗和功能锻炼为主，配合支持带固定及中草药的熏洗等。

上述三期的辨证施治适用于较严重的急性闭合性软组织损伤，倘若损伤较轻、病程短、修复快，可把中、后期的治疗方法合并使用，把活血、生新和功能恢复结合起来。

（三）挫伤

挫伤是钝性暴力直接作用于人体某处而引起的局部或深层组织的急性闭合性损伤。运动中互相冲撞、被踢打或身体某部碰撞在器械上，都可发生局部或深层组织的挫伤。包括单纯性挫伤和混合性挫伤。单纯性挫伤指皮肤和软组织（包括皮下脂肪、肌肉、关节囊和韧带）的挫伤；混合性挫伤指在皮肤和软组织受到挫伤的同时，还合并有其他组织、器官的损伤。在这里只介绍单纯性挫伤。

有明显直接暴力顶撞的受伤史，疼痛多为初轻后重。初为广泛性钝痛，仍可活动，经数小时以后，出现剧烈疼痛，伴有功能障碍。伤后即出现皮下组织的局限性血肿，逐渐出现大面积皮下瘀斑，且肿胀扩散。伤处压痛明显，皮内或皮下组织中有硬结。

治疗可分三期。

1. 限制活动期：伤后立即制动，这是治疗的关键。然后局部冷敷、加压包扎、抬高伤肢。有条件的可在加压包扎的同时外敷新伤药。注意严密观察，若伤部肿胀不断发展或皮温较高的，应尽快将伤者送往医院进行治疗。

2. 恢复活动期：受伤24—48小时后，可拆除包扎进行按摩、热敷和理疗，在伤情允许的条件下有计划地进行主动的功能锻炼，其目的是恢复肌肉力量。

3. 功能恢复期：逐渐增加抗阻练习和非对抗性的活动，如做蹲起活动、耐力跑等，并配合按摩和理疗。然后逐步过渡到参加体育活动。但活动时应使用保护支持带，以避免再伤。预防挫伤应在体育活动中注意提高自我保护的能力，使用必要的保护器具，同时加强职业道德修养，遵守竞赛规则，防止粗野动作。

（四）肌肉拉伤

由于肌肉主动的猛烈收缩或被动的过度牵伸，超过了肌肉本身所能承担的限度，而引起的肌肉组织损伤，称为肌肉拉伤。体育运动中常见的拉伤部位是大腿后群肌、大腿内收肌、腰背肌、小腿三头肌等。

1. 症状及诊断：典型的受伤动作，并且大多在损伤时有撕裂感或可听到撕裂声。轻者伤处疼痛，可行走，在运动时，特别是重复受伤动作时疼痛加剧；重者行走疼痛，并出现跛行。肌腹拉伤时肿胀明显，且不久出现皮下瘀斑。伤处压痛明显，肌张力增高，并可触及痉挛的肌肉。在患者做受伤肌肉的抗阻力收缩时，其损伤部位将出现疼痛。如损伤后疼痛、肿胀明显，运动功能严重障碍，肌肉出现收缩畸形，伤处可摸到凹陷或一端异常隆起时，则为肌纤维部分撕裂或完全断裂。

2. 治疗：肌肉微细损伤或少量肌纤维撕裂时应立即冷敷、加压包扎或外敷新伤药，然后使肌肉放松，24小时后可进行按摩、针灸、痛点药物注射、理疗等。疑有肌纤维大部分撕裂或肌肉完全断裂时，经加压包扎、固定伤肢等急救处理后，迅速将伤员送至医院，及早进行手术缝合。

3. 预防：在剧烈运动前，要做好充分的准备活动。平时要结合运动项目的特点，加强易伤部位的肌肉力量和柔韧性练习，锻炼中要注意观察肌肉反应，若出现肌肉僵硬或疲劳时，可进行按摩并减少运动强度。正确掌握跑、跳、投的技术要领，注意锻炼环境的温度、湿度和运动场地情况。

（五）踝关节韧带损伤

踝关节韧带损伤非常多见，在关节韧带损伤中占第一位。其中以外侧韧带损伤为多，尤其以距腓前韧带损伤更为常见，在篮球、足球、滑雪、体操、田径等运动中最常见。

1. 症状及体征：损伤后踝关节外侧疼痛，伤后如不及时压迫，踝关节的外侧迅速出现肿胀并延及关节的前部。皮下瘀血，行走出现跛行，严重者无法行走。

2. 现场治疗：在现场治疗时，应立即用拇指指腹压迫痛点止血，并在局部疼痛尚轻，肿胀未明显，还没出现踝关节两侧肌痉挛时，同时做强迫内翻试验及踝抽屉试验，检查是否有韧带全断裂。如有条件，可用冰敷或氯乙烷喷湿的棉花球压迫以加速止血，然后用较大的棉花块或海绵垫加压包扎并抬高患肢。绷带包扎的方向应与受伤作用方向相反，使受伤组织处于松弛状态，如外侧副韧带损伤应将踝关节包扎于轻度翻位。韧带完全断裂的患者，经急救固定后送医院作进一步的治疗。如合并有关节骨折或关节不稳等后遗症时，可考虑手术治疗。

受伤 24 小时以后，根据伤情可选用新伤药外敷、理疗、针灸、按摩、药物痛点注射及支撑带固定等，并应尽早进行功能锻炼，如走路、踝关节屈伸运动、提踵等。对较严重的韧带捩伤，也可采用石膏管型固定。

第三节　体育锻炼的注意事项

体育锻炼是指人们运用各种体育手段，结合自然力（阳光、空气和水）和卫生措施，以锻炼身体、增进健康、增强体质，调节精神和文化生活为目的的身体活动过程。

一　体育锻炼的注意事项

（一）控制体重

研究表明：体重增加 10%，胆固醇平均增加 18%，冠心病危险增加 38%；体重增加 20%，冠心病危险增加 86%，有糖尿病的高血压病人比没有糖尿病的高血压病人冠心病患病率增加 1 倍。

（二）戒烟

烟草中的烟碱可使心跳加快、血压升高（过量吸烟又可使血压下降）、心脏耗氧量增加、血管痉挛、血液流动异常以及血小板的粘附性增加。这些不良影响，使 30—49 岁的吸烟男性的冠心病发病率高出不吸烟者 3 倍，而且吸烟还是造成心绞痛发作和突然死亡的重要原因。

（三）戒酒

美国科学家的一项实验证实乙醇对心脏具有毒害作用。过量的乙醇摄入能降低心肌的收缩能力。对于患有心脏病的人来说，酗酒不仅会加重心脏的负担，甚至会导致心律失常，并影响脂肪代谢，促进动脉硬化的形成。

（四）改善生活环境

污染严重及噪音强度较大的地方，可能诱发心脏病。因此应当尽量改善居住环境，扩大绿化面积，降低噪声，防止各种污染。

（五）避免拥挤

避免到人员拥挤的地方去。无论是病毒性心肌炎、扩张型心肌病，还是冠心病、风心病，都与病毒感染有关，即便是心力衰竭也常常由于上呼吸道感染而引起急性加重。因此要注意避免到人员拥挤的地方去，尤其是在感冒流行季节，以免受到感染。

（六）合理饮食

应有合理的饮食安排。高脂血症、不平衡膳食、糖尿病和肥胖都和膳食营养有关，所以，从心脏病的防治角度看营养因素十分重要。原则上应做到"三低"即：低热量、低脂肪、低胆固醇。

（七）规律生活

养成健康的生活习惯。生活有规律，心情愉快，避免情绪激动和过度劳累。

二　专家特别提醒的是，还要注意以下几点

（一）多食素

很多人认为我们人类是食肉动物，因为我们基本上天天吃肉。但是人类进化和人类历史研究却证明，人类的身体结构及生理功能更像食草动物。虽然在长期适应自然的过程中，人类逐渐成为杂食动物，但食草动物的基本特性一直没有明显变化而保留至今。但是在近 200 年来，经济的发展使人类的食谱发生了很大的变化，尤其是人们开始远离素食和谷类食品，摄入过多的肉类。与人类进化历史相比，这种变化太快了，以至与"食草"为特征的人类基因和生理功能无法适应以肉类食品为主的环境。这种不适应最终导致产生包括现代心脏病在内的许多新的疾病。

流行病学研究证明，"经济发展→不健康生活方式流行→心血管病流行"是有明显因果关系的三部曲。最典型的例子是瑙鲁。瑙鲁原来是一个贫穷的小岛，20 世纪 60 年代末发现了稀有矿产，这个国家一夜之间就变成了世界上最富有的国家。没想到几年以后，瑙鲁出现了糖尿病、肥胖、心血管病大流行，50 岁以上的人群 70%患有糖尿病，成为世界之最，政府和人民为此付出了沉重的代价。

经济发展为不健康的生活方式提供了物质可能。因此，我们必须明确一点，心血管病流行虽然不能说是经济发展的必然结果，但却是人类违背了自然规律而得到的一种惩罚。如被西方国家视为垃圾的西式快餐，富含高热量、高饱和脂肪酸，现在却在我国广泛流行，博得了不少孩子的青睐，长此以往，将严重影响健康。我们应该更多地效仿祖先，多吃植物性食物（包括谷类淀粉、蔬菜和水果），少吃动物性食物（鱼类除外），尤其要少吃含饱和脂肪和胆固醇多的食物，远离麦当劳、肯德基类"不健康"食品。

（二）适当运动

心脏发病的重要原因还有一个是缺乏运动。在同一环境里生活的人，经常坐着不动的，患冠心病比经常活动者高出 2 倍。

运动对心脏有什么好处呢？运动可以促使心脏的小血管扩大、延长、增多，改善心肌的供氧状况，改善血液中脂质代谢。运动还有助于改善心肌代谢，提高心肌的工作能力和心脏的代谢功能。此外，还能提高血液的

纤维蛋白溶解活性，防止血凝过高，对预防和延缓动脉粥样硬化的发展很有帮助。

积极参加体育锻炼是防治心脏病的有效手段之一。要保护心脏，我们建议以下一些锻炼方式。

1. 散步：散步可以使心肌收缩力增强，外周血管扩张，具有增强心功能，降低血压，预防冠心病的效果。对于参加运动时会引起心绞痛的人来说，可以改善病情。每次散步可坚持 20 分钟至 1 小时，每日 1—2 次，或每日走 800—2000 米。身体状况允许者可适当提高步行速度。

2. 慢跑：慢跑或原地跑步亦可改善心功能。至于慢跑的路程及原地跑步的时间应根据每个人的具体情况而定，不必强求。

3. 太极拳：对于高血压病、心脏病等都有较好的防治作用。一般而言，体力较好的患者可练老式太极拳，体力较差者可练简化式太极拳。不能打全套的，可以打半套，体弱和记忆力差的可以只练个别动作，分节练习，不必连贯进行。

（三）心态平和

情绪与健康之间存在着千丝万缕的联系。无论对什么年龄的人来说，不良的情绪都是非常不利的。人的情绪一旦紧张、激动，会使得交感神经兴奋，儿茶酚胺增加，结果使心跳加快，血压升高，心肌耗氧量亦明显增加，加重冠心病、心衰患者的病情。更严重的是，这些变化有时会导致致死性的心律失常，引起心脏骤停。

大喜大怒都是忌讳的。中医学认为，暴喜伤心，心气涣散，会出现一系列心气不足的症状，如心悸、乏力、胸闷气短、脉结代等症状。严重者则会出现冷汗不止，四肢不温，脉微欲绝及心悸、胸闷、胸痛等心阳欲脱的症状。此种变化类似于冠心病心律失常、心源性休克等。相反，怒则气逆，气的运行受阻。气为血之帅，气行则血行，气滞则血瘀，气滞血瘀的结局是不通，不通则痛。大怒导致的一系列反应，类似于冠心病心绞痛或急性心肌梗死等。由此可见，保持健康的心理状态对我们每个人都很重要。

古人所提倡"和喜怒而安居处，节阴阳而调刚柔"。这可说是保养心脏的一个座右铭。要经常与人交往，通过交谈、来往，了解社会，了解环境，体会到自己是社会中的一员。老年朋友还可根据自己的爱好，种花、养鱼，下棋、书画，以此陶冶性情。

思考题

1. 体育锻炼的科学基础是什么。
2. 简述常见运动损伤的种类及预防原则。
3. 何谓体育锻炼。我们参加体育锻炼有哪些注意事项。

第二篇　体育养生篇

第四章

体育保健卫生与运动医务监督

第一节　体育保健卫生常识

体育锻炼与卫生保健是研究体育锻炼过程中影响人体健康的各种外界因素，以及人体与体育锻炼之间的相互关系的。根据实际情况落实并实施在体育锻炼中的各种卫生、保健要求和措施，用以帮助和指导青少年科学地进行体育锻炼，其目的是增强体质、提高健康水平。

一　睡眠卫生

睡眠是大脑皮层的细胞进行广泛性抑制的过程，既是机体生理要求，又是一种休息措施。睡眠对大脑皮质细胞来说是一种保护作用。皮质细胞非常敏感和脆弱，容易因长期兴奋而损耗。所以睡眠能防止皮质细胞机能过度消耗，同时还能促进人体器官机能恢复。讲究睡眠卫生对人体健康十分重要，下面谈几点睡眠注意事项。

（一）在睡眠之前应保持安静，避免刺激

在睡眠之前应保持安静，避免刺激，不应做剧烈运动，以免使神经细胞兴奋。因为剧烈运动使各系统机能发生很大变化，需要很长时间才能恢复平静，这就影响了睡眠。所以一般在睡前 0.5—1 小时应停止运动。玩电子游戏机等刺激性较强的活动也应停止。当然，轻微的活动（如散步）则没有不良影响。

（二）睡前不宜吃零食

睡前吃东西是一种不好的习惯，它不仅可以影响睡眠，而且也会加重消化系统的负担，尤其是喝带有刺激性或兴奋作用的饮料，如咖啡、浓茶等，或贪食甜腻食品。因为人在入睡后，身体的各个器官的活动均减缓，例如每分钟心跳次数比平时要减少许多次，胃肠活动也较清醒时缓慢，如果睡前进餐或吃零食必然会加重胃肠的负担，长此下去会造成胃肠疾患。

（三）不要蒙头睡觉

有些人睡觉时喜欢蒙着头，这是一种不良的习惯。因为在睡眠时，人们仍然进行着呼吸活动，吸进氧气，排出二氧化碳，以满足人体气体交换的需要。蒙头睡觉，使呼吸受到障碍，人体所需要的氧气不能及时纳入，而身体里产生的二氧化碳不能及时排出，这样身体就会出现缺氧现象，这对身体来说是不利的。

二　皮肤和口腔卫生

要经常洗澡，使皮肤保持清洁。运动员在训练或比赛后都要洗澡。洗澡时水温不易过热，洗的时间也不要太长，否则不仅会使皮肤干燥，而且要消耗体力，使人嗜睡和感觉乏力。炎热的天气训练后，切不可在大汗淋漓时就冲水浴。如果突然受到冷水刺激，这不仅会使回心血量突然增加而加重已经疲劳了的心脏负担。同时，突然的刺激使全身或呼吸道局部防御机能下降，原已存在于上呼吸道的或从外入侵的病毒或细菌迅速繁殖，会引起感冒及咽喉等病症。所以，在剧烈运动后，不宜立即洗冷水澡。要早晚刷牙，保持口腔卫生，牙齿有病应及时治疗，否则可能影响健康。

三　衣着、用具的卫生

运动衣要保持清洁干燥。鞋要合脚，不宜过紧过松。要经常洗涤，保持清洁和干燥，这样可减少胼胝体的产生，同时可预防膝踝关节的损伤。脸盆、毛巾、梳子、餐具、饮水杯、刮胡刀等要专用。

四　饮食卫生

（一）不应忽视早餐

早餐是一天中最重要的一餐，它可以影响一个人一整天的精神和体力，从而直接影响训练的效果。正处于生长发育的儿童少年，如长期不用早餐，可使体内热量及蛋白质缺乏，导致生长发育减慢，机体的抵抗力降低，还可引起各种疾病。早餐的营养，除进食米饭、馒头和较好的副食外，还应增加一些高蛋白的食物，如牛奶、鸡蛋等。

（二）运动训练与就餐时间的合理间隔

运动结束后至少应休息 30 分钟以上才能再进食。大运动量后应当休息 45 分钟以上，才能使心肺活动基本上恢复稳定状态，并使肠胃系统有了适当准备后再进食。大强度的训练和比赛应安排在饭后 1.5—2.5 小时以后。

（三）细嚼慢咽有助于消化吸收，吃饭时狼吞虎咽是一种坏习惯

因为食物的消化是从口腔开始的，通过口腔的咀嚼，食物被磨碎，并与唾液混合成滑润的食物，以便于吞咽。有人做过试验：吃同样的食品，细嚼慢咽时蛋白质和脂肪吸收率为 85% 和 83%，而狼吞虎咽时只有 70% 和 71%。另外唾液中还有一种能灭菌的溶菌酶，如果食物在口腔中停留时间过短，细菌便可随食物进入胃里，从而会引起胃肠疾患。

（四）运动中水的补充

运动中补充的水量以达到出汗量的 80%—90% 为宜（出汗量由运动前后的体重变化来测估）。运动前两小时补充 500 毫升液体，以在体内暂时贮存一些水分，减轻运动时的缺水程度。运动中采用小量多次的方式补水，每 15—20 分钟补充 125—250 毫升液体。这种饮水法，水分是不断地进入体内，使血容量不发生太大变化，机体内环境相对稳定，也不增加胃肠和心脏的负担，有利于生理过程和运动活动的进行。运动后补充运动中的液体丢失，运动中每丢失 1 千克体重，补液 800—900 毫升。但也应分多次进行，特别是在进餐前不要饮水过多，否则将稀释胃液，影响消化能力。一般来说，大强度以上的运动训练后 15—30 分钟，可恢复到训练前的安静水平。中强度运动训练后 10—15 分钟能恢复到训练前安静水平。低强度训练后 10 分钟内可恢复到运动前的安静水平。

五　心理卫生

心理卫生也叫精神卫生。人类对感知的环境刺激，不但要做出相应的生理反应，同时还要做出相应的心理反应。人的心理活动会影响人的生理活动，进而影响人的健康，因此，医学上非常重视"喜、愁、忧、思、悲、恐、惊"等七情的致病作用。"笑一笑十年少，愁一愁白了头"，其实质也在于此。当人因喜悦而欢笑的时候，对肺功能、肠胃功能、心脏功能、新陈代谢、免疫能力等均有良好的影响，所以人们把高血压、消化性

溃疡、支气管哮喘等与心理因素有关的疾病叫做"身心疾症"。良好的心理状态有助于身体健康。健身先健心，就是要培养良好的状态，克服生活、学习、工作和体育锻炼中的不良心态，这对提高学习、工作效率，增进健康极为有益。

六　环境卫生

一切生物都生活在地球的表层。有生物生存的地球表层叫生物圈。这个生物圈就是人类的生存环境，它包括空气、水、土壤、食物等。人与环境是不可分割的统一体，环境能为人类造福，也能为人类带来不幸。由此可见，保护环境意义重大。环境的异常变化，会不同程度地影响到人体的正常活动，而人类具有运用自身生理功能以适应环境变化的能力。当环境改变超过一定范围时，则可引起人体某些功能和结构发生异常甚至病理改变。这种能引起人体发生病理变化的环境因素叫做环境致病因素，如空气、水、土壤的污染引起的公害，以及职业病、食物中毒等。

由此可见，环境污染对人类健康的影响是多方面的。维护和改变人类生存环境，防止环境污染，与公害作斗争已成为保证人类健康生存的一项迫切任务。学校的校舍、校园卫生应经常保持清洁。清洁舒适的环境不仅有益于人体健康，而且可创造良好的学习环境。

七　营养卫生

生命的存在，人的生长发育、体育锻炼和从事一切活动均需要营养物质，而营养物质是构成体质、供给热能和调节生理功能必不可少的原料。体育锻炼必须建立在营养的基础上，营养必须合理。若营养过剩，热能呈"正平衡"，多余的热能转化为脂肪，久而久之可使人肥胖，这是引起肥胖症的主要原因之一；若营养不足，热能呈"负平衡"，此时要消耗构成体质的营养物质，久而久之使人体消瘦，对人体健康不利。

八　青春发育期卫生

（一）性知识教育

为了青少年的健康成长，性教育已成为当代教育学的重要内容之一，同时也是家庭、学校、社会教育的一个组成部分。青少年从青春期进入到青年期，生殖器官及其功能已发育成熟。若缺乏有关性知识，可能会陷入迷惑、恐惧、焦虑之中。此时，因对异性产生了神秘感，生理上的冲击力与青少年相对薄弱的道德观念和意识之间的矛盾比较突出，可能出现越轨行为，极少数人还可能犯罪。其原因主要是缺乏性知识、性道德和性法制教育，这是当前家庭、学校、社会迫切要解决的问题。其实性教育应当在青春期到来之前进行，要让他们知道性行为是人的一种"本能"，但是，心理、社会、遗传、疾病等因素，都会影响和破坏这种"本能"，必须正确对待。性问题与恋爱、婚姻、家庭、人格、尊严、道德有着密切的关系，因此，应将性教育与道德品质教育同步进行。

（二）青春发育期

青春发育期是性发育成熟的一个阶段，此时性器官发育成熟、完善。青春发育期前，男女体型无显著差异。青春发育期由于性激素刺激，全身各器官迅速发育，尤其是性器官的发育，促使性腺（睾丸、卵巢）产生生殖细胞（精子、卵子），并分泌性激素（雄性激素、雌性激素）。在性激素的作用下出现了男女性征继发性特征——第二性征：男子长出胡须和体毛，甲状软骨突起，声调低沉，阴毛、腋毛浓黑，肌肉发达，生殖器官增大，睾丸成熟产生精子，并出现遗精；女子声调高而尖，皮肤嫩润，皮下脂肪增多，乳腺发育，乳房膨大，乳头突出，骨盆增宽，阴毛、腋毛浓黑，并出现月经。

1. 月经和月经期卫生

女子的内生殖器官包括卵巢、输卵管和子宫，位于盆腔内。子宫呈梨形囊状，在直肠与膀胱之间，子宫的正常位置靠腹腔压力和骨盆支持。女子12—14岁开始出现月经，第一次来月经称月经初潮。月经是女性进入青春发育期的标志，是正常生理现象。一个月经周期一般为28天，有时也会缩短或延长，但只要在21—40天内均属正常。月经可持续35年，约占一生的1/2时间。女子的运动能力一般随月经周期的变化而变化。月经周期分为以下3个阶段。

（1）月经期。月经期是指子宫内膜破裂形成阴道出血，排血量50—100毫升，历时3—5天，月经期运动能力最低。

（2）增长期。增长期是指月经停止后的10天左右，此期间破裂的子宫内膜逐渐增生修复，卵泡逐渐形成，卵细胞逐渐成熟。

（3）分泌期。成熟的卵子开始通过输卵管向外运送，称为排卵。此期间若遇精子则可受精，子宫内膜不再破裂；若未受精，卵子则排出体外，子宫内膜增生的组织破裂，形成月经。

从事体育锻炼，常因身体不适应而引起月经周期紊乱，表现为排血量过多或过少，月经周期延长或缩短，甚至闭经，若无病变均属功能失常。另外有的女子在月经前会出现腹胀、腰酸、乳房胀、腹泻、便秘等，加之大脑皮层兴奋性降低，因而出现疲倦、嗜睡、情绪急躁等现象。有的女子出现痛经，即月经期或经前、经后出现腹痛。若月经初潮就痛，多属于原发性痛经，常因过度紧张或宫颈狭窄引起；若是后来发生痛经，多因生殖器官有炎症或其他疾病所致，需进行专科检查治疗。

为确保女子的经期卫生，经期应注意：①避免精神和体力过度疲劳，禁止剧烈运动。可做一般的身体活动，以促进盆腔血循环，使经血流畅。②注意防寒保暖。寒冷刺激易引起子宫、盆腔内血管过度收缩，导致痛经和月经紊乱。③节制食量，少吃或不吃刺激性食物，心情舒畅，精神愉快，勿急躁发脾气。④注意阴部卫生，每日清洗一次外阴部，切勿游泳，内裤及卫生用品应勤换、勤洗。

2. 遗精

遗精即指男子在非性交活动状态下的射精。遗精是男性生殖腺开始成熟并进入青春发育期的标志，是男性未婚前的正常生理现象，凡因遗精造成的恐惧和紧张心理都是不必要的。男性的精液聚积到一定数量后，就会通过遗精排出体外，这叫作"精满自溢"。引起遗精的原因很多，外界刺激、社会影响、局部刺激、俯卧睡眠、包皮过长、做梦等均会引起遗精。如果一个月遗精1—2次对身体健康不会有影响；若遗精过频，1—2天一次，或一有性冲动就排精，即属于不正常。

九　女生体育卫生

（一）女性的生理特点

1. 体型特征

女生脊柱较长而四肢骨较短，故上身长、下身短。青春期后形成上体长而窄、下肢短而粗、肩窄盆宽的体型。该体型的特点使女子重心低、稳定性高，有利于做平衡动作，但对运动速度、跳高、跳远等动作则稍不利。

2. 体脂特征

女生的体脂肪占体重的25%，而男子只有15%；女生的皮下脂肪的沉积约为男子的2倍，尤其是在胸、臀及腿部。女生较厚的脂肪层可保温，又有很好的缓冲保护作用。

3. 肌肉力量

女生的肌肉力量低于同龄男子，特别是速度力量（爆发力）更为明显。女生在完成同样的负荷练习时比男子的速度慢，而以同样的速度练习，女生表现出的力量也比男子小。

4. 氧运输系统

女生呼吸肌肉的力量相对男子来说较差，加之气道阻力大，因而女生的肺通气量及肺活量等均小于男子。同时，女生的血红细胞、血红蛋白总量，以及心脏的重量、容积、每搏输出量、每分输出量等均比男子低，故女生的氧运输能力差，尤其运动时差别较为明显。女生体内的碱储备和保持 pH 值相对恒定的能力较低，故耐酸能力差。

（二）女生的体育卫生

女生进行体育锻炼不但可增进健康，而且有其特殊的意义。体育锻炼对保持女生子宫的正常位置和分娩有较大的作用，对下一代的健康有直接影响，但女生在体育锻炼时需要注意以下几点。

1. 女生进入青春期后，由于身体形态、机能、素质、心理、生殖系统等方面发生很大变化，因此，体育锻炼项目的选择、运动负荷量的安排应当区别于男子，并要符合女生的特点。

2. 女生心血管系统、呼吸系统、运动器官系统的机能均不及男子，绝不能与男子等同对待，体育锻炼时必须男女有别。

3. 女生肩带窄，肌肉力量差，有氧与无氧代谢能力较差，因此，不宜做单一支撑、悬垂摆动。

4. 女生肌肉的薄弱环节是肩带肌、腰背肌、骨盆后肌和骨盆底肌，在体育锻炼时要加强这些肌肉力量的发展，这样有利于子宫正常位置的保持。

（三）女生月经期的体育卫生

月经期体育锻炼适当与否，会影响女生的健康。月经期既不能什么活动也不参加，也不能蛮干。身体健康，平时有锻炼习惯，月经正常，经期无不舒服的感觉，月经期也可适当参加体育活动，但运动负荷量要小；若平时无体育锻炼习惯，月经期进行体育锻炼应特别注意，以免引起不良反应。月经初潮后 1—2 年的少女，由于其性腺分泌周期未稳定，经期往往不准，故在体育锻炼时可做一些缓和而轻松的活动。因此，月经期应当做到以下几点。

1. 不做剧烈震动的跑、跳动作和静力性的憋气运动，如中长跑、快速跑、跳高、跳远、举重、负重蹲起、排球的扣球、篮球的跳投等。

2. 月经期若有痛经、腰背酸痛、下腹痛、经血过多或过少、经期延长或缩短、盆腔炎症等，均应停止一切体育活动。

3. 女生月经期间一般应停止游泳，以免引起子宫颈挛缩、影响行经或细菌侵入发生炎症。

4. 一般女子月经期不宜参加体育竞赛活动。若平时有参加训练和竞赛习惯者，也可以参加但应特别注意。

第二节　人体健康与营养素

科学合理的营养是保持身体健康的重要物质基础。营养缺乏或过剩，不但会削弱体质而且还会引发各种疾病。健康身体所需的物质主要有两大类，即三大营养素和微量营养素。三大营养素包括糖、脂类和蛋白质，它们是构成机体组织和提供能量所必需的物质。微量营养素包括维生素和无机盐，它们的主要作用是维持细胞的功能。

营养素通常来自食物，但一种食物不可能包含所有的营养素，而一种营养素也不可能具备各种营养功能。因此要平衡膳食，膳食中的营养素既要能满足人体的需要，又不能缺乏，也不能过剩。平衡膳食的标准大约为58%的糖、30%的脂肪和12%的蛋白质。

一　三大营养素

（一）糖

糖是人体生理活动中的主要能源物质，主要有以下几个方面的生理作用。

1. 机体供能。1克糖可供能4千卡。它有消化快、易吸收、产热快、耗氧少的特点。特别在无氧情况下也能分解热能，是进行大强度运动的基础。

2. 维持中枢神经机能。葡萄糖是大脑的主要能源。脑组织中不能储备能量，全靠血糖供给能量，每天需要100—120克葡萄糖。血糖浓度低，可引发低血糖病。

3. 抗生酮作用，维持脂肪正常代谢。缺乏糖，脂肪代谢不完全，体内酮体堆积。体内酸性增加，影响正常生理功能，严重的还可引起酸中毒。

4. 促进蛋白质吸收利用。

5. 保护肝脏。

6. 构成机体组织。如细胞膜、结缔组织、神经组织等。

（二）脂类

脂类包括脂肪和内脂质。脂肪由碳、氢、氧 3 种元素组成，类脂质由碳、氢、氧、磷 4 种元素组成。脂类主要有以下几个方面的生理作用。

1. 提供能量。1 克脂肪可提供 9 千卡能量。因此体内的脂肪是机体的"燃料库"。

2. 构成机体组织。

3. 保护和固定器官及保温作用。

4. 促进维生素的吸收和利用。

（三）蛋白质

蛋白质主要由碳、氢、氧、氮 4 种元素组成，有的还含有硫、磷等元素。氨基酸是构成蛋白的基本单位。蛋白质主要存在于奶类、蛋类、肉类、豆类、小麦、玉米、蔬菜、动物结缔组织与皮等食物中。蛋白质主要有以下几方面的生理作用。

1. 构成机体组织。蛋白质是一切细胞和组织结构的重要成分，是生命的物质基础。

2. 调节生理机能。蛋白质在体内构成许多功能物质，如酶、激素、血红蛋白、肌红蛋白、血浆蛋白、肌纤维蛋白等具有多种生理功能。

3. 供给能量。蛋白质一般不供给能量，当糖和脂肪供给能量不足或摄入氨基酸过多、超过生理需要时才供给能量。1 克蛋白质可提供 4 千卡能量。

二　微量营养素

微量营养素由维生素和无机盐组成。在功能方面，它与三大营养素一样重要，是维持生命所必需的。它们不能提供能量给机体，但三大营养素的分解利用都离不开它们的参与。

（一）维生素

维生素是维护身体健康，促进生长发育和调节生理机能所必需的一类有机化合物。维生素的种类很多，功能各异。人体所需的维生素有十多种。能溶于水的叫水溶性维生素，即维生素 B 族和维生素 C；能溶于脂肪的叫脂溶性维生素，即维生素 A、D、E、K。大多数维生素不能在体内合成或合成量很少，因此必须经常从食物中摄取。维生素存在于几乎所有的食物中，但各种食物所含维生素的种类和数量差异非常大，且有些维生素的性质很不稳定，容易在加工和烹饪过程中被破坏，因此要合理选择食物，正确加工和烹饪食物，以保证人体获得必要的维生素。维生素主要有以下几方面的生理作用。

1. 维生素 A

（1）它是一般细胞代谢和结构的重要成分，促进生长发育。

（2）它是眼内感光物质的主要成分，有维持弱光下视力的作用。

（3）维护上皮组织的健康，增强抵抗力。

2. 维生素 E

（1）抗氧化作用。

（2）促进毛细血管再生，改善微循环，有利于防止大脑硬化。

（3）维护肌肉的功能。

（4）促进新陈代谢，提高氧的利用率，增强机体耐力。

（5）抗溶血性贫血。

（6）与生殖功能有关，可防止流产。

3. 维生素 B

（1）辅助体内糖代谢。

（2）促进能量代谢。

（3）维护神经系统的功能。

（4）促进肠胃功能。

（5）促进生物氧化，促进生长，维护皮肤和黏膜的完整性。

（6）参与体内蛋白质的合成代谢。

4. 维生素 C

（1）促进生物氧化。

（2）参与组织胶原的形成，保持细胞间质的完整，维护结缔组织、骨骼、牙齿、毛细血管等的正常结构与功能。

（3）促进抗体生成和白细胞的吞噬能力，增强机体抗感染的能力。

（4）促进造血机能。

（5）增强机体应激能力。

（6）提高 ATP 酶的活性。

（7）参与解毒、抗癌、防止动脉粥样硬化。

（二）无机盐

无机盐是维持人体正常生理功能所需的化学元素。人体内无机盐元素的种类很多，总量约占体重的 5.7%。其中含量较多的有钙、磷、钾、钠、氯、硫、镁等 7 种，又称常量元素。含量较少的铁、碘、氟、硒、锌、铜等，称微量元素。像维生素一样，无机盐存在于很多食物中并在调节机体许多重要功能方面起很大作用，总的概括为：参与构成机体组织、调节生理机能、维持正常代谢。

（三）水

机体的 60%—70% 是由水构成的。机体所有组织都含有水，它参与了整个生命过程。对人体来说，水是最重要的营养素。正常情况下，人体每天需饮用 8—10 杯水。

若失去 5% 的机体水，将导致疲劳、乏力和注意力不集中，若失去 15% 的机体水可能导致死亡。水主要有以下几方面的生理作用：

1. 是机体的重要成分；

2. 参与新陈代谢过程；

3. 调节体温；

4. 运输体内物质；

5. 保持腺体正常分泌。

以上介绍了膳食中包括的三大营养素和微量营养素，应引起重视的是这些营养素都是维持生理机能不可缺少的，但也要注意饮食习惯。不能一味地饱食，因为有些营养摄入过多，反而影响健康。如含有高脂肪的食品与心脏病、肥胖病和某些癌症密切相关；过多摄入糖，容易产生肥胖和龋齿；高盐是引起高血压的一个重要原因等。因此，为了保持健康，应该平衡膳食。

第三节 常见运动性疾病的预防与处理

运动性疾病是指因运动引起或与体育运动有直接关系的一系列疾病的

总称，常见的几种运动性疾病的预防与处理如下。

一　运动性晕厥

运动性晕厥是由于脑血流量暂时降低或血中化学物质变化所致的意识短暂紊乱和意识丧失。晕厥发生的危险性不是引起晕厥的病变，而是在晕厥发生刹那间摔倒后的骨折或外伤。运动中突发的意识丧失会导致严重的后果，如头颅外伤、溺水和窒息等。这些后果远远超过晕厥本身的危害。

（一）症状

1. 血管扩张性晕厥：有明显的发作诱因，如情绪不稳定、疲劳，发作前期有出汗、流涎、心动徐缓等症状。上述症状持续数十秒至数分钟后意识丧失，血压下降，脉搏缓弱。意识丧失约几秒至几十秒后可自行苏醒。

2. 直立性低血压性晕厥：发生在水平位置运动突然变直立位的运动项目，意识丧失突如其来，前期无症状，发作时的症状与体征同血管减压性晕厥。

3. 心源性晕厥："用力"常是其诱因，发作与体位无关，有心悸、胸痛等症状，发作时面色苍白，呼吸困难，颈静脉怒张，心率、心音和脉搏有改变，心电图多有异常表现。

4. 低血糖晕厥：前驱症状有无力、震颤、出汗、心动过速、饥饿和行为慌乱等症状，晕厥历时较长，补充糖后意识可恢复。

（二）处理

1. 使患者处于平卧位，或下肢抬高位。

2. 松开衣扣、腰带。

3. 保暖。

4. 按摩下肢。

5. 嗅闻氨水或点掐（针刺）人中、百会、涌泉等穴使其苏醒。

6. 若有呕吐，将头部转向一侧，防止舌头或呕吐物堵塞呼吸道。

7. 呼吸停止者进行人工呼吸，心跳停止者做胸外心脏按压术。

8. 清醒后可饮服含糖热饮料或少量白兰地。

9. 注意休息，促进恢复。

（三）预防

1. 坚持体育锻炼，提高心脏功能。

2. 参训参赛前要体检。

3. 久蹲后要慢慢站起，疾跑后应继续慢跑一段，并作深呼吸，逐渐停下来。

4. 饥饿或空腹时不宜参加运动。

5. 长距离运动要及时补糖、盐、水。

6. 剧烈运动后应休息半小时后淋浴。

7. 若有晕厥先兆，应立即平卧。

二　肌肉痉挛

肌肉痉挛俗称抽筋，是肌肉发生不自主强直性收缩所显示的一种现象。老年人在体育运动中，特别在一些长时间运动中经常见到不同部位的肌肉痉挛，最易发生痉挛的肌肉为小腿腓肠肌（小腿后部的一块肌肉），其次是足底的屈肌。

（一）常见原因

1. 寒冷刺激：肌肉受到低温的影响，兴奋性会增高，易发生强直性收缩。如游泳时受到冷水刺激，冬季户外锻炼时受到冷空气刺激，肌肉都可以引起痉挛。在冷的环境中运动，未先做准备活动或准备活动不充分，或未注意保暖，就更容易发生肌肉痉挛。

2. 电解质丢失过多运动中大量出汗，特别是参加长时间的剧烈运动或在高温季节运动时，使电解质从汗液中大量丢失。这些电解质在人体内的浓度水平与神经肌肉的兴奋性有关，当丢失过多时，肌肉的兴奋性增高，可发生肌肉痉挛。这时要特别注意水及电解质、维生素的补充。

3. 肌肉疲劳：身体疲劳会影响肌肉的正常生理功能，疲劳的肌肉比正常的肌肉硬，也就是张力大。运动时用力越多、越疲劳的肌肉最易发生痉挛。肌肉疲劳时往往血液循环和能量物质代谢有改变，肌肉中会有大量的乳酸堆积，乳酸物质不断地对肌肉的收缩起作用，致使痉挛产生。因而身体疲劳时，特别是在局部肌肉疲劳状态下，再进行剧烈运动或做些突然紧张用力的动作，就容易引起肌肉痉挛。

4. 肌肉连续收缩过快：由于肌肉持续收缩用力，而放松时间太短，收缩与放松不能交替，从而引起肌肉痉挛。

（二）处理

发生痉挛时，不要紧张，不严重的肌肉痉挛，只要向相反的方向牵引痉挛的肌肉，并持续一定时间，一般都可使其缓解。牵引时切忌用暴力，用力宜均匀、缓慢，以免造成肌肉拉伤。例如，小腿后群肌痉挛时可伸直膝关节，同时用力将踝关节充分背屈（勾脚）。此外，还可配合局部点掐委中、承山等穴位。处理时要注意保暖。游泳中发生肌肉痉挛时，不要惊慌，具体解脱的办法如下。

1. 大腿抽筋：吸一口气，仰卧水面上，弯曲抽筋的大腿，并弯曲膝关节，然后用两手抱小腿用力使其贴近大腿，并做震颤动作，然后用力向前伸直。

2. 小腿或脚趾抽筋：先吸一口气，仰浮水面，用抽筋肢体对侧的手握住抽筋肢体的足趾，用力向身体方向拉；同时，用同侧的手掌压在抽筋肢体的膝盖上，帮助将膝关节伸直，就可以得到缓解。如果一次不行，可以连续做几次。待水中抽筋现象消除后，慢慢游向岸边，以免再次发生抽筋。发生肌肉痉挛后，一般不宜再继续游泳，应上岸休息、保暖，按摩局部。

（三）预防

为了预防肌肉痉挛应从以下几个方面加以注意。

1. 加强身体训练，提高机体的耐寒能力和耐久力。冬季锻炼注意保暖。

2. 运动前必须认真做好准备活动，对容易发生抽筋的肌肉可事先做适当按摩。

3. 夏季运动时，尤其是进行剧烈运动或长时间运动时，要注意电解质的补充和维生素 B 的摄入。游泳下水前应先用冷水冲淋全身，使身体对寒冷有所适应，水温低时游泳时间不宜太长。

4. 运动过程中要学会放松肌肉。

三 "极点"

在一些耐力性运动中，如长跑、竞走、游泳或长距离骑自行车运动过程中，会有一段时间感到特别难受，心慌、气急、喉咙发紧、头晕、下肢动作不协调等。这种现象，在运动生理学上叫作"极点"。

（一）原因

"极点"产生的原因主要是内脏器官的功能惰性与肌肉活动不相称，致使供氧不足，大量乳酸积累使血液的 pH 向酸性方面偏移。这不仅影响神经肌肉的兴奋性，还反射性地引起呼吸、循环系统活动紊乱，这些功能的失调又使大脑皮质运动动力定型暂时遭到破坏，于是就出现了"极点"。

"极点"出现后，应继续坚持运动，运动强度可以稍微降低，通过自主神经中枢的不断调节，内脏器官的惰性逐步被克服，活动逐步加强，肌肉的氧气供应得到改善。同时运动速度的减慢也减少乳酸的产生，机体内环境逐步恢复稳定，植物性和动物性功能的协调关系重新建立，被破坏了的运动动力定性又恢复，运动能力又逐渐增强，这就产生"第二次呼吸"。第二次呼吸的出现标志着极点已经被克服，生理过程已达到了新的平衡，此后呼吸循环功能将维持在新的较高水平上。

（二）预防

1. 运动前要充分做好准备活动，使内脏器官的支配神经提高到一定的兴奋程度，以适应身体剧烈运动的需要，防止发生不相称现象。

2. 要根据个人的身体条件、训练水平掌握好运动速度。运动速度太快，易引起强烈的"极点"反应；运动速度太慢，又发挥不出应有的运动水平。

3. 运动时要注意呼吸的节奏，使呼吸加深加慢，吸入较多的氧气，呼出较多的二氧化碳，防止身体欠下过多的氧债。

4. 出现"极点"现象时，应坚持运动，但可适当降低运动速度，减小运动强度，有意识地进行深呼吸。随着运动的不断进行，难受的感觉会逐渐消失。心跳、呼吸恢复正常，全身轻松，动作协调，四肢有力，运动能力得到进一步提高。坚持经常锻炼是减轻和克服"极点"的关键，训练有素的运动员，在运动中就可能不出现"极点"。

四　延迟性肌肉酸痛

（一）产生原因和临床表现

延迟性肌肉酸痛是运动使肌肉活动量过大引起局部肌纤维及结缔组织的细微损伤，以及部分肌纤维的痉挛所致。这种酸痛不是发生在运动结束后的即刻，而是发生在运动结束后的1—2天，因此称为延迟性肌肉酸痛。由于这种酸痛现象只是局部肌纤维的细微损伤和痉挛，不影响整块肌肉的运动功能，所以，经过肌肉内部对细微损伤的修复，肌肉组织会变得更加强壮，以后同样负荷将不易再发生酸痛。

一般在运动后的 24 小时之内出现肌肉僵硬、酸痛和自觉酸痛部位肿胀、压痛，多发生于下肢主要的伸肌群、屈肌群，而肌肉远端和肌肉—肌腱移行处症状一般较重，严重者肌肉会发生疼痛，且以肌腹为主。24—48 小时，酸痛达到高峰，之后可自行缓解，5—7 天酸痛消失。

（二）处置和预防

1. 处置：对酸痛部位进行热敷或按摩，还可配合做一些伸展练习，也可口服维生素 C 以缓解症状，另外针灸、电疗等也有一定作用。

2. 预防：锻炼时，要充分做好准备活动，把握运动强度及运动负荷的递进性原则，根据自身的身体状况安排锻炼负荷，尽量避免局部肌肉负担过重。锻炼后，要对主要的工作肌肉进行推拿、按摩。

五　运动中腹痛

运动中腹痛多数在中长跑时发生。主要原因是准备活动不充分，运动刚开始时过于剧烈，内脏器官功能尚未达到运动状态，致使脏腑功能失调，引起腹痛；也有因运动前吃得过饱，饮水过多，或腹部受凉，引起胃肠痉挛而出现腹痛；少数因运动时间过长或过于剧烈，使下腔静脉压力上升，引起血液回流受阻，或者因肝脾瘀血，膈肌运动异常，致使两肋部胀痛而出现腹痛。

（一）处置

如果没有器质性病变迹象，一般可采用减慢跑速、加深呼吸、按摩疼痛部位或弯腰跑等方法处理，疼痛常可减轻或消失。如疼痛仍不减轻，甚至加重，就应停止运动，并口服十滴水或溴丙胺太林（每次 1 片），或揉按内关、足三里、大肠俞等穴位。如仍不见效，应到医院做进一步检查。

（二）预防

饭后 1 小时再进行运动，要做好准备活动，运动负荷要循序渐进，并注意呼吸节奏。夏季运动要适当补充盐分。对于各种慢性疾病引起的腹痛应就医检查，病愈之前，应在医生和体育教师指导下进行锻炼。

六　运动性贫血

（一）产生原因和临床表现

当血液中红细胞与血红蛋白数量低于正常值时称为贫血。因运动引起的这种血红蛋白数量的减少，即称为运动性贫血。

其发病的主要原因如下。

1. 运动时肌肉对蛋白质和铁的需求量增加，一旦需要得不到满足，即可引起运动性贫血。

2. 剧烈运动时血流加速，易引起红细胞破裂，致使红细胞从新生到衰亡之间的平衡遭到破坏，从而导致运动性贫血。

运动性贫血发病缓慢，其临床表现有头晕、恶心、呕吐、气喘、体力下降，运动后心悸、气促、脸色苍白等。

（二）处置和预防

1. 处置：在运动中若出现头晕、无力、恶心等现象时，应适当减小运动负荷，必要时暂停运动，并补充富含蛋白质和铁的食物，口服硫酸亚铁，这对缺铁性贫血的治疗有明显效果。

2. 预防：遵循循序渐进和个别对待原则，合理调整膳食。如运动时经常有头晕现象出现，应及时诊断医治，以利于正常地参加体育锻炼。

七 运动中暑

在高温环境中长时间进行体育锻炼易发生中暑，尤其是在气温高、通风不良、头部缺乏保护、被烈日直接照射的情况下更容易发病。

中暑早期表现为头晕、头痛、呕吐，随后逐步发展为体温升高，皮肤灼热干燥，严重者可出现精神恍惚、虚脱、抽搐、心律失常、血压下降，甚至出现昏迷而危及生命。

（一）处置

首先将患者扶送到阴凉通风处休息，同时采取降温消暑手段，如解开衣领、额部冷敷、头部降温，喝些清凉饮料、十滴水，并补充生理盐水或葡萄糖等。对于严重患者，经临时处理后，应迅速送医院进一步治疗。

（二）预防

在高温炎热季节锻炼时，应适当减小运动负荷，避免在烈日下长时间锻炼；夏天在室外锻炼时，应戴白色帽子，穿宽松薄衣；在室内锻炼时，应保持通风，并备有低糖含盐的饮料。

八 低血糖症

正常人的血糖维持在一定的水平体会出现一系列症状，称为低血糖症。(0.8—1.2克/升),当血糖低于0.5—0.6克/升时,机体会出现一系列症状,称为低血糖症。

运动时肌肉收缩要消耗能量,而能量主要来源于体内糖的氧化,因而运动过程伴随着体内糖的消耗。长时间剧烈运动时,葡萄糖大量消耗可产生低血糖症,此病多发生于长跑、超长跑、长距离滑冰、滑雪以及自行车等运动比赛过程中或结束后。

(一)产生原因和临床表现

运动中发生低血糖症,主要是由于长时间剧烈运动时体内血糖大量消耗,大脑皮质调节糖代谢的机制紊乱所引起。赛前饥饿,情绪过分紧张或身体有病等原因都会诱发此症。

患者会感到非常饥饿,极度疲乏,并伴有头晕、心跳、面色苍白、出冷汗等症状。较重者可出现神志模糊、语言不清、四肢发抖、心律不齐或精神错乱(如赛跑者返身向相反方向跑),甚至出现惊厥、昏迷等症状。检查时,脉搏快而弱,血压或无明显变化、或昏倒前升高而昏倒后降低,呼吸短促,瞳孔扩大。若验血,则血糖明显降低(0.5克/升1—2T)。

(二)处置和预防

1. 处置:使患者平卧,注意保暖。神志清醒者可给其饮用浓糖水或姜糖水,并吃少量食品,一般短时间后即可恢复。若昏迷,可针刺或用指掐点人中、百拿、涌泉、合谷等穴,并迅速请医生处理。这时若能静脉注射50%葡萄糖溶液50—100毫升,可提高血糖浓度,使病情迅速好转。

2. 预防:平时没有锻炼基础或患病未愈、空腹饥饿时,不要参加长时间的剧烈运动(如万米跑、马拉松赛跑、长距离滑冰等)。参加马拉松赛跑时,应准备一些含糖的饮料,供途中饮用。

第四节 运动性损伤的预防与急救

一 运动性损伤的预防

根据运动性损伤的发生原因,可以有针对性地预防运动性损伤,主要注意以下几个方面。

1. 加强思想教育。加强安全性、纪律性的教育。切不可麻痹大意，随心所欲。同时培养学生团结协作的精神，发扬良好的体育道德作风。

2. 合理安排运动负荷。加强体能技能训练，认真学习和掌握正确的动作要领，全面提高身体素质和协调能力。

3. 认真做好准备活动。掌握好准备活动的内容、强度、持续时间和与正式运动之间的衔接。一般认为身体感觉发热，微微出汗为宜。

4. 合理安排教学、训练和比赛。在教学中哪些动作易发生损伤，要做到心中有数，并采取相应的措施。另外要防止长时间的超负荷运动，避免过度疲劳。

5. 加强保护和自我保护。保护和自我保护是预防损伤的重要手段，在体操中心尤为重要，要学习一些专门的保护动作。如摔倒时要顺势做低头、屈肘、团身以肩背部着地的滚翻动作；跳跃落地时屈膝缓冲等。

6. 加强医务监督工作。定期检查身体，若身体出现不良反应，严格控制运动量。

7. 加强场地、器材以及个人防护用具的检查、维修，及时消除危险隐患。

8. 重视科学锻炼。体育锻炼者认真遵循体育锻炼原则，身体出现不良反应时应及时检查、调整，并采取必要的保健措施。

二　运动性损伤的急救

（一）出血的急救

按出血的流向不同，可分为外出血和内出血两类：外出血指血液从皮肤创口处向体外流出，运动损伤中较为常见的一种；出血指血液从损伤的血管内流出后向皮下组织、肌肉、体腔（包颅腔、胸腔、腹腔和关节腔）及胃肠和呼吸器官内注入，内出血较外出血性质严重，因其不被察觉而容易被忽视。

按受伤血管不同，又可分为动脉出血、静脉出血和毛细血管出血3类：动脉出血的特点是色鲜红，血液自伤口的近端呈喷射状流出，出血速度快，出血量多，危险性大；静脉出血的点是血色暗红，血液自伤口流出，有一定危险性；毛细血管出血的特点是血色红，血液自伤渗出，可以自行凝血，无危险性。

皮下组织和肌肉内出血的止血可以用冷敷法和加压包扎法。

外出血的急救法有止血带法、压迫法及充填法。

1. 止血带法：常用的止血带有 3 种，即皮管、皮带及气止血带。急救时如无以上 3 种止带，也可用布带捆紧止血。止血带应上在出血部的近端，压力不应少于 26.7 千帕（200 毫米汞柱）动脉的压力，如果压力太小只闭锁了静脉，动脉血还可以继续通过，则不仅不能止住出血而且会增加。一般除大出血的情况之外，最好不用止血带止血。

2. 压迫法：止血方法中最重要、最有效且极简单的方法，是在出血点上直接加压，大动脉破裂者外，出血点加压法可使血管闭塞，发生防御性血栓或血块。压迫时用手指或用绷带包扎皆可。创伤中较大血管大出血则不然，必须于急救时采用"指压法"，压迫创伤附近之动：或远距创伤之动脉止血。重要的压迫止血点有 6 个，具体方法有：①颞动脉压迫法，用一指于耳珠前一指宽处压迫；②颌外动脉压迫法，用于眼、颌上、面部止血，压迫下颌平支的后 1/3 处；③颈总动脉压迫法，用于颈部、口部或咽喉之创伤出血，压迫颈总动脉止血。在甲状软骨外一英寸处压迫；④锁骨下动脉压迫法，压迫锁骨上窝，采用该法可使臂的上部及肩部止血；⑤肱动脉压迫法，即用手的三指在二头肌内侧向肱骨压迫，可以使前臂止血；⑥股动脉压迫法，即压迫时用整个手掌压迫腹股沟。

3. 充填法：多用于躯干的大伤口或不能上止血带的部位，运动创伤中很少使用。主要用消毒纱布垫充填伤口压迫止血。

（二）伤口包扎技术

包扎伤口是各种外伤中最常用、最重要、最基本的急救技术之一。包扎有压迫止血、保护伤口、防止感染、固定骨折和减少疼痛等作用。最常用的是绷带包扎法，包括以下几种包扎方法。

1. 环形法：将绷带作环形缠绕，第一圈作环绕稍呈斜形，第二圈应与第一圈重叠，第三圈作环形。环形法通常用于肢体粗细相等部位，如胸、四肢、腹部。

2. 螺旋法：使绷带螺旋向上，每圈应压在前一圈的 1/2 处，适用于四肢和躯干等处。

3. 螺旋反折法：先做螺旋状缠绕，待到渐粗的地方就每圈把绷带反折一下，盖住前圈的 1/3—2/3，由下而上缠绕，用于四肢粗细不均匀的部位包扎。

4.8字形法：本包扎法是一圈向上，再一圈向下，每圈在正面和前一周相交叉，并压盖前一圈的1/2，多用于肩、髋、膝、踝等关节处。

（三）骨折的急救

骨折的急救原则：

救命在先，防止休克。预防休克的方法在于早期就地施用制动固定术，吸氧，平卧保暖是升压和防止休克发展和治疗的简要措施。

固定术应于受伤当时就地施行，未固定之患者不可移动，以免发生休克及其他严重合并损伤。固定时必须先牵引再上夹板制动。

有伤口或有穿破骨折的患者应先洗涤伤口，再用消毒巾包扎，以免感染。应尽快送达医院施行手术，并注射破伤风血清以预防破伤风。暴露在伤口外的骨折端，未经处理者，请勿动，急送医院处理。

出血的患者，可根据情况，采用止血方法（见出血的急救）。

夹板固定注意事项：

1. 长短宽窄合适，要使骨折处上下的关节都能固定。

2. 夹板上要垫棉花，以防皮肤压伤。

3. 固定夹板时，绷带缠在折断处上下段。

4. 下肢骨折夹板固定后，应与健腿捆在一起再转运。

5. 夹板固定后，急救员应检查固定是否牢固，注意远端指甲是否发凉或变紫，绷带若过紧，须松解。

（四）关节脱位的急救

由于暴力的作用使关节面之间失去正常的连接关系，叫做关节脱位。直接暴力打击引起关节脱位者较为少见，多为间接暴力引起关节脱位。如跌倒时，只要是肩关节处于上臂外展位，用手或肘部着地，都有可能发生肩关节前脱位。体育运动中，最常见的是肘关节后脱位和肩关节前脱位。

关节脱位的征象如下。

1. 疼痛与压痛：关节脱位开始疼痛较轻，随后因韧带、肌肉和关节囊的损伤、肿胀和周围神经受牵连而疼痛加重，压痛明显。

2. 肿胀：由于关节周围软组织内血管撕裂出血和软组织损伤后出现炎症反应，关节脱位后不久即出现明显的肿胀。

3. 正常功能丧失：关节的正常功能丧失。

4. 畸形：如肩关节脱位时的方肩。遇到关节脱位的情况，应迅速送医院。非专业人士，不得自行处理。

（五）心肺复苏

心肺复苏是针对呼吸、心跳停止所采用的抢救措施。即以人工呼吸代替病人的自主呼吸，以心脏按压形成暂时的人工循环，并诱发心脏的自主搏动。因此，临床上将二者合称为心肺复苏术。在一些体育运动的严重意外事故中，如溺水、外伤性休克等可能出现呼吸或心搏骤停，如不及时抢救，病人可能会很快死亡，在实施急救的同时，应拨打"120"。人工呼吸和胸外心脏按压是心脏复苏初期最主要的措施。

1. 人工呼吸：人工呼吸是借助人工方法来维持机体的气体交换，以改善病人乏氧状态，并排出二氧化碳，为恢复病人自主呼吸创造条件。人工呼吸的方法很多，最常用的是口对口人工呼吸法，此法简便有效。

操作方法：首先，病人仰卧位，头后仰→呼吸道通畅→张开病人口；其次，注意捏鼻先吹两口气，每次吹气量成人约 1200 毫升，儿童 800 毫升，口对口呼吸的呼吸频率成人 16—20 次/分，儿童 18—24 次/分，婴儿 30—40 次/分。

2. 胸外心脏按压术：心搏骤停是指由各种原因致使心跳突然停止正常收缩和供血功能，使全身所需血液中断，导致各个组织器官严重缺血缺氧和代谢障碍的情况。常见的心跳骤停原因有冠心病、心肌梗死、风湿性心脏病、心肌病、脑出血、严重外伤、严重中毒、麻醉、外科手术意外、低温、休克、自缢、触雷电以及先天性心脏病等。人工循环是挽救心搏骤停的首选复苏技术，是指用人工方法促使血液在血管内流动，供应各组织器官养分和氧气以维持生命，是目前复苏急救普遍采用的方法。

操作方法：使伤病者平卧于硬板床或平地上，注意保暖。急救者以左手掌根置于胸骨中下 1/3 交界处，右手压于左手背上，借操作者的体重向脊柱方向带有冲击性地按压，但绝不能用力过猛过大，以能使胸骨与其相连肋骨下降 3—4 厘米为宜，间接压迫心脏，接着迅速放松，使胸骨复原，心脏舒张。挤压与放松之间的百分比，前者占 60%，后者占 40%。按压速度不能过快过慢，成人为 80—100 次/分，小儿为 100—120 次/分。按压必须持之以恒，直到有效的心跳恢复为止。小儿只用一掌根的压力即可，新生儿只用 2—3 指的压力即达目的。

注意事项：

①口对口人工呼吸与胸外心脏按压同时进行；

②单人急救时，每按压胸部 15 次后，吹气两口，即 15：2；

③双人急救时，每按压胸部 5 次后，吹气 1 口，即 5：1；

④有脉搏无呼吸者，每 5 秒钟吹一口气（12—16 次/分）。

⑤进行心肺复苏时，急救一经开始，就要连续进行，不间断，直至伤员恢复自主呼吸、心跳或确诊死亡为止。在抢救的同时，应迅速派人请医生来处理。

思考题

1. 体育保健需要注意哪些方面的卫生？

2. 人体健康需要哪些营养素？

3. 常见的运动性疾病有哪几种？

4. 运动性损伤有哪几种急救方法？

第五章

中国传统养生体育

第一节　中国传统养生体育的概述

一　传统养生体育的概述

传统养生体育是我国古代养生学说与强身健体锻炼方法相结合的宝贵民族文化遗产。传统养生体育是以导引、气功、武术、太极拳等为手段，依靠人体自身的能力，通过姿势的调整、呼吸的锻炼、意念的应用来调节和增强人体各部分机能、诱导和启发人体内潜能，起到防病、治病、益智、延年的作用。传统养生体育具有保健养生和防病治病的特点。

二　传统养生体育的种类

（一）武术

它是以技击动作为主要内容，以套路和格斗为主要运动形式，注重内外兼修的中国传统体育项目。

（二）健身气功

它是以自身形体活动、呼吸吐纳、心理调节相结合为主要运动形式的民族传统体育项目，是中华悠久文化的重要组成部分。

三　传统养生体育的保健功效

（一）动形养生

《吕氏春秋》率先提倡动形养生，认为经常运动身体，可强身健体。东汉名医华佗模仿虎、鹿、熊、猿、鸟的动作，创编了"五禽戏体操"，作为强身健体之功法。

（二）调气养生

气乃生命之根本和动力，具有"抗邪防病"的功效。气贵在运行不息、升降有常。调养元气之法包括慎起居，顺四时；戒过劳，防过逸；调饮食，和五味；和七情，省言语；习吐纳、行导引等。

（三）固精养生

通过固摄阴精，使之充盈内守，以达养生。强调节情欲以防阴精妄耗，倡导晚婚，通过调七情、少操劳，以保养阴精，固秘阳精，益寿延年。

（四）食疗养生

唐代名医孙思邈为此派宗师，其主导思想是节制饮食，以食疗病，延年益寿。饮食宜清、淡、软、简；忌腻、厚、生冷、杂。邹铉提出："凡老人有患，宜先以食治……此为养老之大法也。"认为食疗对人体具有调和阴阳、滋养脏腑、补益气血、调节情感等作用，为养生之本。

（五）药饵养生

利用药物调理阴阳、补益脏腑、滋养精血，以达到抗衰老的目的。其观点是以扶持为本，制方原则在于"中和"，认为老人药饵，只可用温平、顺气、补虚、中和之药，并应与食疗结合，一是温养肾气，二是健脾理气，即重在培养先天、后天之本。用药要根据四季气候和年龄阶段的不同特点，因人而异，未病先防，养脾气，填肾精。

总之，上述养生之法各有所长。因此，养生抗衰延寿之本，应根据自身诸方面的条件，选择综合养生方法，方可奏效。

第二节　武术

一　武术概述

（一）武术的形成和发展

武术最早起源于生产劳动，生存竞争萌芽了武术的最根本性特征，即技击性。原始社会的武术是多位一体的，既是狩猎的训练形式、丰收的庆典形式，又是军事演习和宗教仪式形式。

奴隶社会，中国武术亦由原始状态下的武术雏形，逐渐开始成为人们有目的、有意识、有组织的社会活动，开始成为一种"准武术文化形态"。

从春秋战国开始，武术与军事武艺分离，开始形成军旅武术和民间武术两大平行体系，并相互影响、依存和消长，构成中国武术的基本格局，中国武术文化体系逐渐完善。

从1840年以后，随着冷兵器的消亡，武术基本从军事中脱离出来，成为强身自卫运动，并逐步成为中国近代体育的有机组成部分。

新中国成立后，武术事业沿着新中国体育的发展道路，按照武术自身的发展规律，在不断探索、改革、开拓中前进，在传承祖国优秀文化遗产、增强人民体质、振奋民族精神、建设社会主义精神文明中发挥了重要作用。在增进国与国之间的交往、跨出国门、走向世界的征途中，武术创造了举世瞩目的辉煌业绩。目前，武术运动正在世界各地兴起，并已预示出其广阔的发展前景。

（二）武术的内容和分类

武术按其运动形式可分为套路运动和搏斗运动两大类。套路运动按练习形式可分为：单练、对练和集体演练。搏斗运动包括：散手、推手和短兵。

（三）武术的基本名词术语

1. 套路：武术运动的主要形式，是以技击动作为素材，按攻守进退、动静虚实、刚柔疾徐的运动变化规律编成的整套练习形式。它一般由4段或6段组成，有起势与收势。现行的套路类型有规定套路、自选套路、传统套路及对练套路等。

2. 格斗：是两人在一定条件下，按照一定的规则斗智、斗勇、较技、较力的对抗性练习形式。

3. 散打：又称"散手"，是两人按照一定规则使用踢、打、摔等方法制胜对方的竞技项目。

4. 推手又称"太极推手"：是两人按照一定的规则，使用掤、捋、挤、按、采、肘、靠等方法，双方沾连粘随，通过肌肉的感觉来判断对方的用劲，然后寻机借劲发劲将对方推出，以此决定胜负的竞技项目。

5. 短兵：是两人手持一种用藤、皮、棉制作的短棒似的器械，在16市尺直径的圆形场地内，按照一定的规则，使用劈、砍、刺、崩、点、斩等方法进行决胜负的竞技项目。

6. 攻法运动：是以单个武术动作为主体进行练习，以达到健身或增强某方面体能的运动。

7. 长拳：是查拳、华拳、洪拳、炮拳、戳脚等拳术的总称。其特点是：舒展大方，快速有力，节奏分明，蹿蹦跳跃，闪展腾挪，起伏转折，动作灵活多变。

8. 南拳：是流传于我国南方各地拳术的总称。其特点是手法多变，腿法较少，动作紧凑，刚健有力，伴有发声吐气助发力；步法四平八稳，落地生根；身法俯仰吞吐，靠崩闪转。

9. 太极拳：是一种柔和缓慢、轻灵的拳术。其特点是：心静体松，呼吸自然，轻灵沉着，圆活连贯，上下相随，虚实分明，柔中寓刚，以意导动等。其主要流派有陈式、杨式、吴式、武式、孙式等。

10. 对练：是两人或两人以上，按照预定的程序进行的攻防格斗套路练习形式。包括徒手对练、器械对练、徒手与器械对练。

11. 集体演练：是6人或6人以上集体进行的徒手、器械或徒手与器械的演练。练习时可变换队形，可采用音乐伴奏，要求队形整齐，动作协调一致。

12. 抱拳礼：武术礼法。此礼法是由中国传统"作揖礼"和少林拳的抱拳礼（四指礼），加以提炼、规范、统一得来的，并赋予了新的含义，这是在国内外被一致采用的具有代表性的礼法。行礼的方法是：并步站立，左手四指并拢伸直成掌，拇指屈拢，右手成拳，左掌心掩贴右掌面，左指尖与上颏平齐。右拳眼斜对胸窝，置于胸前屈臂成圆，肘尖略下垂，拳掌与胸相距20—30厘米。头正，身直，目视受礼者，面容举止大方。武术散手在戴拳套练习和比赛时，可模拟地行抱拳礼，两拳套合抱于胸前即可，抱拳礼的具体含义是：①左掌表示德、智、体、美"四育"齐备，象征高尚情操。屈指表示不自大，不骄傲，不以"老大"自居。右拳表示勇猛习武，左掌掩右拳相抱，表示"勇不滋乱""武不犯禁"，以此来约束、节制勇武的意思。②左掌右拳拢屈，两臂屈圆，表示五湖四海（泛指五洲四洋），天下武林是一家，谦虚团结，以武会友。③左掌为文，右拳为武，文武兼学，虚心、渴望求知，恭候师友、前辈指教。

13. 注目礼：武术礼法。其动作方法是：并步站立，目视受礼者或向前平视，勿低头弯腰，表示对受礼者的恭敬、尊重。若表示对行礼者答诺或聆听指教受益时，可微点头示意。

14. 拳：①手型的一种。拳的部位包括：拳眼、拳心、拳面、拳背、拳轮。②拳型之一。又名捶、捶头、拳头。通常指五指并拢卷曲紧握为拳。要求拳面平，拇指压于食指、中指第二指节上。这种拳型称为四平拳、平拳或卷心拳。

15. 空拳：亦称半握拳。从食指到小指四指并拢，卷屈松握，拇指压于食指、中指的指甲上，拳心虚空。太极拳多用此拳型。

16. 掌：掌的部位包括：掌心、掌背、掌指、掌根、掌外沿。通常拇指弯曲扣于虎口处，其余四指并拢伸直。这种掌型亦称为柳叶掌。

17. 勾：亦称勾手。勾的部位包括：勾尖、勾顶。分①五指勾：屈腕，五指相撮。②三指勾：屈腕，拇指、食指、中指相撮，指相撮，中指、无名指、小指卷屈于手心。

18. 太极拳掌型：①五指自然分开并微屈，虎口成圆形，掌心微含。②陈式太极拳掌型。拇指和小指内扣，食指、中指、无名指微向后伸张。

19. 剑指：剑术中不持剑手的手形。食指、中指并拢伸直，其余三指向手心弯曲，拇指压在无名指第一节指骨上。在动作变转中，拇指与无名指也可松开，屈而不压。民间流传的剑中还有以一指（食指）作为剑指的。

20. 弓步：两脚前后开立，前脚脚尖微内扣，全脚着地，屈膝半蹲，大腿成水平，膝部约与脚尖垂直；另一腿挺膝伸直，脚尖内扣斜向前，全脚着地。上体正对前方，目向前平视。武谚云："前腿弓，后腿绷，挺胸沉胯莫晃动。"

21. 马步：两脚平行开立，相距约为脚长的 3 倍，全脚着地，脚尖正朝前，屈膝半蹲，大腿呈水平。武谚云："左右并立三足宽，双腿水平如从鞍，挺胸塌腰向前看，稳如泰山人难撼。"

22. 虚步：两脚前后开立，全脚着地，后脚尖斜向前，屈膝半蹲，大腿接近水平，前腿微屈，脚面绷平，脚尖稍内扣虚点地面，武谚云："虚步前后分虚实，前进后退任自便。"

23. 仆步：两脚左右开立，一腿全蹲，大腿和小腿靠紧，臀部接近小腿，全脚着地，膝与脚尖稍外展；另一腿挺直平仆，脚尖内扣，全脚着地。武谚云："单叉下仆伏地虎，窜起下伏任自如。"

24. 歇步：两腿交叉靠拢全蹲，前脚全脚着地，脚尖外展；后脚脚跟离地，膝部贴近前腿外侧，臀部外侧紧贴后小腿。武谚云："两腿交叉坐下来，挺胸塌腰歇一会。"

25. 坐盘：两腿交叉叠拢下坐，臀部和后腿的大小腿外侧及脚面均着地，脚跟接近臀部；前腿在身前横跨于后腿上方，全脚着地，脚尖朝前，大腿贴近胸部。

26. 丁步：两腿前拢半蹲，一脚全脚着地，脚尖朝前；另一脚与支撑脚内侧相靠，脚跟翘起，脚面绷平，脚尖里扣并虚点地面。

27. 并步：两腿伸直并拢，全脚着地，脚尖朝前。

28. 叉步：两腿前后交叉，前腿屈膝半蹲，大腿成水平，全脚着地，脚尖外展约45°；另一腿挺膝伸直，前脚掌着地，脚尖正朝前。挺胸塌腰沉髋。

29. 横裆步：两脚左右开立，约同弓步宽，全脚着地，两脚尖正朝前，一腿屈膝半蹲，大腿水平；另一腿挺膝伸直。挺胸立腰沉髋，目视前方。

30. 提膝平衡：一腿支撑直立站稳；另一腿在体前屈膝高提近胸，小腿斜垂里扣，脚面绷平内收。

31. 望月平衡：支撑腿伸直或稍屈站稳，上体前倾拧腰向支撑腿同侧方上翻，挺胸塌腰转头回视；另一腿在身后向支撑腿的同侧方上举，小腿屈收，脚面绷平，脚底朝上。

二　武术的基本功和基本动作

（一）手型手法练习

手型手法练习是运用拳、掌、勾三种手型，结合上肢冲、架、推、亮等运动方法，练习手型手法的基本规律。

手型：

拳：四指并拢卷握，拇指扣在食指和中指的第二指节上。要求拳握紧，拳面平，手腕直。

掌：四指并拢伸直，拇指第一指节弯曲并紧扣于虎口处。

勾：五指尖捏拢，屈腕。

手法：

冲拳：分平拳和立拳两种。平拳拳心向下，立拳拳眼向上。

①预备：两脚左右开立与肩同宽，脚尖向前，两拳抱于腰间，拳心向上，肘尖向后，挺胸收腹，立腰，目视前方。

②动作：右拳从腰间向前快速冲出，拧腰顺肩，在肘关节过腰时，右前臂内旋。力达拳面，臂伸直，与肩平。同时左肘向后牵拉。左右交替练习。

③要领：出拳快而有力，出拳和收拳时，肘要贴肋运行。

架拳：

①预备：与冲拳同。

②动作：右拳向下、向右、向上经头前向右上方划弧，同时前臂内旋架起，拳眼向左斜下方，目视左方。左右交替练习。

③要领：松肩、塌腕、肘微屈。

推掌：

①预备：与冲拳同。

②动作：右拳变掌，以掌根为力点向前快速推出，同时前臂内旋使掌指向上，臂伸直与肩平。推出时要拧腰顺肩，同时左肘向后牵拉。左右交替练习。

③要领：出掌快而有力，出掌和收掌时，肘要贴肋运行。

（二）步型练习

弓步：

左脚向前一大步（约为本人脚长的 4—5 倍），脚尖微内扣，左腿屈膝半蹲，大腿略高于水平，膝不过脚尖；右腿挺膝伸直，脚尖内扣。双脚全脚着地，上体正对前方，两手腰间抱拳，目视前方。弓左腿为左弓步；弓右腿为右弓步。

要领：前腿弓，后腿绷，挺胸塌腰，沉髋合髋，两脚分别在一条纵线的两侧，两脚内侧横向相距约 10 厘米。

马步：

两脚左右开立（脚内侧相距约为本人脚长的三倍），脚尖向前，屈膝屈髋半蹲，膝不过两脚尖，大腿略高于膝，全脚着地。

身体重心落于两脚之间。两手腰间抱拳。目视前方。

要领：挺胸塌腰，脚跟外蹬。

仆步：

两脚左右开立，右腿屈膝全蹲，脚尖和膝关节外展，臀部接近右脚跟；左腿挺直平仆，脚尖里扣，两脚全脚着地，两手腰间抱拳。目视左方。仆左腿为左仆步；仆右腿为右仆步。

要领：挺胸塌腰，平仆腿一侧沉髋。

虚步：

右脚外展 45 度，屈膝屈髋半蹲；左脚向前开立，膝稍屈，脚面绷平，脚尖虚点地，两膝稍内扣；重心落于右脚上，两手腰间抱拳。目视前方。左脚在前为左虚步；右脚在前为右虚步。

要领：挺胸立腰，虚实分明。

高虚步：

将虚步的两腿伸直，前腿仍绷足，足尖虚点地。要领与虚步相同。

歇步：

两腿交叉靠拢，全蹲，左脚在前全脚着地，脚尖外展；右脚在后，前脚掌着地，右膝顶出并贴紧左小腿外侧，臀部坐于右脚接近脚跟处，两手腰间抱拳。目视前方或左方。左脚在前为左歇步；右脚在前为右歇步。

要领：挺胸塌腰，两腿贴紧，腰向前腿拧转。

坐盘：

将歇步中的后腿的大、小腿及脚面外侧贴地坐下，即成坐盘（参看青年剑术）。

要领：与歇步相同。

丁步：

并步站立，两腿屈膝半蹲，右脚全脚着地；左脚尖虚点地，脚面绷平贴于右脚弓处。重心落于右腿上，两手腰间抱拳。目视左方。左脚尖点地为左丁步；右脚尖点地为右丁步。

要领：与虚步相同。

（三）腿部练习

压腿：

正压腿：面对一定高度的物体，并步站立。右腿提起，脚跟放在高物上，脚尖向头部方向勾紧，两手扶按膝上。两腿伸直，立腰、收髋，上体前屈，向前向下做振压动作。左右交替练习。

要领：向前向下振压时保持直体，挺胸立腰。经常练习，使前额逐渐触及脚尖，然后鼻尖、下颏触及脚尖。

仆步压腿：右仆步，右手抓握仆腿脚脚面，另一手按膝，上下振动。左右交替练习。

要领：挺胸塌腰，沉髋。

踢腿：

腿部练习中的主要内容，可以增强腿部肌肉的弹性和髋关节的灵活性。

正踢腿：并步站立，两臂侧平举，两手成拳或掌。左脚向前半步支撑，右脚脚尖勾起向前额处猛踢。目视前方。左右交替练习。

要领：挺胸直腰，脚尖勾起勾落或勾起绷落，踢腿时收髋收腹，支撑腿挺直，速度要快。

侧踢腿：并步站立，两臂侧平举，两手成掌或拳。左腿向右腿前交叉支撑，右脚脚尖勾起向自己右耳踢起，左手上举亮掌，右手屈肘立掌于左肩前或垂于裆前。目视前方。踢左腿为左侧踢；踢右腿为右侧踢。

要领：挺胸直腰，侧身开髋，踢腿速度要快。

弹腿：并步抱拳，左腿屈膝提起，腿与腰平，脚面绷平。当提膝接近水平时，迅速猛力挺膝，向前平弹，力达脚面，腿与髋平；右腿伸直或微屈支撑，目视前方。左右交替练习。

要领：挺胸直腰，收髋，脚面绷直，弹击有爆发力。

蹬腿：与弹腿相同，唯脚尖勾起，力达脚跟。

（四）腰部练习

前俯腰：

并步站立，两手手指交叉。直臂上举，手心翻上，上体前俯向下，两手尽量贴地。然后两手松开，抱住两脚跟处逐渐使胸贴近腿部，持续一定时间再起立。还可以向左、右转体，两手在脚外侧触地。

要领：两腿挺膝伸直，收髋长腰，以髋关节为轴向前折体。

三　初级长拳第一路

预备势

要点：两脚并拢站立，眼看前方（图预备势1-1）

预备势 1-1

两手握拳，屈肘抱于两侧，拳心朝上；脸向左转，眼向左侧方平视

（图预备势1-2）。

预备势 1-2

要点：挺胸、直腰、两肩后张、两拳紧收腰侧。

第一段

（一）**马步双劈拳**

1. 左脚向左开步，同时两拳从腰侧伸向腹前错臂交叉，左拳在里，右拳在外，拳心对着眼睛（图1-1）

图 1-1

2. 两腿屈膝半蹲成马步，同时两拳向左右换臂侧劈，拳眼朝上，眼看左拳（图1-2）

图 1-2

要点：开步、抡劈和半蹲的动作必须同时进行。形成马步之后，两大腿要坐平脚尖内扣，两膝里合。要挺胸、塌腰、两肩松沉，两拳与肩平行。

（二）拗弓步冲拳

左脚跟和右脚掌同时碾地使上身左转，左腿屈膝，右腿蹬直，成左弓步。在上身左转的同时，右拳先收抱于右腰侧（拳心朝上），同时臂内旋，使拳眼朝上，用力向前冲出，拳路比肩高；左拳和左臂外旋使拳心朝上，屈肘收抱于左腰侧（图2）。

图 2

要点：上述两个动作必须连贯。冲拳要用力，右肩前顺，左肩后牵。两脚脚掌全部着地。

（三）蹬腿冲拳

左脚不动，右脚屈膝提起，用脚跟向前平直蹬出，脚尖勾起。同时右拳外旋使拳心朝上，屈肘收抱于右腰侧左拳随之成直拳向前冲出，拳眼朝上。眼看左拳（图3）。

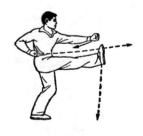

图 3

要点：收拳、冲拳、蹬腿三个动作必须同时进行，协调一致。立地腿要站稳，两肩要松沉，左肩前顺，右肩后牵。

（四）马步冲拳

右脚向前落步，脚尖里扣；同时左脚前脚掌碾地使脚跟内转，上身随之左转，两腿屈膝半蹲成马步。在形成马步的同时，左拳和左臂外旋，使拳心朝上，屈肘收抱于左腰侧；右拳随即向右侧方成立拳平直冲出，稍比肩高，拳眼朝上。眼看右拳（图4）。

图4

要点：落步、转身和屈膝半蹲的动作必须与收拳、冲拳的动作协调一致。形成马步之后，两肩稍向后张，左肘向后牵引，挺胸、塌腰。

（五）马步双劈拳

①上动稍停，两脚不动，两腿直起。左拳从腰向腹前下伸，拳背朝前；在左拳下伸的同时，右臂内旋从右侧方向下、向腹前内收，收至腹前时，两臂成右外左内错臂交叉，拳心对着腹部。眼向右平视（图5-1）。

图5-1

②两腿屈膝半蹲成马步，同时两拳向左右抡臂侧劈，拳眼朝上。眼看右拳（图5-2）。

图5-2

要点：与本节的马步双劈拳的动作要点相同。

（六）拗弓步冲拳

右脚跟和左脚掌同时碾地，使上身右转，右腿屈膝，左腿蹬直，成右弓步。在上身右转的同时，左拳先收抱于左腰侧（拳心朝上），同时臂内旋，使拳眼朝上，用力向前冲出，拳略比肩高；右拳和右臂外旋，使拳心朝上，屈肘收抱于右腰侧（图6）。

图6

要点。与本节的拗弓步冲拳相同，唯左右相反。

（七）蹬腿冲拳

右脚不动，左脚屈膝提起，用脚跟向前方直踢出，脚尖勾起。同时左拳外旋使拳心朝上，屈肘收抱于在腰侧；右拳随之成直拳向前冲出，拳眼朝上。眼看右拳（图7）。

图7

要点。与本节的蹬腿冲拳相同，唯左右相反。

（八）马步冲拳

左脚向前落步，脚尖里扣；同时右脚前脚掌碾地使脚跟内转，上身随之右转，两腿屈膝半蹲成马步。在形成马步的同时，右拳和右臂外旋使拳心朝上，屈肘收抱于右腰侧；左拳随即向左侧方成立拳平直冲出，略比肩高，拳眼朝上。眼看左拳（图8）。

要点：与本节的马步冲拳相同，唯左右相反。

图 8

第二段

（一）弓步推掌

上动稍停，上身左转，右脚随之向前上步，左腿蹬直，右腿屈膝，成右弓步。在右脚上步的同时，左拳拳心朝上，屈时收抱于左腰侧右拳随之变为侧上掌向前平直推出，掌指朝上。眼看右掌（图9）。

图 9

要点：转身、上步、收拳、推掌的动作必须协调一致。推掌时，必须使腕关节向拇指一侧微屈，以小指一侧用力向前推出；推出之后，腕关节向上微屈，肘臂伸直，肩部松沉并向前顺，挺胸、塌腰，掌指高于眉梢。

（二）拗弓步推掌

两脚不动，步型不变，上身右转。右掌变拳屈肘收抱于右腰侧，拳心朝上；同时左掌变为侧立掌向前平直推出，掌指朝上。眼看左掌（图10）。

图 10

要点：左肩前顺，右肩后牵，两脚不要拔限或掀脚。

（三）弓步搂手砍掌

①上身从左向后转，右腿挺膝伸直，左腿屈膝半蹲，成左弓步。左掌直腕成俯掌，在转身的同时从左向后平行横搂。眼看左掌（图11-1）。

图 11-1

②上动不停，左掌变拳，拳心朝上，屈肘收抱于左腰侧；同时右拳变掌，臂伸直从后由外向身前成仰掌平行横砍。眼看右掌（图11-2）。

图 11-2

要点：转身、搂手、收拳、砍掌的动作必须协调一致，但不必过快。砍掌时，肘腕关节都须伸直，砍掌之后，掌心略高过肩，两肩松沉。

（四）弓步穿手推掌

1. 左拳变掌，由左腰侧经右掌上面向前穿出，掌心朝上；在左掌前穿的同时，右掌内旋使掌心朝下成俯掌，经左臂下方屈肘收于胸前（图12-1）。

图 12-1

2. 上动不停，左臂内旋，左掌五指捏握成勾手，勾尖朝下；此时上身右转，左腿挺膝伸直，右腿屈膝半蹲，成右弓步；同时右掌成侧立掌向前平直推，掌指朝上。眼看右掌（图 12-2）。

图 12-2

要点：穿掌与收掌的动作，转身、勾手与推掌的动作，必须分别同时进行；而这两部分动作，又必须协调连贯，中间不要停顿。推掌之后，手腕要向上微屈，掌指高与后肩；勾手要向下屈，手背略高于肩。

（五）弓步推掌

1. 上动稍停，左勾手变为倒掌屈肘收抱于左腰侧，掌指朝下，掌心朝前。

2. 左脚向前上步，右腿挺膝伸直，左腿屈膝半蹲，成为左弓步。同时右掌变拳，屈肘收抱于右腰侧，拳心朝上；左掌随之成侧立掌向前平直推出，掌指朝上。眼看左掌（图 13）。

图 13

要点：与本节的弓步推掌相同。

（六）拗弓步推掌

两脚不动，步型不变，上身左转。左掌变拳屈肘收抱于左膝侧，拳心朝上；同时右拳变为侧立掌向前平直推出，掌指朝上。眼看右掌（图 14）。

要点：与本节的拗弓步推掌相同，唯左右相反。

图 14

（七）弓步搂手砍掌

1. 上身从右向后转，左腿挺膝伸直，右腿屈膝半蹲，成右弓步。右掌直腕成俯掌，在转身的同时从右向后方横搂。眼看右掌（图15-1）。

图 15-1

2. 上动不停，右掌变拳，拳心朝上，屈肘收抱于右腰侧；同时左拳变掌，臂伸直从后由外向身前成仰掌平行横砍。眼看左掌（图15-2）。

图 15-2

要点：与本节的弓步搂手砍掌相同。

（八）弓步穿手推掌

1. 右拳变掌，由右腰侧经左掌上面向前穿出，掌心朝上；在右掌前穿的同时，左掌内旋使掌心朝下成俯掌，顺右臂下面屈肘收于胸前（图16-1）。

2. 上动不停，右臂内旋，右掌五指捏握成勾手，勾尖朝下；此时上

图 16-1

身左转，右腿挺膝伸直，左腿屈膝半蹲，成左弓步；同时左掌成倒立掌向前平直推出，掌指朝上。眼看左掌（图 16-2）。

图 16-2

要点：与本节的弓步穿手推掌相同。

第三段

（一）虚步上架

上动稍停，左脚尖内扣，上身右转，右脚撤回半步以前脚掌点地，左腿屈膝略蹲，右膝稍屈，身体重量落于左腿，成为右虚步。左掌变拳，在上身右转成虚步的同时，拳心朝向身前，拳眼朝下；右勾手随之变拳，臂内旋使拳下栽，屈肘附在右膝上面，拳心朝向身后，拳面朝下。眼向右前方平视（图 17）。

图 17

要点：上架之拳，肘略向身后展开，下栽之拳，肘路向前牵引；做虚步时要挺胸、塌腰，左脚全踏地面，右脚虚点地面，虚实分明。

（二）马步下压

1. 左腿伸直立起，右腿屈膝提起。同时右拳从下经腰前向外抡臂绕攥，至右前方时成仰拳平行，左拳下降至背后（图18-1）。

图 18-1

2. 上动不停，左脚蹬地弹起，同时上身从右向后转，右脚在转身后立即落于左脚的原位，左脚随之落于上身左侧，两腿屈膝半蹲成马步。右拳在右脚落地的同时，屈肘收抱于右腰侧，拳心朝上；左拳由后向上挥臂，在形成马步的同时，臂外旋，屈肘以前臂为力点，从上向身前下压，左臂屈肘成直角，拳心朝上。眼看左拳（图18-2）。

图 18-2

要点：起跳时，先使左膝略屈，然后蹬地跳起；起起后，上身在空中向后转；转身后，右脚先落地，左脚随后落地。右拳外旋并提步动作、右拳屈肘抱腰与右脚落步动作、左前臂下压与左脚轻步动作必须分别同时进行。

（三）拗弓步冲拳

左脚跟和右脚掌同时碾地使上身左转，左腿屈膝，右腿蹬直，成左弓步。同时左拳屈肘收抱于左腰侧，拳心仍朝上；右拳随即从右腰侧向前平直冲出，拳眼朝上。眼看右拳（图19）。

图 19

要点：与第一节第二动的拗弓步冲拳相同。

（四）马步冲拳

左脚尖内扣，右脚跟内转，上身右转，两腿屈膝半蹲成马步。同时右拳和右臂外旋使拳心朝上，屈肘收抱于右腰侧；左拳随即向左侧方成立拳平直冲出，略比肩高，拳眼朝上。眼看左拳（图20）。

图 20

要点：收拳和冲拳动作必须协调一致。形成马步后，两肩稍向后张，右肘向后牵引，挺胸、塌腰。

（五）虚步上架

上动稍停，右脚尖内扣，上身左转，左角撤回半步以前脚掌点地，右腿屈膝略蹲，左膝稍屈，身体重量落于右腿，成左虚步。同时右臂向右向上屈肘横高于头顶上方，拳心朝向身前，拳眼朝下；左拳随之内旋使拳下栽，屈肘附在左膝上面，拳心朝向身后，拳面朝下。眼向左前方平视（图21）。

要点：与本节的虚步上架相同，唯左右相反。

图 21

（六）马步下压

1. 右腿伸直立起，左腿屈膝提起。同时左拳从下经腰前向外抡臂绕撮，至左前方时平行，拳心朝上；右拳下降至背后（图 22-1）。

图 22-1

2. 上动不停，右脚蹬地跳起，同时上身从左向后转，左脚在转后立即落于右脚的原位，右脚随之落于上身右侧，两腿屈膝半蹲成马步。左拳在左脚落地的同时，屈肘收抱于左腰侧，拳心朝上；右拳由后向上挥臂，在右脚落地形成马步的同时，臂外旋，屈肘以前臂为力点，从上向身前下压，上臂垂直，前臂平行，拳心朝上。眼看右拳（图 22-2）。

图 22-2

要点：与本节的马步下压相同，唯左右相反。

（七）拗弓步冲拳

右脚跟和左脚掌同时碾地使上身右转，右腿屈膝，左腿蹬直，成右弓步。同时右拳屈肘收抱于右腰侧，拳心仍朝上；左拳随即从左腰侧向前方直冲出，拳眼朝上。眼看左拳（图23）。

图 23

要点：与第一节第二动的拗弓步冲拳相同，唯左右相反。

（八）马步冲拳

右脚尖内扣，左脚跟内旋，上身左转，两腿屈膝半蹲成马步。同时左拳和左臂外旋使拳心朝上，屈肘收抱于左腰侧；右拳随即向右侧方成立拳平直冲出，略比肩高，拳眼朝上。眼看右拳（图24）。

图 24

要点：与本节的马步冲拳相同，唯左右相反。

第四段

（一）弓步双推掌

上动稍停，右脚尖内扣，左脚尖外撇，上身随之左转，右腿蹬直，左腿屈膝，成左弓步。同时左拳在身前下伸，并与右拳一起变掌，两掌从右向上、向左弧形绕撅，至左侧方时，均成仰立掌，左掌直臂平行，右臂屈肘使掌心靠近左肘，掌指均朝上。眼看左掌（图25）。

要点：转身与两掌绕腕的动作要同时进行，协调一致。两掌绕腕时，肩关节要放松，推掌动作结束时，左掌抬高于眉梢，右掌抬高与鼻点，两

图 25

肩下沉。

（二）弓步擦掌

1. 左脚跟稍向外展，左腿全蹲，右腿伸直平铺成仆步，上身随之右转，向右脚处前探。在转身的同时，左掌和左臂内旋，反臂上举成勾手，勾尖朝上；同时右掌成立掌，从身前向右脚处横搂。眼看右掌（图 26-1）。

图 26-1

2. 上动不停，右掌继续向身后按去，至身后反臂成勾手，勾尖朝上；同时上身前移，左腿挺膝伸直，右腿屈膝半蹲，成右弓步；在上身前移的同时，左勾手交掌，臂外旋使掌心朝下，以掌心为力点，从后向下、向前撩起，成仰掌平举，肘、腕伸直，掌高不过肩。眼看左掌（图 26-2）。

图 26-2

要点：上述两动，必须连贯。做仆步时，臀部尽量接近全部的小腿，上身向平铺腿的一侧前伸。仆步转入弓步时，上身不要立起，要从低处向前探伸移动。撩掌时，肩要松。勾手肘腕关节尽量上屈，臂向上举，上身要挺胸、塌腰。

（三）推掌弹踢

1. 右勾手变掌，屈肘收抱于右腰侧，屈腕使掌指朝下，掌心朝前；左掌开始变拳。

2. 上动不停，左掌变拳屈肘收抱于左腰侧，拳心朝上；同时右掌成侧立掌从腰向侧前推出，掌指朝上。右脚不动，左脚随之向前水平弹踢，脚面蹦平。眼看右掌（图27）。

图 27

要点：收拳、推掌、弹踢必须协调、连贯，弹踢时，先使弹踢腿屈膝，小腿后举，然后脚面蹦平，膝关节猛然挺伸使小腿向前弹出，整个腿与地面平行，立地腿站稳，上身稍前倾。

（四）弓步上架推掌

左脚向前落步，左腿屈膝，右腿蹬直，成左弓步。同时右掌和右臂内旋，屈肘横架于头顶上方，成横掌（掌指朝前，掌心向斜上方）；左拳随即变掌，向前成侧立掌平直推出，掌指朝上。眼看左掌（图28）。

图 28

要点：落步要轻，推掌要快。

（五）弓步双推掌

上动稍停，左脚尖内扣，右脚尖外撇，上身随之从右向后转，左腿蹬直，右腿侧屈膝，成右弓步。同时两掌向上、向右弧形绕摆，至右侧方时，均成侧立掌，右掌直臂平举，左臂屈肘使掌心靠近右肘，掌指均朝上。眼看右掌（图29）。

图 29

要点：与本节的弓步双摆掌相同，唯左右相反。

（六）弓步撩掌

1. 右脚跟稍向外展，右腿全蹲，左腿伸直平铺成仆步，上身随之左转，向左脚处前探。在转身的同时，右掌和右臂内旋，反臂上举成勾手，勾尖朝上；同时左掌成仰掌，前向左脚处横搂。眼随左掌（图30-1）。

图 30-1

2. 上动不停，左掌继续向身后搂去，至身后反臂成勾手，勾尖朝上；同时上身前移，右腿挺膝伸直，左腿屈膝半蹲，成左弓步。在上身前移的同时，右勾手变掌，臂外旋使掌心朝下，以掌心为力点。从后向下向前撩起，成仰掌平举，肘、腕伸直，掌高不过肩。眼看右掌（图30-2）。

图 30-2

要点：与本节的弓步撩掌相同。

（七）推掌弹踢

1. 左勾手交掌，屈肘收抱于左膝侧，屈腕使掌指朝下，掌心朝前；右掌开始变拳。

2. 上动不停，右掌变拳之后，屈肘收抱于右腰侧，拳心朝上；同时左掌成倒立掌从腰侧向前平直推出，掌指朝上。左脚不动，右脚随之向前水平弹踢，脚面蹦平。眼看左掌（图31）。

图 31

要点：与本节的推掌弹踢相同。

（八）弓步上架推掌

右脚向前落步，右腿屈膝，左腿蹬直，成右弓步。同时左掌和左臂内旋，屈肘横架于头顶上方，成横掌；右拳随即变掌，向前成倒立掌直推出，掌指朝上。眼看右掌（图32）。

图 32

要点：与本节的弓步上架推掌相同。

收势

1. 右脚跟稍向外展，右腿蹬直立起，同时上身稍向左转，左脚随之向右脚处靠拢并步；在并步的同时，两掌变拳，屈肘收抱于两腰侧，拳心均朝上；脸向左转，眼向左侧方平视（图收势 1）。

收势 1

2. 脸转向正前方，两拳变掌，直臂下垂，仍作立正姿势（图收势 2）。

收势 2

要点：立正收势时，头须端正，收下额，挺胸，直腰，松肩，呼吸平稳，精神振作。

四　简化太极拳

简化太极拳是在杨式太极拳的基础上，加以简化、改编的太极拳普及套路。这套拳分为 8 组，包括"起势""收势"共 24 个动作，又称"二十四式"。全套动作易学易懂，既不复杂，又能充分体现太极拳动作的柔和、缓慢、圆活、连贯的特点。

（一）动作名称

第一组

1. 起势　　2. 左右野马分鬃　　3. 白鹤亮翅

第二组

4. 左右搂膝拗步　　5. 手挥琵琶　6. 左右倒卷肱

第三组

7. 左揽雀尾　　　8. 右揽雀尾

第四组

9. 单鞭　　　　　10. 云手　　　　11. 单鞭

第五组

12. 高探马　　　　13. 右蹬脚

14. 双峰贯耳　　　15. 转身左蹬脚

第六组

16. 左下势独立　　17. 右下势独立

第七组

18. 左右穿梭　　　19. 海底针　　　20. 闪通臂

第八组

21. 转身搬拦捶　　22. 如封似闭

23. 十字手　　　　24. 收势

（二）动作说明

第一组

1. 起势

（1）身体自然直立，两脚左右分开与肩同宽，两臂于身体两侧自然下垂。眼向前平视（图1）。

图1

（2）两臂慢慢向前平举。两手高与肩平，与肩同宽，手心向下。眼看两手（图2）。

图2

（3）上体保持正直，两腿屈膝下蹲。同时两掌轻轻下按，两肘下垂与两膝相对。眼看前方（图3）。

图3

2. 左右野马分鬃

（1）上体微向右转，重心移于右腿上。同时右臂收在胸前平屈，手心，向下；左手经体前向右下画弧放在右手下，手心向上，两手心相对成抱球状。左脚随即收至右脚内侧，脚尖点地。眼看右手（图4）。

图 4

（2）上体微向左转，左脚向左前方迈出，右脚跟后蹬自然伸直，成左弓步。同时上体继续向左转，左右手随转体慢慢分别向左上右下分开，左手高与眼平（手心斜向上），肘微屈；右手落在右胯旁，肘微屈，手心向下，指尖向前。眼看左手（图5）。

图 5

（3）上体慢慢后坐，身体重心移至右腿，左脚尖跷起，微向外撇，随后脚掌慢慢踏实，左腿慢慢前弓，身体左转，身体重心再移至左腿。同时左手翻转朝下，左臂收在胸前平屈，右手向左上画弧放在左手下，两手心相对成抱球状。右脚随即收到左脚内侧，脚尖点地。眼看左手（图6）。

图 6

（4）动作与（2）相同，唯方向相反（图7）。

图 7

（5）动作与（1）相同（图8）。

图 8

（6）动作与（2）相同（图9）。

图 9

3. 白鹤亮翅

（1）上体微向左转，左手翻掌向下，左臂平屈胸前；右手向左上画弧，手心转向上，与左手成抱球状。眼看左手（图10）。

图 10

（2）右脚跟进半步，上体后坐，身体重心移至右腿，上体先向右转，面向右前方，眼看右手。然后左脚稍向前移，脚尖点地，成左虚步，同时上体再微向左转，面向前方。两手随转体慢慢向右上、左下分开，右手上提停于右额前，手心向左后方；左手落于左胯前，手心向下，掌指向前。眼看前方（图11）。

图 11

第二组

4. 左右搂膝拗步

（1）右手从体前下落，由下向后上方画弧至右肩外，手与耳同高，手心斜向上；左手由左下向上、向右下方画弧至右胸前，手心斜向下。同时上体先微向左再向右转；左脚收至右脚内侧，脚尖点地。眼看右手（图 12）。

图 12

（2）上体左转，左脚向前偏左迈出成左弓步。同时左手向前下经左膝前向左后搂过置于左胯旁，指尖向前；右手经右耳向前推出，高与鼻尖平，手心向前。眼看右手。（图 13）。

图 13

（3）右腿慢慢屈膝，上体后坐，重心移至右腿．左脚尖外撇，身体重心移至左腿，右脚收至左脚内侧，脚尖点地。左手向左后上方摆起，手心向上，手与耳同高；右手随之转后至左肩前，上体微左转。眼看左手（图14）。

图14

（4）动作与（2）相同，方向相反（图15）。

图15

（5）动作与（3）相同，方向相反（图16）。

图16

（6）动作与（2）相同（图17）。

图 17

5. 手挥琵琶

（1）左脚前移半步，重心移于右腿上。右手稍向后下收，左手稍向前上伸。眼看前方（图18）。

图 18

（2）左脚稍前移，脚尖跷起。左手由左下向上挑举，高与鼻尖平，掌心向右；右手收至肘内侧，掌心向左。眼看左手食指（图19）。

图 19

6. 左右倒卷肱

（1）上体右转，右手翻掌（手心向上）经腹前由下向后上方画弧平举，臂微屈；左手随即翻掌向上。眼随着向右转先向右看，再转向前方看左手（图20）。

图 20

（2）右臂屈肘折向前，右手由耳侧向前推出，手心向前；左臂屈肘后撤，手心向上，撤至左肋外侧。同时左腿轻轻提起向后（偏左）退一步，脚掌先着地，然后全脚慢慢踏实，身体重心移至左腿上，成图23、图24虚步；右脚随转体以脚掌为轴扭正。上体左转，左手随转体向后上方画弧平举，手心向上；右手随即翻掌，掌心向上。眼随转体先向左看，再转向前方看右手（图21、图22）。

图 21

图 22

（3）动作与（2）相同（图 23、图 24）。

图 23

图 24

（4）动作与（2）相同（图 25、图 26）。

图 25

图 26

（5）动作与（2）相同（图 27、图 28）。

图 27

图 28

第三组

7. 左揽雀尾

（1）身体向右转，左脚收至右腿内侧，脚尖点地。同时右手抱于胸前，手心向下；左手收至腹前，手心向上，两手相对成抱球状。眼看右手（图29）。

图 29

（2）上体微向左转，左脚向左前方迈出。上体继续向左转，右腿自然蹬直，成左弓步。同时左臂向左前方棚出（即左臂平屈成弧形，用前臂外侧和手背向前方推出），高与肩平，手心向后；右手向右下落放于右胯旁，手心向下，指尖向前。眼看左前臂（图30）。

（3）身体微向左转，左手随即前伸翻掌向下；右手翻向上，经腹前向上、向前伸至左前臂下方。然后两手下捋，即上体向右转，两手经腹前向右后上方画弧，直至右手心向上，高与肩平；左臂平屈于胸前，手心向

图 30

后。同时身体重心移至右腿，眼看右手（图 31、图 32）。

图 31

图 32

　　（4）上体向左转，右臂屈肘折回，右手附于左手腕内侧，双手同时向前慢慢挤出。同时身体前移成左弓步，眼看两手（图 33）。

图 33

（5）左手翻掌，手心向下；右手经左腕上方向前、向右伸出，高与左手齐，手心向下，两手左右分开，宽与肩同。然后右腿屈膝，上体慢慢后坐，身体重心移至右腿上，左脚尖跷起。同时两手屈肘收回至腹前，手心均向前下方。眼向前看（图34、图35）。

图 34

图 35

（6）上式不停，身体重心慢慢前移，同时两手向前、向上按出，掌心向前。左腿前弓成左弓步，眼看前方（图36）。

图 36

8. 右揽雀尾

（1）上体后坐并向右转，身体重心移至右腿，左脚尖内扣。右手向右平行画弧至右侧，然后由右下经腹前向左上画弧至左肋前，手心向上；左臂平屈胸前，左掌向下与右手成抱球状。同时身体重心再移至左腿上，右脚收至左脚内侧，脚尖点地。眼看右手（图37、图38）。

图 37

图 38

（2）动作与"左揽雀尾"（2）相同，左右相反（图 39）。

图 39

（3）动作与"左揽雀尾"（3）相同，左右相反（图 40、图 41）。

图 40

图 41

（4）动作与"左揽雀尾"（4）相同，左右相反（图42）。

图 42

（5）动作与"左揽雀尾"（5）（6）相同，左右相反（图43、图44、图45）。

图 43

图 44

图 45

第四组

9. 单鞭

（1）身体向左转，重心后坐，右脚尖内扣。两手（左高右低）向左弧形动转，直至左臂平举，伸于身体左侧，手心向左，右手经腹前动至左肋前，手心向后上方。眼看左手（图46）。

图 46

（2）身体重心渐渐移至右腿上，上体右转，左脚向右脚靠拢，脚尖点地。同时右手向右上方画弧（手心由里转达向外），至右侧方时变勾手，臂与肩平；左手向下经腹前向右上画弧停于右肩前，手心向里。眼看左手（图47）。

图 47

（3）上体微向左转，左脚向左前方迈出，右脚跟后蹬，成左弓步。在身体重心移向左腿的同时，左掌随上体的继续左转慢慢翻转向前推出，手心向前，手指与眼齐平，臂微屈。眼看左手（图48）。

图 48

10. 云手

（1）身体重心移至右腿上，身体渐向右转，左脚尖里扣，左手经腹前向右上方画弧至右肩前，手心斜向后；同时右手变掌，手心向右前。眼看左手（图49）。

图 49

（2）上体慢慢左转，身体重心随之逐渐左移。左手由脸前向左侧动转，手心渐渐转向左方；右手由右下经腹前向左上画弧，至左肩前，手心斜向后。同时右脚靠近左脚，成小开立步（两脚距离10—20厘米）。眼看左手（图50）。

图 50

（3）上体再向右转，同时左手羟腹前向右上画弧至右肩前，手心斜向后；右手向右侧动转，手心翻转向右。随之左腿向左横跨一步。眼看左手（图51）。

图 51

（4）动作与（2）相同（图 52）。

图 52

（5）动作与（3）相同（图 53）。

图 53

（6）动作与（2）相同（图54）。

图 54

11. 单鞭

（1）上体向右转，右手随之向右运转，至右侧方时变勾手；左手经腹前向右上画弧至右肩前，手心向内。身体重心落在右腿上，左脚尖点地。眼看左手（图55）。

图 55

（2）上体微向左转，左脚向左前方迈出，右脚跟后蹬，成左弓步。在身体重心移向左腿的同时上体继续左转，左掌慢慢翻转向前推出，成"单鞭"式（图56）。

图 56

第五组

12. 高探马

右脚跟进半步，重心移至右腿上。右勾手变掌，两手心翻转向上，两肘微屈。同时身体微向右转，左脚跟渐渐离地微前移成左高虚步。右掌经右耳旁向前推出，手心向前，手指与眼同高；左手收至左侧腰前，手心向上。眼看右手（图 57）。

图 57

13. 右蹬脚

（1）手前伸至右腕上，继之两手向左右两侧分开至手心向下，高与肩平。同时将左脚提起。眼看两手（图 58）。

图 58

（2）左脚前落，右脚随之前移至左脚内侧，脚尖点地。同时两手继续向左右绕一小立圆，于胸前交叉，右手在外，两手心向后。眼看两手（图59）。

图 59

（3）身体微向左转，将右脚向前方蹬出，脚尖向上。两手经胸前向左右分开，手指向上，手心向外，高与耳平。眼看右手（图60）。

图 60

14. 双峰贯耳

（1）右脚收回，屈膝平举，身体随之微向右转。左手伸向右手，手心向里，高与肩平。眼看前方（图61）。

图 61

（2）右脚向右前方下落，成右弓步。同时两手撤至两肋，继之握拳分向左右画弧转前，两拳相对，高与耳平，拳眼都斜向内下。眼看右拳（图62）。

图 62

15. 转身左蹬脚

（1）身体左转，重心移于左腿上，右脚尖里扣。同时两拳变掌，由上向左右画弧分开平举，手心向前，手指向上。眼看左手（图 63）。

图 63

（2）身体重心移至右腿，左脚收于右脚内侧，脚尖点地。，同时两手继续向下画弧至胸前交叉，右手在内，手心均向后。眼看左前方（图 64）。

图 64

（3）上动不停，两臂左右画弧分开平举，肘部微屈，手心均向外。同时左腿屈膝提起，左脚向左前方慢慢蹬出。眼看左手（图65、图66）。

图 65

图 66

第六组

16. 左下势独立

（1）左腿收回平屈，上体左转。右掌变勾手；左掌向上、向右画弧下落，位于右肩前，掌心斜向后。眼看右手（图67）。

图 67

（2）右腿慢慢屈膝下蹲，左腿由内向左侧（偏后）伸出，成左仆步。左手下落（掌心向外）向左下顺左腿内侧向前穿出。眼看左手（图68）。

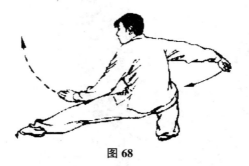

图 68

（3）身体重心前移，以左脚跟为轴，脚尖尽量向外撇，左腿前弓，右腿后蹬，右脚尖里扣，上体微向左转并向前起身。同时左臂继续向前伸出（立掌），掌心向右；右勾手下落，勾尖向后。眼看左手（图69）。

图 69

（4）右腿慢慢提起平屈，成左独立式。同时右勾手变掌，并由后下方顺右腿外侧向前弧形摆出，屈臂立于右腿上方，肘与膝相对，手心向左；左手落于左胯旁，手心向下，指尖向前。眼看右手（图70）。

图 70

17. 右下势独立

（1）右脚下落于左脚前，脚掌着地，然后左脚前掌为轴脚跟转动，身体随之左转。同时左手向后平举成勾手；右掌随着转体向左侧画弧，位于左肩前，掌心斜向后。眼看左手（图71）。

图 71

（2）动作与左下势独立（2）相同，唯左右相反（图72）。

图 72

（3）动作与左下势独立（3）相同，唯左右相反（图73）。

图 73

（4）动作与左下势独立（4）相同，唯左右相反（图74）。

图 74

第七组

18. 左右穿梭

（1）身体微向左转，左脚向前落地，脚尖外撇；右脚跟离地，两腿屈膝成半坐盘式。同时两手在左胸前成抱球状（左上右下）。眼看左前臂（图75）。

图 75

（2）上体微向右转，右脚经左脚内侧即向右前方迈出，屈膝成右弓步。同时右手由脸前向前上举并翻掌停在右额前，手心斜向上；左手先向左下再经体前向前推出，高与鼻尖平，手心向前。眼看左手（图76）。

图 76

（3）身体重心略向后移，右脚尖稍向外撇，随即身体重心再移至右腿；左脚跟进，停于右脚内侧，脚尖点地。同时两手在右胸前成抱球状（右上左下）。眼看右前臂（图77）。

图 77

（4）动作与（2）相同，唯方向相反（图 78）。

图 78

19. 海底针

左脚稍向前移，脚尖点地，成左虚步。同时身体稍右转，右手下落经体前向后、向上提抽至肩上耳旁，再随身体左转，由右耳旁斜向前下方插出，掌心向左，指尖斜向下；同时左手向前、向下画弧落于左胯旁，手心向下，指尖向前。眼看前下方（图 79、图 80）。

图 79

图 80

20. 闪通臂

上体稍右转，左脚向前迈出，成左弓步同时右手由体前上提，屈臂上举，停于右额前上方，掌心翻转斜向上，拇指朝下；左手上起经胸前向前推出，高与鼻尖平，手心向前。眼看左手（图81、图82）。

图 81

图 82

第八组

21. 转身搬拦捶

（1）上体后坐，身体重心移至右腿，左脚尖里扣，身体向右后转，然后身体重心再移至左腿上。同时右手随着转体向右、向下（变拳）经腹前画弧至左肋旁，拳心向下；左掌上举于头前，掌心斜向上。眼看前方（图 83）。

图 83

（2）身体右转，右拳经胸前向前翻转撇出，拳心向上；左手落于左胯旁，拳心向下，同时右脚提起向前迈出，脚尖外撇。眼看右拳（图84）。

（3）身体重心移至右腿，左脚向前迈一步。左手经左侧向前上画弧拦出，掌心向前下方；同时右拳向右画弧收于右腰旁，拳心向上。眼看左

图 84

手（图 85）。

图 85

（4）左腿前弓成左弓步，同时右拳向前打出，拳眼向上，高与胸平；左手附于右前臂里侧。眼看右拳（图 86）。

图 86

22. 如封似闭

（1）左手由右腕下向前伸出，右拳变掌，两手手心逐渐翻转向上并慢慢分开回收于腰前，手心向下。同时身体后坐，左脚尖跷起，身体重心移至右腿。眼看前方（图87、图88）。

图 87

图 88

（2）身体前移成左弓步，同时两手向前按出，手心向前，腕部与肩平。眼看前方（图89）。

图 89

23. 十字手

（1）屈膝后坐，身体重心移至右腿，左脚尖内扣，向右转体，右手随着转体动作向右平摆画弧，与左手成两臂侧平举，掌心向前，肘部微屈。同时右脚尖随着转体稍向外撇，成右侧弓步。眼看右手（图 90）。

图 90

（2）身体重心慢慢移至左腿，右脚尖内扣，随即向左收回，与肩同宽，两腿逐渐蹬直，成开立步。同时两手向下经腹前向上画弧交叉合抱于胸前，两臂撑圆，腕高与肩平，右手在外，成十字手，手心向前。眼看前方（图 91、图 92）。

图 91

图 92

24. 收势

两手向外翻掌，手心向下，两臂慢慢下落，停于身体两侧。眼看前方
（图 93）。

图 93

五　散打

（一）散打的概述

散打是两人按照一定的规则，运用武术中的踢、打、摔和防守等方法，进行徒手对抗的现代体育竞技项目，它是中国武术的重要组成部分。中国武术有两种表现形式，一种是套路演练形式，一种是格斗对抗形式。散打就是格斗对抗形式的一种。

（二）散打的起源与发展

散打是国标武术的主要表现形式，它以踢、打、摔、拿四大技法为主要进攻手段。另外，还有防守、步法等技术。散打也是现代体育运动项目之一，双方按照规则，利用踢、打、摔等攻防战术进行徒手搏击、对抗。是中国传统武术的擂台形式，也是中国武协为了使武术能够与现代体育运动相适应所整理而成。

1979 年散打在我国成为竞技的比赛项目。在 0.8 米高、8 米见方的擂台上进行比赛。散打比赛允许使用踢、打、摔等各种武术流派中的技法，不允许使用擒拿，不许攻击喉、裆等要害部位；运动员分体重、穿护具在相同的条件下平等竞争。在对敌斗争中这些界限就没有了，军警对敌斗争就专寻对手的要害部位击打。使用的招法也比较凶狠，杀伤力较大，散打的出现让中国武林（格斗界）兴起搏击热。

散打是中华武术的精华，是具有独特民族风格的体育项目，多年来在民间流传发展，深受人民喜爱。散打起源与发展，是和中华民族悠久历史同步。它从先辈的生产劳动、生存斗争缘起,但又服务于此,演化至今成为华夏民族灿烂文化遗产中的瑰宝。原始社会人类为了争取自下而上、猎取食物,长期与野兽搏斗,学会了与野兽搏斗所使用的不同方法。如:拳打、脚踢、抱摔等简单的散打技术,并学会了一些野兽猎取食物的本领,如:猫扑、狗闪、虎跳、鹰翻等。

武术搏击有很强的生命力,延续到现在,除与社会文化背景以及运动的本身特点有极大关系外,其所具备的较高观赏性,也起到了一定的作用。散打比赛不仅激烈,而且斗智、斗勇,具有较高的观赏价值,日益引起人们的极大关注与兴趣。中国武术的徒手搏击,早在一千多年前就传到日本,当时称"唐手",后来改称"空手"。如今有许多国家的武术爱好者不仅喜爱中国套路技术,而且喜欢散打运动。通过与各国选手较技,不仅可以促进国际武艺交流,将中国散打运动推向世界,而且也可以增进各国运动员之间的了解和发展,促进国际文化交往。面对当今社会的需求,我们除了要立足于养成擒敌捕盗和防身自卫的本领,去继承和发展传统武术的徒搏技术,并把杀敌技要保留到军警技术中外,还要顺应武术徒搏技术从总体上已向体育化方向发展的趋势,到广阔的体育天地中去寻求武术徒搏技术发展的空间,开发和创制不同技击特色、不同竞赛规则的徒搏比赛方式。武坛将因徒搏比赛方式的多样化发展而生机勃勃,更加灿烂。武术传习者会因兼习多种徒搏技法、参加多种徒搏竞赛而获得更为全面的发展。也只有通过这种多样化的发展,才可能展示出散打的全貌,促进散打的全面发展。

(三)散打的基本动作

1. 基本步法

散打步法是为保持与对手间的距离,实施进攻与防守动作或破坏对手与进攻与防守意图,而进行专门的脚步移动方法,步法很多,比如滑步、垫步等。

(1)滑步包括前、后、左、右。比如前滑步:实战势,后脚蹬地,前脚向前移动,落地时以前脚掌先落地,随之后脚前移,落地后与原基本姿势相同。

(2)垫步。

前垫步:实战势,前脚蹬地,后脚前移,在前脚里侧处落地的同时前脚前移,落步后仍成原基本姿势。

后垫步：实战势，后脚蹬地，前脚后移，在前脚里侧落地的同时后脚后移，落步后仍成基本姿势，变换要快，两腿不可交，叉垫步时身体重心要求两脚贴近地面滑行。

2. 基本拳法

拳法主要技法有：直拳、勾拳、摆拳，其中还演变出刺拳、鞭拳等技法。

（1）左右直拳。

左直拳：基本实战势站立，左脚在前右脚在后，左脚跟稍外转，重心移至左脚，上体略左转，同时，左臂顺肩伸肘，使拳面向前直线冲击，力达拳面，拳心朝下，右拳至下额处，目视前方，然后左拳压肘收回，成基本姿势。右直拳反之。

要点：要使脚蹬地，拧腰之力顺达拳面，整个动作要协调完整，重心不可过多前倾，击打部位的高低区别于左膝度，击拳前不可出现先收拳再击的预兆，也不可在冲拳时将右臂后拉，结合步法的击法应做到拳到步到。

（2）左右摆拳。

左摆拳：基本实战势，右脚蹬地，身体重心移向左脚，左脚跟略离地外转，并辗转脚掌，上体右转同时左臂内旋，抬肘与肩平，使拳由左向右横击高于肩平，然后恢复基本姿势。右摆拳反之。

要点：摆拳时身体不可向右倾斜，要边击拳边抬肘，击打后重心偏左脚，左脚的辗转力不可忽视，要含胸收腹，不可低头。左摆拳击打前右臂不可后拉，重心落左脚，但上体不可过于前倾，边击拳边抬肘。

（3）左右勾拳。

左勾拳：基本实战势站立，右脚蹬地，重心移向左脚左脚跟略抬外转，脚掌碾地，上体左转略下沉后，左膝及上体瞬间挺伸并向右转体，同时，左臂外旋由下想上击拳，拳面朝上，拳心朝右内，力达拳面，右拳仍置下额前，目视左拳，然后再恢复基本姿势。右勾拳反之。

要点：左臂外旋与击打不同时，不可外旋后再击打，上体不可过于前倾，屈臂的角度大小根据对方的远近距离及击打的部位而定，上体向左转下沉再蹬地，挺伸与右转瞬间要协调自然，不可断裂或过程太长。

3. 基本腿法

腿法是散打技术中最重要的技法之一，在比赛中使用率最高，腿较手长，可发挥一寸长，一寸强的作用，腿较粗壮有力，攻之威力大，防之有效，腿的攻击面大容易得手，腿攻击对方下盘比较隐蔽，因此拳家常说：手是两扇门，全凭腿打人，三分拳七分腿等，可见腿在散打中的地位。

（1）正蹬。

左蹬腿：基本实战势站立，身体重心移至后腿，后腿略屈，左腿屈膝上抬，含胸，收腹，下腿贴近胸部脚尖勾起，脚底朝前下，随即左腿由屈而伸向前上方蹬出，力达脚跟，当脚触击目标时伸胯并使脚尖猛向前下方压踩，使力达全脚掌两拳，自然下落置体前目视前脚部，蹬腿后脚落下，还原成基本姿势。右蹬腿反之。要点：支撑腿可微屈保持平衡，上体不可过分后仰，屈膝上抬与左伸蹬要连贯。

（2）侧踹。

左侧踹腿：基本实战势站立，重心移至后腿，膝略屈，脚尖外展，左腿屈膝上，抬膝高于腰，脚尖勾起，脚底朝外侧下，随即小腿外翻脚，底朝向攻击点挺膝踹出，力达脚底，同时后腿挺直，上体向后腿侧倾，目视脚面，然后踹出，腿下落，还原成基本姿势。右侧踹腿反之。要点：提膝时上体略向支撑腿侧转，脚内侧与地面近于平行，踹出时身体向支撑腿侧倾的斜度随攻击点的高度变化，越高倾斜度越大，支撑腿应用脚前掌为轴碾地，使脚跟内收。

（3）鞭腿。

左侧鞭腿：基本实战势，重心移至右腿，膝略屈左腿，屈膝上抬，高过腰，上体后左腿侧转略倾，同时膝略内收，小腿略外翻，踝部放松，随即挺膝，使小腿从外向上，向前向内弧形弹击，并使脚面绷平使力达脚面或胫骨处，目视脚部，然后侧弹腿，下落还原成基本姿势。右鞭腿反之。要点：弹腿的膝部猛挺发力，但要借助拧腰切胯之力加大力度，弹腿时支撑腿膝伸直并以脚掌为轴，碾地，脚跟内收，上体不可过于倾斜。

（四）散打的健身作用

1. 散打具有很大的攻防作用。有攻必有防，攻防是一对矛盾体，在散打中双方总想办法击中对手，而不被对手击中，运动员总是在这种条件下进行训练的。经过长期训练运动员掌握了散打技术，遇敌而不慌，与敌方突然袭击的一瞬间能迅速地做出相应的防守和防范动作。在激烈的打斗中击中比没有经过散打训练的人较为容易，同时也能防守对方的一些进攻，即使被对方击中，抗击能力也比一般人强。妇女掌握几种散打技术，对防身更有好处，因为妇女因其固有的生理特点，又容易受恶人欺凌、受邪恶威胁，妇女在与歹徒搏斗的关键时刻突然使用擒拿或攻击歹徒要害处能化险为夷脱离险境。公安人员和武警战士、保卫人员等掌握一些散打技术，对保卫人员生命安全，维护国家财产，打击犯罪分子，对他们使用铁的手腕能起到圈套的作用。散打是一项对抗性很强的运动，练习散打能培养机智、顽强、勇敢、灵活、果断等意志品质。至于强身健体，凡是参加散打运动的人都能体会到，散打运动员的强健体魄是从散打训练中得到的。

2. 武术散打是中华民族的优秀文化遗产，是在中国特定的社会历史条件下逐渐演变发展形成的。因此它具有鲜明的民族特色。中国散打不同于拳击，也不同于跆拳道，更不同于用头顶、肘撞、膝击的泰拳和用摔、拦、擒方法的柔道等搏击（格斗）术；由于散打设擂比试，又不同于西方国家有缆绳的自由搏击，也不同于日本的空手道、相扑、跆拳道、忍术等，以及法国的法国踢打术等格斗术。武术散打要求"远踢、近打、贴身摔"，它的民族形式不是凝固的，也不能理解为"过去形式"、"历史形式"或"传统形式"。民族形式有鲜明的时代性，因此形式不是单一的，而是多变的、演进的。

3. 散打运动形式突出地反映出武术的特殊本质——技击性。同时又明显地区别于使人致伤致残的技击术，不包含置人于死地的绝招妙计。散打规则严格规定了不准向对方后脑、颈部、腹部进行攻击，也不允许使用反关节动作及肘、膝的技法，但可以运用武术各种流派的技法。散打运动的内在特点，决定了它以相互对抗的形式来表现，所以，散打的基本形式就是对抗性。这种对抗是双方掌握了散打的基本动作和基本技术，经过一段的训练，在没有固定格式的情况下，在规则规定的范围内进行较技、较勇、较智，一分上下。

思考题

1. 简述中国传统养生的概念及其分类。
2. 简述武术的形成与发展。
3. 简述散打的概念及其健身作用。

第三篇　体育竞赛篇

第六章

田径运动

第一节　田径运动概述

田径（track and field）或称田径运动，是径赛、田赛和全能比赛的全称。其运动内容丰富、锻炼形式多样，场地、器材和设备比较简单，参加锻炼一般不受时间、人数、性别、年龄和季节、气候的限制，便于广泛开展。以高度和距离长度计算成绩的跳跃、投掷项目叫"田赛"；以时间计算成绩的竞走和跑的项目叫"径赛"。田径比赛由田赛、径赛、公路路跑、竞走和越野跑组成，此外还包括部分田赛和径赛项目组成的"十项全能"。田径运动历来是各级各类学校体育教学和课外活动的主要内容，是各项运动的基础。

第二节　田径运动径赛类项目

一　短距离跑

短距离跑简称短跑。跑是人类与生俱来的基本能力，自古以来就是一种比赛形式，据史料记载，短跑是公元前 776 年古希腊奥运会唯一的竞技项目，距离为 192.27 米。现代短跑起源于欧洲，最早被列入正式比赛是在 1850 年的牛津大学运动会上，当时设有 100 码、330 码、440 码跑项目。19 世纪末，为规范项目设置，将赛跑距离由码制改为米制。初为职业选手的表演项目，后逐渐扩展到业余运动员。运动员比赛时必须使用起跑器，听信号统一起跑，必须自始至终在自己的跑道内跑动。奥运会比赛项目男、女均为 100 米跑、200 米跑和 400 米跑，其中男子项目 1896 年列入，女子 100 米跑和 200 米跑 1928 年列入，400 米跑 1964 年列入。短跑竞赛中，除了发挥最大的体力限度，更应讲求高效率运用体能的方法。短距离跑技术的定义是"合理、有效地解决人类在一定距离内，以最快的速度跑完全程的方法或手段"。

①　　　　　②　　　　　③　　　　　④　　　　　⑤

⑥　　　　　⑦　　　　　⑧　　　　　⑨

图 6-1　短跑

（一）短跑技术

短距离跑中的速度是各项运动的基础，而跑的技术更是其他跑、跳项目的基础。短距离跑动作要领包括：起跑、起跑后的加速跑、途中跑、终点冲刺。

1. 起跑：起跑是运动员从静止不动的姿势，全神贯注听发令枪声，迅速而有效地运用自己的力量，破坏身体的静止惯性，协调敏捷地跑出去。400 米及其以下项目起跑必须采用蹲踞式起跑。

使用起跑器可以使两脚有牢固的支撑，形成良好的预备姿态，便于获得较快的起跑速度。安装起跑器要因人而异。常采用的安装方法有"拉长式"和"普通式"两种。

起跑三步骤依序为各就位、预备、鸣枪。

※ 各就位：从预备线三米处走到起跑架前做半蹲姿势，双手按在起跑线前方位置，将前脚（力量较大者）放在前起跑板上，脚尖与地面接触，并试起跑架是否稳定坚固，后脚放在后起跑板上，脚尖与地面接触，后脚跪膝着地，体重由双手、后膝平均支撑。随后双手收回，拇指与其他四指分开成倒 V 字形，置于起跑线之后，双手与肩同宽或稍宽，两臂伸直，背部微弓而能放松，颈部自然下垂；臀部不能落在后膝关节上，注意听"预备"口令。

※ 预备：预备时，收缩双腿，小腿两者之伸肌，平稳的抬起臀部，使臀部与肩同高或微高于肩，前脚膝关节向下，前脚踝背屈紧贴前起跑板，两臂撑直，头颈放松稍向前下弯，双肩微向前移出，后脚膝关节稍比前小腿高，后脚也应与后起跑板紧贴着而与地面接触，身体重心微前移，身体重量大部分由双臂负荷，使前腿均能产生最有效的推蹬力量。

※ 鸣枪：闻枪声后，双手迅速推离地面；屈肘做有力的前后摆臂，前摆的手臂有肘关节向前上方摆的感觉；同时双腿用力向起跑板推蹬伸直，髋关节与膝关节不能完全伸直，只发生推进的力量，前脚快速伸直，以较大的身体前倾姿势把身体推向前方；而后脚向前抬膝盖跨步，膝关节为锐角，倾斜度要大，以便帮助前腿产生水平方向之推进力。后腿跨出之同时，双臂之一前摆振，一后摆振，保持身体不左右扭转，体角约与地面成 45 度角。第一步的距离不宜太长，膝关节不宜抬高，以便缩短从起跑板到着地点之弧长。

2. 起跑后的加速跑：起跑后的加速跑是衔接起跑和途中跑的一个跑段。其任务是尽快地提高水平速度，这段距离一般为 20 米左右。起跑后两腿快速交替用力蹬摆，两臂大幅度有力地前后摆动，随着速度的提高，上体的落点逐渐吻合于一条直线上，步幅逐渐加大到正常步长时，应顺惯性自然跑进几步，而后转入途中跑。技术要点为：

※ 下肢动作：腿部连续瞬发性的用力向后蹬地，积极地抬腿和着地。这些动作都是起跑者从静止到发挥最高速度的过程，必须依赖连续快速的用力后蹬，使之产生大小相等、方向相反的反作用力来推蹬身体。抬腿能影响脚后蹬的效果。大腿的前摆是为了另一腿的后蹬，产生力量和速度，

产生起步和速度，导致起步的瞬发力。抬腿的方向是膝关节向身体正前方，抬得越快越能加大后蹬的反作用力，并能排除由于身体前倾而引起的向前旋转，保持跑动中身体的平衡。抬腿要高，配合屈膝收小腿的往前上方抬起，以加大步幅及起蹬腿之踝、膝、臀关节有力地推蹬地面而加快速度。

　　※ 上肢动作：双手摆动动作在起跑后数步尤为重要，它除配合双脚的运动而积极地产生速度以外，还引导臀关节的回转使步幅加大。摆臂过程中，始终以肘关节为主，利用肘关节之向前摆，肘关节角度变小以加快向上摆；利用肘关节之向下摆，角度变大以缓冲重力而起的加速度。摆臂的幅度要随步幅而调整，若摆臂的幅度小，容易引起身体摇晃使跑的方向不定，反之，摆幅过大，则往往引起步速变慢。

　　※ 体角：体角是运动员身体前倾的程度。起跑出发时，身体的前倾体角大，前倾角随加速跑而逐渐减少以致接近途中跑的姿势。在加速的过程中，体角的加大是韵律地提高而非骤然地改变，起跑后动作之正确与否，从体角的改变中可以看出。

　　※ 加速两大变量的协调：步幅与步数为加速的两大要素。加速过程中，步幅是随着步数之增加而逐渐加大，直至最高速度的产生为止，在一般情况下，起跑18—19步后便可达到最高速度，其步幅变动小。

　　3. 途中跑：途中跑是短跑全程中距离最长最主要的部分。其任务是继续发挥和保持最大速度跑完全程。其技术要点如图6-2所示。

图6-2　途中跑技术

　　※ 下肢动作：为保持既得的速度，下肢动作宜放松而富韵律感，维持一定的步幅和步速。应注意后蹬，摆腿之小腿折叠靠近大腿，着地、踝关节旋转等动作。

　　※ 上肢动作：上肢动作力求身体的平衡，配合脚部动作的协调。摆

臂时，肘关节屈成九十度，前摆时，手一般不超过身体的中线，向后摆时，肘稍向外。

※ 重心前移：重心线有上下和左右两种，中间跑要求重心上下改变不大，保持较大的水平位移；左右位移小，身体则少晃动，产生较大的水平位移，能减少能量的浪费。因此，脚落地只用掌和脚尖，着地后迅速伸腿蹬地，向前向上高举，与伸直膝盖，保持大腿与小腿间膝关节角度小。

※ 体角：跑的速度越快，人体受空气阻力的影响体角越大，为了抵抗或减少空气阻力，中间跑时要注意身体的前倾，最高速度时的体角为65度。

4. 终点冲刺：短距离跑竞争相当激烈，往往同一速度前进，抵达终点时靠冲线技术而判定胜负。因此，同时冲线时如何后来居上，冲线技术之重要性可见一斑。冲线应包括冲线后继续保持最高速度几公尺的观念，其目的在确保以最高速度冲线。

冲线之姿势有跳跃式、举臂挺胸直冲式、举臂直冲式以及摆臂直冲式四种。其中以摆臂直冲式（如图6-3）最佳。因此式跑者在抵达终点时保持原来姿势，将触线时稍转身体，以胸部一侧触线。稍转体动作可缩短触线距离，而胸部中心点则未改变。

1　　2　　3　　4　　5

图6-3　终点冲刺

以上是短距离百米跑的动作要领，至于200米和400米跑的技术，除了需具备百米跑的技术要领外，尚须体会两项目特有的动作要领，即一、弯道起跑；二、弯道跑；三、弯直道跑法或直弯道跑法，分别概述如下。

弯道起跑动作：起跑技术与百米跑相同。弯道起跑，起跑架应钉在跑道的外侧紧靠外道处，并稍微向内，两起跑板的中线正对弯道切点方向，预备时，左手置于起跑线后3—5米处，右手置于起跑线后缘，身体面向跑道内侧，以便起跑后步伐能成一直线，先加速，后改变身体姿势抵抗离心力。

弯道跑动作：弯道起跑时，最多只能取约十米的直线起跑，然后进入弯道跑。因此弯道跑的技术负有双重责任，一在加速跑，一在最高速度的维持。起跑后因受离心力的限制，体角小，加速度较不易，因此比直线起跑时体角早些提高，加速度后须有滑步动作出现，力求放松与平衡，维持既得的力量与速度。

弯道跑的技术如下。

※ 弯道跑时，身体成一直线而向内倾，以臀髋部来带动身体之内倾，抵抗离心力，跑的速度快则向内倾斜越大。

※ 左臂向前摆时稍向外，手的位置在左肩的正前方，右臂前摆时稍向内，手的位置在鼻前。

※ 左腿前摆时微向外离开身体中线，右腿前摆时微向内，越过身体中线。脚着地部位也相对改变，左脚以前掌外侧着地，右脚以前掌内侧着地，应用较小的接触面积，用臀髋中心部位的扭转而向内倾斜。

弯直道跑或直弯道跑动作要领：弯直道跑是指从弯道进入直道的跑法，弯道跑的右臂摆动大，臀左转，左腿负较大力量的弯道跑技术。弯道进入直道时则离直道前一步时，手臂左右摆幅回复到一样大小，使最后一步能自然进入直道而增加速度。这一步之摆幅一样大，虽然跑者会因离心力而向外侧跨步，但动作自然，步幅较大。若最后一步仍保持内倾，则造成身体过度内倾，要突然恢复到左右摆幅大小一样，花费的力量较大，同时，因重心之由低而高之突然改变，右脚负责较大力量，并由不常用的左臂负责改变体角，将产生不自然动作且步幅小并影响速度。

直弯道跑法的动作，是四百米跑中直线跑入弯道的动作，其技术恰与弯直道跑法的动作相反，从直道跑入弯道时，由双臂摆幅大小相同，变为大小不同，其腿部动作亦随之改变。

(二) 短跑的练习

短跑练习，应以途中跑为主。在初步掌握途中跑技术的基础上，再依次练习起跑、起跑后加速跑和终点跑。这里主要介绍途中跑的练习。

途中跑的练习要求全身动作的协调一致。重点抓好下肢的蹬、摆、送髋和扒地动作练习，相应注意躯干姿势及摆臂动作的协调配合、加速跑练习。

1. 一般练习

(1) 中速跑：是培养跑的正确姿势和学习途中跑技术的方法之一。

要求动作自然放松，蹬摆要充分，步幅大阔，着地柔和有弹性，摆臂协调，直线性好。初学者可多采用中速放松大步跑，跑距一般为 60—100 米。

（2）加速跑：是培养跑的正确姿势和发展速度的主要方法。从站立姿势开始，均匀地加大步幅，加快速度，在达到最高速度时，仍保持正确姿势顺惯性用最快速度跑一段距离。随着跑的能力提高，应逐渐加长快速跑的距离，一般为 60—100 米。

（3）重复跑：是多次重复固定距离的跑法。其目的主要是发展速度和速度耐力，提高练习强度，改进跑的技术。

（4）行进间跑：是发展速度和改进短跑技术的方法之一。从标记线外约 20 米处起动，用加速跑到标记线时，以最高速度跑完规定的距离，一般定为 30—100 米之间。

（5）快速跑：主要体会起跑后加速跑的技术。由站立式或半蹲踞式起跑姿势出发，一开始就尽快发挥出最大速度。要求加大摆臂和抬腿的力量，促使蹬地腿充分后蹬。跑距一般为 30—60 米。

2. 专门练习

（1）小步跑：目的在于体会上下肢协调和腿的前摆"扒地"技术，发展频率。小步跑是上体稍前倾、大腿屈膝稍抬后积极下压，膝关节放松，小腿顺惯性摆出，前脚掌积极着地向后"扒地"。练习方法是：先原地做脚尖不离地的提踵换步，过渡到行进间慢节奏小步跑；由快频率小步跑过渡到加速跑或高抬腿跑。

（2）高抬腿跑：是增强抬腿肌群力量，发展频率的练习。跑时，上体正直或稍前倾，以髋带动大腿屈膝高抬与上体成直角，然后大腿积极下压，用前脚掌着地；支撑腿蹬地，三关节充分伸展向前送髋，两臂屈肘前后摆动，身体保持较高的姿态。练习方法是：原地或支撑高抬腿跑；行进间高抬腿跑；高抬腿逐渐加快频率过渡到加速跑。

（3）后蹬：体会后蹬跑时髋、膝、踝三关节用力顺序和蹬摆动作和配合，发展腿部力量，纠正后蹬不充分"坐着跑"等缺点。练习方法是：手扶器械做后蹬、前摆腿练习；原地两腿交换跳，行进间小幅度后蹬跑；后蹬跑过渡到加速跑。

二　中长距离跑

中长距离跑俗称中长跑，是指 800 米以上的距离，这是以跑为特点的发展耐久力的田径项目。中长距离跑的比赛项目有男、女 800 米和 1500 米。长距离跑男子项目有 5000 米和 10000 米；女子长跑有 3000 米、5000 米和 10000 米的比赛。长时间从事中长跑锻炼，可以增强人体内脏器官和神经肌肉系统功能，同时对培养人的顽强意志也有明显作用。

中长跑是历史悠久、开展普遍的运动项目。在两千多年前的古代奥林匹克运动会上已有沿跑道往返跑的中长跑比赛，中国古代也有以长跑选拔和训练士兵的记载。19 世纪，中长跑在英国已盛行，后来世界各国都普遍开展。中国从 1910 年起也有了中长跑的比赛。

中长跑也是一项身体负荷很大的运动项目，为了适应长时间跑的要求，中长跑的动作既要注意向前运动的效果，更要注意放松省力。跑时躯干应保持正直或微向前倾，颈部放松，头正直，肩带和两臂肌肉放松，肘关节约成直角，手半握拳作前后自然摆动。协调的摆臂可以调节跑的速度，后蹬用力是推动身体前进的重要环节。后蹬结束时，髋、膝、踝应充分伸展，摆动腿积极向前摆出。后蹬用力的强弱、后蹬角度的大小和摆腿高度等都因跑的距离、速度以及运动员的身体条件而不同。摆动腿的落地要柔和轻缓有一定弹性，膝微屈，用脚掌外侧着地，着地后身体重心不要下降过大。中长跑的步长和步频除根据项目和运动员个人特点不同而有差异外，还和战术变化有关。虽然中长跑的动作应该符合一般技术要求，可是优秀运动员都有自己的技术风格。

跑进途中运动员会出现呼吸困难、疲劳不适的"极点"现象，但随着训练水平和内脏适应能力的提高，这种现象的出现将逐渐不明显。遇到"极点"来临时，运动员加强呼吸、调整步伐、坚持跑进，不久这种生理现象即会消失。

中长跑的练习：可采用匀速跑、加速跑、走跑交替、变速跑、定时跑、越野跑等不同的练习方法进行练习。

三　跨栏跑

起源于英国。由牧羊人跨越羊圈栅栏的游戏演变而来。跨栏跑最早使用的栏架是掩埋在地面上的木支架或栅栏，1900 年出现可移动的倒 T 字形栏架。1935 年有人将 T 形栏架改成 L 形栏架，L 形栏架支脚的另一端朝向运动员的跑进方向，稍加阻力即可向前翻倒，减轻了运动员过栏时的恐惧心理。奥运会比赛项目分男子 110 米跨栏跑、400 米跨栏跑（1896 年列入）；女子 100 米跨栏跑（1932 年列入，当时为 80 米跨栏跑，1972 年改为 100 米跨栏跑）、400 米跨栏跑（1984 年列入）。男子 110 米跨栏跑的栏高为 106 厘米，400 米跨栏跑的栏高为 91.4 厘米；女子 100 米跨栏跑的栏高为 84 厘米，400 米跨栏跑的栏高为 76.2 厘米。比赛时，运动员必须跨越 10 个栏架，除故意用手推或用脚踢倒栏架外，身体其他部位碰倒栏架不算犯规。

跨栏跑包括男子 110 米栏、女子 100 米栏、男女 400 米栏等项目，以上各项均有 10 组栏组成，但栏高、栏距有不同，所以这些项目在某些技术环节上有些差别，不过它们的跨栏步技术具有共性，依据普遍高校跨栏跑教学实际情况，建立以男子 110 米栏和女子 100 米栏为主，现以男子 110 米栏为例介绍跨栏跑技术。

（一）跨栏跑的基本技术

跨栏跑技术比较复杂，节奏性较强，具有跑跨结合的特点。跨栏跑的成绩，取决于运动员平跑速度、合理的过栏技术和跑与跨的衔接能力。跨栏跑完整技术可分为起跑至第一栏跨栏步、过栏技术、栏间跑和终点跑四个部分。

图 6-4　跨栏技术

1. 起跑至第一栏的技术。

起跑的过程与短跑基本相同，起跑至第一栏起跨点的一般采用 8 步起跨，起跑时应把起跨脚放在前起跑器上。起跑后上体抬起要比短跑时来得快。

2. 过栏技术。

过栏是跨栏技术的关键部分，它由起跨、腾空过栏和下栏着地等动作组成。

※起跨前应保持较高的跑速，最后一步比前一步的步长应短 10～20厘米。当起跨腿脚掌着地时，摆动腿由体后向前摆动，大小腿在体后开始折叠，膝关节摆至超过腰部高度。

两腿蹬摆配合完成起跨运动过程中上体随之加大前倾，摆动腿异侧臂往前上方摆出，另一臂屈肘摆至体侧，形成"攻栏姿势"。

※腾空过栏腾空后身体重心沿着起跨所形成的腾空轨迹向前运行。

起跨腿蹬离地面后，摆动腿大腿继续向前上方摆至膝关节超过栏架高度，小腿迅速前摆，当脚掌接近栏架时，摆动腿几乎伸直，脚尖微微上跷。摆动腿的异侧肩臂一起伸向栏架上方。上体加大前倾使头部接近或超过摆动腿的膝略高于踝。

※下栏着地摆动腿积极下压，起跨腿加速向前提拉，以髋为轴完成两腿剪绞动作，摆动腿脚掌移过栏架的同时，起跨腿屈膝外展，小腿收紧抬平，脚尖勾起足跟靠臀，以膝领先经腋下加速前拉，当脚掌过栏后，膝继续收紧向身体中线高抬，脚掌沿最短路线向前摆出，身体成高抬腿跑的姿势，伸直下压的摆动腿在接触地面时，前脚掌做积极扒地动作。

3. 栏间跑技术：110 米栏间三步步长不等，每步步速和支撑、腾空时间的关系都有变化，这就构成栏间跑所特有的节奏。

栏间跑第一步的水平速度因过栏有所降低，蹬地起步时膝关节始终伸直，因而第一步短于后面两步。

第二步的动作结构和支撑及腾空时间关系大致与短跑的途中跑相同。

第三步因准备起跨形成一个快速短步，动作特点与跨第一栏的最后一步相同。

4. 终点跑：当跨到最后两个栏时，便开始终点跑。这时应保持原步长、步频和节奏，加强攻栏意识，加大躯干的前倾角度，保持水平速度。当下最后一栏时，摆动腿压栏动作更要积极，起跨腿越过栏架后，应尽快向前落地奋力跑进。冲刺跑和撞线动作与短跑相同。

（二）练习方法

※跨栏坐：坐在地上做模仿过栏时腿部和手臂动作，以初步建立过栏时手、腿配合的技术概念，发展柔韧性。

※攻摆练习：模仿跨栏步上栏动作的练习，以学习掌握起跨腿充分蹬伸和摆动腿屈膝前摆高抬技术，提高积极攻栏意识。

　　※摆动腿过栏模仿练习（鞭打练习）：摆动腿前摆高抬积极下压小腿前伸着地，以学习动腿模仿和过栏的动作。

　　※原地起跨腿提拉过栏练习：学习掌握起跨腿的过栏技术，提高髋关节的柔韧性和灵活性。

　　※跨栏步模仿练习：在走步中模仿两腿的过栏动作，以强化过栏时上、下肢协调配合的完整技术。

　　※栏侧攻摆和提拉过栏练习：在走步中从栏侧完成过栏动作。

　　※栏间节奏跑模仿过栏练习：初步建立三步过栏和跑栏的概念。

　　※摆动腿过栏：学习摆动腿的攻栏，提拉腿过栏技术。

　　※放松跑过栏：以中等速度跑进，从栏侧和栏上做完整跨栏动作，以掌握正确的过栏技术。

　　※起跑6—8步过第一栏：学习起跑上第一栏及跨栏技术。

　　※起跑过3—5个栏：强化起跑上第一栏、过栏及栏间跑相结合技术。

　　※缩短栏距跨栏跑：提高栏间跑频率和快速过栏、跨栏接的跑栏意识。

　　※重复跨栏跑：起跑过8—10个栏的重复训练，训练全过程技术和节奏。

四　接力跑

　　田径运动中唯一的集体项目。接力跑是由几个人组成接力队，每人跑完一定的距离，用接力棒或接力带进行传递，相互配合跑完全程的集体径赛项目。其起源有多种说法，有的认为起源于古代奥运会祭祀仪式中的火炬传递，有的认为与非洲盛行的"搬运木料"或"搬运水坛"游戏有关，也有的认为是从传递信件文书的邮驿演变而来。

　　奥运会比赛项目分男、女4×100米接力跑和4×400米接力跑。1908年第4届奥运会首次设立接力项目，但4名运动员所跑距离不等。1912年第5届奥运会改设4×100米接力跑和4×400米接力跑。女子4×100米接力跑和4×400米接力跑分别于1928年、1972年被列入奥运会比赛项目。接力跑运动员必须持棒跑完各自规定的距离，并且必须在20米的接力区内完成传接棒。

　　接力赛的成绩除以跑手人数通常比独立项目的成绩为快。根据跑手的速度，接力赛的跑手位置通常如下：第二快、第三快、最慢、最快。如果

图 6-5　接力起跑及传、接棒技术

站出了跑道，会被取消资格。

目前，在田径场跑道上正式比赛的接力跑有：男、女 4×100 米、4×400 米。有时候举行 4×200 米和 4×800 米的接力赛跑。还有在公路上举行的接力赛，如公路马拉松接力赛。

在群众性体育活动中，还有不同形式的接力跑，如：不同距离的团体接力，各种形式的迎面接力、异程接力等。

项目规则：

除了起跑者用蹲踞式起跑之外，其他人都是站立起跑。奥运的圣火点燃就参考了接力跑的形式。德国接力跑（Deutschlandstaffel）是在网络上的特殊活动。游泳亦有接力赛，但没有接力棒。

在 4×400 米接力跑中，第一棒全程及第二棒的第一弯道是分道跑，第二棒运动员要跑至抢道线后方可自由抢道。第一棒的传接必须在参赛者指定的线道内进行，其余各棒的传接，裁判员会根据第二及第三棒运动员通过 200 米起点处之先后，按次序让其第三及第四棒的队友在接棒范围内，由内至外排列等候接棒。所有接棒者均不可以在接棒区外起跑。

接力棒必须拿在手上，直到比赛结束为止。任何人掉了棒，必须由其本人拾回，而且要在不影响别人的情况下，方可越出自己的跑道以拾回接力棒。所有接力赛事，必须在接棒区内完成交接棒。'接棒区内'的判定是根据接力棒的位置，而不是根据参赛者的身体或四肢的位置。任何参赛者在传接棒完毕后故意越出跑道以妨碍其他参赛队伍，其队伍可以被取消资格。

（一）接力跑的方法

传、接棒的方法：接力跑传、接棒的方法一般有上挑式、下压式和混合式三种。

※上挑式：接棒人手臂自然向后伸出，掌心向后，虎口张开朝下，传棒人将棒由下向上挑，送入接棒人手中。

※下压式：接棒人的手臂后伸，掌心向上，虎口张开朝后，拇指向内，其余四指并拢向外，传棒人将棒的前端由上向前下压，放入接棒人手中。下压式的优点是接棒后不必再调整持棒手的位置。

※混合式：第1棒用"上挑式"传棒，第2棒用"下压式"传棒，第3棒仍用"上挑式"。

各棒队员的配合

4×100米接力跑在安排各棒队员时，必须考虑发挥每个人的特长。一般第一棒应安排起跑好，并善于跑弯道的运动员；第二棒应是速度快、专项耐力好，善于传、接棒的运动员；第三棒除应具备第二棒的长处外，还要善于跑弯道；通常把全队成绩最好、冲刺能力最强的运动员放在第四棒。4—400米接力跑，由于400米后程的跑速明显地降低，传接棒的技术比较简单。各棒之间的配合以第一棒和第四棒的安排为主。一般将速度较快的运动员放在第一棒，争取获得领先地位；第四棒安排速度耐力好，意志品质较顽强的运动员，一旦前三棒落后，可奋起直追，一拼到底。

场地和器械概述：

接力棒为光滑的空心圆管，由木料、金属或其他材料制成。长度为28—30厘米，直径为12—13毫米，重量为50克。一般膝成红、白各半的颜色。正式接力比赛在标准田径场地上进行，接力区为20米。每个接力区前有10米的预跑区。

（二）接力跑的练习

※接力跑技术练习，应从学习传、接棒技术开始。在初步掌握传、接棒技术的基础上，重点抓好速度配合和全程接力跑练习。

※各棒次间应在不同速度和不同距离条件下，进行传、接棒练习，多采用加速跑或快速跑在接力区内完成

※接力跑的速度训练与短跑相同。但要注重传、接棒练习。

※传、接棒技术练习。传接棒是接力跑的关键技术，应反复加以练习，才能达到熟练默契的程度。练习时，可先在原地进行，体会正确的传、接棒时机和手形。

第三节　田径运动田赛类项目

一　跳高

　　起源于古代人类在生活和劳动中越过垂直障碍的活动。现代跳高始于欧洲。18 世纪末苏格兰已有跳高比赛，19 世纪 60 年代开始流行于欧美国家。1827 年 9 月 26 日在英国圣罗兰·博德尔俱乐部举行的首届职业田径比赛中，威尔逊（Adam Wilson）屈膝团身跳越 1.575 米，这是第一个有记载的世界跳高成绩。跳高有跨越式、剪式、俯卧式、背越式等过杆技术，现绝大多数运动员都采用背越式。跳高横杆可用玻璃纤维、金属或其他适宜材料制成，长 3.98—4.02 米，最大重量 2 公斤。比赛时，运动员必须用单脚起跳，可以在规定的任一起跳高度上试跳，但第一高度只有 3 次试跳机会。男、女跳高分别于 1896 年、1928 年被列为奥运会比赛项目。它是由助跑、起跳、过杆和落地四个部分组成的。跳高技术由最初的双腿屈膝跳过横杆演变到跨越式、剪式、滚式、俯卧式和背卧式。目前公认背越式较为合理。

图 6-6　跳高

（一）背越式跳高技术
助跑的技术要素：

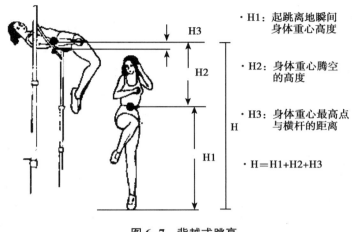

图 6-7　背越式跳高

1. 技术特点

背越式跳高助跑的主要特点是弧线助跑，助跑线一般为"J"，其优点是：

※助跑的预备段是一条直线或曲率很小的曲线，便于全程加速和发挥速度。

※向弧线过渡时比较平缓自然，可以避免停顿或减速。

※弧线曲率由大变小，使身体逐步加大内倾。

※最后一步与横杆约成 20 度至 30 度角，以保证人体在腾空后，有一个相对于横杆的适宜的垂直位移距离。

2. 助跑技术

助跑的任务是获得必要的水平速度，并为提高起跳效果和顺利地越过横杆创造条件。背越式跳高一般采用 8 至 12 步助跑，分直线助跑段与弧线助跑段。

※直线助跑技术：近似于短路途中跑技术，跑进时身体重心高而平稳，上体适当前倾，后蹬充分有力，前摆积极抬腿，两臂协调配合大幅度摆动。

※弧线助跑技术：身体逐步内倾，加大外侧腿臂的摆动幅度，保持头、躯干成一直线向内倾。助跑的整个过程应有明显的加速性和较强的节奏感，尤其是最后几步逐渐加快，到最后一步最快。

　　起跳：背越式的起跳是从助跑的最后一步摆动腿成垂直支撑开始，到起跳腿蹬离地面的瞬间为止。起跳时应特别注意转体的时间常发生在起跳后的瞬间，脚尖未离地前不应主动转体，身体保持内倾至迈步放脚，然后在快速的起跳过程中使身体由内倾转为垂直，做到中心用力。

　　过杆和落地：过杆是助跑、起跳的延续。腾空的目的是使身体的各个部位依次越过横杆。背越式跳高过杆是自上而下地依次顺序过杆，也就是身体的横轴沿着横杆旋转过杆，以肩背领先落地。

　　背越式跳高专门性练习：

　　※仰卧在垫子上，两肩和两脚撑地，做向上抬臀、挺髋的动作。

　　※做"桥"的练习。

　　※背对垫子站立，然后提脚跟、挺髋和仰头、挺胸，肩向后倒落在垫子上。

　　※背对垫子站立，双肩置于体侧，双脚起跳后，展腹挺髋，向后引肩，以肩和背部先于其他部位落于垫子上。

　　※侧对横杆或肋木站立，起跳腿向前迈步放脚，接着上体前移，摆动腿屈膝上摆成起跳腿支撑，体重移到支撑腿上。

　　※侧向站立，摆动腿同侧手扶支撑物，做摆腿、送髋和起跳腿蹬伸的练习。

　　※沿直径10—15米的圆圈均匀加速跑，每隔四步向上起跳一次。

　　※弧线助跑起跳后，用头触高物（树枝、篮网、吊球等）。

　　※弧线助跑后在高横杆旁起跳。

　　※弧线助跑背越式跳上垫子垛。

　　※四步弧形助跑，背越式过低杆。

　　※全程助跑背越式过杆。

二　撑竿跳高

　　起源于古代人类利用木棍、长矛等撑越障碍的活动。据记载，公元554年爱尔兰就有撑越过河的游戏。撑竿跳高原为体操项目，流行于德国学校。1789年德国的布施跳过1.83米，这是目前世界上有据可查的最早成绩。作为田径运动项目首先在英国开展，1843年4月17日英国职业选手罗珀在彭里斯越过2.44米。19世纪末开始流行于欧洲国家。撑竿最早使用木杆，最高成绩为3.30米；1905年开始使用重量较轻、有一定弹性的竹竿，最高成绩达到 4.77 米；1930 年出现较为坚固的金属竿，运动员无撑竿折断之虑，可以提高握竿点，加快助跑速度，最好成绩达到 4.80 米；1948 年美国设计制造出重量更轻、弹性更强的玻璃纤维竿，目前使用该竿已突破了 6 米的高度。撑竿跳高的横杆可用玻璃纤维、金属或其他适宜材料制成，长 4.48—4.52 米，最大重量 2.25 公斤。撑竿的长度和直径不限，但表面必须光滑。运动员一般都自带撑竿参加比赛。比赛时，运动员必须将撑竿插在插斗内起跳；起跳离地后，握竿的手不得向上移动；可以在规定的任一起跳高度上试跳，但每一高度只有 3 次试跳机会。男、女撑竿跳高分别于 1896 年和 2000 年被列为奥运会比赛项目。

三　跳远

源于人类猎取或逃避野兽时跨越河沟等活动，后成为军事训练的手段。为公元前 708 年古代奥运会五项全能项目之一。现代跳远运动始于英国，1827 年 9 月 26 日在英国圣罗兰·博德尔俱乐部举行的第一次职业田径比赛中，威尔逊越过 5.41 米的远度，这是第一个有记载的世界跳远成绩。跳远的腾空动作有蹲距式、挺身式和走步式。20 世纪 70 年代出现前空翻跳远，因危险性大，被国际田联禁用。最初运动员是在地面起跳，1886 年开始采用起跳板。起跳板白色，埋入地下，与地面齐平，长 1.22 米，宽 20 厘米，距沙坑近端不少于 1 米。起跳板前有起跳线，起跳线前有用于判断运动员起跳是否犯规的橡皮泥显示板或沙台。运动员必须在起跳线后起跳。比赛时，如运动员不足 8 人，每人可试跳 6 次，超过 8 人，则先试跳 3 次，8 名成绩最好的运动员再试跳 3 次。以运动员 6 次试跳的最好成绩排列名次。男、女跳远分别于 1896 年和 1948 年被列为奥运会比赛项目。跳远是田径运动的主要项目之一，它是克服水平障碍的跳跃项目，完整的跳远技术由助跑、起跳、腾空、落地四个部分所组成。跳远成绩的好坏，主要决定于快速的助跑和正确有力的起跳。练习跳远对发展速度、弹跳力、协调性均具有良好的锻炼价值。

跳远的技术要领：

助跑：助跑是为了在起跳前获得较高的水平速度，并为准确地踏板和起跳创造有利的条件。

助跑的距离因人而异，主要以练习者的训练水平和发展速度的快慢而定。动作灵活、发挥速度快者，助跑距离较短；发挥速度慢者，助跑距离

图 6-8　跳远

可以长一些。一般男子助跑距离 30—45 米（优秀运动员更长），助跑步数 18—24 步；女子助跑步数 16—20 步。助跑最后三步很重要，关系到起跳是否能完全用到助跑的力量，具体来说最后三步是小——大——中。

起跳：踏板要积极有力，双臂由下至上，注意起跳高度。

腾空：这是关键的一环，起跳之后，在空中双臂由上至下，由前至后滑臂，挺胸蹬伸，身体反弓形，再滑臂由下至上，由后至前，含胸，收腹，屈腿，准备落地。

落地：正确的落地技术是为了尽可能推迟脚着地的时间，增加远度，使身体顺利移过支撑点，安全着地。

跳远的练习方法：

※原地模仿起跳练习。

※行进间走动完成起跳技术模仿练习。

※在跑道上助跑 3 步或 5 步连续做起跳和腾空步练习。

※利用俯角跳板或斜坡跑道的短、中距离助跑起跳练习。

※短、中距离的助跑成腾空步练习。

※原地做空中动作模仿练习。

※从高物体上以蹲踞式（或挺身式）跳入沙坑，体会跳远的空中动作和落地。

※助跑 4—8 步跳远练习。

※反复进行全程助跑跳远练习。

※全程助跑跳远完整技术练习。

四 三级跳远

起源于 18 世纪中叶的苏格兰和爱尔兰，两者跳法不同。苏格兰采用单足跳、跨步跳、跳跃，而爱尔兰用的是单足跳、跳跃。现规定必须使用苏格兰跳法。最早的正式比赛可以追溯到 1826 年 3 月 17 日首次举行的苏格兰地区运动会，比蒂（Andre Beattie）创造了 12.95 米的第一个纪录。比赛时，运动员助跑后应连续作 3 次不同形式的跳跃，第一跳为单足跳，用起跳腿落地；第二跳为跨步跳，用摆动腿落地；第三跳为跳跃，必须用双脚落入沙坑。男子三级跳远于 1896 年被列为首届奥运会比赛项目，女子三级跳远于 20 世纪 80 年代初逐渐广泛开展，1992 年被列为奥运会比赛项目。

图 6-9 三级跳远

三级跳远的基本技术

助跑：

三级跳远的助跑和跳远基本相似，一般跑 18—22 步，助跑距离 35 米—40 米。

第一跳（单脚跳）：三级跳远的第一跳是用有力的腿做起跳腿，跳起后经过空中交换腿的动作再用它落地，完成单脚跳。由于第一跳以后还要继续进行第二和第三跳，所以在第一跳起跳时要尽量保持水平速度。

起跳腾空后，上体正直，完成腾空步。腾空步约占第一跳腾空抛物线的三分之一，随后摆动腿自然地由上向下伸并向后摆，同时起跳腿自后屈膝向前上方提摆，并带动同侧髋前移，做积极的换步动作，两臂配合腿的动作由体前经下向体侧后方摆动，以维持身体平衡。在换步后，起跳腿继续摆至大腿与地面平行，然后大腿积极下压，做"扒"地式落地。两臂由前向后侧摆，准备第二跳。

第二跳（跨步跳）：第一跳落地后，摆动腿迅速向前上方摆起，由于缓冲落地的动作而弯曲的起跳腿迅速伸直蹬地，两臂同时配合伸蹬动作，从后侧向前上方摆动，开始第二跳。起跳后，仍成腾空步姿势。在腾空抛物线的后三分之一时，开始做落地和准备第三次起跳的动作。两臂配合向前做大幅度的摆振。

第三跳（跳跃）：第三跳起跳腾空后，仍保持腾空步姿势，以后的动作与跳远的腾空和落地动作一样，可以采用蹲踞式、挺身式或走步式及其他落地方法。

五　推铅球

起源于古代人类用石块猎取禽兽或防御攻击的活动。现代推铅球始于14世纪40年代欧洲炮兵闲暇期间推掷炮弹的游戏和比赛，后逐渐形成体育运动项目。铅球的制作经历了用铁、铅以及外铁内铅的过程。正式比赛男子铅球的重量为7.26公斤，直径11—13厘米；女子铅球的重量为4公斤，直径为9.5—11厘米。早期推铅球没有固定的方式，可以原地推，也可以助跑推；可以单手推，也可以双手推；还出现过按体重分级别的比赛。

最初采用原地推铅球技术，后逐渐发展到侧向推、上步侧向推。20世纪50年代，美国运动员奥布赖恩发明背向滑步推铅球技术，该技术被称为"铅球史上的一场革命"。20世纪70年代，苏联运动员巴雷什尼科夫发明旋转推铅球技术，由于旋转后难以控制身体平衡，至今只有极少数运动员使用。比赛时，运动员应在直径2.135米的圈内，用单手将球从肩上推出，铅球必须落在落地区角度线以内方为有效。男、女铅球分别于1896年和1948年被列为奥运会比赛项目。

1. 原地推铅球动作要领：

握球和持球。握球手的手指自然分开，把球放在食指、中指和无名指的指根上，大拇指和小指支撑在球的两侧（图6-10），以防止球的滑动，便于控制出球的方向。掌心不触球。

握好球后，身体左侧对着投掷方向，两脚左右开立比肩稍宽，左脚尖

图 6-10　铅球持球

指向斜前方并与右脚弓在一直线上；右膝弯曲，上体向右倾斜扭转，重心落在右腿上；左臂微屈于胸前，使球的垂直线离开右脚外侧，以加长用力距离和拉紧左侧肌肉。

　　推球时，右脚迅速用力蹬地，脚跟提起，右膝内转，右髋前送，使上体向左侧抬起，朝着投掷方向转动。当身体左侧接近于地面垂直一刹那，以左肩为轴，右腿迅速伸直，身体转向投掷方向，挺胸、抬头，右肩用力向前送，右臂迅速伸直将球向前上方 40—42 度角推出（图 6-11）。球离手时手腕要用力，并用手指拨球。推球的同时，左腿用力向上蹬直，以增加铅球向前和向上的力量。球出手后，右腿迅速与左腿交换，左腿后举，降低身体重心，缓冲向前的力量，以维持身体的平衡。

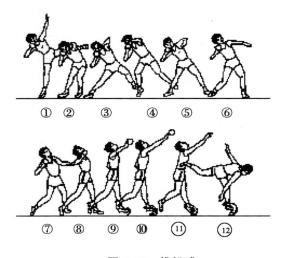

① ② ③ ④ ⑤ ⑥

⑦ ⑧ ⑨ ⑩ ⑪ ⑫

图 6-11　推铅球

2. 滑步推铅球动作练习要领：

　　摆动腿的摆动练习：左手拉住同肩高的固定物或同伴的手。左腿回收接近右腿时，快速向抵趾板方向摆出。

图 6-12　推铅球

方法同上，但左腿向投掷方向摆动前，身体重心略向后移，接着左腿摆动，右腿蹬伸，推动身体向投掷方向移动。

拉收右腿的练习：两腿前后直立（两脚肩宽），体重在两腿之间。上体稍前屈。从这个姿势开始，迅速将小腿收至重心下负担身体重量，并保持平衡。当右脚收至重心下快着地时，左腿快速向后撤步，形成最后用力前的姿势。

徒手滑步练习：高姿站立，摆动腿到一定的高度后，在回收同时右腿逐渐弯曲，降低重心。当左腿回收到接近右腿时，完成屈膝团身，待身体稳定后，立即开始做滑步动作，动作熟练后可做连续滑步。

持较轻铅球滑步：教学实践中，学生虽然已初步掌握徒手滑步的技术，但是持球后往往由于负荷了一定重量，较难完成。为了保证动作的协调，开始持球滑步时，可用较轻的铅球，以后逐渐增加重量。

滑步推铅球：滑步推铅球是在初步掌握了滑步和最后用力的基础上进行的。

最后用力：滑步结束时，右脚比左脚先着地。右脚着地后，右腿积极蹬伸，推动右髋向投掷方向转动。上体在转动中逐渐抬起，同时躯干的肌群积极收缩。左臂和左肩高于右肩，铅球尽可能保持较低位置，体重大部分仍在弯曲而压紧的右腿上。

右腿蹬伸，进一步将右髋向投掷方向送出，右臂迅速而有力地将球推出。铅球快出手时，手腕稍向内转同时屈腕，快速而有力的拨球，使铅球从手指离开。

铅球离开后，两腿弯曲或交换，降低重心，缓冲向前的冲力，维持身体平衡，防止出圈犯规。滑步推铅球在具体教学步骤上，首先要反复练习滑步后右腿蹬伸与左腿支撑的协调动作，解决滑步后与推球动作的衔接，其次采用较轻的铅球在圈外进行滑步推球。

六　掷铁饼

起源于公元前12—前8世纪希腊人投掷石片的活动。公元前708年第18届古代奥运会掷铁饼列为五项全能项目之一。铁饼最初为盘形石块，后逐渐采用铜、铁等金属制作。现代奥运会史上，曾有过双手掷铁饼的比赛项目（左手+右手）。掷铁饼技术经历过原地投、侧向原地投、侧向旋转投、背向旋转投几个发展过程。铁饼可用木料或其他适宜材料制作，男子铁饼重2公斤，直径22厘米；女子铁饼重1.5公斤，直径18.1厘米。比赛时，运动员应该在直径2.50米的圈内将饼掷出，铁饼必须落在40度的角度线内方为有效。男、女铁饼分别于1896年和1928年被列为奥运会比赛项目。

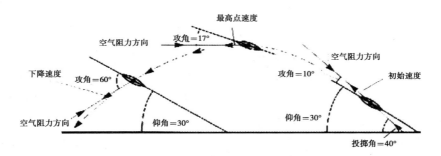

图 6-13　铁饼飞行示意

掷铁饼的技术动作分为握法、预备姿势和预摆、旋转、最后用力和维持身体平衡四个技术环节。

（一）握法

五指自然分开，拇指和手掌平靠铁饼，其余四指的最末指节扣住铁饼边沿，铁饼的重心在食指和中指之间，手腕微屈，铁饼的上沿靠在前臂上，持饼臂自然下垂于体侧。

（二）预备姿势和预摆

预备姿势：

背对投掷方向，两脚左右开立约一肩半，站于圈内靠后沿处的投掷中线两侧。两脚平行开立或左脚稍后，持饼臂自然下垂于体侧，眼平视。

预摆：

预摆是为了获得预先速度，为旋转创造有利条件。目前常见的预摆有两种。

左上右后摆饼法：开始时，持饼臂在体侧前后自然摆动，当铁饼摆到体后时，体重靠近右腿，接着以躯干带动持饼臂向左上方摆起，当铁饼摆到左上方时，左手在下托饼，体重靠近左腿，上体稍左转。回摆时，躯干带动持饼臂将铁饼摆到身体右后方，身体向右扭紧，体重处于右腿上，上体稍前倾，左臂自然微屈于胸前，眼平视，头随上体的转动而转动。

身体前后摆饼法：开始时，持饼臂在体侧前后自然摆动，当铁饼摆向体前左方时，手掌逐渐向上翻转，右肩稍前倾，体重靠近左腿。铁饼回摆到体后时，手掌逐渐翻转向下，体重由左向右移动，上体向右后方充分转动，使身体扭转拉紧。这种方法动作放松，幅度大。目前大多数优秀选手都采用它。

（三）旋转

预摆结束后，弯曲的右腿蹬地，上体向左转动，同时左膝外展，体重由右脚向边屈边转的左腿移动。接着两腿积极转动，并以左脚前脚掌为轴向投掷方向转动，身体向投掷方向倾斜，投掷臂在身后放松牵引铁饼。当左膝、左肩和头即将转向投掷方向时，右膝自然弯曲，以大腿发力带动整个腿绕左腿向投掷方向转扣（右脚离地不能过高），这时左髋低于右髋，身体成左侧单腿支撑旋转，接着以左脚蹬地的力量推动身体向投掷圈的中心移动，右腿、右髋继续转扣。当左脚蹬离地面，右腿带动右髋快速内转下压，左腿屈膝迅速向右腿靠拢，左肩内扣，上体收腹稍前倾。接着，左脚积极后摆，以脚掌的内侧着地，落在投掷圈中线左侧，圆圈前沿稍后的地方，身体处于最大限度的扭转拉紧状态，铁饼远远留在右后方，左臂自然微屈于胸前，为最后用力做好准备。

（四）最后用力和维持身体平衡

当左脚着地时，右脚继续蹬转，使右髋积极向投掷方向转动和前送。接着，头向投掷方向转动，左臂微屈于胸前，胸部开始向前挺出，体重逐渐移向左腿。当体重移向左腿时，右腿继续蹬伸用力，以爆发式的快速用力向前挺胸挥饼。与此同时，左腿迅速用力蹬伸，左肩制动，成左侧支撑，使身体右侧迅速向前转动，将全身的力量集中在铁饼上，当铁饼挥至右肩同高并稍前时，用小指到食指依次用力拨饼出手，使铁饼按顺时针方向转动向前飞行。

铁饼出手后，应及时交换两腿，身体顺惯性左转，同时降低身体重心，维持身体平衡。

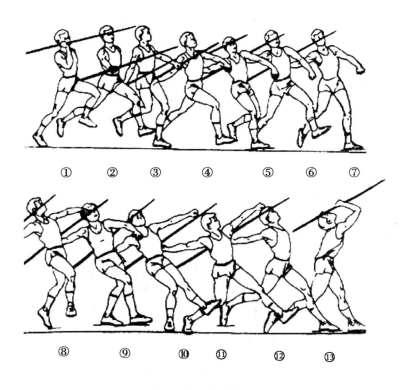

①　②　③　④　⑤　⑥　⑦

⑧　　⑨　　⑩　⑪　　⑫　　⑬

图 6-14　掷标枪

七　掷标枪

公元前 708 年被列为第 18 届古代奥运会五项全能项目之一。现代标枪运动始于 19 世纪的瑞典、希腊、匈牙利和芬兰等欧洲国家。1792 年瑞典的法隆开始举行标枪比赛。最初运动员使用的木制标枪前后一样粗，20 世纪 50 年代初，美国标枪运动员赫尔德（Franklin Held）研究出两端细、中间粗的木制标枪，延长了标枪在空中飞行的时间，因而被称为"滑翔标枪"。20 世纪 60 年代瑞典制造出金属标枪，使标枪的滑翔性能更强，大幅度提高了运动成绩。1984 年民主德国运动员霍恩（Uwe Hohn）以104.80 米的成绩打破世界纪录。国际田联为保证看台观众的安全，1986 年将男子标枪重心向枪尖方向前移 4 厘米，以降低飞行性能，1999 年又将女子标枪重心向枪尖方向前移 3 厘米。标枪可用金属或其他适宜的类似材料制作。男子标枪重 800 克，长 260—270 厘米；女子标枪重 600 克，长 220—230 厘米。比赛时，运动员必须单手将标枪从肩上方掷出，枪尖必须落在投掷区角度线内方为有效。男、女标枪分别于 1908 年和 1932 年被列为奥运会比赛项目。

训练方法：

握法：握枪方法是将标枪斜放在掌心上，大拇指和中指握在标枪把手末端第一圈上沿，食指自然弯曲斜握在标枪上，无名指和小指握在把手上。也可将拇指和食指握在标枪把手末端第一圈上沿，其余手指按顺序握在把手上。

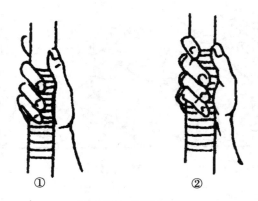

图 6-15　握枪手形

持枪：持枪的方法是屈臂举枪于肩上，大小臂夹角约为 90 度，稍高于头，枪尖稍低于枪尾。

助跑：助跑的距离应根据投掷者发挥速度的快慢而定，一般在 25—35 米之间，助跑分为两个阶段。

预跑阶段：预跑阶段主要是加速，在跑进中上体稍前倾，用前脚掌着地，大腿抬得较高，后蹬力量强，动作轻快而富有弹性，持枪臂随着跑的节奏与左臂配合，自然前后摆动，并与下肢动作协调一致，在加速中进入投掷步。

投掷步阶段：五步投掷步的前四步一般步长是：第一步大，第二步小，第三步大，第四步小。

第一步：左脚踏上第二标志线，右脚积极前迈，同时，右肩后撤并开始向后引枪，左肩逐渐向标枪靠近，左臂自然摆至胸前，眼向前看，髋部

正对投掷方向，持枪臂尚未伸直

第二步：当右脚落地，左脚离地前迈开始了投掷步的第二步。左脚前迈时，髋稍向右转，右肩继续后撤并完成引枪动作，右手接近于肩的高度，枪身与前臂夹角较小，枪尖靠近右眉，保证标枪纵轴和投掷方向一致。

第三步：是由左脚落地开始的，左脚一落地，右腿膝关节自然弯曲，大腿带动小腿积极有力地向前摆出，当右腿靠近左腿时，左腿快速有力地蹬伸，促使右腿加快前迈。此时髋轴转向投掷方向，并与肩轴形成交叉状态。左臂自然摆至胸前，有助于左肩继续向右转动，加大躯干的向右扭转。右脚尖外转用脚跟外侧先落地，然后过渡到全脚掌，与投掷方向成45度角。躯干和右腿成一条直线，整个身体向后倾斜与地面形成一定的夹角。

第四步：在交叉步右脚尚未落地之前，左腿就要积极前迈。右腿落地，体重落地弯曲的右腿上，接着，右腿积极蹬地，加快髋部向水平方向移动，同时也加快了左腿的前迈。左腿前迈时，大腿不宜抬得过高，左脚用内侧或脚跟先着地，做出强有力的制动和支撑，左脚落地的位置应在右脚落地前投掷方向线的左侧约20—30厘米处。

最后用力：投掷步的第三步右脚着地后，由于惯性，髋部迅速向前运动，在超越了右腿支撑点之后（左脚未着地），右脚就开始最后用力。当左脚着地，便形成了以左脚到左肩的左侧支撑，为右腿继续蹬地转髋创造条件。右腿有继续蹬地，推动右髋加速向投掷方向运动，使髋轴超过肩轴，同时髋部牵引着肩轴向投掷方向转动，在肩轴向投掷方向转动的同时，投掷臂向上转动，带动前臂、手腕向上翻转，当上体转为正对投掷方向时，形成了"满弓"姿势。此时投掷臂处于身后，约与肩高，与躯干几乎成直角。弯曲的左腿做迅速有弹性的蹬伸，同时胸部尽量前送，并带动小臂向前做爆发性"鞭打"动作，使全身的力量通过手臂和手指作用于标枪纵轴。标枪离手一刹那，手腕和手指的积极动作，使标枪沿着纵轴按顺时针方向自转，这可以保持标枪在空中飞行的稳定性，提高标枪的滑翔效果。标枪出手的适宜角度为35—40度。

第四节　田径运动竞赛的编排和裁判方法

田径运动竞赛的编排和裁判工作是田径运动会最为重要的环节，直接影响着工作的进程和运动员参加比赛。赛前编排秩序册；准备比赛的各项表格；赛中及时公布比赛成绩；编排复、决赛秩序册；赛后统计和整理成绩记录；编印大会成绩册等。

一 田径运动竞赛的编排

（一）径赛

1. 根据各项参加人数，各赛次录取的名额，直道、弯道的分道数及裁判员情况等，拟订"径赛分组计划表"。

2. 分组时，尽量使每组人数相等，同单位运动员尽量不排在一组内。

3. 按成绩录取分组，应把成绩好的集中于一组内。

4. 若没有报名成绩，人数较多，可将参加该项的运动员卡片（或号码）按单位依次上下分别排列，再按斜道通过的卡片（或号码）分组。例如30人参加100米预赛，分四组，按成绩录取16人参加复赛，则先进行行式排列，然后再按斜线通过的卡片（或号码）分组。

5. 按名次录取分组，必须把成绩优秀的运动员分别编排在各组内，例如16人分二组复赛，每组按名次录取前四名参加决赛。分组方法：先按预赛成绩优劣，挑好运动员的卡片（或号码）顺序，然后将卡片（或号码）由上而下、再由下而上依次排列，进行分组。

6. 不分道的项目分组时，通常把成绩较好的运动员集中在一组，每组人数最好控制在15人以内，大型运动会，参加比赛人数较多，也可以举行预决赛。

7. 比赛的道次，由大会抽签决定，然后由编排人员填入"径赛检录表"。一式三份（一份自留抄写公告用，两份交检录组点名后交起、终点各一份）

注：根据田径竞赛规则，100米、200米、400米、100米栏、110米栏、400米栏、800米和4×100米接力、4×400米接力，报名人数超过8人的；1500米、3000米和3000米障碍，报名人数超过15人的；5000米报名人数超过19人的；10000米超过27人的，均应举行两个或两个以上赛次的比赛。

（二）田赛

1. 田赛项目，一般不分组，比赛顺序由大会抽签决定。

2. 参加人数较多的田赛项目（一般来说超过18人），可在正式比赛前进行及格赛（田赛及格赛和决赛，不在同一天举行）。也可分组进行预赛。分组时，将成绩较好的集中在一个组内，但场地条件等应基本相同，淘汰到相当人数时再合并比赛（即取前八名决赛）。

（三）编排比赛秩序时应注意的事项

1. 在预、复、决赛中应尽可能给运动员适当的休息时间。规则一般规定：200米及200米以下各项中间休息为45分钟；200米以上至1000米各项中间休息为90分钟；1000米以上的径赛，不在同一天举行。全能运动各单项间休息时间为30分钟。

2. 根据兼项的规律或统计情况，尽可能减少兼项的冲突。

兼项较多的有：100米/200米、200米/400米、800米/1500米、1500米/5000米、5000米/10000米、100米/4×100米接力、400米/4×400米接力、100米/跳远、跳远/三级跳远等。

3. 某些性质相近的项目，编排时要注意其先后顺序。如：先推铅球后掷标枪，先跳远后三级跳远，先1500米后10000米等。

4. 不同组别的同一项目的径赛，最好衔接进行。这样有利于起、终点裁判工作和场地器材的布置。

5. 各种跨栏项目的比赛，不要排在一起，且应排在每一单元的第一项后或最后一项，或安排在长跑项目的后面进行。

6. 不同组别的同一田赛项目，时间许可的情况下，不要安排在同一个时间（同一个场地）进行。

7. 200米以下（包括直道栏）的径赛项目，最好是一天内结束一个项目。

8. 编排比赛秩序时，应注意把决赛项目和较精彩项目分开排列，使运动场上始终保持热烈活跃的气氛。

9. 竞赛场面布局，要考虑全面，尽量保持赛场走、跑、跳、投的平衡，防止一端疏松空场。

10. 撑竿跳高的比赛时间要估计充足，最好安排在上午早一些开始，并注意避免面对阳光的照射。

11. 每个单元的比赛，尽可能使田赛和径赛同时结束。

12. 要注意长、短距离，长投、短投，高度、远度项目的合理搭配。

13. 最后一个单元临近结束之前，可考虑安排一项长距离项目或适当减少项目，以便进行闭幕式，宣布团体成绩。

14. 决赛项目平均分配到各个比赛单元，并尽可能安排在下午。

15. 趣味性项目最好安排在开幕式或闭幕式上。

二　田径运动竞赛的裁判法

田径运动竞赛的裁判工作是田径运动竞赛工作的一个重要组成部分。裁判工作的好坏，直接影响着竞赛的进行、运动员的比赛情绪以及运动员技术水平的发挥。裁判员不仅是运动成绩和比赛名次的判定者，同时也是竞赛的组织者。因此，对裁判员的基本要求是：认真掌握比赛的规则，熟练掌握裁判方法，在裁判工作中做到严肃认真、公正准确、谦虚谨慎、团结协作，尽心尽力地完成裁判工作任务。

（一）田径运动竞赛前的准备工作

为了保证田径运动会的顺利进行，裁判组应在竞赛组领导下，做好下列赛前准备工作：

1. 组织和培训裁判队伍

具体工作是：根据运动会规模选聘裁判员，进行裁判员分工，组织裁判员学习竞赛规程与田径竞赛规则、研究裁判方法和进行现场裁判实习，统一思想，统一认识。在此基础上，要求各裁判组制定工作计划，使每个裁判组都成为一个能战斗的集体。

2. 召开好各种会议

（1）全体裁判员大会；

（2）裁判组会议；

（3）主裁判会议；

（4）领队、教练员会议。

3. 做好裁判器材和用具准备

各裁判组要提出裁判工作所需的器材和用具清单。对于领到的裁判器材和用具要落实专人负责，以保证比赛裁判时使用。

4. 做好比赛场地和器材检查

各裁判组于赛前必须到现场检查场地和清点器材。检查后，提出场地修整和器材添置意见，交场地器材组解决。

（二）田径运动竞赛的主要规则

进行田径运动竞赛的裁判工作，需要掌握田径竞赛规则。由于基层单位举办的田径运动会属于群众体育比赛的性质，因此，竞赛规则应从实际情况出发，参照中国田径协会审定的《田径竞赛规则》执行。对于有变动或另行制定的竞赛规则，应在竞赛规程中或领队教练员会议上进行说明。

田径比赛通则方面

（1）参加比赛的运动员必须佩戴号码，否则不得参加比赛。

（2）径赛项目运动员须沿跑道逆时针方向跑进。

（3）径赛运动员挤撞或阻挡别人而妨碍别人走或跑进时，应取消其该项比赛资格。

（4）如果一名运动员参加一个径赛项目，又参加一个田赛项目，或者参加一个以上的田赛项目，而这些项目又同时举行比赛时，有关主裁判可以允许运动员只在某一轮次（高度项目以一个高度为一个轮次，一个高度有3次试跳机会；远度项目以所有运动员按顺序试跳或试掷完一次为一个轮次。）的比赛中以不同于赛前抽签确定的顺序先进行试跳（试掷）一次。回来后已错过的试跳（试掷）顺序一律不补。

（5）判定名次和成绩相等判定名次的方法。径赛项目中，判定运动员到达终点的名次顺序，是以运动员躯干的任何部分到达终点线内沿的垂直面的先后为准。以决赛的成绩作为个人的最高成绩，而不以预、次、复赛的成绩判定最后名次。

田赛项目中，远度项目以比赛的六次试跳或试掷中最好的一次成绩作为个人的最好成绩，包括第一名成绩相等决定名次赛时的成绩，然后以各运动员的最高成绩排列名次。高度项目以每名运动员最好一次试跳成绩，包括第一名成绩相等决定名次赛时的成绩，作为最后决定成绩。如遇两人或两人以上成绩相等，应按下列规定处理：

在径赛的预、次、复赛中，按成绩录取最后名次时，有两人或两人以上成绩相等，如对下一赛次或决赛人数没有影响，则成绩相等的运动员都应录取；如有影响，则应抽签决定进入下一赛次的人选。此种抽签应在有关裁判长领导和组织下，成绩相等的运动员自己抽签决定。决赛中出现第一名成绩相等，裁判长有权决定这些成绩相等运动员重新比赛，至决出名次为止。其他名次相等时，则并列。

田赛高度项目比赛成绩相等的录取办法：在出现成绩相等的高度时，试跳次数较少者名次列前。如成绩仍相等，在包括最后跳过的高度在内的全赛中，试跳失败次数较少者名次列前。如成绩仍相等：如涉及第一名时，则令成绩相等的运动员在其造成成绩相等的失败高度中的最低的高度上，每人再试跳一次。如仍不能判定，则横杆应提升或降低，提升和降低的高度，跳高为 2 厘米，撑竿跳高为 5 厘米，他们应在每个高度上试跳一次，直到决出名次为止。决定名次的试跳，有关运动员必须参加。如涉及其他名次时，成绩相等的运动员名次并列。

田赛远度项目的比赛如有成绩相等时，应以其次优成绩判定名次。如次优成绩相等，则以第三优成绩判定，余类推。如仍相等，并涉及第一名者，则令相等的运动员，按原比赛顺序，进行新一轮试跳，直到决出名次为止。

团体总分相等时，应以破纪录项目、次数多者名次列前。再相等，则以第一名多者列前。如仍相等，则以第二名多者名次列前，余类推。

（三）径赛主要规则

1. 400 米及 400 米以下包括 4×100 米接力的项目，运动员应采用蹲踞式起跑。犯规 2 次以上者取消比赛资格，全能运动员犯规 3 次者取消比赛资格。

2. 在分道跑项目中，运动员跑出自己的分道，如没有获得利益，也未阻挡他人，一般不应取消比赛资格，否则应取消比赛资格。

3. 在中长跑时，运动员擅自离开跑道后，不得继续比赛。

4. 跨栏跑时，运动员手脚低于栏顶面、跨越他人栏架、有意用手或脚碰到栏架，均属犯规。

5. 接力跑时，在接力区外完成接棒、捡棒时阻挡他人或空手跑过终点，均属犯规。

6. 如用 3 只秒表计成绩，应以 2 只表所示成绩为准；如各不相同，则以中间成绩为准。2 只表，应以成绩较差者为准。

（四）田赛主要规则

1. 跳高比赛时，应抽签排定运动员的试跳顺序。运动员必须用单脚起跳。比赛开始前，主裁判应向运动员宣布起跳高度和每轮结束后横杆的提升高度，此计划直至比赛中只剩下 1 名。除非比赛中只剩下 1 名运动员，并且他已获得该项目比赛的冠军，否则：（a）每轮之后，横杆升高不得少于 2 厘米。（b）横杆升高的幅度不得增大。在规则第 12 条 1（a）、（b）的全能比赛中，每轮的横杆提升高度均为 3 厘米。一旦比赛开始，运动员不得使用助跑道或起跳区进行练习。如有下列情况之一者，则判为试跳失败：（a）试跳后，由于运动员的试跳动作，致使横杆未能留在横杆托上；或（b）在越过横杆之前，运动员身体的任何部位触及立柱以外的地面或落地区。如果运动员在试跳中一只脚触及落地区，而裁判员认为其并未从中获得利益，则不应判为试跳失败。运动员可以在主裁判事先宣布的横杆升高计划中的任何一个高度开始试跳，也可在以后任何一个高度根据自己的愿望决定是否试跳。但在任何高度上，只要运动员连续3次试跳失败，即失去继续比赛的资格。因第1名成绩相等而进行的决名次赛的试跳除外。允许运动员在某一高度上第1次或第2次试跳失败后，在其第2次或第3次试跳时请求免跳，并在后继的高度上继续试跳。运动员在某一高度上请求试跳后，不准在该高度上恢复试跳，除非出现第1名成绩相等的情况。每次升高横杆后，在运动员试跳之前，均应测量横杆高度。当横杆放置在纪录高度时，有关裁判员必须进行审核测量。如果自上一次测量高度后，横杆又被触及，在后继的高度的试跳之前，裁判员必须再次测量横杆高度。即使其他运动员均已失败，一名运动员仍有资格继续试跳，直至其放弃继续比赛的权利。当某运动员已在比赛中获胜时，有关裁判员或裁判长应征求该运动员的意见，由该运动员决定横杆的提升高度。每名运动员应以其最好的一次试跳成绩，包括因第1名成绩相等而进行的决名次赛的试跳成绩，作为其最后的决定成绩。在比赛过程中不得移动跳高架或立柱，除非有关裁判长认为该起跳区或落地区已变得不适于比赛。如需移动跳高架或立柱，应在试跳完一轮之后进行。

2. 所有田赛远度项目比赛时，参加比赛的运动员如超过8人，成绩较好的前八名运动员进入决赛，如第八名成绩相等，成绩相等的运动员均可再试跳或掷3次，如不足8人，则均有6次。一旦比赛开始，运动员不得使用比赛助跑道进行练习。如有下列情况之一，则判为试跳失败：（a）在未做起跳的助跑中或在跳跃中，运动员以身体任何部位触及起跳线以外地面；（b）从起跳板两端之外的起跳线的延长线前面或后面起跳；（c）在落地过程中触及落地区以外地面，而落地区外触地点较区内最近触地点更靠近起跳线；（d）完成试跳后，向后走出落地区；（e）采用任何空翻姿势。测量成绩时，应从运动员身体任何部位触地的最近点量至起跳线或起跳线的延长线，测量线应与起跳线或其延长线垂直。应以每名运动员最好的1次试跳成绩，包括因第1名成绩相等而进行的决名次赛的试跳成绩，作为其最后的决定成绩。助跑道长度至少应为40米，条件许可时，至少应长45米。助跑道宽度最小1.22米，最大1.25米，应用5厘米宽的白线标出助跑道。助跑道的左右最大倾斜度不超过 1∶100，趴在跑进方向总的倾斜度不得超过 1∶1000。为有助于助跑和起跳，运动员可在助跑道旁放置 1—2 个标志物（由组委会批准或提供）。如果不提供此类标志物，运动员可以使用胶布，但禁用粉笔或其他任何擦不掉痕迹的类似物质。起跳板是起跳的标志，应埋入地下，上沿与助跑道及落地区表面齐平。起跳板靠近落地区的边沿称为起跳线。紧靠起跳线前应放置一块橡皮泥显示板，以便于裁判员进行判断。如不能设置上述装置，应采用下列方法：紧靠起跳线前沿铺设软土或沙子，宽 20 厘米，与水平面成 30 度角。起跳板至落地区远端的距离不少应为 10 米。起跳板至落地区近端的距离为 1—3 米。

3. 三级跳远的三跳顺序是一次单足跳、一次跨步跳和一次跳跃。单足跳时应用起跳腿落地，跨步跳时用另一条腿（摆动腿）落地，然后完成跳跃动作。运动员在跳跃中摆动腿触地不应视为试跳失败。

4. 推铅球比赛应抽签决定运动员试掷顺序。运动员超过 8 人，应允许每人试掷 3 次，有效成绩最好的前 8 名运动员可再试掷 3 次，试掷顺序与前 3 次试掷后的排名相反。如果在第 3 次试掷结束后出现第 8 名成绩相等，按铅球比赛规则第 146 条 3 处理。当比赛人数只有 8 人或少于 8 人时，每人均可试掷 6 次。比赛开始前，运动员可在比赛场地练习试掷，练习组应按抽签排定的顺序进行，并始终处于裁判员的监督之下。一旦比赛开始，运动员不得持器械练习，无论持器械与否，均不得使用投掷区或落地区以内地面练习投掷。运动员应从投掷圈内将铅球推出。运动员必须从静止姿势开始试掷。允许运动员触及铁圈和抵趾板的内侧。应用单手从肩部将铅球推出。当运动员进入圈内开始试掷时，铅球应抵住或靠近颈部或下颌，在推球过程中持球手不得降到此部位以下。不得将铅球置于肩轴线后方。不允许使用任何装置对投掷时的运动员进行任何帮助，例如使用带子将两个或更多的手指捆在一起。除了开放性损伤需要包扎以外，不得在手上使用绷带或胶布。不允许使用手套。为了能更好地持握铅球，运动员可使用某种适宜物质，但仅限于双手。为了防止手腕受伤，运动员可在手腕处缠绕绷带。为防止脊柱受伤，运动员可系一条皮带或其他适宜材料制成的带子。不允许运动员向圈内或鞋底喷洒任何物质。运动员进入圈内开始投掷后，如果运动员身体的任何部位触及圈外地面，或触及铁圈和抵趾板上面，或以不符合规定的方式将铅球推出，均判为一次投掷失败。如果在投掷中未违反上述规定，运动员可中止已开始的投掷，可将器械放在圈内或圈外，在遵守铅球比赛规则第 12 款的前提下离开投掷圈，然后返回圈内从静止姿势重新开始投掷。铅球必须完全落在落地区角度线内沿以内，试掷方为有效。每次有效试掷后，应立即测量成绩。从铅球落地痕迹的最近点取直线量至投掷圈内沿，测量线应通过投掷圈圆心。运动员在器械落地后方可离开投掷圈。离开投掷圈时首先触及的铁圈上沿或圈外地面必须完全在圈外白线的后面，白线后沿的延长线应能通过投掷圈圆心。应以每名运动员最好的一次投掷成绩，包括因第一名成绩相等而进行的决名次赛的试掷成绩，作为其最后的决定成绩。其他投掷项目比赛，除场地、器械和投掷方法与铅球有差异外，比赛规则与铅球基本相同。

三　田径运动竞赛裁判工作方法

（一）径赛裁判工作方法

1. 检录工作方法

赛前工作：

（1）主裁判组织裁判员学习规则和规程，安排人员分工，制订检录工作细则和工作流程。

（2）向编排记录组索取已经确认的竞赛日程表、运动员分道分组表（或径赛卡片）和接力棒次表，根据径赛规程制定检录时间流程表。

（3）准备检录所需器材和用品，包括：检录处标志牌、检录时间公告牌、文具、各种表格、手提喇叭、裁判桌椅、运动员休息凳、安全别针、针线、卡尺等。采用终点电动计时时，还需准备道次小号码、长跑顺序小号码。

（4）重大比赛时，要预先熟悉竞赛规则中有关运动员服装、比赛用鞋、提包和用品上的广告规格的规定。必要时，复制数份广告规格表，以备检录时使用。检查运动员的练习场地、器材、卫生间及进入比赛场地的通道设置是否合理。

比赛中工作：

（1）主裁判领导全体检录员在每个比赛单元的第一项比赛开始前60—90 分钟到达检录地点，清理工作场地，进行赛前准备。

（2）用广播和张贴形式宣布检录地点、本单元各比赛项目检录时间表和检录注意事项。

（3）每项检录前 10 分钟预告检录的项目、检录开始时间、检录结束时间、比赛时间、检录要求等事项，通知有关运动员按时检录。

（4）检录。重大比赛，由入口检查员开始检查该项参赛运动员的证件及号码，做好记录，指引运动员进入检录地点由该项检录员（组）进行检录。

一般比赛，由该项检录员（组）按照比赛分组分迈的顺序点名，并排好运动员的队列。

检录时，应检查运动员的身份、号码、服装、比赛鞋、携带物品等是否符合规则规定。如采用终点电动计时，在进行径赛项目检录时应分发道次小号码或长跑顺序小号码，提示运动员正确佩戴，防止脱落、颠倒等。检录员应事先准备充足的别针、针线等物品，便于运动员使用。

由于国际田联在规则中对比赛的广告作了明确的规定，因此在重大比赛、特别是在国际比赛中，一定要认真检查服装、鞋帽、提包等物品上的广告，不符合规则规定的一律不准带入比赛场内，并交物品保管员登记保存，送赛后控制中心处理。

检录时间截止，未到达的运动员均以弃权论。

（5）将各项比赛实到人数与秩序册核对，填写检录表，记录缺席运动员统计表，调整径赛卡片和径赛成绩表。

（6）按时将运动员列队，沿指定路线带入比赛场地，由发令组接收。同时将检录单交发令组、计时组、终点组、检查组和宣告组各一份。

（7）4×100 米接力比赛时，应先后带各棒运动员入场。除将第一棒运动员带到起点交发令组外，将二、三、四棒运动员交各接力区检查员。4×400 米接力比赛时，将各棒运动员同时带到起点交发令组。

（8）每项比赛后，服务员或检录员回收小号码。

2. 发令裁判工作方法

起点裁判工作的主要任务是根据田径竞赛规则的规定和运动会的比赛日程，组织各项径赛运动员合理地、机会均等地起跑，准时开始比赛。举行中小型田径运动会，径赛起点裁判员通常设置发令员 1—2 人，召回发令员 1—2 人，助理发令员 1—2 人，服务员若干人。举行大型田径运动会时，起点裁判员的人数可有所增加。起点裁判工作应在径赛裁判长的领导下，由发令员具体负责。

赛前工作：

（1）发令员组织全组人员学习规则及规程中的有关部分，进行详细的分工，制定工作细则，组织裁判工作实习。

（2）检查比赛场地、器材和用具（如起点线、起跑器、发令枪、子弹、发令台、通信器材等），熟悉比赛场地和起点位置。

（3）与终点摄影计时、人工计时、终点名次组一起进行现场联合实习，研究工作配合问题，对服务员进行培训。

（4）与检录组研究工作中的互相配合，明确径赛运动员的入场时间。

（5）准备好工作所需用具、表格等。

（6）有接力项目时，助理发令员负责准备接力棒。

赛中工作：

（1）按规定时间（通常提前1小时）到达比赛场地，检查布置场地、器材。

（2）按下列原则布置发令台：使发令员能看清并用狭窄的视角就能观察到所有起跑的运动员；能够让计时员及风速测量员清楚地看到发令员枪烟。

（3）发令员、助理发令员、召回发令员各就各位。

（4）终点摄影计时组的工作人员向发令员报告传感器与终点摄影计时装置已准备就绪。

（5）赛前3分钟，助理发令员通知运动员停止练习，组织运动员站在起跑线后大约3米处待命。

（6）赛前2分钟，指挥中心发出即将比赛的信号显示运动员的比赛项目、赛次、组别、道次、姓名、单位，同时，宣告员介绍运动员。

（7）召回发令员、助理发令员在规定位置上待命。助理发令员指挥服务员列队将运动员换下的衣服送往赛后控制中心（终点）。

（8）宣告员介绍运动员完毕，终点摄影计时组的起点工作人员用对讲机报告即将发令，计时器回零。发令员看到传感器指示灯亮即发出"各就位"口令。

（9）助理发令员认真检查运动员的动作是否符合规则要求，并向发令员举手示意，这时发令员可发出"预备"的口令，待运动员稳定后即可鸣枪。

（10）起跑时如遇到下列情形之一时，应当予以指示纠正：起跑器的安装触及起助线或超越各自的分道线时；在短跑的比赛中未使用起跑器或未使用蹲踞式起跑时；运动员在做"各就位"或"预备"的动作时，手、脚或接力棒触及起点线或线前的地面；在弯道起跑时触及右侧分道线外的地面；蹲踞式起跑双手之一不与地面接触，站立式起跑时双脚之一不与地面接触。

如在比赛中采用手工计时，发令员在发令前用对讲机或旗示与终点主裁判取得联系，确认终点、计时、风速员一切准备就绪，然后发出"各就位"的口令，举枪至烟屏的中下部，枪要举平，稳定不动。待运动员稳定后，再发出"预备"口令，运动员全部稳定后，即可鸣枪。鸣枪后，枪应稍停片刻再放下。如在比赛中采用电动计时，先用对讲机或旗示与终点主裁判取得联系，待观察到传感器上的"灯亮"，并确认终点、风速员准备就绪，即可发出"各就位"口令，并举枪至烟屏的中下部，运动员全部稳定后，即可鸣枪。

赛后工作：

召集全体裁判员总结，根据大会要求，写出书面总结，报送总裁判长。清点物品，如发现有运动员遗留物品，立即送交大会有关方面归还。

3. 计时主裁判

按规定时间带领计时员入场，按顺序就座；再次明确工作分工和方法，检查秒表，接收并审核终点成绩记录卡片；各项比赛开始前3—5分钟，向计时员宣读本单元比赛项目及顺序，将成绩记录卡交给记录员下面的计时员并迅速向上传递；当听到比赛即将开始的音乐铃声或其他信号时，提示计时员"回表"，并用简练语言（如"上道""举枪"等）提示计时员注意；比赛中，若计时员秒表或计时出现故障时，应立即指示后备计时员替补；每项比赛后，迅速收回卡片（也可按名次收取），核对成绩记录，必要时核查计时员的秒表，无误后签名交径赛裁判长，同时通知计时员"回表"，并示意终点裁判员准备就绪；计时长应计取每组第一名的成绩，破纪录时，及时检查秒表，同时请径赛裁判长和总裁判审核。

计时员：

※回表：听到主裁判"回表"提示后，及时回表，并立即注意起点，辨认所计运动员特征。

※开表：当听到"上道"提示后，注视起点发令员动作，听到"举枪"提示后，立即将秒表置于腰腹部位稳定，注意力集中，做好开表准备，当看到枪烟或闪光后立即开表。

※查表：开表后先看秒表走动是否正常（若发生故障立即如实报告主裁判），并再次查看本计时道内运动员特征、号码、邻近运动员相对位置变化。

※停表：当运动员离终点约 25 米处时，计时员眼睛的主光仍继续看运动员，余光看终点线，做好停表准备；当运动员离终点线 10 米时，则以眼睛主光看终点线，余光看运动员；当所计运动员的躯干任何部分触及终点线后沿垂直面的瞬间时停表。此时，目光继续跟踪观察本道次运动员的号码及特征是否与成绩记录卡上的号码相同。

※读表：将秒表水平放置胸前，按时、分、秒的顺序仔细观看，如破纪录，应立即报告计时主裁判。

※记录：将每一名计时员所计成绩按 1/100 秒填写在分表栏中，然后，按规则换算成 1/10 秒填写在成绩栏中，并将所计名次填写在成绩卡上，以供终点裁判员参考。

※传递：计时员填好成绩卡后，迅速由上往下传递给计时主裁判，然后，听计时长的"回表"提示，进行下一组次计时。

（二）田赛裁判工作方法

1. 检查裁判工作

（1）任务

为确保全部径赛项目的比赛符合田径竞赛规则的规定，在比赛中检查运动员有无犯规情况；在跨栏、障碍跑项目中，检查栏架数、栏位、栏高是否准确；在 4×100 米接力项目中，管理好第二、三、四棒运动员的上道。

（2）工作方法

①赛前。

※. 检查主裁判带领全体检查员对场地、栏架、栏位、障碍架、水池等进行检查。熟悉栏位、障碍位、接力区等确切地点。

※. 了解径赛各种设施，熟练使用检查员所使用的旗示、用具和填写表格。

※. 熟记自己的号位及进出场路线。

②每天，检查主裁判向径赛裁判长报到，领取任务和当日秩序册，再进一步细致布置各组任务。

③在运动员进场前 1 分钟，组长带领本组整齐进场。每人左手携椅

子、旗、木尺，右手携夹板。各人按号位就座，仪表庄重，举止大方。

④每人项目结束后，各号位检查员向组长靠拢集合，迅速离场地就近休息或转移到新的工作岗位。

⑤每组比赛，如有犯规，组长用报话机或旗示，向检查主裁判报告，检查主裁判立即向径赛裁判长报告后，迅速到现场察看核实，签署检查表后交径赛裁判长。

⑥在跨栏、障碍跑项目比赛时，赛前应仔细核对栏位是否摆放正确，栏高是否符合该项比赛的规定。如有特殊情况应立即报告径赛裁判长，由他通知指挥中心。

指挥中心发出即将比赛的信号时，检查主裁判应向径赛裁判长报告准备就绪。

（3）检查员在比赛中应重点观察下列情况

①分道跑项目

跑出自己的分道，妨碍他人，或踏在左侧分道线上。

得到外界的帮助。

以任何方式阻碍其他运动员。

抢道线提前切入。

②不分道跑项目

是否有冲撞、推挤、踩踢他人。

是否有擅自离开跑道或比赛路线；超越时是否有阻挡动作。

③跨栏、障碍跑项目

是否有决用手、脚推、踢倒栏架后再越过。

在过栏瞬间其脚或腿低于栏顶水平面。

手在空间是否影响他人。

过水池障碍时是否踏在水池边上越过水池。

④接力跑项目

接棒运动员是否站在规定的预跑区和接力区起跑。

是否在接力区内完成交接棒动作（以棒为准）。

如有掉棒，是否由掉棒运动员拾起。拾棒过程有无阻碍其他运动员。

传棒后的运动员，在离开本道时，是否有阻挡其他运动员的跑进。

⑤在接力、跨栏、障碍跑等项目比赛之前，检查员工作就绪后，用报话机或旗示告知检查结果

2. 田赛裁判长

（1）任务

领导跳高、撑竿跳高、跳远和三级跳远、推铅球、掷铁饼、掷链球、掷标枪项目的主裁判以及全体田赛裁判员，负责所有田赛项目项目的裁判工作，掌握田赛项目的比赛情况，保证规则的贯彻执行，解决比赛中发生的问题。

（2）工作步骤

①赛前工作

※．领导各田赛裁判组学习国际田联手册中的有关规定和技术手册以及裁判工作手册，确定各裁判组的工作方法及各组间的协调与配合问题。

※．领导各裁判组检查各自的场地、器材和设备，准备所需用具和物品。

※．利用运动员在场地练习的时机，领导和组织各裁判组进行现场实习。

※．随同总裁判参加技术会议，向总裁判提供田赛项目方面应宣布事项的书面报告。

②赛中工作

两名田赛裁判长的分工为：一名主管跳跃项目的裁判工作，另一名主管投掷项目的裁判工作。

※．每单元比赛开始前，检查各分管项目的赛前准备工作情况。

※．按各项裁判级报到时间，检查人员到齐情况，听取各项主裁判的工作汇报。

※．保证各项比赛按规定时间开始比赛，掌握比赛进程，保证规则的贯彻执行。

※．在比赛中，随时监督检查各分管项目裁判组的裁判工作，发现问题及时解决。

※．在高度项目中，若运动员准备试跳的高度为破纪录高度时，应监督丈量并进行检查，如运动员试跳成功，应再次进行核对。在远度项目中，如遇破纪录情况，应及时监督核对。

※．当收到运动员本人或其他代表的口头抗议时，为了做出公正的裁决，首先应向当事裁判了解情况，并尽量取得必要的证据，在此基础上根据规则做出裁决。如不能做出裁决时，应立即报请总裁判长解决。

※. 每项比赛完毕，应及时审核成绩，无误后签字。

3. 跳高和撑竿跳高裁判工作

（1）任务

在田赛裁判长领导下，执行田径竞赛规则的相关规定，保证跳高和撑竿跳高比赛的顺利进行。

（2）工作步骤

①全体人员必须在赛前70分钟到指定地点集合，主裁判向田赛裁判长汇报人员到场情况。

②赛前55分钟由主裁判整队进入比赛场地，对场地器材、仪器设备进行检查，丈量好第一个试跳高度，并显示在公告牌上。派负责检录的管理裁判员到检录处协助检录。

③赛前35分钟检录员及管理裁判带领运动员入场交主裁判，同时交检录单，由主裁判通告运动员注意事项，然后开始丈量步点。撑竿跳高赛前30分钟，管理裁判员督促运动员登记自己所需的架距。

④赛前20—25分钟，撑竿跳高赛前30分钟，组织运动员按比赛顺序进行1—2次赛前试跳。

⑤赛前3—5分钟停止练习，主裁判监督丈量第一个起跳高度。主记录员登记运动员免跳高度，整理场地。运动员坐在休息处等候比赛。撑竿跳高设置好第一位运动员所需架距的位置。记录裁判员等级运动员免跳高度。

⑥按规定的时间准时开始比赛。显示牌显示第一名试跳运动员的号码、跳次。主裁判站在海绵包前的中央地带将红旗平举，放下红旗计时钟开始起动，运动员开始试跳。撑竿跳高放置横杆，裁判员准备接竿。

⑦计时员看到还有15秒钟时向主裁判举黄旗示意。

⑧运动员试跳成功，主裁判举白旗，失败举红旗（旗应高举，仪态大方）。

⑨主记录员记下成功或失败的符号，检查记录员负责检查，并及时在显示牌上显示。

⑩终端操作员输入成功或失败的信息。

⑪主记录员告检查记录员下一名运动员的号码，检查记录员在显示牌上显示，同时主裁判将红旗平举，下一名运动员准备试跳，红旗放下，下一名运动员开始试跳。

⑫准备试跳的高度超过了世界、亚洲、亚运会纪录时，主裁判应请田赛裁判长、技术官员、总裁判对横杆高度进行检查。

⑬如运动员跳过破纪录的高度后，请总裁判、田赛裁判长及技术官员再次核对。

⑭一个高度的比赛结束后，被淘汰的运动员由管理裁判带领至赛后控制中心。最后三名运动员在比赛结束后一齐被带到赛后控制中心。

⑮比赛结束时，主记录员整理好记录的成绩、名次，交主裁判签字，然后交技术官员签字。由检查记录员送田赛裁判长审批，最后送编排记录处。

4. 跳远、三级跳远裁判工作

（1）任务

在田赛裁判长领导下，根据田径竞赛规则有关跳远、三级跳远的规定，认真负责、准确无误地完成跳远、三级跳远的裁判工作。

（2）工作步骤

①赛前65分钟全体人员到指定地点集合，主裁判清点人数后报告田赛裁判长。

②赛前55分钟主裁判派负责检录的管理裁判员到检录处协助检录。同时主裁判带领全组人员到比赛场地检查场地、器材、仪器、设备。

③赛前30分钟，主裁判接收运动员及检录表，然后通告注意事项并开始丈量步点，同时将检录表交主记录和终端操作员，终端操作员将检录表与计算机内储存的远度成绩表进行核对。

④赛前20—25分钟，起跳点裁判、管理裁判、主记录员共同组织运动员，按试跳顺序进行1--2轮赛前试跳。

⑤赛前3分钟练习停止，全体裁判员做正式比赛的准备。运动员坐在指定位置休息，管理裁判通知试跳运动员做准备。

⑥赛前30秒钟，主裁判示意记录员开始通告试跳运动员号码和轮次，检查记录员进行显示，同时起跳点裁判站在助跑道旁平举红旗。

⑦当运动员助跑开始时，风速员开动风速仪，计时5秒钟，5秒钟马上显示风速读数，并进行记录。比赛结束时，风速员将全部风速记录交主记录员。

⑧运动员每次试跳结束，起跳点裁判仔细观察踏跳时有无犯规，然后站到助跑道上起跳板后，等待落点裁判判决，如无犯规，起跳点裁判向前

上方高举白旗，举旗时间不少于3秒钟，如运动员犯规则举红旗。落地裁判见举白旗，便在运动员身体任何部分着落沙坑距起跳的最近点插一钢签，钢签要垂直于地面，测距裁判开始量成绩。

⑨测量裁判将所测的准确成绩报给主记录员，主记录员复述一次，然后进行记录，并记下风速显示牌上的读数。

⑩终端操作员按记录员所报告的成绩输入计算机。

⑪检查记录员见成绩无误，马上在公告牌上显示该运动员的成绩，并将显示牌旋转360°。

⑫测量完毕后，起跳点裁判指挥平整沙坑，落点裁判检查沙坑是否平整。然后起跳点裁判站在助跑道一侧将红旗平举，示意下一名运动员准备试跳。

⑬若第一名运动员试跳犯规，起跳点裁判举红旗，主记录员记失败符号及风速读数，终端操作员输入失败符号，平沙服务员平整沙坑，准备下一名运动员的试跳。

⑭及格赛时达到及格标准的运动员不能再继续试跳，每一轮结束后，主裁判派管理裁判将达到及格标准以及不再继续试跳的运动员护送到赛后控制中心。

⑮前三轮试掷结束后，主记录员将获得参加后三轮试跳的运动员名单交主裁判审查，然后宣布名单，被淘汰的运动员由管理裁判护送到赛后控制中心。主记录员按前8名运动员（包括与第8名成绩相等者）成绩由差到好的顺序继续进行比赛。

⑯终端操作员在每一轮次比赛完毕，应及时排列出该轮次顺序，并输入主机。

⑰比赛有破纪录时，测距裁判报告主裁判和技术官员，主裁判请田赛裁判长、总裁判审核，总裁判审核后再继续进行比赛。

⑱比赛中经主裁判同意请假的运动员，必须由管理裁判陪同进出场地。

⑲在比赛进行中如遇大会发奖，当听到奏领奖运动员的国歌时，主裁判下令暂停比赛，待国歌奏完之后再继续比赛。

⑳六轮比赛全部结束后，主裁判监督主记录员、检查记录员、终端操作员按规程录取名次，并核对风速，然后签字。主记录员请技术官员和田赛裁判长签字，然后由检查记录员将成绩表送交大会编排记录处。

最后由管理裁判判护送运动员到赛后控制中心。主裁判带领全组人员整队退场。

5. 投掷项目裁判工作

（1）任务。

在田赛裁判长领导下，根据国际田联手册的有关规定，负责实施投掷项目比赛的裁判工作。

（2）工作方法。

①赛前一个小时主裁判率领全组成员到指定地点集合，并向田赛裁判长汇报赛前准备情况。

②按照田赛检录时间主裁判派一名检录管理裁判到赛前控制中心，协助检录员进行检录。

③全组成员按规定路线整队入场，各就各位，认真检查场地、器材、用具以及仪器设备，进一步落实赛前准备工作。

④将运动员带入场地交给主裁判，主裁判核实检录情况后，向运动员提出比赛要求，并组织运动员每人练习试掷1—2次。

⑤赛前5分钟停止练习，服务员清理场地、器材，安全管理裁判召集运动员到休息地点准备比赛。

⑥赛前1分钟内场裁判员以旗示通知落点裁判员就位，检查记录员显示试掷运动员的号码和轮次，安全管理裁判通知试掷运动员做好准备。然后内场裁判员在投掷区内将平举的红旗放下，退到区外，计时员按下计时器，运动员走进投掷区开始试掷。

⑦运动员试掷结束后，内场裁判员走进投掷区，面向外场，将旗直臂上举约5秒钟，以示试掷是否有效。器械落地后，落点裁判员进行判定，然后面向内场，放置反射镜或举红旗。

如果试掷成功，丈量员操作测距仪丈量，向主记录员报告试掷成绩。主记录员填写成绩记录表，进行复诵，检查记录员在旁仔细监督、核实，然后在显示牌上显示，终端操作员录入。如果试掷失败，也要记录和显示试掷失败的符号。为了使全体观众都能看到试掷结果，应及时转动显示牌。显示牌复位后，再显示后继比赛运动员的号码和轮次，使比赛继续进行。

⑧前三轮试掷结束后，主记录员选出前8名运动员（包括与第8名成绩相等者）按由差到好成绩顺序继续进行比赛，检录管理裁判将被淘汰

的运动员护送到赛后控制中心。

⑨比赛结束后，主记录员排列名次，经检查无误后，请田赛裁判长、主裁判和技术官员签字，终端操作员将该结果与屏幕上的运动员成绩、名次进行核对，检录管理裁判护送运动员到赛后控制中心，检查记录员立即把成绩记录表送交编排记录处。同时，主裁判指挥服务员清理场地、器材，然后带领本组成员退场，完成裁判工作任务。

思考题

1. 田径运动竞赛项目有哪些？
2. 田径运动田赛项目有哪些？
3. 举例说明田径运动竞赛项目的编排及比赛方法。

第七章

游　泳

第一节　游泳概述

一　游泳的起源

游泳的起源和发展是与人类社会的生产劳动、生活娱乐及战争等活动紧密联系的，它是人类在征服自然、改造自然的生产劳动中产生的，在满足人们的娱乐、竞争的需要中发展起来的，由于生存的需要，人们发展了走、跑步、跳跃、爬山、游水、投掷等技能。同时由于生活所需，人类不可避免地要与水打交道，当水阻路人们要涉过时，当水中有鱼要捕食的时候，游泳技能就产生了。随着国家的出现，古代国家之间发生战争时，也利用水作为攻战的手段，或利用泗水潜行破坏敌人的防守，用泗泳配合陆上步兵和骑兵作战。同时随着生产力的发展，人类生活的稳定与提高，游泳又与娱乐紧密地联系在一起。古代人从沐浴开始，继而在水中嬉戏，逐渐形成古代游泳——泗水、泗泳、涉、浮、没、潜等多种形式。

二　现代游泳竞赛与发展

现代游泳竞赛的历史是与奥运会的发展紧密地联系在一起的。1896年在第 1 届奥运会上，就把游泳列为竞赛项目之一。当时只有 100 米、200 米、1200 米自由泳三个比赛项目，匈牙利人海奥什获得 100 米自由泳冠军，成绩是 1 分 22 秒 2。这个成绩相当于我国三级运动员标准。以后又陆续增加了仰泳、潜泳、蛙泳和接力（5×40 米）。1908 年在英国举办第 4 届奥运会时成立了国际业余游泳联合会，审定了各项游泳世界纪录，并制定了国际游泳比赛规则，游泳得到迅速发展。1912 年在瑞典的斯德哥尔摩举行的第 5 届奥运会上增加了女子项目，当时设 100 米自由泳和4×100 米自由泳两个项目，澳大利亚人弗·达尔克获得 100 米自由泳冠军。第 1 届至第 5 届奥运会，匈牙利、英国、德国、美国、澳大利亚均获得过各项冠军。第 6 届奥运会由于第一次世界大战而停办。第 7 届至第 9 届奥运会，美国队成绩比较突出。在第 10 届和第 11 届奥运会上日本男子出现了几个优秀运动员，在世界泳坛上轰动一时，这是日本游泳成绩最辉煌的时代。女子则是美国、荷兰比较突出。1948 年在英国伦敦举行了第 14 届奥运会，很多国家正在进行战后重建，恢复经济，美国运动员处于绝对优势地位。第 15 届奥运会，国际泳联把蛙泳和蝶泳分为两个单项比赛。至此，蝶泳作为一个正式的比赛项目出现于世界泳坛，被排挤已久的蛙泳技术也得到恢复与发展。从此竞技游泳发展成目前的 4 种姿势。在第 16 届奥运会上，澳大利亚游泳运动员成绩相当突出，获得男女 13 个项目的 8 项冠军，澳大利亚一跃成为游泳强国。20 世纪 60 年代，美国男女运动员崛起，在所有的比赛项目中占有绝对优势。进入 20 世纪 70 年代，前民主德国女子游泳崛起，在 1973 年第 1 届世界游泳锦标赛上以 10∶3 的金牌优势大胜美国队，从此确立了泳坛霸主的地位。

三　中国游泳运动的发展

游泳在我国古代的史书上虽早有记载，但在当时的历史环境下，游泳未能作为一种运动项目发展起来，只在生产劳动，军事和娱乐活动中存在。现在已成为一个竞技体育比赛项目。

新中国成立以后，1953 年毛主席题词"发展体育运动，增强人民体质"。并身体力行地参加游泳活动，游泳运动得到了很好的发展。1952年，举行了新中国成立以来的第一次全国游泳比赛大会，有东北、华北、中南、华东、西南、人民解放军和全国铁路等地区、单位 165 名运动员参加。比赛共设 17 个项目，在这些项目中一部分是国际上通常采用的比赛项目，有些是从我国实际情况出发设置的。在这次比赛后宣布了全国游泳选手名单，他们中的很多人成为新中国游泳事业发展的骨干，掀开了中国游泳运动史上新的一页。

新中国的游泳运动员参加的第一次国际比赛是在芬兰赫尔辛基举行的第 15 届奥运会的游泳比赛，我国游泳运动员因交通受阻，只有吴传玉一人参加了游泳比赛。

在 1953 年 8 月举行的第一届国际青年友谊运动会上，吴传玉以 1 分06 秒 4 获得了 100 米仰泳冠军，中国的五星红旗第一次升起在国际泳坛上。1953 年，中央体育学院（现北京体育学院）体训班游泳班正式成立，这支相当于国家队的队伍的成立，在推动我国游泳运动的开展上起到了重要的作用，他们频频进行国内外比赛的交流，中国的游泳水平提高很快。进入 20 世纪 80 年代，改革开放政策为游泳运动腾飞创造了良好的外部环境，我国游泳水平得到飞速发展，特别是女子游泳运动成绩突出，1988年，中国队的杨文意打破女子 50 米自由泳世界纪录，中国游泳开始走进世界先进行列。

第二节　熟悉水性练习

一　熟悉水性

熟悉水性是学会游泳的前提。了解水的特性和习惯水的环境，对学习掌握游泳技术具有十分重要的作用。通过熟悉水性，可以适应不同于空气的水的压力、阻力、浮力，以及水中游泳的动作和姿势，消除怕水心理，提高对水的兴趣，并掌握一些最基本的方法，如呼吸、滑行等，为进一步学习游泳技术打下基础。熟悉水性的练习，应在齐腰深的浅水中进行。

（一）水中行走

扶池边的行走练习。可先 3—5 人一组，互相拉手做走动练习，而后过渡到个人单独练习，或做水中互相追赶的游戏。

（二）水中呼吸

扶池槽或在同伴帮助下，用口吸气后闭气，然后把头浸在水中，停留片刻后起立，在水面换气；出水后先用口鼻呼气，再用口吸气；或在水中用嘴、鼻慢慢吐气至尽，然后起立在水面用嘴呼气（图 7–1）。

（三）浮体与站立

从站立开始，深呼气，身体前倒，两臂前伸，两脚蹬离池底，俯卧上漂；而后收腹、收腿，两臂下压水，再抬头，两腿伸直，脚触池底

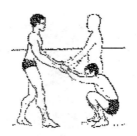

图 7-1

站立。

（四）水中滑行

背向池壁站立，一臂前伸，另一手撑池槽，一腿后屈，脚蹬池壁；吸气后低头浸入水中，再收另一腿；两脚同时用力蹬池壁（也可蹬池底）。展体向前滑行（图 7-2）。

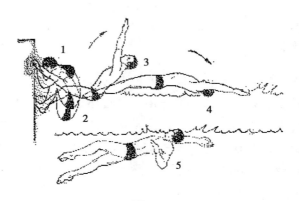

图 7-2

（五）踩水

踩水是实用性强的游泳技能，初学游泳者学会了踩水，可以提高学习游泳的信心。

浅水中站立，体稍前屈，两臂屈肘，用手掌和前臂在胸前做向外、向内的拨水动作。

双手扶池槽，头露出水面，自然呼吸，做两腿蹬夹水动作，方法是两腿同时向下蹬夹水，动作同蛙泳相似，但大腿动作幅度小，当两腿未完全蹬直就收腿（图 7-3）。

手推离池槽做臂、腿配合的踩水练习。

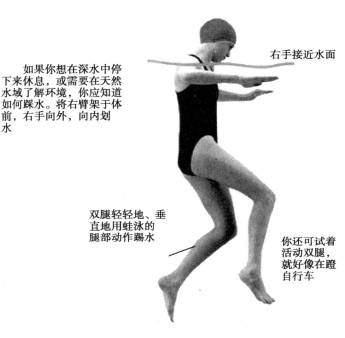

如果你想在深水中停下来休息，或需要在天然水域了解环境，你应知道如何踩水。将右臂架于体前，右手向外，向内划水

右手接近水面

双腿轻轻地、垂直地用蛙泳的腿部动作踢水

你还可试着活动双腿，就好像在蹬自行车

图7-3　踩水

二　熟悉水性练习中易犯错误及纠正方法

（一）呼气呛水

纠正方法：明确用鼻吸气易呛水，反复练习用口鼻吸气、口呼气的方法。

（二）浮体练习时浮不起

纠正方法：深吸气，尽量屈体团身抱膝。

（三）浮体或滑行练习中站不起

纠正方法：明确要领，反复练习两臂向下压水的同时双脚着池底站立。

（四）滑行不远

纠正方法：滑行前先明确要领，做好两臂伸直、头夹中间的俯卧姿势。支撑脚和腿收起时，尽量屈膝收腹，臀部靠近池壁，蹬壁快速有力，蹬离池壁后身体伸直成流线型。

（五）踩水不能浮起

纠正方法：动作不宜太快、太大；用手掌拨水，注意小腿和脚外翻，以加大对水的压力，使身体浮起。

第三节　游泳安全卫生知识与救护

游泳是一项深受人们喜爱的体育活动，也是高等院校学生的一门重要技术、技能课程。进行游泳活动或上游泳课都必须十分注意安全，自觉遵守游泳安全和卫生守则，防止发生意外事故和传染疾病。

一　确立安全第一观念

切实确立安全第一的观念，强化安全教育。俗话说得好："人命关天""水火无情""欺山莫欺水"。游泳是与水打交道的运动，切记安全第一，不能麻痹大意，必须慎之又慎。

游泳活动，最好是有组织地进行，或几人结伴前往，不要独自行动，尤其是在天然水域更不能独自游泳。在游泳时要互相关心、互相照顾，同去同返，中途离开应有所交代。有组织的游泳，如上游泳课，教师须严密组织，经常检查人数，措施必须落实。

二　选择安全卫生的游泳场所

首先尽量选择人工游泳场馆。人工游泳场馆的管理比较规范，池水经常消毒、排污或过滤，清晰度较高，深水和浅水有明显标志。

如果到自然水域游泳或上课，一定要先了解水的深浅，水下有无水草、淤泥及漩涡暗流，水质是否清洁等，选择合适水域游泳。如在海边游泳要了解潮汐规律，摸清涨潮、退潮时间，不要远离岸边。

三　游泳前严格体检

游泳前进行身体检查，主要是防止患病者游泳时发生事故，同时也避免疾病的相互传染。凡患有心脏病、高血压、癫痫、活动性肺结核、传染性肝炎、皮肤病、红眼病、精神病、中耳炎、发烧、开放性创伤者，都不宜游泳。女性月经期游泳要采取卫生措施，未采用措施者不宜下水。

四　饮酒、饱食后和饥饿、过度疲劳时不能游泳

饮酒能刺激中枢神经系统，使之处于过度兴奋或抑制状态，酒后游泳

容易发生溺水事故。饱食后游泳会减少消化器官的血液供应，使消化器官功能降低，影响食物的消化和吸收。另外，由于水的温度和压力会使胃肠的蠕动功能受到影响，容易引起胃痉挛，出现腹痛或呕吐。因此，饭后不要马上游泳，一般需相隔半小时到 1 小时后再下水。饥饿时游泳也不好，因为空腹时人体血糖含量下降，游泳时易出现头晕或四肢无力，甚至有昏厥的可能。在剧烈运动或强体力劳动后，人体已经感觉疲劳，肌肉的收缩及反应减弱，动作不易协调，如果马上游泳会造成疲劳的积累，容易引起抽筋，发生溺水事故。因此，在剧烈运动或强体力劳动后，应休息一会儿，待体力恢复正常后再游泳。

五　游泳前要做好准备活动

准备活动可提高神经系统的兴奋性，增强心血管系统和呼吸系统的功能，加快血液循环和新陈代谢，可使肌肉的力量和弹性增加，身体各关节的活动范围相应加大，灵活性也有所提高。这些变化，有利于身体更好、更快地适应游泳运动的需要；同时，对防止抽筋、拉伤也有积极的作用。

游泳前的准备运动，一般可做广播操、跑步、游泳模仿动作及各种拉长肌肉和韧带的练习。特别要活动颈、肩、腰、髋、膝、踝、腕各部位的关节。准备活动后稍事休息，然后用冷水沐浴，从头到脚冲洗全身才能下水游泳。这是保持游泳池场水质清洁的重要措施，也是为了使游泳者在下水前先适应冷水刺激，以避免突然下水发生意外。

六　量力而行不逞能

下水游泳时，初学者应在浅水区域活动。已会游泳者也要量力而行，不要好胜逞能。应合理安排运动量，如自感身体有异常反应时，如头晕、头痛、胃痛、恶心、呕吐等，应立即上岸，擦干身体，休息到恢复后再下水。如过高估计自己的体力和技术而远游，结果无力返回，容易造成溺水事故。

在游泳时要避免一切危险动作，如在浅水区跳水，互相打闹，过长时间的憋气潜水，在湿滑的池边奔跑追逐，等等。

七　自救和呼救

游泳时，如遇抽筋，要保持冷静，不能慌张，应立即上岸或在水中自我解救抽筋部位；与此同时，可呼救，以便周围的人及时来帮助、救护。如发现他人抽筋或溺水时，应迅速过去救护（救护方法见本教材第十一章），并同时大声呼救，让周围的人能来与你一起抢救。

八　遵守公共卫生、文明游泳

游泳时应讲文明，不要穿内衣裤下水；不宜穿白色、浅黄色等浅色泳装游泳。应自觉遵守公共卫生，不向水中吐痰、便溺或抛弃杂物，以免污染水质，损害自身和他人的健康。

九　预防眼耳疾病

由于水中有杂质和细菌，游泳者容易产生眼、耳疾病。预防眼病，除要选择干净的游泳场所进行游泳外，还要注意维护公共卫生，经常进行游泳池水净化处理和水质检验。游泳后要向眼中点氯霉素眼药水或金霉素眼药膏，切勿用脏手乱擦眼睛，以防挫伤结膜或使细菌进入眼内。

游泳时如果有水进入耳内，常常有刺痒、耳鸣等不适感，这时切勿用手指挖耳，以免擦破耳道，招致污水感染，引起中耳炎。水进入耳内时，可把头偏向进水耳朵的一侧，并用同侧的脚连续震跳，使水从耳朵内流出来。或者将头偏向进水耳朵一侧，用手掌紧压耳郭，屏住呼吸，然后迅速提起手掌，反复几次后，就可以吸出水来。实在倒不出水时，也不要着急，应及时请医生诊治，排出耳朵中积水。

游泳出水后，应及时冲洗身体，然后擦干，穿上衣服，以防感冒。稍休息后，再进食或进行其他活动。

第四节　蛙泳

由于蛙泳的速度比较慢，在 20 世纪初期的自由泳比赛中（不规定姿势的自由游泳），蛙泳不如其他姿势快，使得蛙泳技术受到排挤。在当时的游泳比赛中，一度没有人愿意采用蛙泳技术参加比赛，随后国际泳联规定了泳姿，蛙泳技术才得以发展。蛙泳的技术环节分蛙泳身体姿势、蛙泳腿部技术、蛙泳手臂技术、蛙泳配合技术。

一 蛙泳身体姿势

蛙泳在游进之中，身体不是固定在一个位置上，而是随着手、腿的动作在不断地变化。当一个动作周期结束后，身体应展胸、稍收腹、微塌腰，两腿并拢，两臂尽量伸直，颈部稍紧张，头置于两臂之间，眼睛注视前下方。整个身体应以身体的横轴为轴做上下起伏的动作（见下图）。

二 蛙泳腿部技术

蛙泳的腿部动作是推动身体前进的主要动力之一。它的主要动作环节可分为收腿、翻角、蹬夹水和滑行四个阶段，这四个环节是紧密相连的完整动作。

收腿是为了翻脚、蹬水创造有利的位置，同时即要减少阻力，又要考虑到手腿配合因素的需要。开始收腿时，两腿随着吸气的动作，自然放下，同时两膝自然逐渐分开，小腿向前回收，回收时两脚放松，脚跟向臀部靠拢，边收边分。收腿时力量要小，两脚和小腿回收时要收在大腿的投影截面内，以减少回收时的阻力（见下图）。

收腿结束后，大腿与躯干成 120—140 度角（见下图），两膝内侧大约与髋关节同宽。大腿与小腿之间的角度为 40—45 度，并使小腿尽量成垂直姿势，这样能为翻脚、蹬水做好有利的准备。

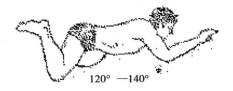

120° —140°

翻脚在蛙泳腿的技术中，翻脚动作很重要，它直接影响到蹬水的效果。收腿即将结束时，脚仍向臀部靠近，这时膝关节向内扣，同时两脚向外侧翻开，使脚和小腿内侧对好蹬水方向，并为大腿发挥更大力量做好积极准备。收腿与翻脚、蹬水是一个连续的完整动作过程。正确的反脚动作是在收腿未结束前就已开始，在蹬水开始完成。如果翻脚后，腿稍有停滞，则会破坏动作的连贯性并增大阻力（见下图）。

蹬夹水蛙泳腿部动作效果的好坏，完全取决于蹬夹水技术的正确与否。蹬水应由大腿发力，先伸髋关节，这样使小腿保持尽量垂直对水的有利部位，向后做蹬夹水的动作，其次是伸膝关节和踝关节（见下图）

蹬夹水的动作实际是一个连续的完整动作，只是蹬水在先，夹水在后。实际上在翻脚的动作中，两膝向内，两脚向外已经为蹬夹水固定在唯一的方向（见下图）。

蹬夹水效果的好坏不但取决于腿部关节移动的路线和方向以及蹬夹水面积的大小，最主要的是取决于两腿蹬夹水的速度和力量的变化，蹬夹水的速度是从慢到快，力量是从小到大的。

滑行蹬夹水结束后，脚处于水平面的最低点，这是身体随着蹬水的动力向前滑行，腰部下压，双脚接近水面，准备做下一个循环动作（见下图）。

三 蛙泳手臂技术

蛙泳手臂划水动作可以产生很大的推动力，掌握合理的手臂划水技术，并且使之与腿和呼吸动作协调配合，能有效地提高游泳速度。它的主要动作可分为开始姿势、滑下（也可叫作"抱水"或"抓水"）、划水、收手和向前伸臂几个阶段。这几个阶段也是紧密相连的完整动作。

开始姿势：当蹬水动作结束时，两臂应保持一定的紧张，自然向前伸直，并与水面平行，掌心向下，手指自然并拢，与身体成一条直线，形成较好的流线型。

滑下（抓水）从开始姿势起，手臂先前伸，并使重心向前，同时肩关节略内旋，两手掌心略转向外斜下方，并稍屈手腕，两手分开向侧斜下方压水，当手掌和前臂感到有压力时，就开始划水．抓水动作一方面能给划水创造有利条件，另一方面还能起到身体上浮和前进的作用。抓水的速度，根据个人的水平不同而不同，水平较高者抓水较快，反之则慢。

划水：当两手做好抓水动作、两臂分置成40—45度角时，手腕开始逐渐弯曲，这时两臂两手逐渐积极地做向侧、下、后方的屈臂划水动作。划水时，手的运动应该分为两个部分，前一部分：手向外—向下—向后运动，水流从大拇指流向小拇指一边。后一部分：手向内—向下—向后运动，水流从小拇指流向大拇指一边。在划水中，前臂和上臂弯曲的角度不断地变化，其标准是以能发挥出最好的力量为准则。在整个划水过程中肘关节的位置都比手高。手运动的路线，不应到肩的下后方，而应在肩的前下方。其速度是从慢到快，至收手时应达到最快速度。

收手：收手是划水阶段的继续。收手时，收的运动方向为向内、向上、向前。手的迎角大致为45度角。由于前臂外旋，掌心逐渐转向内。收手动作应有利于做快速向前的伸手动作，并且肘关节要有意识地做向内夹的动作。当手收至头前下方时，两手掌心由后转向内——向上的姿势，这时大臂不应超过两肩的横向延长线。在整个收手动作过程中，手的动作应积极、快速、圆滑，收手结束时，肘关节应低于手，大、小臂的角度小于90度角。

向前伸臂：向前伸臂是由伸直肘关节、肩关节来完成的，掌心由开始的向上逐渐转向内，双掌合在一起向前伸出，在最后结束前逐渐转向下方。蛙泳整个臂部的动作路线无论是俯视或仰视都是椭圆形的，并且是一个连贯、力量从小到大、速度从慢到快的完整过程。

四　蛙泳配合技术

手臂滑下（抓水）的同时，开始逐渐抬头，这时腿保持自然放松、伸直的姿势。手臂划水时，头抬至眼睛出水面，腿还是不动。只有收手时才开始收腿，并稍向前挺髋，这时头抬至口出水面，并进行快速、有力的吸气。伸手臂的同时低头，用鼻或口鼻进行呼气，并且在手臂伸至将近二分之一处时，进行蹬夹水的动作，之后，让身体伸展滑行一段距离，等速度降低时进行第二个周期的动作。

在蛙泳的游进过程中，一般都是一个周期一次呼吸，这样有利于机体的有氧供应，从而降低疲劳速度。需要注意：在抬头吸气前，必须要将体内的废气全部吐完，这样才能吸进新鲜氧气。

第五节　自由泳

自由泳的动作结构比较合理、省力、阻力小，是当前速度最快的一种游泳姿势。

一　动作结构与技术要点

（一）身体姿势

自由泳时身体俯卧在水面成流线型，背部和臀部的肌肉保持适当的紧张度，在游进中保持头部平稳，躯干围绕身体纵轴有节奏的自然转动35°—45°。

（二）腿部动作

自由泳腿部动作虽有一定的推进力，但主要起平衡作用，保持身体的稳定和协调双臂做有力地划水。要求两腿自然并拢，脚稍内旋，踝关节放松，以髋关节为轴，由大腿带动小腿和脚掌，两腿交替做鞭打动作，两脚尖上下最大幅度30—40厘米，膝关节最大屈度约160°。

（三）臂部动作

自由泳的臂部动作是推动身体前进的主要动力。以一个周期分为入水、抱水、划水、出水和空中移臂等几个不可分割的阶段。

1. 入水

手在控制下自然放松入水。手的入水点一般在身体纵轴和肩关节的前后延长线之间。入水时手指自然伸直并拢，臂内旋使肘关节抬高处于最高点，手掌斜向外下方，使手指首先触水，然后是小臂，最后是大臂自然插入水中。

2. 抱水

臂入水后，在积极向下方插入的过程中，手掌从向斜外下方转向斜内后方并开始屈腕、屈肘，肘高于手，以便能迅速过渡到较好的划水位置。抱水结束，手掌已经接近对水，肘关节屈至150°左右，整个手臂像抱着一个大圆球似的为划水做准备。

3. 划水

划水是发挥最大推进作用的主要阶段，其动作过程可分为拉水和推水两个部分。紧接抱水阶段进入拉水，这时要保持抬肘，并使大臂内旋。同时继续屈肘，使手的动作迅速赶上身体的前进速度，能使对水造成合理的动作方向与路线，同时，也使主要肌肉群在良好的工作条件下进入推水动作，拉水至肩的垂直平面后，即进入推水部分，这时肘的屈度约100°左右。大臂在保持内旋姿势，带动小臂，用力向后推水。同时，使肩部后移，以加长有效的划水路线。向后推水有一个从屈臂到伸臂的加速过程，手掌从内向上，从下向上的动作路线加速划至大腿旁。整个划水动作，手的轨迹始于肩前，继之到腹下，最后到大腿旁，呈S形。

4. 出水

划水结束时，掌心转向大腿，出水时小指向上，手臂放松，微屈肘。由上臂带动，肘部向外上方提拉带前臂和手出水面，掌心转向后上方。出水动作必须迅速而不停顿，同时应该柔和、放松。

5. 空中移臂

紧接出水不停顿地进入空中移臂，移臂时，肘高于手。

6. 两臂配合

自由泳时两臂划水发生的交叉位置有前交叉、中交叉和后交叉三种类型。前交叉是指一臂入水时，另一臂已前摆至肩前方与平面成30°左右。前交叉有利于初学者掌握自由泳动作和呼吸。中交叉是指一臂入水时，另一臂处在向内划水阶段与水平面成90°。后交叉是指一臂入水时，另一臂划至腹下，手与水平面成 150°左右。

（四）臂、腿和呼吸和配合技术

自由泳时，一般是在两臂各划水一次的过程中进行一次呼吸，以向右边吸气为例：右手入水后，嘴和鼻开始慢慢呼气。右臂划水至肩下，开始向右侧转头和增大呼气量。右臂推水即将结束，则用力呼气。右臂出水时，张嘴吸气，至空中移臂的前半部为止，并开始转头还原。然后，直至臂入水结束，有一个短暂的闭气过程，脸部转向前下。头部稳定时，右臂入水，再开始下一慢慢呼气的过程。

自由泳的呼吸与臂、腿配合，初学者一般者采用 6：2：1 的方法，即呼吸 1 次、臂划 2 次、腿打 6 次，这种配合方法易保持平衡和协调，掌握自由泳技术。

二　练习方法

（一）腿部动作练习

1. 陆地模仿练习

（1）坐姿打水：坐在池边或地上，两手后撑，两腿伸直，腿内旋使脚尖相对，脚跟分开成八字，两腿放松，以髋为轴，大腿带动小腿，上下交替打水。

（2）卧姿打水：俯卧在凳上，做两腿上下交替打水，要求同上。

2. 水中练习

（1）俯卧打手：手握池槽，或由同伴托其腹部，成水平姿势，两腿伸直，做直腿或屈腿打水。

（2）仰卧打水：仰卧姿势，手握池槽，或由同伴帮助托其背部，做两腿交替打水，注意膝盖不要露出水面。

（3）滑行打水：练习时要求闭气，两臂伸直并拢，头夹于两臂之间。

（4）扶板打水：练习时两臂伸直，放松扶板，肩浸水中，手不要用力压板，呼吸自然。

（二）手臂与呼吸配合练习

1. 陆上模仿练习

（1）平地两脚开立，上体前屈，做臂划水的模仿练习。

（2）同上练习，结合呼吸配合。

2. 水中练习

（1）站立水中，上体前倾，肩浸入水，做臂划水，边做边走，同时转头呼吸。

（2）蹬边滑行后闭气，做两臂配合动作。

（3）腿夹打水板，蹬边滑行后，做两臂划水，结合转头呼吸。

（三）手臂、腿和呼吸的配合练习

（1）站立水中，上体前倾做划臂与呼吸配合的练习，借助用力划水向前移动，然后蹬离池底，两腿打水形成完整配合。

（2）蹬边滑行打水漂浮 5—10 米，做自由泳臂划水与呼吸配合练习。

三 练习提示

自由泳技术不像蛙泳那样有间歇阶段，而且呼吸时还必须向侧转头，因而初学者往往显得忙乱而且紧张。应着重于动作配合，注意动作的放松。

第六节 蝶泳

蝶泳技术是仅仅比爬泳技术慢的泳姿。由于它的腿部动作酷似海豚，所以又称为"海豚泳"。蝶泳技术动作由身体姿势、腿部技术、手臂技术、配合技术四部分组成。

一 蝶泳身体姿势

蝶泳的身体姿势与其他泳姿不同，它没有固定的身体位置。在游进中躯干各部分和头不断改变彼此间的相对位置。头和躯干有时露出水面、有时潜入水中，形成波浪形式上下起伏的变化位置。

蝶泳在游进中，是以横轴（腰际）为中心，躯干和腿做有节奏的摆动，发力点在腰腹部。然后以大腿带动小腿，两腿一起做上下的鞭状打水动作。而这些动作与头和臂部的动作紧密联系在一起，形成蝶泳所特有的波浪动作，因此前进时身体的阻力较小。

二 蝶泳腿部技术

蝶泳打水时，两腿自然并拢，脚跟稍微分开成"内八字"，当两腿在前一划水周期向下打水结束后，两脚处于最低点，膝关节伸直，臀部上抬至水面，髋关节屈成 160 度。

然后两腿伸直向上移动，髋关节逐渐展开，臀部下沉。

当两腿继续向上时，大腿开始下压，膝关节随大腿下压，动作自然弯曲，大腿继续加速向下。

随着屈膝程度的增加，脚抬至接近水面时，臀部下降到最低点，膝关节弯曲成 110—130 度角时，脚向上抬至最高点，并准确向下后方打水。

当脚向下打水时，踝关节放松，脚面绷直，然后和小腿随大腿加速向后下方推水。双脚继续加速向下后方打水，动作尚未结束时，大腿又开始向上移动，当膝关节完全伸直时，向下打水的动作即结束。

蝶泳腿的打水动作是由腰部发力，经过髋、膝、踝关节并与躯干、脊柱动作相协调一致配合完成的。脚的运动方向是向下和向后，其向下的幅度大于向后的幅度。

推向上抬起时，膝关节必须伸直，如果稍有弯曲，小腿的背面将产生很大的阻力。此外，向上抬腿时，不要过于用力，以便减少阻力。打腿的重点应放在向下打水动作上，腿向下打水的速度应比向上抬腿快两倍。

三　蝶泳手臂技术

蝶泳臂的划水动作是产生推进力的主要因素，并且相对其他姿势来说是较大的。蝶泳臂的划水是两臂在头前入水，同时沿身体两侧做曲线划水。

它的技术环节分为：入水、抱水、划水、推水和空中移臂等几个阶段。

入水

蝶泳臂入水点基本上在肩的延长线上，两臂同时入水。入水时肘稍屈并略高于小臂，手掌领先，并约与水面成 45 度角，然后带动小臂和大臂依次入水。入水阶段，由于前臂外侧旋转动作，掌心由向外侧积极转向外侧后（见图）。

抱水

臂入水后，手和前臂继续外旋，进入抱水阶段。抱水时，手的运动方向为向外—向后—向下。随着前臂的外旋，掌心由向外侧后转为向后方向（见图），接着进入划水阶段。

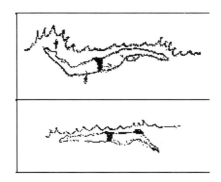

划水

在臂进入划水阶段时，前臂和手掌是划水的主要对水面。屈肘，使肘部保持较高的位置。前臂外旋动作和逐步加大屈臂的动作是同时进行的，当两臂划至肩下方时，小臂和大臂的角度成 90°—100°，当两手划至腹下时，两手距离最近（几乎碰到一起），然后转入推水动作。

推水

当两手距离最近时，双手做弧形向外推水的动作。手的运动方向为向外—向上—向后的方向。推水的前半部，手有较大的向后运动的分量，推水路线较直；推水的后半部，手有较大的向外、向上的运动分量。推水时，由于小臂的内旋，掌心由划水的向后转为向外侧后方。

划水和推水，手掌的运动路线有三种（见图），这要根据个人不同的身体条件而定，一般较高水平的运动员都采用第一种和第二种。

出水

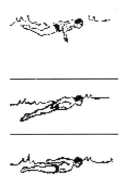

当两臂推水至髋关节两侧时，利用推水的惯性，提肘出水。提肘出水

动作是在推水结束前即已开始。在两臂推水尚未结束时，两肘已开始做向上提起的动作，这时掌心向外后侧（见图）。

空中移臂

当推水结束提肘出水后，两臂即由空中前移，开始移臂时肘关节微屈，手掌向上，肘先于手出水，两臂放松内旋，沿身体两侧低平的抛物线前摆（见图）。开始移臂时稍用力，利用臂的离心力向前摆出。移臂时速度要快，否则会造成身体下沉。

四　蝶泳配合技术

臂和呼吸的配合动作

蝶泳的呼吸是借助于两臂划水的后部推水动作，同时需后部肌肉大幅度伸展，使头抬至口露出水面时吸气。吸气的速度要快，头必须在臂入水前回到原来的位置，慢呼气或者稍憋气后呼气。

蝶泳的呼吸一般是一次划水一次呼吸，但是为了加快游进的速度，也可采用两次以上的划水动作之后，再做一次呼吸的技术。

臂腿呼吸的配合（即完整的配合动作）

蝶泳臂、腿、呼吸的配合比例一般为 1∶2∶1，即 1 次手臂动作，2 次腿的动作，呼吸一次。当然在某些情况下，也可做 N 次。

第七节　仰泳

一　仰泳的概念

仰泳是人体仰卧在水中进行游泳的一种姿势。仰泳的技术环节分：仰泳身体姿势、仰泳腿部技术、仰泳手臂技术、仰泳配合技术。

二　仰泳的技术动作

（一）仰泳身体位置

游仰泳时，身体要自然伸展，仰卧在水面，头和肩部稍高，腰部和腿部保持水平，身体纵轴在水平面上构成的迎角约为 10 度角，腰部和两腿均处在水面下。

头部姿势：在仰泳技术中头起着"舵"的作用，并可以控制身体左右转动。头应保持相对稳定，不要上下左右晃动，但颈部肌肉不要过分紧张，后脑处在水中，水位在耳际附近，两眼看腿部的上方。

腰部姿势：仰泳游进中，腰部肌肉要保持适度的紧张，以不至于使身体过分平直和屈髋成坐卧姿势为前提。肋上提，不要含胸。快速游进时，身体的迎角能使体位升高，水平较高的运动员不仅肩和胸部露出水面，而且腹部也经常会露出水面。

身体的转动动作：游仰泳时，身体的纵轴应随着两臂划水动作而自然滚动，滚动的角度根据个人的情况不同而稍有差别，肩关节灵活性较好的人滚动小，反之则大，一般为 45°左右。

身体滚动的目的主要是有利于划水臂处于较好的角度，能够加强划水的力量；能保持屈臂划水的一定深度；有利于臂出水和向前移臂。注意滚动的角度不应过大，否则不但会引起疲劳，而且会影响前进速度。

（二）仰泳腿部动作

在仰泳技术中，腿部动作是保持身体处于较好角度、水平姿势的因素之一，踢水动作不但可以控制身体的摆动，而且能产生一定的推进力。

仰泳的腿部动作是以下压动作和上踢动作组成，即直腿下压，屈腿上踢。

1. 下压动作。腿向下压的动作是借助于臀部肌群的收缩来完成的。在整个腿下压动作中，前三分之二由于水的阻力，是膝关节充分展开，腿部肌肉放松。当打腿下压到一定程度，由于腹肌和腰肌的控制，停止向下，而过渡到向上移动，由于惯性的作用，小腿仍然继续向下，而造成膝关节弯曲，所以在腿下压的后三分之一是屈腿的。

随着惯性的逐渐减弱和打腿的带动，小腿也开始向上移动，但此时脚仍然继续向下，直到惯性消失，大腿、小腿和脚一次结束向下的动作，构成向下"鞭打"的动作。

下压的动作因为不产生推进力，因此要求速度不要太快，并且腿部各关节要自然放松。

2. 上踢动作。当腿部动作下压结束时，由于水对小腿的阻力和大腿肌肉的牵制，大腿与小腿构成 135—140 度角，小腿与水平面成 40—45 度角。

此时大小腿弯曲到最大程度，小腿和脚对水面较大。上踢动作的开始，就需要用脚打的力量和速度来进行，并逐渐加大到最大力量和速度。当打腿向上移动超过水平面就结束向上的动作，此时膝关节接近水面。随后小腿和脚也依次结束向上，是膝关节充分伸展，构成向下"鞭打"的动作。

上踢动作是以大腿带动小腿，小腿带动脚来完成的，并且在任何情况下，尽量不要使膝关节或脚尖露出水面。上踢时，脚尖应内旋以加大对水面积。

（三）仰泳臂部动作

仰泳臂划水动作是产生推动身体前进的主要因素。一个完整的手臂动作分为入水、抱水、划推水、出水和空中移臂等几个阶段，手掌由于入水、抱水和划推水在水下形成一个"S"形的路线。

1. 入水：臂入水时，应借助于移臂动作的惯性，臂部自然放松，入水点应在身体纵轴与肩的延长线之间，或在肩的延长线上。过宽和过窄都会影响速度。

臂入水时应保持直臂，肘部不要弯曲，入水时小指向下，拇指向上，掌心向侧后方。手掌与小臂成 150—160 度角。

2. 抱水：抱水是为划推水创造有利的条件。臂入水后要利用移臂时所产生的动量积极下滑到一定的深度，手掌向下、向侧移动，通过伸肩、屈肘、上臂内旋和屈腕的动作，配合身体的滚动，使手掌和前臂对准水并有压力的感觉。当完成抱水动作时，肘部微屈成 150—160 度角，手掌距水面 30—40 厘米，肩保持较高的位置。

抱水时手的运动方向为向后—向下—向外的三个分运动，水流由小指尖流向第一掌骨底，紧接着通过前臂外旋，改变掌心朝向，由向外—向下—向后变为向后—向上—向外侧的方向。

3. 划推水：仰泳的划水动作是推动身体前进的主要动力。整个动作是由屈臂抱水开始，以肩为中心，划直打腿外侧下方为止。划水动作包含拉水和推水两个阶段。

拉水是在臂前伸抱水的基础上进行的。开始时前臂内旋，手掌上移，肘部下降，使屈肘程度加大，手掌和小臂必要保持与前进方向垂直。当手掌划之肩侧时，屈臂程度最大，为 70—110 度角，手掌接近水面。

拉水的前半部分，手的运动为向上—向外—向后的三个分运动；后半部分则是向上—向内—向后的三个分运动。水流从大拇指流行小指。这个阶段也是身体向划水臂同侧转动最大的阶段。

推水是在手臂划过肩侧时开始的，这时肘关节和大臂应逐渐向身体靠近，同时用力向脚的方向推水。当推水即将结束时，小臂内旋做加速转腕下压的动作，掌心游向后转向向下。推水时，手的运动时游向内—向下—向后的运动，逐渐转变为向内—向下—向前的运动。水流从小指流向大拇指一边。推水结束时，手臂要伸直，手掌在大腿侧下方。

出水推水结束后，借助于手掌压水的反弹力迅速提臂出水。出水时手形有多种：其一，手背先出水；其二，大拇指先出水；其三，小拇指先出水。这三种手形各有利弊，相对来说最后一种较好。

无论采用哪种手形出水，都要注意使手臂自然、放松、迅速，并且要先压水后提肩，肩部露出水面后，由肩带动大臂、小臂和手依次出水。

空中移臂：提臂出水后，手应迅速从大腿外侧垂直于水面移至肩前。当手臂移至肩上方时，手掌要内旋，使掌心向外翻转（采用小拇指先出水技术的无此动作）。空中移臂时，必要伸直放松，移臂的后阶段要注意肩关节充分伸展，为入水和划水做好准备。

（四）仰泳配合技术

两臂配合技术仰泳两臂的配合是"连接式"的，即当一臂划水结束时，另一臂已入水并开始划水；一臂处于划水的中部，另一臂正处于移臂的一半。在整个臂的动作过程中，两臂几乎都处在完全相反的位置。

臂和呼吸的配合仰泳的呼吸相对来说比较简单，一般是两次划水一次呼吸。即一臂移臂时开始吸气，然后做短暂的憋气，当另一臂移臂时进行呼气。在高速游进时也有一次划水一次呼吸的技术，但是呼吸不能过于频繁，否则会引起呼吸不充分，造成动作紊乱。

臂腿配合技术臂腿配合是否合理，将影响整个动作的平衡和协调自然。臂在划水过程中，腿的上踢、下压动作要避免身体的过分转动，以保持身体的平衡、协调为原则。

三 仰泳各技术动作要点

(一)"积极的"流线型

所谓"积极的"流线型,是指在任何时候都要使自己的身体姿势保持流线型,而不仅仅在移动速度最快的出发和转身后。不论你的身高如何,都要使自己游起来显得很高。将身体尽量伸展,把自己想象成一个只移动数寸的圆滑的贝壳,而不是在水中前进的小舟或驳船。

(二)平稳的身体姿势

尽量使身体与水平面平行。通过微向前耸肩使脊背保持挺直。髋部下沉会带来较大的阻力,而且使腿的负荷加大,在比赛前半段就会耗费较多能量。克雷泽伯格的髋部很高,因为在他快速游进时身体漂在水面较高的位置,身体保持平衡。反过来,游得越快,身体位置也会越高。

(三)身体的转动

像滚动的原木那样使身体向两侧转动。要注意把肩和髋关节看作一个整体来转动。像在滑冰或轮滑时那样将身体的重量从一侧向另一侧转换。转动速度要快,使自己在多数时间都处于侧位,而不是平平的仰卧位。这样既可以减小阻力,又能够充分发挥躯干大肌肉群的力量。

(四)移臂和入水

通过猛然向侧方转动使手快速离开水面。事实上,肩应该比手早离开水面。如果手先出水,肩会遇到很大的阻力。移臂应放松,且垂直于身体来保持身体的平衡。如果移臂过宽,往往导致过早转体,使手在头前入水。其结果是使节奏减慢,并影响身体的转动。正确的入水点应在肩延线上。

(五)打腿

踝关节的灵活性对仰泳腿十分重要。两腿要窄,足尖伸展,脚位于身体截面内。水花不宜过大,但要通过打腿始终使脚周围的水像圆屋顶那样。利用打腿引起身体的转动。记住侧卧时的速度比仰卧要快。

爬式仰泳的配合动作与自由泳相同。基本技术包括身体姿势、腿和臂的动作,以及呼吸与动作配合等方面。

身体姿势:仰泳时身体几乎水平仰卧在水中,胸部自然伸展与腹部成一直线,头部没于水中,脸部露出水面。在游进时,头部始终保持正直姿势,躯干围绕纵轴因两臂的轮流划水动作而自然转动。

腿的技术：仰泳时腿的动作作用有三：一是推动身体前进；二是维持身体平衡；三是保持身体有较高水平姿势。腿打水的幅度比自由泳稍大。打水时，以髋关节为支点，大腿发力，带动小腿及脚用力上踢。向上踢水时膝关节微屈，成140度角，踝关节伸展，脚向内转，动作要有力。向下打水时，膝关节自然伸直，两脚跟的上下最大距离为40—50厘米。踢水时脚尖稍向内旋，以加大踢水面积。

臂的技术：臂的技术分入水、抱水、划水、出水和空中移臂几个部分，几个动作连贯地进行。入水时臂自然伸直，手小指朝下在肩延长线的前方，臂切身入水。抱水，当手切入水中后，向外侧下滑，然后手掌向上向后方勾手，同时肩内旋，肘关节向前下方引，手继续上提，拉开肩带肌群，使手和小臂对好划水方向。划水是动作的主要部分。从臂抱水与身体纵轴成40—50度角开始屈臂划水，手后划的速度要快于肘。划水至肩侧时，手距水面约15厘米。这时手、前臂、上臂同时向后方做推水动作。肘关节将靠近体侧时，手向后下方压水，肩关节向上转动，内旋，手掌内转下压至大腿旁时结束划水。划水结束后，借助手掌下压的反作用力，以提肩带动上臂和前臂出水，手放松，臂出水后沿肩线上方前移，臂伸直。两臂的配合是一臂入水时，另一臂出水。

呼吸与动作配合：由于脸露出水面，呼吸比较自然，一般是右臂出水时吸气，移臂至将垂直水面时吸气结束，然后憋气，手入水后均匀吐气，手将出水时吐气结束。臂腿配合动作一般是两臂各划水1次，腿打水6次。

四　仰泳需注意的问题

（一）打水频率

我们知道爬泳的打水频率有2、4、6次，那么海豚式仰泳也应与之相似，但最常见的是2次，即每划水1次打水1次。像蝶泳一样，一开始有较2次更高的打水频率，但事实证明每划水1次打水2次最有效。运动员在出发和转身时可以采用较高的打水频率，但进入划水阶段时要采用2次打水频率的节奏。

（二）打水时机

最有效的打水时机是在手进入抱水阶段。划水的节奏决定打水的时机，在划水阶段的低推进部分时采用打水阶段的高推进部分是符合逻辑的，即在一只手入水几英寸深时，另一只手已完成高推进部分的最后推水进入空中移臂阶段，这时正处在划水阶段的低推进部分，所以此时采用打水可以帮助身体向前推进。

在身体向前运动时要保持均匀速度，不要有明显的停顿，就像现代的蛙泳技术动作流畅，而不像过去那种有明显停顿和不均匀的游进方式。

（三）身体转动

海豚式打水的仰泳技术最困难的部分是身体围绕长轴连续地转动。这种技术要求运动员做较大角度的转动以获得最大的划水距离和效果。流体力学告诉我们侧身位的打水比正或反身位的打水速度快，这是因为侧身位把水推离至两边比正或反身位把水推离至有波浪的水表面效率更高。（你可以去水族馆观察一下，大多数鱼类都是向两侧摆尾打水）

海豚式打水的仰泳技术也是利用核心力量驱使身体转动的，与蝶泳不同的是它要求臀部左右转动。

（四）打水幅度

如果打水幅度过大，就会产生较大的阻力。正如出发和转身时采用的水下海豚式打水一样，使打水幅度控制在身体前进方向上的投影面内。例如，一个运动员在身体前进方向的投影面积为1，他打水时腿伸出投影面使之面积增加至2倍，那么就会产生多至4倍的阻力。所以正确的打水应是快速、小幅度并有一定的停顿，而不是那种大幅度，慢速的打水，它只会降低身体位置、增加阻力。

（五）打水力量

在蝶泳中，打水时是向下重打，向上轻打。在海豚式打水的仰泳技术中则是在左右两个方向上都要求重打水。

（六）身体的稳定

这种技术最常见的错误是在打水时上半身过度地左右转动，这样会产生身体的波动，使身体下沉。从而破坏划水的节奏。正确的是上半身相对固定，转动从臀部以下开始。

（七）协调

协调能力是指把几种运动有机地组合在一起，使它们成为一体。海豚式打水的仰泳技术需要这种协调能力把打水时机和节奏、转动及核心力量有机组成为一体。只有把上述因素协调好才能形成完美的技术，从而战胜传统的技术。

思考题

1. 游泳概述及安全卫生常识。

2. 蛙泳、自由泳及仰泳的技术动作要领。

3. 结合实际，谈谈不同种类游泳的优、缺点。

第八章

篮球运动

第一节　概述

一　篮球运动的起源与发展

篮球运动是美国马萨诸塞州青年基督教学校体育老师奈·史密斯（Nai Smith）博士于 1891 年冬天发明的。为了限制粗暴抢球的犯规行为，也为了篮球游戏的健康发展，1892 年，奈·史密斯博士制订出世界上第一本篮球竞赛规则，共 13 条。其中包括：每队上场人数为 15 人，不能带球跑；争夺中不能发生粗野的身体冲撞等。

1896 年首届现代奥运会，篮球即被列为表演项目。1936 年，国际奥委会决定将男子篮球列为比赛项目。1976 年，女子篮球也被列为奥运会比赛项目。由于篮球运动竞争性强，锻炼价值高，所以篮球已经成为世界上最受人们喜爱的运动项目之一。

世界篮球的列强在欧洲，最强的在美国。以美国黑人为主体的 NBA 球员，以强壮的身体、惊人的弹跳和高超的技巧，代表了当今世界篮球的运动水平。

二　我国的篮球运动

近代篮球运动于 1895 年传入我国，先在天津、北京、上海、广州等地的基督教青年会中传开，后来逐渐扩大到教会学校和一般学校。

旧中国的篮球运动前后经过了五十余年的历史，虽然当时的篮球运动开展不够普及，总体水平十分落后，但毕竟是我国篮球运动的开端，为以后的发展打下了坚实的基础。

新中国成立后，在党和政府的倡导支持下，篮球运动普及最快，开展面最广，同时也取得了丰硕的成果。

进入 20 世纪 90 年代以来，我国男、女篮的整体水平都有很大提高。女篮在 1992 年第 25 届奥运会和 1994 年第 12 届世界女篮锦标赛中两次夺得亚军，成为世界强队之一。男篮在第 25 届奥运会和第 12 届世界男篮锦标赛中，均取得了第 8 名的历史最好成绩。

但是，我们必须清醒地看到，我国篮球与欧美一流强队相比还存在一定的差距，因此，我们一定要认真总结我国篮球运动发展的历史经验，坚定不移地贯彻"积极、灵活、准确、全面"的训练指导思想以及"以小打大""以快制大"的战略方针，吸收国外强队的先进经验，扬长避短，形成自己独特的风格和打法，完善 CBA 职业联赛，争取在最短的时间内使我国篮球运动达到世界先进水平。

第二节　篮球的基本技术

篮球基本技术是篮球运动的基础，是进行篮球运动所必需的专门技术动作的总称，它分为进攻技术和防守技术两大部分：进攻技术有传球、接球、运球、投篮和持球突破；防守技术有防守无球队员，防守有球队员和抢、打、断球。在进攻与防守中都含有移动和抢篮板球技术。

一　移动

移动技术是篮球基本技术的基础，它通过各种快速，突然的脚步动作达到进攻时摆脱防守，防守是盯住对方，以争取攻守主动的一种手段。

（一）基本站立姿势

基本站立姿势是两脚自然开立，屈膝降低重心，上体稍前倾，两臂屈肘自然垂于体侧，两眼注视场上情况。

1. 起动

起动时，身体迅速前倾，后脚用力蹬地，起动的前几步，要步幅小而频率快。

2. 跑

篮球运动中的跑不同于田径运动中的赛跑，它既要求跑得快，又要求在快速跑动中观察场上攻守情况，及时变化动作和方向。

（1）侧身跑：侧身跑时，脚尖和外侧肩对着跑的方向，重心内倾，头和上体向球的方向侧转。

（2）变向跑：变向跑时，跑步中间向左变方向，最后一步右脚落地脚尖向左转，迅速屈膝，身体向左转移重心，同时左脚向左蹬地迈出，右脚迅速随着向左侧前方跨出，继续迅速前进。向右变方向时，动作相反。

（3）变速跑：变速跑时，用前脚掌向后用力蹬地，上体迅速前倾，两臂快速摆动，减速时步幅稍大，用前脚掌抵地减缓向前冲力。

3. 急停

跑步中突然急停，可以甩开防守对手，各种脚步动作的变化，几乎都用急停动作来衔接和过渡。因此，急停动作的好坏，直接影响其他脚步动作的质量。

（1）跨步（两步）急停：在快速跑时做跨步急停，先向前跨出一大步，用脚跟先着地，然后过渡到全脚掌抵地，迅速屈膝，同时上体稍后仰。第二步落地时脚尖稍向内扣，腰胯用力，两膝深屈，重心下降，用全脚掌内侧蹬地，身体稍内转，以减缓向前的冲力。两臂弯曲，自然张开，保持身体平衡。

（2）跳步（一步）急停：在跑动中做跳步急停时，用单脚或双脚起跳（腾空要低），两脚左右分开，与肩同宽同时落地；用全脚掌着地，两脚内侧稍用力，屈膝降重心，重心落在两脚之间，两臂弯曲，自然张开，保持身体平衡。

4. 转身

转身是利用跨步和身体的转动，来改变站立的位置和方向。进攻时用以摆脱防守或在防守时抢占有利位置。

（1）前转身：绕中枢脚脚尖方向转动的叫前转身，向左做前转向时，左脚为中枢脚，重心移动左脚，右脚前脚掌用力碾地，右脚掌内侧碾地，以头、肩和腰胯配合向左转动，右脚蹬地后迅速绕左脚脚尖方向落地，重心在两脚之间，两臂自然张开，维持身体平衡。

（2）后转身：绕中枢脚脚跟方向转动的叫后转身，向右做后转身时，左脚为中枢脚，重心移向左脚，左脚前脚掌用力碾地，右脚前脚掌内侧碾地，以头、肩和腰胯配合向右后转动，右脚蹬地后迅速绕左脚脚跟方向落地，重心在两脚之间，两臂自然张开，维持身体平衡。

（3）跨步：跨步是突破中超越防守对手起步时的步法，也是原地做假动作，以引诱防守对手错位或重心偏离的一种步法。

5. 滑步

滑步是防守队员使用的主要步法，是防守中抢占有利位置、阻挠进攻者行动的有效手段。

（1）侧滑步：做侧滑步时，两脚平行开立与肩同宽，屈膝降低重心，双臂张开。向左侧滑步时，左脚向左跨出一步，落地的同时，右脚前脚掌内侧迅速用力蹬地，并几乎贴地面滑步，跟随左脚移动，重心保持在两脚之间。向右滑步时，动作相反。

（2）前滑步：前滑步时，两脚前后开立，脚尖向前，屈膝降重心，前脚同侧臂在前举，后脚同侧臂侧举。向前滑步时，后脚脚掌内侧蹬地，前脚几乎贴地面跨出，重心保持在两脚之间。

（二）移动技术的练习方法

1. 基本站立姿势，看信号突然快速启动练习。

2. 原地做各种脚步动作，听到信号突然快速启动练习。

3. 全场徒手一对一做变向、变速、侧身跑摆脱防守练习。

4. 慢跑3—5步做跨步急停、跳步急停练习。

5. 自抛自接连续做持球跨步、前后转身练习。

二　运球

持球队员在原地或行进间用手连续按拍借助地面反弹起来的球的动作叫运球。

运球是控制球、支配球，组织战术配合及突破防守的重要手段，是一项重要的进攻技术，也是熟悉球性、增强手对球感应能力的一种有效的练习方法。

（一）高运球

高运球一般是在无防守队员阻挠的情况下，用来加快向前推进的速度。做高运球时，两腿微屈，抬头目视前方，用手指按拍球的后上方，使球反弹高度约在腰胸这间，落地的落点在身体的侧前方，手脚协调配合，使球有节奏地向前运行。

（二）低运球

低运球一般是在有防守阻挠的情况下，用作保护球或连接其他技术来摆脱防守。运动员两腿深屈身体半蹲，抬头目视前方，运球在膝关节以下，手按拍球的上部，另一手臂架起保护球。

（三）急停急起运球

急停急起运球是当运球队员被对方紧逼时，运用速度的快慢变化来摆脱防守的一种技术。做急停急起运球，当运球队员降低速度时，运球要低，使球与地面垂直反弹，双腿深屈，注意保护球。用上体和头部做虚晃动作，使防守队员重心移位，然后突然启动，运球手的异侧脚前脚掌内侧用力蹬地，按拍排球的后上方，加快运球的速度以超越对手。

（四）运球技术的练习方法

1. 全场直线、曲线高运球练习。

2. 原地做左右前后低运球练习。

3. 看信号做直线高运球、低运球练习。

4. 绕障碍物做体前变向换手运球练习。

5. 全场沿边线、端线做高运球、低运球、急停急起、体前变向、转身的综合练习。

三 传、接球

传、接球是篮球比赛中队员之间有目的地转移球的一种方法，是篮球运动中的重要技术之一。全面地、熟练地掌握传、接球技术，才能把每个队员联成一个整体，充分发挥集体的力量，这是实现战术、组织配合的纽带和桥梁。

（一）双手胸前传球

双手胸前传球是篮球比赛中最基本、最常用的传球方式。

持球时两手五指自然分开，持在球的横轴处侧后下方，拇指相对称八字形，用拇根以上部分接触，掌心空出，两臂自然弯曲于体侧，持球置于胸腹之间，两腿微屈，上体稍前倾。传球时，前臂短促地向前伸，手腕由下向上由内向外翻转，最后用食指、中指拨球和手腕的抖动力量将球传出，球传出后，手心和拇指向下，其余四指向前。

（二）单手肩上传球

单手肩上传球一般在抢到后场篮球后发动快攻时使用的一种中、远距离的传球方式。

单手肩上传球与双手胸前传球持球方法相同，两脚平行开立。右手传球时，左脚向传球方向或侧前方跨出大半步，同时转身将球引至肩侧，左手扶球，右手持球后下方，上臂与地面几乎平行，手腕后屈，重心在后脚上。传球时，在右脚蹬地的同时转腰、转肩，带动右轴向前摆臂，当右肘摆过体侧时，前臂加速前摆，并迅速向前扣腕，用食指、中指、无名指拨球，将球传出。

（三）反弹传球

反弹传球是具有地点低、不易被对方抢断、间接通过防守人的一种传球方式。

做反弹传球时，单手向前反弹传球与单手胸前传球的手法基本相同，只是持球者向地面击球传出，击球地点是在持球队员与接球对员 2/3 处，反弹的高度一般在接球队员的胸前位置。

（四）双手胸前接球

双手胸前接球时注视来球，两臂伸出引球，手指自然张开，两拇指成八字形，手指向前上方，掌心向前，两手成半圆形；当手指触球后，两臂随球后引，两手持球于胸前，双腿弯曲，保持身体平衡

（五）单手接球

以右手接球为例：两眼注视来球方向，右脚向来球方向迈出，右手自然伸出，五指分开，手掌称勺形，当指端触球时，手臂顺势将球引至后下方，左手即协助控球，双手持球于胸前，保持持球的基本姿势。

（六）传接球技术的练习方法

1. 原地两人一组一球做各种传、接球练习。

2. 全场两人一组行进间传、接球练习。

3. 两人一组抢篮板后双手头上传球练习。

4. 四角多球跑动的各种传、接球练习。

5. 一防二、二防三的传、接球练习。

6. 全场三人"8"字形围绕传、接球练习。

7. 半场三对三，四对四传、接球练习。

四　投篮

投篮是将篮球投入篮筐的各种技术动作的总称，是篮球比赛中主要的进攻技术，是唯一的得分手段。投篮得分的多少决定一场比赛的胜负，任何技术战术的运用都是为了创造有力的投篮机会。

（一）原地单手肩上投篮

原地单手肩上投篮是篮球运动中最基本的投篮方法，一般在中、远距离投篮和罚球时运用较多。

原地单手肩上投篮（以右手投篮为例）：右手五指自然张开，用指根以上的部分握球，掌心空出，左手扶球的左下侧，持球于肩上；右脚在前，左脚稍后，两腿微屈，重心落在两脚之间，上体自然放松，目视投篮目标。投篮时，双脚用力蹬地，伸展腰腹，抬肘屈臂，手腕前屈，食、中指用力拨球，通过指端将球投出；球出手后，身体继投篮动作向上伸展，脚跟微提起。（如图 8-1）

图 8-1　单手投篮

（二）跳投

跳投是在比赛中常用的投篮方式，一般在运动员摆脱防守后，及时调整脚步和重心，利用身体腾空到最高点时的投篮方式。

跳起投篮（以右手为例）：两手持球于胸腹之间，两脚自然开立，两腿弯曲，重心落在两脚之间，脚尖对准篮筐，目视投篮目标。跳投时，两脚掌用力蹬地垂直向上跳起，上体伸展，同时双手迅速引球至肩上，右手托球，左手扶球的左侧方。当身体腾空到最高点时，左手离球，右臂向上方伸展，手腕前屈，食、中指指端将球发出，落地时屈膝缓冲，保持身体的站立姿势。

（三）行进间单手低手投篮

进攻队员在快速突破中已超越对手时，一般运用低手投篮。

　　以右手为例：右脚跨出一大步腾空接球落地，然后第二步继续以较快速度，降低重心，用左脚向前上方跳起，腾空时间要短；保持右手五指自然分开，托球的下部；拉长起跳距离、控制好球、掌握好手腕上挑时机。手臂向上充分伸展接近球筐时，手腕柔和上抬，食指、中指、无名指向上拨球，碰板或空心入筐，落地时双腿屈膝缓冲。（如图 8-2）

图 8-2

（四）行进间单手高手投篮

　　行进间单手高手投篮是进攻队员在突破中受到防守队员阻挠，利用腾空时后仰动作而运用的投篮方式。（如图 8-3）

图 8-3

　　以右手投篮为例：右脚跨出一大步接球，接球后的第二步要小，以便起跳时把向前的冲力改为向上起步的力量；腾空后，上体稍后仰；投篮时，把球送到最高点时，手腕前屈，食指、中指的指端用力将球投出，一般采用碰板投篮方式。

（五）双手胸前投篮

动作方法：双手持球于胸前，肘关节自然下垂，两脚前后或左右开立，两膝微曲，重心落在两脚之间，目视瞄准点。投篮时，两脚蹬地，两臂向前上方伸出；同时，两手腕旋内，使球通过拇指、食指、中指端投出。球出手后，两手心自然向下向外翻，脚跟提起，身体随投篮出手方向自然伸展。（如图8-4）

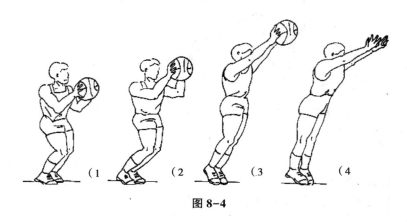

图 8-4

（六）投篮技术的练习方法

1. 原地和进行间投篮的各种模仿性练习。

2. 在半场多点、多球移动投篮练习。

3. 全场各种运球投篮或传、接球投篮练习。

4. 半场对抗中一对一、二对二投篮练习。

五　持球突破

持球突破是持球队员运用脚步动作和运球技术相结合、快速越过防守者的一项攻击性很强的进攻技术。

（一）原地交叉步突破

以左脚为中枢脚为例：两脚平行开立，两腿微屈，重心降低，持球于胸前，突破前做瞄蓝或跨步假动作。突破时，重心移到左脚，右脚脚内侧迅速蹬地并向左前方跨出一大步，上体向左转探肩，在左脚离地前，左手放球于迈出的脚步的侧前方，同时左脚再充分蹬地，重心右移迅速超越对手。

（二）原地顺步突破

以左脚为中枢脚为例：准备姿势与交叉步相同，突破时，右脚内侧蹬地，右脚迅速向右前方跨出一大步，同时向左转体探肩，重心前移，在左脚离地前用右手放球于右脚侧前方，同时左脚迅速蹬地向右前方迈出，超越对手。

（三）持球突破技术练习方法

1. 徒手或持球做交叉步、顺步突破练习。

2. 全场自抛自接做交叉步、顺步突破练习。

3. 摆脱防守接球做交叉步、顺步突破练习。

4. 半场一对一做交叉步、顺步突破练习。

六　个人防守

防守技术是在篮球比赛中防守者运用合理的脚步动作、身体和手臂的动作限制进攻者活动和制造进攻者失误、违例而运用的一种方法。防守的目的是主动破坏对方的进攻，最大限度地降低对手的得分率，主动地抢断球，转守为攻。

（一）防守无球队员

防守队员以全力破坏对手接球为目的，站在对手、篮筐和球的位置的不规则的三角形范围内并根据球的转移、攻者的移动及时调整防守位置，以控制对手为原则，利用合理的防守技术做到人球兼顾，极力阻挠对手接球。

（二）防守有球队员

防守队员应最大限度的阻挠和干扰进攻者投篮、突破及传球。当对方接到球时，防守队员应该迅速调整位置，站在对手与投篮之间。防守的距离应根据离篮板的远近而合理的选择。利用脚步移动、身体姿势和手臂动作极力破坏进攻者的投篮、突破和传球。

（三）个人防守技术练习方法

1. 看信号做前后左右滑步练习。

2. 徒手全场一对一防守滑步练习。

3. 半场一对一摆脱接球的防守练习。

4. 半场一对一的攻、守练习。

5. 半场三对三的攻、守练习。

七　抢篮板球

抢篮板球是一项复杂的综合技术动作。其动作由判断力方向、抢占有利的位置、起跳动作、空中抢球动作和落地后的攻击技术动作组成。

（一）抢进攻篮板球

进攻队员抢篮板球要突出一个"冲"字，当自己投篮和同伴投篮时，要及时判断球反弹的方向，及早地绕过防守者，抢占有利位置，用单脚或双脚起跳争取时间冲抢或补篮。

（二）抢防守篮板球

防守队员抢篮板球要突出一个"挡"字，当对手投篮出手时，不能只去看球，应该首先运用移动的各种脚步动作，抢占有利位置，合理地挡住对手向篮下冲抢的路线。同时，要判断球反弹的落点，及时起跳，抢到球后立即组织反攻。

（三）抢篮板球技术的练习方法。

1. 对墙自抛自抢篮板球练习。

2. 自己投篮自己冲抢篮板球补篮练习。

3. 一对一投篮后防守挡人抢篮板球练习。

4. 半场二对二、三对三攻守抢篮板球练习。

第三节　篮球的基本战术

篮球战术是比赛中队员按照基本的落位阵势、移动路线、进攻地点、防守范围和一定的变化规律而确定的集体协同配合的组织形式。其目的是为了个人能够合理地运用和更好地发挥技术水平，取得协同配合、整体作战的效应，力争比赛的主动和最后获得胜利。

一　攻防的基础配合

基础配合是组成全队整体攻防战术的主要基础，它是由两三人之间组成的一种简单配合。

（一）进攻的基础配合

1. 传、切配合时，两、三个队员之间利用传球和切入组合的简单配

合，包括一传一切和空切等形式，对进攻人盯人防守、区域紧逼及联防等均有较好效果。（图8-5）

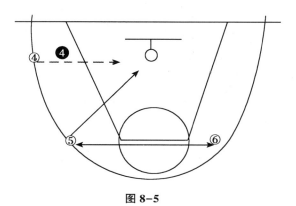

图 8-5

注：实线为传球路线，虚线为球员移动路线。

传切配合的基本要求：

※ 队员配合的距离要拉开，切入路线要合理。

※ 传入队员要利用假动作迷惑对手，掌握好摆脱时机，切入时紧贴对手，动作快速突然。

※ 传球队员动作要隐蔽，传球及时准确。

2. 突分配合：突分配合是指进攻队员利用持球或运球突破技术吸引防守队员"关门""补位"等，从而打乱防守阵势，给同伴创造无人防守机会，及时将球分给同伴的简单配合。

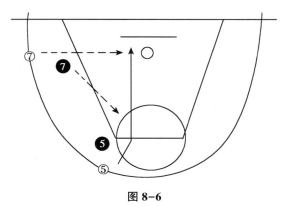

图 8-6

注：实线为传球路线，虚线为球员移动路线。

突分配合的基本要求：

※ 突破队员突破时要突然、快速，突破过程中在准备投篮的同时要观察攻防队员位置的变化，及时准确地传球。

※ 接球队员把握时机，及时摆脱对手，迅速抢占有利位置接球投篮。

3. 掩护配合：掩护配合就是人们习惯称为"挡人"的方法，它是进攻队员有目的的选择适当的位置，用身体挡住同伴对手的去路，使同伴能摆脱防守并获得进攻机会的一种配合。一般有前掩护、侧掩护、后掩护。

图 8-7

注：实线为传球路线，虚线为球员移动路线。

掩护配合的基本要求：

※ 掩护时身体的姿势要正确，两脚开立，上体稍前倾，两手屈肘放于体侧或胸前，距离要适当，掩护时身体保持静止，避免掩护犯规。

※ 掩护时摆脱队员要用投篮或压切等动作，诱使对手贴近自己并吸引对手的注意力，为配合创造有利条件。

※ 掩护时同伴之间的配合应掌握好配合时机及其变化方法。

※ 组织掩护配合时要创造中投和突破机会，要注意与内线进攻相结合。

4. 策应配合：策应配合是指站在内线的队员背对或侧对球篮接球后，以他为枢纽，通过多种传球方式与其他队员的空切、绕切相结合，借以摆脱防守，创造各种进攻机会的一种配合方法（图 8-8）。

策应配合的基本要求：

※策应队员要突然启动，摆脱对手，占据有利位置，接球时两脚开立，两膝弯曲，两肘外展，用身体保护球。同时注意观察场上攻、防的变

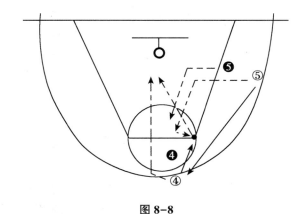

图 8-8

注：实线为传球路线，虚线为球员移动路线。

化，及时把球传给进攻机会最好的同伴投篮进攻。

※外围传球队员要根据策应者的位置和机会，及时准确地传给策应队员，做到人到球到，传球后迅速摆脱防守切入篮下，创造进攻机会。

（二）防守的基本配合

1. 穿过配合：主要是在对方采用掩护配合时使用。防守队员为了避免对方形成的掩护，从另一同伴之间穿过，继续防守自己的对手。

2. 绕过配合：主要是在对方采用掩护配合时，防守队员为了避免对方形成掩护，从另一同伴身后绕过，继续防守自己的对手。

3. 挤过配合：是一种积极的带有攻击性破坏对方掩护配合的防守方法。当对手企图实施掩护时，防守队员抢步贴紧自己防守的对手挤过去并继续防住对手。这种方法一般是在对手接近篮下或有投篮威胁的情况下使用。

4. "关门"配合：是防守者用来防守善于运球突破队员的一种防守配合。当一队员运球突破时，防守队员和邻近的同伴移动靠拢，堵住突破者的道路，形成"关门"。将突破者堵在"门"外，一般是在对方突破能力较强，守方采用联防的情况下运用。成功的"关门"配合，往往会造成对方的失误和违例。

5. 交换防守配合：当进攻者采用掩护配合使防守者来不及的情况下，就要采用与同伴交换防守对象的方法。换防关键是两个防守者之间的默契。一般不轻易换防，以免造成实力上的差异导致防守失利。

6. 补防配合：主要是当防守同伴被对手突破或同伴的防守位置出现

漏人时，邻近的队员放弃自己的对手去补防可能得分的对手。

7. 夹击配合：夹击配合是一种带有攻击性的防守方法，主要体现在两个队员在特定的区域和位置上封堵和夹击持球进攻队员。

二 快攻与防快攻配合

（一）快攻

1. 长传快攻的组织配合：长传快攻一般是由一两个队员利用奔跑速度和长传球，超越防守来完成的快攻。

2. 短传推进快攻的组织配合：短传快攻虽不如长传速度快，但易掌握和发动，短传快攻主要有发动、推进和结束三个阶段构成。

3. 组织快攻战术的基本要求是：

※ 培养全队强烈的快攻意识是组织的关键。要使场上五个队员明确：获球即是发动快攻的时机，得球后，全队突出一个"快"，即启动快、分散快、传球快、接应快、跟进快。

※ 树立勇猛顽强、敢打敢拼的作风，是快攻战术运用的前提。采用攻击性的防守，甚至对进攻者连续紧逼，积极创造更多的快攻机会，一有获球机会就快速、准确、机动、灵活地展开猛烈的反击。

※ 良好的身体素质是快攻的保证。要使全队在竞赛中体力充沛，能保持持久高速度的快攻。

※ 全面熟练的基本技术是快攻基础并要做到运用技术既快又准。具体表现在"四快""两准"。即观察判断反应快、启动加速摆脱快、传球推进超快、运球突破分球快，快速奔跑中传球准、投篮准。

4. 发动快攻的时机：即为抢获后场篮板球时；抢、断球和打球获球时；跳球时；对方投中篮后，掷端线界外球时。

（二）防守快攻

1. 堵截对方抢篮板后的第一传和接应。

2. 封堵对方长传快攻。

3. 提高以少防多的能力。

三 区域联防与进攻区域联防

（一）区域联防

1. "2—1—2" 区域联防的防守方法："2—1—2" 区域联防的特点是

防守队员分布比较均衡，它以中间一名高大队员为中心将其他四名队员有机地联系成梅花式整体阵形。这种阵型能有效地对付内外线攻击和较强的队，适用于组织正面突破和篮下威胁较大的队。

图 8-9

2. "2—1—2"区域联防的变化："2—1—2"是各种区域联防的基本形式，根据对手的特点可变化出多种形式，如"3—2""2—3""1—3—1"等。由于站位形式不同，防守作用也不同，在比赛中如何运用则要根据对方特点有针对性地选用。

※ "3—2"阵型：主要是用于对付外围中远投篮较准，但篮下进攻能力不强，控制、支配球和组织配合能力较差的队。

※ "2—3"阵型：主要是为了加强篮下的防守，有效对付擅长篮下和底线进攻而外围相对较弱的队。

※ "1—3—1"阵型：主要是加强罚球区附近的防守，适用于对付中锋、前锋，在限制区和两腰进攻而底线进攻较弱的队。

（二）进攻区域联防

1. 中锋策应进攻配合方法，中锋接球后形成不同的三角阵势（如图⑧⑥⑦；④⑧⑥；⑧⑦⑤等）利用准确、快速的传球，调动防守，寻找进攻机会。

2. 传切突破进攻配合方法，⑤传球给⑧后纵切至另一侧，进行间可接⑧回传球进攻，⑦空切篮下要求进攻，⑥同时背插至中区要球进攻；或⑧接球后沿底线突破上篮，根据防守，突破中可分球给移动⑦进攻，或传球给⑥攻击，或传给外围④进攻。（见图 8-10）

图 8-10

3. 斜插负重进攻配合，进攻时呈现双中锋落位，⑤传球给④后，斜插至另一角，④传球给⑥，⑥传球给⑤，⑤接球后可投篮。(见图 8-10)

进攻区域联防方法很多，上面三种进攻区域联防方法，是比较常用的进攻形式，使用时可根据对方不同形式区域联防的特点和弱点，灵活运用。

第四节 篮球竞赛规则简介

一 场地设备与比赛通则

(一) 场地设备

篮球场是一个长方形，无障碍物。球场长 28 米，宽 15 米，球场的丈量是从界线的内沿量起。篮圈的内径最小为 45 厘米，最大为 45.7 厘米，其距离地面的高度为 3.05 米。篮球的外壳由皮革橡胶或合成物质制成。球的圆周不得小于 74.9 厘米，不得大于 78 厘米；重量不得少于 567 克，不得多于 650 克。充气后，使球从 1.80 米的高度（从球的底部量起）落到球场的地面上，反弹起来的高度不得低于 1.20 米，也不得高于 1.40 米（从球的底部量起）。

(二) 比赛规则

每场比赛有两个队参加，每队出场 5 名队员，如果某队在场上准备比赛的队员不满 5 名时，比赛不能开始。

比赛有四节组成，每节 12 分钟。第 1 节和第 2 节、第 3 节和第 4 节之间的休息时间为 2 分钟；第 2 节和第 3 节之间的休息时间为 15 分钟。

如果第 4 节终了时得分相等，要延长 5 分钟作为决胜期继续比赛，必要时要延长几个决胜期，直到分出胜负为止。

对于 4×12 分钟的比赛，每队每半时（两节）的比赛时间内可以允许请求 3 次暂停，每一决胜期内准许 1 次暂停。

二　违例部分

违例是违反规则，罚则是失去球权，将球判给对方队在最靠近发生违例的地点掷界外球。

（一）带球走规则

1. 确定中枢脚：队员静立时接球或双脚同时落地时接球，可用任何一脚做中枢脚。一脚抬起的一刹那，另一脚就成为中枢脚。

队员在移动或运球中接到球，如果脚分先后着地，只能由先着地的脚作为中枢脚。

2. 确定中枢脚后：在传球或投球时，可提起中枢脚，但必须球离手后，中枢脚才能落回地面。开始运球时，在球离手时，不能抬起中枢脚。

（二）运球规则

1. 运球开始：队员控制球后，将球掷、拍或滚在地面上，并在球触及另一队员前在触及球为运球开始。

2. 运球结束：运球过程中，队员用双手同时触球或使球在一手或两手中停留的瞬间运球即完毕。

※※投球。

※※被对方拍击。

※※传球或漏接，然后球触及了另一队员或被另一队员触及。

（三）球回后场规则

如何划分前、后场：对方球篮的端线与中线之间的场区（不包括中线）是某队的前场，本方球篮的端线与中线之间的场区（包括中线）是某队的后场。

※　某队在前场控制活球。

※　前场控制活球队的队员使球进入后场。

※　球进入后场后，最先触球的是控制球队队员，则构成球回后场违例。

（四）罚球规则

1. 罚球队员规则

※ 可用任何方式投篮，但在可处理球时，必须在 5 秒钟内投球离手；投篮的球必须从篮圈上方进入球篮或触及篮圈。

※ 在球触及篮圈前不得触及罚球线或罚球线前的地面。

※ 不得做假动作罚球。

※ 当球已在飞向球篮的途中不得触及球。

※ 罚则：违犯规则，罚中不得分；如果是仅有的一次罚球或是最末一次罚球，则将球判给对方在罚球线的延长线部分掷界外球。

2. 非罚球队员规则

※ 不得占据他们无权占据的位置区。

※ 在球离开罚球队员的手之前不得进入限制区、中区区域或离开位置区。

※ 不得干扰罚球队员（指非罚球队）。

※ 当球已在飞向球篮的途中不得触及球；当球与篮圈接触时，不得触及球篮或篮板。

※ 双方队员同时违例，违例不究，球中篮计得分；罚球不成功，由双方任一队员跳球重新开始比赛。

※ 罚球队员的同队队员违例。球中篮记得分；罚球不成功，判给对方队员掷界外球。

※ 罚球队员的对方队员违例。球中篮记得分；罚球不成功，判给罚球队员重罚一次。

（五）时间规则

1. 3 秒钟规则：某队在场上控制球并且比赛计时正在走动时，该队队员不得在对方的限制区内停留持续超过 3 秒钟。

2. 8 秒钟规则：当一名队员在后场获得控制活球时，该队在 8 秒钟内使球进入前场。

3. 24 秒钟规则：当一名队员在场上获得控制一个活球时，该队应在 24 秒内设法投篮，并且投篮的球只有在进入篮圈或触及篮圈时，24 秒钟装置才能复位。

（六）干扰球规则

1. 当投篮的球在飞行中下落，并完全在篮圈水平之上时，进攻或防守队员都不可以触及球；在投篮中，当球碰击篮板后并完全在篮圈水平之上时也不可以触及球。

2. 当投篮的球触及篮圈时，进攻或防守队员都不得触及球篮或篮板。

3. 罚则：

※ 如果进攻队员违例，不能得分，将球判给对方队员在球线的延长部分掷界外球。

※ 如果防守队员违例，判给投篮队员得 2 分；如在 3 分投篮区投篮则判得 3 分。

三　犯规部分

犯规是违反规则的行为，含有与对方队员的身体接触或有违反体育道德的举止。

（一）犯规的类型及其罚则

1. 侵人犯规及其罚则

※一般性侵人犯规：主要有阻挡、非法用手、拉人、推人、非法掩护、带球撞人等。在所有情况下，都要登记犯规队员的每一次侵人犯规。如果对没有做投篮动作的队员犯规，则由非犯规队在距犯规地点最近的界外掷界外球；如果对已在做投篮动作的队员犯规，投球中篮，要计得分并判给一次罚球；如果 2 分投篮没有成功，则判给两次罚球；如果 3 分投篮没有成功，则判给三次罚球。

如果说控制球队的球员发生犯规，由非犯规队在距犯规地点最近的界外掷界外球。

※ 双方犯规：指两名对抗的队员同时发生接触犯规的情况。登记每个犯规队员一次侵人犯规，不判给罚球；如果犯规时，某队已经控制球或虽尚未控制球，但已拥有球权，则应判给该队掷界外球；如果双方犯规时，两队都不控制球，则由有关的队员在距违反最近的圆圈内跳球；如果双方犯规的同时投篮有效并得分，则由得分队的对方队员在端线掷界外线。

※ 违反体育道德的犯规：指队员蓄意地、过分地对对方队员造成侵人犯规。登记犯规队员一次违反体育道德的犯规，判给非犯规队员两次罚球再加一次中点处掷界外球。

※ 取消比赛资格的犯规：指侵人犯规、违反体育道德的犯规以及技

术犯规中任何十分恶劣的不道德犯规。登记一次取消比赛资格的犯规，判给非犯规队两次罚球再加一次中点处掷界外球。

※ 特殊情况下的犯规：指在一起犯规或一起违例后的同一个停止比赛计时钟期间，又发生一起或多起犯规。登记每个犯规队员一次犯规。

如果几乎同时宣判双方球队多起犯规，裁判员必须决定犯规发生的次序。双方球队的犯规涉及相同的罚则，它们要相互抵消；双方球队的犯规，不涉及相同的罚则，要按犯规发生的次序判罚和执行。

2. 技术犯规及其罚则

技术犯规是指所有不包括与对方队员发生接触的犯规。主要包括：队员技术；教练员、替补队员或随队人员的技术犯规以及比赛休息时间内的技术犯规。

※ 队员技术犯规：登记违反者一次技术犯规，判给对方一次罚球再加一次中点处掷界外球。

※ 教练员、替补队员或随队人员的技术犯规：登记教练员一次技术犯规，判给对方两次罚球再加一次中点处掷界外球。

※ 比赛休息时间内技术犯规：如果是队员犯规，则登记该队员一次技术犯规，判给对方两次罚球，该犯规要记入全队犯规之中。

如果是教练员或随队人员技术犯规，则对教练员进行登记，判给对方两次罚球，该犯规不计入全队犯规之中。

（二）全队犯规的处罚规则

1. 在每节比赛中，当一个队的队员侵人犯规或技术犯规累计已达4次时，所有以后发生的队员侵人犯规要判给对方两次罚球。

2. 如果是控制球队的队员犯规，则判给对方掷界外球。

3. 在任一决胜期内发生的所有全队犯规要看作是第四节发生犯规的一部分。

思考题

1. 篮球运动的概念及发展概况。

2. 篮球运动的技战术特点及练习方法。

3. 篮球比赛的编排方法及裁判规则。

第九章

排　球

第一节　排球的概述

一　排球运动的起源及发展

排球运动是由两支人数相等的球队，在被球网隔开的两个均等的场地内，由一名队员在发球区内用一只手将球直接击过球网开始，双方根据排球规则以身体任何部位，运用垫球、传球、扣球、拦网等技术动作，将球从网上击入对方场区，而不使其在本方场区落地的、集体的、攻防对抗的体育运动项目。

排球运动始于 1895 年，创始人是美国人马萨诸塞州霍利约克城基督教青年会干事威廉·摩根（Willn Morgan）。

1905 年，排球运动传入我国，在相当长的时间内我国和亚洲各国开展的是 9 人制排球。9 人制排球在我国经历了 24 年之久，在此期间我国运动员创造出不少具有很高水平和使用价值的技、战术，形成了我国排球运动的特色，其传统一直延续至今。新中国成立后，从 1950 年开始，我国推广 6 人制排球，并成为发展较快的运动项目之一。

排球运动像其他球类运动项目一样，通过训练能发展力量、弹跳、速度、灵敏、耐力久等身体素质，提高人体中枢神经系统和内脏各器官的功能，增进身体健康，并培养勇敢顽强、机智灵敏、吃苦耐劳、遵守纪律、团结友爱等集体主义的精神。

二　排球运动的特点

1. 形式的多样性和广泛的群众性。

2. 技术的全面性和高度的技巧性。

3. 激烈的对抗性和严密的集体性。

4. 轻松的娱乐性和高雅的休闲性。

第二节　排球的基本技术

一　准备姿势和移动

准备姿势和移动是排球运动中各项技术的基础技术。准备姿势是移动的基础，只有准备姿势正确才能及时、快速地向各个方向移动。移动的目的是为了迅速接近球，处理好人与球的合理位置。它是完成好各项技术的重要条件，同时也是连接攻防技术的重要环节。

1. 排球比赛情况错综复杂，来球方向变化不定，因此运动员在场上必须注意力高度集中，经常保持正确的准备姿势和快速移动，随时做到面向来球，加强预判，以便根据可能出现的情况和篮球的性能，迅速启动和移动，及时做出相应的动作。其身体姿势是：面对来球，双脚左右开立稍宽于肩，两膝弯曲成半蹲并稍内扣，脚跟微微提起，身体重心的着力点在前脚掌内侧。上体略前倾，两臂自然置放于胸腹之间，两眼注视来球，保持着一种"静中待动"的状态。

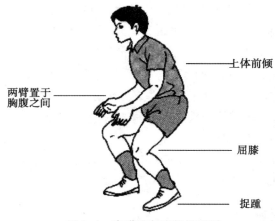

图 9-1　半蹲准备姿势侧面图

2. 移动是由身体启动到制动力之间的人体位移方法。排球场上的移动不仅仅是向前移动，而是向各个方向的移动。移动速度的快慢取决于下面几种因素：预判和判断能力；从看到信号到做出动作的反应速度以及启动的速度；移动步法熟练程度以及变向移动的能力；移动后的制动技术等。

3. 常用的移动步法有：并步、跨步、垫步（跨跳步）、滑步、交叉步、跑步和后退步等。

4. 练习方法：

（1）可组成各种队列形式，根据教师和各种信号和手势，做各种移动动作练习；

（2）利用抛向不同的方向、落点的球，通过接、传球，各种步伐移动的练习。

二　发球

发球是发球队员在发球区内，抛球后用一手将球从网上两标志杆内的空间击入对方场区的击球方法。发球是排球比赛中是进攻手段之一。比赛总是从发球开始的，有威力的发球可以起到先发制人、争取主动的作用。发球的目的在于争取直接得分，破坏对方的进攻战术，减轻我方防守负担，创造反攻的有利条件。所以，发球既要有攻击性，又要有准确性。

不管采用哪种发球，必须做到：第一，抛球稳，单手或双手将球向上平稳地把球抛起，每次向上抛球的高度和身体的距离应基本固定；第二，击球准，用力方向必须和所要发出球的方向一致；第三，发球手法准确。击球的手法不同，发出球的性能也不同。如发旋转球时，要使手掌抱住球，在击球时有推压动作。如下发飘球时，手触球瞬间的动作方向（作用力）要通过球的重心。

1. 正面下手发球（以下均以右手为例）：这种发球动作简单易学，发球失误少，容易发得准确。但速度慢，力量小，攻击性差。发球队员面对球网，两脚前后开立，左脚在前，左手持球于身前，将球平稳的向右肩上方抛起，高度适中，中臂同时后摆，击球时，右脚蹬地，身体重心前移，右臂伸直，以肩为轴，向前摆动到腹前，用虎口、掌跟或手掌击球的后下部。随着击球动作重心前移，迅速入场（见图9-2）。

2. 正面上手发球：这种发球便于观察对方，容易控制球的落点。发

图 9-2

球时可以利用屈体动作，使发出的球力量大、速度快、弧度平，加大攻击性。动作要领是：面对球网站立，左脚在前，右脚在后。发球时，左手（或双手）将球平稳地向右肩的前上方抛起，在抛球的同时，右臂抬起，并屈肘后引，肘部弯曲与肩平齐，手掌自然张开，上体稍向右侧转动，抬头，挺胸，展腹，身体重心移至右脚。击球时，利用蹬地转体和迅速收胸收腹的动作带动手臂迅速而猛烈地向前上方挥动，重心随之移至右脚，手臂伸直在右肩上方，以全掌击球的后下部，有力地将球击入对方场区。手触球时，手腕应有向前推压的动作，使球向前旋转飞行。击球后，右脚随着击球动作，自然前移，迅速进场（见图 9-3）。

图 9-3

3. 练习方法：

（1）抛球练习，在有参照物（球网、篮圈）下练习抛球动作。要求抛球平稳。

（2）面对球网，近距离发球，将球击向球网，体会发球技术动作的连贯性。

（3）在端线后任一位置，发近、中距离球，并发向指定对方不同区域。

三　垫球

用双臂或单臂利用来球的反弹力将球击出的方法。垫球是接发球和后排防守的主要技术动作，是组织进攻和反攻战术的基础。垫球的基本技术简单易学，双前臂夹紧击球面较平，控制球面较大，起球效果好，便于初学者掌握。但在比赛中将垫球技术熟练地运用于接发球和后排防守则不那么容易。所以，在学习中要多花时间，结合实战，加强训练。垫球分为正面双手垫球、体侧垫球、跨步垫球、背垫球以及前扑、鱼跃等点球动作。

（一）正面垫球

身体正面对准来球，成半蹲姿势，两臂置于腹前。垫球时的手形是：两手掌根紧靠，双手指重叠后互握，两拇指平行，手腕下压，手腕关节以上的前臂形成一个垫击的平面。两脚开立，稍宽于肩，一脚稍前，另一脚稍后（脚前后位置取决队员场上位置，左半场队员应以左脚稍前，右半场队员应右脚稍前，中央队员则应双脚平行）。当球至腹前一臂距离时，双臂夹紧伸直插到球下，向前上方蹬地提肩送臂，用前臂腕关节以上10厘米桡骨内侧垫击球的后下部（见图9-4），身体重心随击球的动作前移（见图9-4）。

图9-4

（二）体侧垫球

来球飞向体侧来不及移动对正来球时，要采用侧垫。如球从左侧飞来，左脚向外跨出一步，右脚前脚掌内侧蹬地，重心移至左脚上，左膝弯曲。同时两臂向左侧伸出，右肩微向下倾斜，使两臂击球面截住球飞行的弧线，两前臂并拢成一平面，用腰部发力，重心内转，两肩向前用力，稍有迎击动作，将球垫出。初学者不应过早学习体侧垫球，开始学习还应该以移动到正面垫球为主，否则脚下移动步伐将受影响。

（三）练习方法

1. 个人自然垫球或对墙垫球。

2. 二人一组，一人在前后左右移动中，垫回同伴的抛球。

3. 二人一组，练习接垫隔网抛过来的球，进而隔网互垫。

4. 正、侧垫球结合练习，体会腰背肩发力。

5. 三人一组，半场接发球，一人发球、两人垫球。

四　传球

传球是进行比赛和组织各种战术的基础，是用手指、手腕的弹击力将球传至一定目标的击球方法。具体分为正面传球、背传球、侧传球和跳转球。在排球比赛中尽管垫球技术应用增多，单传球的作用仍是非常重要的，特别是作为组织进攻的第二传球具有其特殊的重要意义。上手传球的优点是便于控制球，准确性较高。一个队只有掌握熟练而精确的传球技术，才能在比赛中取得良好的比赛成绩。

（一）正面上手传球

传球的种类很多，正面上手传球是最基本的方法，只有打好上手传球的基础，才能进一步掌握和运用其他各种传球技术。正面上手传球的动作要领是：正面对准来球，两脚左右开立，约同肩宽，左脚稍前，后脚跟稍提起，两膝半屈，上体稍前倾。双手抬起，手与球的击球点一般在脸前，当球距脸前约一个球左右的距离时，双手便要主动地做击球的动作。当手触球时，传球手形应该是：手腕稍后仰，两手张开，手指微屈呈半球状，手指在前，拇指相对呈一字形（见图9-5）。传球时，要利用蹬地伸膝向

图9-5

上展体和伸臂的动作，用协调力迎接球，并以拇指、食指、中指负担球的压力，无名指和小指帮助控制球（见图9-6）。触球时，手指和手腕应保持一定的紧张程度。击球点再额外前上方约15厘米左右，利用手指手腕

和手臂的力量，配合双脚蹬地、伸膝和身体协调动作将球传出。但随着传出球的弧度、方向等变化，手与球的接触点也应有所变化。

图 9-6

（二）调整传球

当接发球和防守的球，无法进行近网传球时，由二传队员或其他队员将球传给扣球队员进攻，这种传球称为调整传球。调整二传队员时应注意以下几点：

1. 要选择好传球方向、高度和落点，尽量传给扣球适应能力较强的队员。

2. 要尽量缩小传球路线和球网之间的夹角。

3. 传球高度要适宜，以使扣球队员有充分的反应时间。

4. 由于调整传球比正常传球路线较远，要尽量发挥全身协调一致的力量。

练习方法：

1. 两人一组：一人做好传球准备姿势，另一人持球稍用力放在传球人的手上。体会传球时全身协调用力及正确传球手形。

2. 两人一组：一抛一传或对面连续传球。

3. 四人一组：一边两人，相距4—6米，对面传球，球传出后队员随球跑动和对面交换位置。

4. 两人一组：与球网平行，对面移动传球，要求传球有一定的准确性。

五　扣球

队员跳起，在空中将高于球网上沿的球击入对方场区。扣球是进攻中最有效的技术，是得分的重要手段。强有力的、富有战术目的扣球，可使对方难于防守和组成反击。扣球是完成战术配合的最后一击。成功的扣球必须有良好的一传和二传（或拦网、防守）的密切配合，而扣球的威力应体现在速度、力量、高度、变化、技巧等方面。扣球分为正面扣球、勾手扣球、单脚起跳扣球、扣快球和调整扣球等。

（一）正面扣球

正面扣球是扣球最主要的方法。其特点是：面对球网，便于观察，准确性大，能根据对方的拦网情况而变化各种不同的线路。正面扣球能适应扣近网、远网、集中和拉开各种不同的球，并能演绎出快球、平快球、"时间差"等扣球技术。动作要领是：助跑时，左脚向前迈一步，右脚再迅速跨出一大步，左脚及时并上。在助跑跨出最后一步时，两臂经体侧向后引。左脚在并上踏地制动过程中，双臂从后积极向前摆动。在向上摆臂的同时，两腿从弯曲制动的最低点，用力蹬地向上起跳。起跳后，挺胸展腹，手臂上举、提肩抬肘，身体成反弓形。左臂稍屈置放于体前，右臂屈肘举起，肘关节高于肩关节。右手置于头的侧上方，手掌自然张开成勺形。击球时，要用全掌包住球的后上部，利用转体收腹，上臂带动前臂。手腕如鞭打动作快速挥击，在右肩前上方最高点击球，将球扣入对方场区。落地时，尽量争取两脚同时落地，并顺势屈膝、收腹，以缓冲身体下落冲力（见图9-7）

图 9-7

（二）扣近体快球

近体快球的助跑角度，一般应保持在45度左右为宜。助跑速度的快慢，要根据一传弧度的高低和距离的远近而定。如一传弧度较平，距离较远，应立即上步；若弧度较高，距离较远，可边判断边上步。当球快要落到二传人的手上时，扣球手应在二传人的前面约一臂距离处迅速起跳。当球上升到网上沿一定高度时，应迅速挥甩手腕抽击球的后上方。

（三）练习方法

1. 二人一组：原地自抛自扣球。体会扣球时腰、腹、上臂和前臂的发力动作。

2. 结合助跑起跳扣空中固定球。体会击球时的连贯技术动作。

3. 对墙连续扣反弹球。

4. 轮流扣球：由人抛球，练习者在 2、4 号位扣球。体会扣球时助跑起跳动作、重点解决起跳时间和起跳点的问题。

5. 串联技术：5 号位一传、3 号位二传球、2、4 号位扣球。

6. 练习扣 3 号位半快球与快球。

六　拦网

拦网是队员在网上空拦阻对方击球的方法，是防守的第一道防线，是反攻的重要环节，也是得分的主要手段。成功的拦网会造成对方队员心理上的压力，特别是成功的集体拦网可形成严密的第一道防线。因此，拦网的作用已不是消极的阻拦和被动的防守，而具有了强烈的进攻性。拦网可分为原地起跳拦网和助跑起跳拦网，单人拦网和集体拦网（双人拦网、三人拦网）。

（一）单人拦网

拦网的技术动作由准备姿势、移动、起跳、空中拦击和落地五部分组成。拦网时，除应掌握上述技术外，还应有准确的判断能力，以便准确地选择起跳地点、拦网时间和空间。步法有：并步移动、交叉步、向前或斜向前移动。起跳时两臂自然弯曲置于胸前，面对扣球方向，两脚屈膝用力蹬地，两臂由体侧前方划小弧用力上摆，身体垂直向上起跳。起跳的时间，要根据球的高低远近而定，一般拦高球或远网球，起跳时间要比扣球起跳慢一些，拦平快扣球的就要早一些。起跳后，两臂顺网上伸，稍微收腹。两臂伸直后尽力伸向对方上空，接近球时，两手尽力张开，屈指屈腕呈勺形。当球出手后，双手要突然紧张，积极主动下压捂住球体的前上方。身体下落时，要轻微收腹，屈膝缓冲避免身体触网（见图9-8）。

（二）集体拦网

两人或三人配合的拦网方法是在单人拦网动作的基础上组成的，一般以两人拦网运用最多。集体拦网的关键是协调配合，以发挥出集体的威

图 9-8

力。在队员之间相互配合时应注意以下几点。

1. 分工要明确，一般以弹跳力强、身体高大、拦网效果好的队员为主。

2. 拦网时手臂不要互相重叠，间距不宜太宽，要形成较大的拦击面。

3. 队员移动后要垂直起跳，避免相互冲撞干扰拦网。

4. 站位要适当，判断要准确，要密切配合，避免各行其是。

（三）练习方法

1. 徒手起跳，做拦网动作练习。

2. 降低网高，二人一组，一人作目标另一人随对方起跳，隔网做击掌练习。

3. 教师站立高处抛扣球。队员轮流起跳拦网，体会空中拦网动作。

4. 教师抛球，队员一组在 4 号位扣球，另一组在 2 号位做拦网练习。

第三节　排球的基本战术

战术是比赛双方运用进攻与防守的对抗并结合临场变化，合理地运用技术，有组织有针对性的配合行动。一个队的战术水平往往反映着该队的技术水平，因为只有全面、准确、熟练地掌握了基本技术才可能形成战术。排球基本战术分为个人战术和集体战术。

一　阵容配备

阵容配备是合理的搭配本队队员的一种组织手段。它有以下三种形式：

（一）"三三"配备

由三名进攻队员和三名二传队员组成，这种形式的战术形式简单，攻击力较弱，适合初学者。

（二）"四二"配备

由两名主攻队员、两名副攻队员和两名二传队员组成。队员分别对角站立。这种阵容配备便于采用"中一二"和"边一二"进攻战术。前排始终保持两名进攻队员和一名二传手队员，这样能够组织多种战术配合，充分发挥本队的进攻力量。

（三）"五一配备"

由一名二传队员和五名进攻队员组成。这种配备形式攻击力强，能够组织多种战术体系。二传队员在前排时，能组织"中一二""边一二"进攻战术。二传队员在后排时，可采用插上战术，保持前排三点进攻。具有一定水平的队多采用此种阵容配备。

二　交换位置

为了解决某些轮次上进攻和防守力量的搭配及阵容配备上的某些缺陷，有效地组织攻防战术，规则允许，在发球击球后，双方队员可以在本场区内任意交换位置。交换位置的主要目的是为了充分发挥每个队员的专长，以取得扬长避短的效果。前排队员之间的换位，主要是为了便于进攻战术的实施和拦网实力的调整。前后排之间的换位，主要是为了保持前排三点进攻，后排队员之间换位，是为加强后排重点部位的防守。

三　信号联系

排球运动是一个集体项目，在实现快速多变的进攻战术时，必须通过信号联系才能统一行动。一个队的战术信息力求简单、清晰、本队队员明了。

1. 语言联系：使用语言直接进行联系。

2. 手势信号：通过事先约定的各种手势，进行规定的战术配合。

3. 落点信号：根据起球后的落点，作为发动某种进攻的信号。

4. 综合信号：以手势信号为主，辅以落点信号、语言信号以及教练员的体态、暗示等。

四　"自由人"运用

合理的选择并运用"自由人"是战术运用的一个方面。"自由人"专司接发球和后排防守，其上下场之间只需经过一次发球比赛过程，换人不计为正规换人次数，且次数不限。因此，选择接发球和后排进攻技术高超的队员作为"自由人"，能大大提高全队的防守水平。"自由人"又可在前排进攻拦网队员体力下降需要休息并轮到后排时替换而上，所以，合理的运用"自由人"能大大提高全队的进攻水平。

五　接发球阵形

在选择接发球阵形时，不仅有利于接球，还要考虑本方所采用的进攻及对方发球的特点。按接发球人数来分，有 5 人接发球、4 人接发球、3 人接发球等。接发球的基本要求：正确判断、合理取位、明确职责、分工配合。即：远飘、轻飘点分散，平快、大力一条线。这里介绍几种 5 人接发球阵形及变化：

（一）"W"站位阵形

初学者比赛多采用"中、边一二"进攻阵形，大多站成"W"形，也称"一三二"站位。5 名队员分布均衡，前面 3 名队员接前场区的球，后排 2 名队员接后场区的球，职责分明（见图 9-9）。

这种站位的缺点是队员之间的"结合部"相应增多，也不利于接对方发到边角上的球（见图 9-10）。

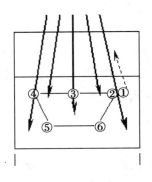

图 9-9

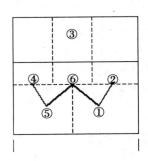

图 9-10

（二）"M"站位阵形

"M"形站位，也称"一二一二"站位，其优点是队员分布更加均匀，分工明确，前面 2 名队员接前区球，中间队员负责中区的球，后面 2 名队员接后区球。这种站位对接落点分散、弧度高、速度慢的下沉飘球、高吊球及发到边线、角上的球时较为有利。缺点是不利于接对方发到场地两腰及后区的大力球、平飘球等（见图 9-11）。

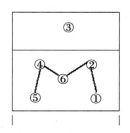

图 9-11

5 人接发球阵形的优点是每人接一传的范围相对较小，并在接发球时已经站成了基本的进攻阵形，组成战术比较方便。但队员之间"结合部"增多，队员与队员的配合要求较高。

六　进攻战术

（一）"中一二"进攻战术

此种战术是最基本、最简单的战术形式。由 3 号位队员二传，2、4 号位队员进攻。其特点是：比较容易组织，初学者容易掌握，但只能两者进攻，变化少，进攻意图容易被对方识破（见图 9-12）。

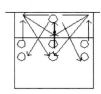

图 9-12

（二）"边一二"进攻战术

由 2 号位队员担任二传，3、4 号位队员进攻，如由 4 号位队员担任二传，由 3、2 号位队员进攻，称为"反边一二"进攻战术。它相比较

"中一二"战术变化多、难度大，战术配合也较复杂。由于两名进攻队员的位置相邻，便于进行互相掩护配合，可以组织更多的战术配合，它的突然性和攻击性程度比"中一二"进攻战术高（见图9-13）。

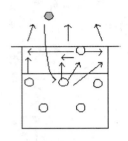

图 9-13

（三）"后排插上"进攻战术

"后排插上"进攻战术是现代排球进攻战术的主要形式，是在"中、边一二"进攻战术的基础上发展起来的。因此，"中、边一二"进攻战术中各种战术配合，均可在"后排插上"战术中加以运用和发挥。由于此种战术有三名进攻队员参加进攻，可充分的利用网的全场组织进攻，而且进攻点增多，战术配合更加复杂多变，具有突然性大、进攻点多的特点（见图9-14）。

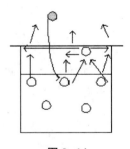

图 9-14

七　防守战术

防守战术，含前排拦网和后排防守、调整传球、反攻扣球及保护等几个环节。

首先从网上削弱对方的攻势，力争拦死，同时要组织好后排防守，接起没拦到或拦起的球，前拦后防分工合作，为反攻创造有利时机。

目前一般的防守战术可分为"边跟进"和"心跟进"防守。

（一）"边跟进"防守战术

拦网与后排防守的配合是防守成功的关键。比赛中常采用单人、双人和三人拦网。其中双人拦网是常采用的。在双人拦网情况下，此种防守方法是：前排三名队员要形成面对进攻点的弧形防守区域，并明确各自防守区域和范围。前排两名队员组成拦网，后排 1 号或 5 号位队员跟进到进攻线附近保护。在对方攻势较强、吊球较少情况下采用该阵形。

（二）"心跟进"防守战术

"心跟进"防守是比赛中常采用的一种防守形式，是由 6 号位队员跟进保护，防吊球的防守形式，适用于对方进攻力量不太强，善于打吊结合时采用。此种防守方法：前排不参加拦网的队员要及时后撤到限制线以后，准备防守，后排 1 号、5 号位队员应随着对方进攻点的不同，正确取位。此种形式的特点：网前有专人负责保护拦网，便于防吊球和接应拦网的反弹球，中心场地比较充实，有利于接应和组织反击。其不足之处是后排防守力量相对有所减弱，后场两侧空隙较大。在对方吊球较多的情况下采用该阵形。

第四节　排球竞赛规则简介

一　场地、器械、设备

比赛场区长 18 米，宽 9 米。地面必须是平坦、水平的，而且是划一的。球场边线长 18 米，宽 9 米，由中线将球场分成两个半场。两半场离中线 3 米处各有一条限制线。所有的线宽 5 厘米，线的宽度均包括在场区内。发球区短线 15 厘米与端线垂直并距端线 20 厘米，两条短线画在两条边线的延长线上。

球网为黑色，长 9.50 米，宽 1 米，网眼直径 10 厘米。标志杆长 1.80 米，分别设置在标志带的外沿，并高出球网 80 厘米。标志带宽 5 厘米，分别设置在球网两端并垂直于边线。

球网高度：男子为 2.43 米，女子为 2.24 米。球网两端的高度必须相等，并不得超过规定网高 2 厘米。

二　胜一分、胜一局、胜一场

胜一分：比赛采用每球得分制，胜一球得一分。如果是发球队则得一分并继续发球，如果是接球队，则得一分同时获得发球权。如果双方队员同时犯规，则判"双方犯规"不得分，有原发球队重新发球。

胜一局：比赛的前四局以先得 25 分、并同时超出对方 2 分为胜一局。当比分为 24∶24 时，比赛继续进行至某队领先 2 分为胜一局（26∶24，27∶25）。决胜局以先得 15 分并同时超出对方 2 分的队获胜。当比分为 14∶14 时，比赛继续进行至某队领先 2 分为止（如：16∶14，17∶15）。

胜一场：正式比赛采用 5 局 3 胜制，最多比赛 5 局，先胜 3 局的队为胜一场。

三　界内外球

球触及比赛场区地面包括界线为界内球。

球体完全触及界线以外地面、触及场外物体、天花板或非比赛成员、触及标志杆、网绳、网柱或球网标志杆以外部分、球的整体或部分从非过网区完全超过球网的垂直面等为界外球。

四　发球犯规

发球犯规：未按照位置表所登记的发球次序；裁判员 5 秒之内将球击出；球未抛起或没清楚离手击球；击球时，脚踏及端线或踏过发球区端线。

重新发球：裁判员鸣哨前的发球；因特殊情况，裁判员认为有必要停止比赛；球未抛起或持球撤离后，未触及发球队员而落地，被认为发球失误，被允许再次发球队员必须在再次鸣哨后的 3 秒钟之内将球发出。

发球击球后犯规：球触网后落入本方场内或场外；球触发球队队员；没有通过球网的垂直平面；发球队的队员利用掩护阻挡对方观察发球队员和球的飞行路线；球落在界外。

五　位置错误

当发球队员击球的瞬间，双方任何一名队员不在其规则规定的位置上，则构成位置错误犯规。上述规定，均以队员脚的着地位置来确定。

当发球队员击球犯规与对方位置错误同时发生时，则被认为发球犯规在先而判。如果是发球队员击球后的犯规，则位置错误在先，判位置错误犯规。

六　击球时的犯规

一个队连续触球四次（拦网除外）；队员在场内借助同伴或任何物体的支持进行击球；击球时必须清晰，如一名队员击球时，接触时间长，使球停滞，为"持球"犯规；在第一次击球时（拦网、腰部以上触球除外），允许身体不同部位在同一击球动作时连续击球。其他情况下一名队员两次触球有先后，则判"连击"。

判断后排队员进攻性击球犯规必须同时具备三个条件：后排队员在前场区，或踏及限制线及延长线；击球时整个球体高于球网上沿。

七　在球网附近的犯规

只有击球活动在进攻区时，队员触网为犯规。队员无意识、轻微、不影响比赛的触网和由于球被击入球网而造成球网触及队员则不判犯规；拦网时，允许越过球网触球，但在对方进攻性击球前或击球时，在对方空间触及球则判过网击球；队员的一只脚或双脚超过中线触及对方场区的同时，脚的一部分还接触中线或置于中线上空是允许的。除脚以外，队员身体的任何部分都不允许接触对方场区；队员在不妨碍对方比赛的情况下，允许在网下穿越进入对方空间，但妨碍对方比赛则判犯规。

八　拦网犯规

队员在对方进攻性击球前或击球时，在对方空间拦网触球为过网拦网犯规；后排队员靠近球网处参加集体拦网，并将手伸向高于球网处阻挡对方来球，即使本人未触球，只要集体拦网成员的任何队员触球则判后排队员拦网犯规。拦对方发过来的球为拦发球犯规。

九　暂停与换人

第 1 至 4 局，每局有两次技术暂停，各为 1 分钟。每当领先队达到 8 分钟或 16 分钟时自行执行。每队每局还有一次机会请求 30 秒的普通暂停。决胜局无技术暂停，每队在该局可请求两次 30 秒普通暂停。每队每局最多可替换 1 人或多人。每局开始上场阵容的队员在同一局中可以退出比赛和再上场各一次，而且只能回到原阵容的位置上。替补队员每局只能上场一次，替补开局上场阵容的队员。而且只能由被其替换现场的队员来替换。每换一人记为一人次。如某一队员受伤不能继续比赛时，须进行合法替换。如果不可能进行合法替换时，可采取特殊替换。如果合法替换和特殊替换均不能进行时，则给予受伤队员 3 分钟恢复时间。如果仍不能进行比赛时，该队被宣布阵容不完整，比赛结束，保留该队所得分数和局数，判该队输掉该局或该场，并给对方胜该局或该场比赛所必要的分数和局数。

十　后排队员进攻性击球犯规

后排队员在前场区或踏及进攻线，击整体高于球网上沿水平面得球，并使球的整体由过网区通过球网垂直面或触及对方拦网队员，则为后排队员进攻性击球犯规。

思考题

1. 简述排球运动的概念及发展概况。
2. 简述排球运动的技战术特点及练习方法。
3. 简述排球比赛的编排方法及裁判规则。

第十章

足　　球

第一节　足球的概述

一　足球的概念

足球运动是一项古老的运动项目。公元前，中国就有了用脚踢球的游戏，在欧洲古时也有苏里特游戏、萨依游戏等，虽然名称不同，时间不一，游戏方法也不尽相同，但都属于足球游戏的范畴。

二　足球运动的发展概况

1904 年 5 月 21 日，由法国、比利时、丹麦、荷兰、西班牙、瑞士、瑞典 7 个国家发起成立了国际性足球组织——国际足球联合会（简称国际足联，英文缩写为"FIFA"）。

目前，国际足联会员已增加到 203 个，成为会员协会最多的国际单项体育组织。

从 1896 年第一届现代奥运会举办以来，奥运会足球比赛每四年一届，除 1916 年、1940 年、1944 年因两次世界大战未举行奥运会外，只有 1932 年洛杉矶奥运会上没有举行足球比赛项目，奥运会足球比赛分配名额是：欧洲（包括以色列）5.5 席，南美洲 2 席，亚洲 3 席，大洋赛洲 0.5 席，中北美及加勒比海地区 2 席，非洲 3 席。1996 年，第 26 届奥运会首次将女子足球列为正式比赛项目，参加决赛阶段比赛的有 8 支队伍。1993 年，国际足联执委会决定，允许每支参加奥运会的足球决赛队有 3 名年龄超过 23 岁的队员。

1928 年，国际足联在荷兰首都阿姆斯特丹举行会议，决定以后每四年举行一届世界足球锦标赛。还决定 1930 年在乌拉圭首都蒙特维举行第一届世界足球锦标赛。同时决定设专门的流动奖杯——"雷米特杯"，也叫"金女神杯"，规定哪个国家三次获得冠军，将永久占有这座奖杯。1970 年，巴西首次第三次获得冠军，永久地占有了"金女神杯"。

1971 年，国际足联重新制作了新的奖杯，命名为"国际足联世界杯"并规定此杯为永久性流动杯。

世界杯足球赛至今已举办 16 届（1942 年和 1946 年因第二次世界大战中断）。除此之外，国际足联还举办 19 岁以下的世界青年比赛、17 岁以下少年比赛、5 人制比赛、世界杯女子足球锦标赛、世界俱乐部锦标赛。

1840 年以后，现代足球随着英国殖民主义的入侵而传入我国。最初，足球活动只在上海和香港等城市的一些教会学校中展开。新中国成立前，虽然在全国性远东会上有了足球比赛，但参加的队少，运动水平也不高。

新中国成立后，足球运动才真正得到发展。20 世纪 50 年代初，我国派青年足球队去当时的足球强国匈牙利学习，使我国足球水平得到了很大的提高。1960 年，我国获中、朝、越、蒙四国对抗赛的冠军，出现了新中国成立后中国足球运动的第一个高潮。

多年来，由于众所周知的原因，中国足球水平总趋势是起伏波动的，未能有较大的突破。1987 年中国曾打进了第 24 届奥运会决赛圈，但 1993 年、1997 年世界杯预选赛，中国队在亚洲均未能出线。所以，从整体水平看，我国足球水平与世界先进水平相比还存在着较大的差距，要与欧美强队抗衡还须经过相当艰苦的努力。为了尽快缩短这一距离，早日冲出亚洲赶超世界先进水平，国家体育总局正以足球改革为突破口，大胆地进行着中国足球俱乐部制和职业化道路的探索。值得一提的是，我国女子足球 20 世纪 80 年代初才开始起步，但进步幅度大，现已成为亚洲冠军、世界劲旅。1991 年 11 月在我国广州举办了第一届世界杯女子足球赛。1996 年，在美国亚特兰大举行的第 26 届奥运会上，我国女子足球又获银牌。

第二节 足球的基本技术

足球技术是指运动员在足球比赛中所采取的合理动作的总称。足球运动是一项技术动作相当复杂的运动项目。按足球比赛队员在场上分工和技术特点不同，可分为峰卫队员技术、守门员技术和有球技术、无球技术。

一 颠球

颠球是指运动员用身体的各个有效部位连续地触击球并加以控制尽量使球不落地的技术动作。

（一）技术动作要领

1. 双脚脚背颠球

脚向前上方摆动，用脚背击球，击球时踝关节固定，击球的下部。两脚可交替击球，也可一只脚支撑，另一只脚连续击球。击球时用力均匀，使球始终控制在身体周围。

2. 双脚内侧、外侧颠球

抬脚屈膝，用脚的内侧或外侧向上摆动，击球的下部，两脚内侧或外侧交替击球。

3. 大腿颠球

抬腿屈膝，用大腿的中前部位向上击球的下部，两腿可交替击球，也可一只脚做支撑，用另一侧的大腿连续击球。

4. 头部颠球

两脚开立，膝盖微屈，用前额部位连续顶球的下部。顶球时，两眼注视球，两臂自然张开，以维持身体平衡。

（二）易犯错误与纠正方法

1. 双脚脚背颠球易犯错误与纠正方法

（1）脚击球时踝关节松弛，造成用力不稳定，纠正方法是适当保持踝关节紧张，击球的下中部，以膝关节为轴屈伸小腿。

（2）踢球时脚尖向下或向上勾，造成球受力后向前或向后触碰身体，使球难以控制，纠正时要求脚背与地面平行，脚尖微翘，初学者可采用颠一次让球落地反弹后再颠，体会触球时与球摩擦使球带有回旋，逐步过渡到连续颠球练习。

2. 双脚内侧、外侧颠球易犯错误与纠正方法

（1）脚在击球时脚内翻或小腿向上摆动不够，不能造成球直向上。纠正时加强柔韧性练习，两人一组，一人坐在地上两腿屈膝，脚掌相对，成盘腿状，尽量靠近大腿，另一人在身后两手扶膝关节用力下压持续几秒

钟后，交换进行练习，可提高脚内翻和小腿向上摆的幅度。

（2）因支撑腿膝关节弯曲不够，造成脚外侧颠球时球不能靠近身体失去控制，纠正方法是支撑腿膝关节有意识弯曲，上体向支撑脚一侧稍倾斜，膝关节屈，脚外翻使脚外侧成水平状态的姿势，持续几秒钟后交换支持脚的练习。

3. 头部颠球时易犯错误和纠正方法

击球时间和部位不准，难以控制球的方向和高度。纠正时要求颈部稍紧张用力控制好顶球点。加强收腹和屈膝伸腿蹬地协调用力的练习。

二　踢球

踢球指运动员有目的地用脚把球击向预定目标的技术。踢球是足球技术中最重要的技术，主要用于传球和射门。

（一）技术动作要领

踢球的方法很多，但主要有脚内侧踢球，脚背正面踢球，脚背内侧踢球，脚背外侧踢球，以及脚尖踢球和脚跟踢球。然而它们的动作结构完全一致，均由助跑、支撑脚站位、踢球脚摆动、脚触球、踢球的随前动作五个环节组成。

踢球动作要领

1. 脚内侧踢球（又称脚踢球）

它是脚内侧部位（跖趾关节，舟骨、跟骨等所形成的平面）踢球的一种方法，其特点是脚与球接触面积大，出球准确平衡，且易于撑握。但由于踢球时要求大腿前摆到一定程度时需要外展且屈膝，故大腿与小腿的摆动都受到限制，因此出球力量相对较小。

图 10-1A

（1）脚内侧踢定位球：直线助跑，支撑前的最后一步稍大些，支撑脚站在球的侧面约 15 厘米处，脚尖正对出球方向，支撑腿膝关节微屈。在支撑脚着地时，踢球腿大腿带动小腿由后向前摆动，在前摆的过程中大腿外展，当膝关节的摆动接近球的正上方时小腿做爆发式摆动，在触球前将脚跟送出使得脚内侧部位所形成的平面与出球方向垂直，踢球脚脚底与地面平行，脚尖微微翘起，踝关节功能性地紧张使脚形固定，触（击）球后身体跟随移动，髋关节向前送。（图 10-1A，图 10-1B）

图 10-1B

（2）脚内侧踢空中球：根据来球速度和运行轨迹及时移动到位，踢球腿大腿抬起（屈）并外展，小腿屈并绕额状轴后摆，利用小腿绕额状轴由后向前摆动，当摆至额状面时与球接触，击球的中部。（图 10-2）

图 10-2

2. 脚背正面踢球（又称正脚背踢球）

脚背正面踢球由于其解剖特点，摆幅相对较大加之用脚背踢球接触面（与球）相对较大，因而踢球力量也大，准确性也较强。但受以上的因素影响，出球的方向及性质相对变化也较小。在比赛中经常使用脚背正面踢定位球、地滚球、空中球、反弹球及倒勾球。球的性质多为不旋转的直线球，但也可用来踢抽击性前旋球。

（1）脚背正面踢定位球：直线助跑，最后一步稍大些，支撑脚积极着地支撑，在球的侧面 10—12 厘米处，脚尖正对出球方向，膝关节微屈，踢球腿随跑动向后摆动，小腿屈曲，支撑的同时踢球腿以髋关节为轴，大腿带动小腿由后向前摆动。当膝关节摆至接近球的正上方时，小腿做爆发式的摆动，脚趾屈，以脚背正面部位击球的后中部。击球后身体及踢球腿随球前移。（图 10-3A，图 10-3B）

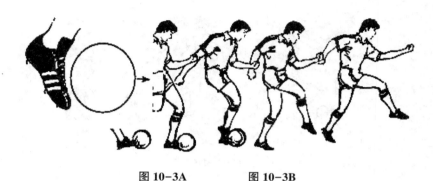

图 10-3A   图 10-3B

（2）脚背正面踢反弹球：根据来球的速度、运行轨迹、落点，支持脚踏在球落点的侧面。在球落地时，踢球腿爆发式前摆，在球刚弹离地面时，用脚背正面击球的中部，并控制小腿的上摆（送髋、膝关节向前平移），出球则不会过度。（图 10-4）

图 10-4

3. 脚背内侧踢球（又称内脚背踢球）

这是一种用第一跖骨和跖趾关节部位触击球的踢球方法。其技术结构与前两类踢球方法相同，但技术细节则有所区别。

（1）脚背内侧踢定位球：斜线助跑，助跑方向与出球方向约成 45°，最后一步稍大，以支撑脚底积极着地，脚尖指向出球方向，距球内侧后方 20—25 厘米，膝关节微屈。在支撑同时，踢球腿已完成后摆，并开始以髋关节为轴大腿带动小腿由后向前摆动，当大腿摆至与支撑腿接近同一平

面时，小腿做爆发式摆动，此时脚类外转、脚背绷直，以脚背内侧部位触击球。击球后踢球腿及身体继续随球向前。（图10-5）

图10-5

（2）脚背内侧转身踢球：助跑结束前倒数第二步应向球的侧前方跨出（即与出球方向在支撑脚一侧的侧前方），最后一步略跳动并伴随转身支撑，脚尖对准出球方向，膝关节微屈，身体向支撑脚一侧倾斜，其余各环节与踢定位球同。（图10-6）

图10-6

（3）脚背内侧踢反弹：根据来球的落点及时移动到位，在球离地（反弹）的瞬间踢球，其他的动作要求与踢定位球相同。这种踢球方法多用于踢侧方或侧前方来的空中下落的球。

4. 脚背外侧踢球（又称外脚背踢球）

脚背外侧踢球是用第三、四、五跖骨部位接触球的一种方法。由于踢这种球的脚踝灵活性较大，摆腿方向变化较多，且助跑时又是正常的跑动姿势，故其出球隐蔽性较强，足球比赛中各种距离的弧线球及非弧线球均可使用。

（1）脚背外侧踢定位球：助跑、支撑脚站位及踢球腿摆动均与脚背正面踢球技术的三个环节相同，脚触球是用脚背外侧部位。（图10-7）此时要求膝关节和脚尖内转，脚背绷紧，脚趾紧屈并提膝，触（击）球后身体随踢球腿的摆动前移。

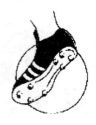

图 10-7

（2）脚背外侧踢地滚球：可用于踢前方、侧前方及正侧方、侧后方来的地滚球。踢球的动作规格要求与踢定位球相同，但支撑脚站位时应考虑球的滚动速度，以保证在脚触球的瞬间支撑脚与球的相对位置符合规格要求。

（3）脚背外侧踢反弹球：与脚背正面踢反弹球的方法相同，只是接触球时用脚背外侧部位触（击）球。

5. 脚尖踢球（又称脚尖捅球）

这是一种用脚尖部位接触球的方法，由于脚尖踢球时出球异常迅速，雨天场地泥泞时多使用这种踢法。这种方法可以借助踢球腿的最大长度，踢那些距离身体较远的用正常脚法无法踢到的球。具体方法是用支撑腿跳跃上步，踢球腿屈膝前跨，髋关节尽量前送，两臂上摆协助身体向前，小腿前伸，在踢球脚落地前用脚尖捅球的后中部。

6. 脚跟踢球

这是用脚跟（跟骨的后面）接触球的一种踢球方法。球在支撑脚外侧时，踢球脚在支撑脚前面交叉摆到支撑脚外侧用脚跟击球。球在支撑脚内侧时，踢球脚后摆用脚跟踢球。虽然由于人体结构的特点，决定了这种踢球方法（大腿微伸小腿屈）产生的力量小，但其出球方向向后，故有隐蔽性和突然性。

（二）易犯错误与纠正方法

1. 踢定位球

（1）支撑脚位置偏后，踢球时身体或臀部后坐，脚触击球的后下部等。踢出球偏高。纠正时调整支撑脚的位置，在脚触球的同时蹬地送髋保持水平方向移动。

（2）踢球脚的后摆较小或没有后摆，而仅是将球踢出以致前摆过分，造成踢球无力或出球较高。纠正的方法是加大最后一步助跑，让支撑脚立足与摆动腿形成相应的距离来提高后摆的幅度即可。

（3）踢球腿摆动不稳定，触球点不准确，使球产生不应有的旋转和准确性降低，并且又影响了出球力量。只要在脚触球前看准球部位多加练习，即可得到纠正。

（4）脚趾屈得不够，以致不能用脚的正确部位触球，出球力量和方向均受到影响，且易损伤脚趾。

2. 踢地滚球

（1）支撑脚站立不当，没有根据来球的方向、速度、性能等选择支撑的位置，也没有对自己踢球脚的摆动速度加以控制。纠正时，强调支撑脚的超前和错后，根据不同方向的来球和速度决定支撑的提前量和错后量以摆动腿的速度的控制。

（2）出球方向不易掌握，易发生偏差，要考虑球的速度和与踢球脚接触时的入射角，并选择正确的踢出角，以保证出球的准确性。

3. 踢空中球

（1）对球的速度和高度到断球，造成摆腿击球时间不当，出现踢空现象。纠正时，先是用手抛球来控制球的速度，体会摆腿击球时间，一般来说，在判断准球高度的同时，球速越快，摆动越小，反之，球速较慢可摆动加大。

（2）踢球的部位不准，出球偏离目标。原因在于不能适当地使踢球腿抬起与来球高度形成相配合的击球点。只要根据来对的高度选择好踢脚腿的摆动。如对踢接近髋关节高度的完中球时，上体应往踢球腿侧偏，使踢球腿能抬至相应的高度。逐步练习加以纠正。

4. 踢旋转球

（1）踢出的球旋转太强，出球乏力，或者是不旋转，弧度小不能按预想的路线飞行而发生偏差。首先应考虑踢球时施力点位置是否正确、是否偏离重心，偏离到什么程度，然后逐渐加以调整。

（2）踢球时不会做沿球面弧形摆动，影响球的旋转效果。

三 接球

接球是指运动员有目的地用身体的合理部位把运行中的球接下来，控制在所需要的范围内，以便更好地衔接下一个技术动作。接球是为下一个动作服务的，接球质量的好坏直接影响下一个动作的顺利完成。比赛中来球性质、状态不同，所以接球应根据不同情况，采用不同的动作方法。

（一）技术动作要领

接球的方法有多种，常用的有脚内侧、脚背正面、脚背外侧、脚底、大腿、腹部、胸部、头部等部位接球。

1. 脚内侧接球

这是用脚内侧部位接球的一种技术。由于脚触球面积大，动作简单，较易掌握，比赛中经常使用这种技术接各种地滚球、平球、反弹球、空中球。

（1）脚内侧接地滚球：支撑脚脚尖正对来球，膝关节微屈，同侧肩正对来球。接球腿提膝大腿外展，脚尖微翘，脚底基本与地面平行，脚内侧正对来球并前迎，当脚内侧与球接触的一刹那迅速后撤，把球接在脚下（图 10-8）。若需将球接在侧面时，支撑脚脚尖应向同侧斜指，脚内侧与来球方向成一定角度触球，同时支撑脚提踵，以前脚掌为轴做适当转动，身体移动。当来球力量不大时，只需将脚提到一定的高度，并使脚内侧与地面形成锐角轻触球。也可在触球时用下切动作使球前进之力部分转变为旋转力而将球接在脚下。

图 10-8   图 10-9

（2）脚内侧接反弹球：根据来球的落点，及时移动到位，支撑脚与球落点的相对位置在球的侧前方，支撑腿膝关节微屈，身体向接球后球运行的方向偏移；接球腿提起，小腿放松，脚尖微翘，脚内侧对着接球后球运行的方向并与地面成一锐角，当球落地反弹刚离地面时，大腿向接球后球运行的方向摆动，用脚内侧部位轻推球的中上部（图 10-9）。用这种方法接球时，也可在触球时使球产生旋转以达到接好球的目的，但应注意球的旋转并及时加以调整。

（3）脚内侧接空中球：根据来球的速度及运行轨迹，及时移动到位。若为抛物线较小的平空球则应根据临场的实际情况选择适当高度的接球点，将接球腿抬起，使脚内侧部位对准来球的方向并前迎，脚在接触球的一瞬间后撤，并将球接在所需的位置上（图10-10）。

图 10-10

2. 脚背外侧接球

（1）脚背外侧接地滚球：将接球点放在接球腿一侧，支撑腿膝关节微屈。接球腿提起屈膝，脚内翻使小腿和脚背外侧与地面成一锐角，并对着接球后球运行的方向，脚离地面的高度略等于球的半径，然后大腿向接球后球运行的方向推送，同时身体随球移动（图10-11）。

图 10-11

（2）脚背外侧接反弹球：根据来球的落点及时移动到位，支撑脚站在来球落点的侧后方，除触球部位外，其他环节均与脚背外侧接地滚球相同。

3. 脚背正面接球

这种方法多用于接有较大抛物线的来球。根据球的落点，及时移动到位，脚背正面上迎下落的球，当球与脚面接触的一瞬间，接球脚与球下落的速度同步下撤，此时大腿膝关节、踝关节、脚趾均保持适度的紧张，脚尖微翘将球接到需要的地方（图10-12）。

图 10-12

脚背正面接高空落下之球时，也可以将脚微抬起，并适度屈背，当球接触脚背的瞬间踝关节放松将球接到身体附近（图10-13）。

图 10-13

4. 脚底接球

由于脚底接球技术便于掌握，易于将球接到位置，故常被用来接各种地滚球和反弹球。

（1）脚底接地滚球：身体正对来球方向，移动前迎，支撑脚站在球的侧面（或前或后均可），脚尖正对来球方向，膝关节微屈，同时接球腿提起，膝关节微屈，脚背略屈，使脚底与地面约小于 45 度角（且脚跟离开地面）一般以前脚掌接触球的上部为宜。在触球瞬间接球脚可轻微跖屈（前脚掌下点）将球停住，也可根据需要在接球同时将球推向前方或拉向身后。

（2）脚底接反弹球：根据来球落点，及时前移迎球，支撑脚站在落点侧后方，脚尖正对来球方向，球落地瞬间，用前脚掌去触球的中上部，微伸膝，用脚掌将球接在体前。若需接在身后则应在触球瞬间继续屈膝，将球回拉，并伴随支撑脚以前脚掌为轴旋转 90°以上（图 10-14）。

图 10-14

5. 大腿接球

大腿接球一般可以用来接抛物线较大的高空球和略高于膝的低平球。

（1）大腿接抛物线较大的下落球：面对来球方向，根据球的落点迅速移动到位，接球腿大腿抬起，当球与大腿接触的瞬间大腿下撤将球接到需要的位置上（图 10-15）。

图 10-15

（2）大腿接低平球：面对来球方向，根据来球高度，接球腿大腿微屈，送髋前迎来球，当球与大腿接触瞬间收撤大腿，使球落在所需的位置上。

6. 腹部接球

在激烈的比赛中为了抢点控制球，根据比赛的需要也使用腹部接球（见图 10-16）。

图 10-16

（1）腹部接反弹球：接球者的身体正对来球方向跑动，判断好球的落点，身体前倾，腹部对准落地反弹的球，腹直肌保持紧张，推压球前进（图 10-16）。也可在触球瞬间身体侧转，将球接向所需要的侧面。

（2）腹部接平空球：来球较突然且与腹部同高时，应先挺腹，在腹与球接触瞬间迅速含胸收腹，将球接下来。

7. 胸部接球

由于胸部接球部位较高，加之胸部面积大、肌肉较丰满等特点，易于掌握，故是接高球的一种好方法。胸部接球包括挺胸式、收胸式两种方法。

（1）挺胸式接球：面对来球站立（两脚左右或前后开立），两膝微屈，重心置于支撑面内，上体后仰，下颌微收，两臂自然张开，维持身体平衡。接触球瞬间，两脚蹬地，膝关节伸直，用胸部轻托球的下部，使球微微弹起于胸前上方（图 10-17）。

对于较高的平直球也可采用这种方法将球接于胸前，但触球瞬间膝关节由直变屈，脚由脚尖着地状态变全脚掌落地，整个身体保持接球时的姿势，下撤将球接在胸前。

（2）收胸式接球：多用于接齐胸高的平直球。面对来球，两脚左右或前后开立，两臂自然张开，挺胸迎球，触球瞬间收胸、收腹、臀部后移将球接在体前（图 10-18）。若需将球接在体侧时，则触球瞬间转体将球接在转体后相应的一侧。

图 10-17

图 10-18

8. 头部接球

高于胸部的来球可用头部接球。

根据球的运行路线，面对来球，用前额正面接触球的中下部，下颌微抬，两臂自然张开，提踵伸膝，触球瞬间全脚掌着地，屈膝、塌腰、缩颈，全身保持上述姿势下撤将球接在附近。

（二）易犯错误与纠正方法

1. 接地滚球

（1）球从脚下漏过。主要原因是未掌握好脚的触球部位距离地面的高度。

（2）接球时将球卡死在接球地点（本想接成活动球），触球的部位过高（接近球的直径）。练习者注意适当降低抬脚高度。

（3）接球后，球未能达到理想的位置，缓冲、加力或触球时所形成的反射角不当。应考虑缓冲是否恰当，加力是否合适，接触球时的发射角是否正确。

（4）接球后身体不能及时跟上，影响控制球。注意在接球瞬间身体重心要随之移动。

2. 接反弹球

（1）球从脚下漏过，未能准确判断球的落点和从地面反弹的路线。注意调整出脚的时机和接球部位的位置。

（2）接球时将球卡在触球点，影响下一个动作的衔接。主要是由于球尚未弹离地面，接球脚即进行下压动作。

（3）未能将球接在理想的位置上。主要是接球动作未能对球形成理想的反射角或接球时间太迟。

3. 接空中球

（1）对球在空中运行的速度与轨迹判断不准确，或迟或早、或高或低而造成漏接。主要原因是对球在空中运行的速度、轨迹判断不准确，造成接球部位、动作时间不准确而失误。

（2）未能将球接到理想的位置。其原因除了未能对来球形成理想的反射角外，还由于未能恰当地改变来球力量的大小所致。

4. 接旋转球

（1）对运行中旋转球速度轨迹判断不准确，造成接球时间和接球点选择失误。

（2）接触球时未考虑旋转球的特点，完全按不旋转球的技术处理，或者对旋转球的转速估计不准确，造成接球力量和方向的错误，不能将球接到理想的位置上。

四　运球

运球技术从狭义上讲，仅是指运球的方法，即用身体的某一部分触球，使球能随运球者一起运动；从广义上看，这不仅让球随人运动，还必须越过对方的防守，也就是说如何使用这些运球方法达到越过对方防守的目的。这里就包含了运球方法的运用问题。

（一）技术动作要领

常用的运球技术有脚内侧、脚背正面、脚背外侧、脚背内侧运球。

1. 脚内侧运球：要求在运球前进时支撑脚始终领先于球，位于球的侧前方，肩部指向运球方向，支撑腿膝关节微屈，重心放在支撑腿上，另一条腿提起屈膝，用脚内侧推球前进，然后运球脚着地（图10-19）。

由于肩部指向运球方向，身体侧转，虽然移动速度较慢，但身体前倾有利于将对方与球隔开，因而这种技术多用在运球寻找配合传球时，或有对方阻拦需用身体做掩护时。

2. 脚背正面运球：运球时身体持正常跑动姿势，上体稍前倾，步幅不宜过大，运球腿提起，膝关节稍屈，髋关节前送，提踵，脚尖下指，在着地前用脚背正面部位触球后中部将球推送前进。

由于脚背正面运球时身体持正常跑动姿势，故可以发挥出较快的速

图 10-19

度，因而这种技术多用在运球前方一定距离内无对手阻拦时。

　　3. 脚背外侧运球：运球时身体持正常跑动姿势，上体稍前倾，步幅不宜过大，运球腿提起，膝关节稍屈，髋关节前送，提踵，脚尖绕矢状轴向内旋转，使脚背外例正对运球方向，在运球脚落地前用脚背外侧推拨球的后中部（图 10-20）。

图 10-20

　　脚背外侧运球时，身体姿势与正常跑动时相同，因而可以发挥出较快的速度，故与脚背正面运球有相同的用途。另外，利用脚腕的动作可以很快改变脚背外侧面所正对的方向，故在运球脚一侧改变方向时也多采用这种运球方法。这种方法能用身体将对手与球隔开，故掩护时也常使用。

　　4. 脚背内侧运球：身体稍侧转并自然协调放松，步幅小，上体前倾，运球腿提起外展，膝微屈外转，提踵，脚尖外转，使脚背内侧正对运球方向，在运球脚落地前用脚背内侧推拨球，使球随身体前进。

　　脚背内侧运球，由于身体稍侧转，不能采用正常跑动姿势，因而不适用于高速运球。但由于接触部位和支撑位置的特点易于完成向支撑脚一侧的转动，故多用于向支撑脚一侧的转动变向运球。

5. 其他。

（1）拨球：利用脚踝关节向侧的转动，以达到用脚背内侧或脚背外侧触球，将球拨向身体的侧前方、侧方、侧后方（图 10-21）。

图 10-21

在过人时若使用拨球，还要在拨球后立即跟上推球，使球按预定方向运行。

（2）拉球：将前脚掌放在球的上部或侧上部，另一脚在球的侧后方支撑，然后触球脚向后下方用力将球拉回。

回拉球一般都是躲开或引诱对方出脚抢球的瞬间将球拉回造成对方抢球落空，使其重心随抢球脚前移，乘对手难于返回的瞬间将球迅速推送出去越过防守者（图 10-22）。

图 10-22

拉球时，除了往回拉以外，也常使用接触球的上部向左右侧拉球。

（3）扣球：这种方法与拨球相同，不同的是它的用力是突然的并伴随着突然转身或急停，使对手在来不及调整重心的瞬间，突然从反方向推送球越过对手的防守（图10-23，图10-24）。

图 10-23

图 10-24

（4）挑球：用脚背部位触球的下部并突然向上方挑起，在对手来不及实施挡球动作时球已越过，运球者随球迅速跟进。注意球一般不要挑得太高。

（5）颠球：运球过程中，有时球在空中或地面上跳动，根据对手抢截时所处位置或实施抢截时间，用恰当的部位将球颠起，越过对手可达到过人的目的。

（二）运球过人方法

前面所述仅是运球的基本方法，掌握了这些基本方法后，在无对手阻拦时可以将球控制在自己的周围。但若遇对手阻拦时要想越过对手的阻拦，必须恰当地综合使用这些方法，抓住对手瞬间出现的漏洞，达到越过对手的目的。

1. 利用速度强行过人：持球者以突然的快速推拨球（力量较大）并与快速的奔跑相结合越过对手的阻拦。使用这种方法必须具备以下几个条件：对手身后的较大纵深内无其他的防守者。或其他防守者难以补位，或持球者高速运球。对手跑上来准备抢球，或持球者与防守者僵持时持球者突然推拨球启动。这种方法主要是利用自己的启动速度或抓住对手突停突起、突然启动时所耽误的时间。

2. 利用身体的掩护强行过人：当持球者接近对手时双方速度减慢，持球者侧身用身体靠住对手以另一侧脚将球拨出，同时转身将对手倚在身后并随球越过对手。这种方法一是要求持球队员有能力倚住对手而不被对方挤开；二是将球控制在远离对手一侧，对手伸脚时不能触及球；三是在抵住对手时不可将重心偏离支撑面，否则一旦对手闪开时自己也失去平衡。

3. 利用变速运球过人：对手在持球者侧面，持球者用另一侧脚运球，利用运球速度的变比达到甩掉对手或越过对手的目的。这种方法主要针对防守者是被动的，容易被运球者甩掉达到过人的目的。有时则采用突停突起甩掉对手，运球者必须能很好地控制球与自己的身体，做到球随人来，人随球走，才能达到过人的目的。

4. 恰当地组合推、拨、挑、扣、拉、颠等动作过人：以单脚或双脚轮流选用上述动作，使组合起来的动作适时地变化运球的方向与速度，使对手难于判断过人的方向与时机，或造成对手重心出现错误的移动，运球者抓住其漏洞而越过对手。

5. 利用穿裆球过人：当运球者遇到对手从正面阻拦时，发现对手两脚开立较大，而且重心在两脚之间，运球者应侧身运球接近对手，抓住时机将球从对手两脚之间推（拨）过，身体也随着从防守者侧面越过并控制球。这种过人的方法有时可以收到奇效。因为一般防守运球队员多把注意力放在防止运球者从身体侧面越过，加之防守者使用左右开立的站法，脚下站得较死，转身比较困难，妨碍了转身、启动的速度。当防守者两腿左右开立并不大时，可以用假动作引诱防守者使其两腿分开较大，然后再使球穿裆而过。

6. 人球分路过人：这种方法主要是利用防守者注意力集中在球上，并认为可以触到球的心理，达到过人的目的。因此当防守者出脚抢球时，运球者抢先将球推（拔）到前方，而防守者的抢球脚未触到球着地时，身体重心也移过来了，这时运球者迅速从防守的另一侧越过去控制球，防守者再转身启动很难迫上。若在推球时使用"蹭"的方法，蹭出弧线球来，就更有利于运球者越过防守者后控制球。

7. 运球假动作过人：这种方法是运球者利用腿部、上体的晃动使对手产生错觉，在对手做抢球动作时，使其重心产生错误的移动，运球者则抓住时机从另一方向越过对手。

比赛中运球过人的方法很多，只有熟练地掌握上述各种运球方法和动作，并注意掌握下列诸因素，才能在比赛中较有把握地完成运球过人。

（1）注意观察对手所处的位置，然后再决定自己所采取的过人方法。运球者应根据临场防守者所处的位置及状态来决定自己应采取的过人方法。例如：当运球者高速运球接近对手时，若对手快速迎上来抢球，就可以利用速度强行过人。

（2）掌握好过人时机。过人的时机要根据临场防守者的情况而定。如运球行进速度很快时，则应离对手距离移近些再实施过人动作，否则对手将有时间转身起动将球追上。用假动作过人时，应善于利用对手因判断错误而造成重心移动的时机实施过人动作，这样，对手再调整重心时已为时过晚。

（3）掌握好过人时的距离。除利用速度强行过人外，其他方法都应是在距离对手一大步的地方并应大于运球者与球的距离，对手勉强可以触到球，但不会先于运球者触及球。另外，这样的距离也便于运球者在做出动作使防守者重心发生错误移动时越过对手，而对手难于再进行成功的回追抢截。

（三）易犯错误与纠正方法

1. 眼睛只盯着球，不能随时观察周围情况，因而不能根据临场情况及早采取措施。这主要是由于控球能力不强而造成视野狭窄。

2. 身体僵硬影响了动作的协调自如，造成不恰当地触球或触球时力量过大。其原因是运球技术生疏，心理紧张以致动作失误。

3. 运球技术运用不合理，造成脚尖捅球。

4. 运球时步幅过大，重心偏高，不能随心所欲地触球控球。

5. 由于触球部位不恰当，运球时球不能按照运球者的意图运行。

五　抢截球

抢截球技术是指运动员在足球竞赛规则允许的范围内，使用身体的合理部位将对手的控球权夺过来或破坏掉。

（一）技术动作要领

1. 正面跨步堵抢

抢球者两脚前后开立，迎着运球者而站，两膝微屈，身体重心下降并置于两脚间，当运球者与抢球者间的距离缩小到一定范围（即抢球者上前跨一大步可能触及球），运球者脚触球后即将落地或刚刚落地时，抢球者后脚用力蹬地并跨步向前，以脚内侧去堵截球，当已堵住球时，另一只脚应迅速上步。若抢球脚堵住球，同时对手也堵住球时，则抢球者应将另一只脚迅速前移做支撑脚，抢球脚在不脱离球的情况下迅速向上提拉，使球从对手脚面滚过，身体重心也迅速跟上并将球控制好（图10-25）。

2. 合理冲撞抢球

当防守者并肩与运球者跑动追球时，防守者重心稍下降，靠近对手一侧的手臂紧贴身体，利用对方同侧脚离地的过程，用肘关节以上部位适当冲撞对手同样部位，使对手身体失去平衡，趁机将球控制住（图10-26）。

图 10-25　　　　　　　　　　　　　　　　　图 10-26

3. 正面铲球

移动接近控球者，膝关节微屈，重心下降，当控球者触球脚触球后尚未落地时，抢球者双脚沿地面向球滑铲，随即用手扶地做向一侧的翻滚，并尽快起身。

4. 异侧脚铲球

当双方都不能用正常的动作触球时（指跑动中），防守者应根据与球的距离，同侧脚用力蹬地使身体跃出，异侧脚向前沿地面对着球滑出，脚底将球铲出，然后小腿外侧、大腿外侧、手依此着地铲出球后身体向铲球腿一侧翻转，手撑地后立即起身，使身体恢复到与下一动作衔接的状态和位置（图10-27）。

图 10-27

5. 同侧脚铲球

防守者在跑动中根据双方离球的距离做出判断，当对手不能立即触球时，用异侧脚用力蹬地，使身体向前方跃出，同侧脚沿地面向前滑出的同时向外摆踢（脚踝应有向外的动作），用脚背外侧将球踢出。也可用脚尖将球捅出，接着向对手一侧翻转，手撑地迅速恢复到下一个动作所需要的位置。

在激烈的比赛中，由于铲球可以更大限度地争取时间和扩大控制面而被广泛地运用到踢球、接球、运球、抢球技术中去。这项技术应引起高度的重视。

（二）易犯错误与纠正方法

1. 正面堵抢时，易产生堵抢触球部位不准确造成失误。当双方同时接触球时，未能及时提拉球而被对方抢先造成堵抢失误。还有堵抢时机不对，或迟或早都会造成堵抢失误。

2. 侧面抢球冲撞时，冲撞动作不正确造成犯规。时机选择不当，不应选择在对手同侧脚支撑时。

3. 铲球时易犯错误

（1）铲球脚离地面超过球的高度，易伤害对手造成犯规。

（2）由于时机选择不当或时机与实施的动作配合不当，未触及球而铲到对手造成犯规与失误。

（3）动作不协调造成失误或影响下一个动作的衔接。

（4）着地动作不正确易使抢球者受伤，应尽量使身体与地面的接触面减小。

4. 抢断球的时机选择，以及出击时机与动作配合不及时、不协调造成失误，以致扑空。

六　头顶球

头顶球是指运动员有目的地用前额将球击向预定目标的动作。足球比赛中不仅要处理各种各样不同形式和不同性质的地滚球，同时也要处理各种空中球。当遇到胸以下部位不能触及或规则不允许触及的一些球时就需要用头部来处理，因为头是人体最高的一个部位，颧骨的前面较为平坦，只要掌握顶球技术，顶出的球就会有力。现代足球比赛中对时间与空间的争夺异常激烈，头顶球技术的使用不仅使运动员占据空间，又能争取时间，所以头顶球是处理高空球的最重要手段。

使用头顶球技术，不仅可以进行传球、抢断球、高球射门，而且利用鱼跃头顶球可以扩大运动员的控制范围，防守时抢险。

（一）技术动作要领

头顶球技术分前额正面头顶球与前额侧面头顶球。

1. 前额正面头顶球

这是由额肌覆盖着的额骨正面部分去击球的一种动作方法，接触部位如图 10-28 中前额的阴影部分。

图 10-28

（1）原地头顶球：身体正对来球方向，眼睛注视运动中的球，两脚左右开立（或前后开立），膝关节微屈，重心置于两脚间的支撑面上（或后脚上），两臂自然张开。当球运行到将垂直于地面的垂线时，两腿用力蹬地，迅速向前摆体，微收下颌，在触球瞬间颈部做爆发式振摆，用前额正面击球中部，上体随球前摆（图 10-29）。

（2）跑动头顶球：顶球的动作要领与原地顶球相同，只是第一环节

图 10-29

应正对来球跑出抢点。球顶出后，由于跑动速度较快，为保持平衡身体须随球向前移动。

（3）原地跳起头顶球：这种技术用在本方传来或对方传来高球时运用。两膝屈，重心下降，然后两脚用力蹬地起跳，同时两臂屈肘上摆，在身体上升阶段展腹挺胸，两臂自然张开，眼睛注视来球，身体自然成背弓。当球运行至身体额状面时，迅速收腹，上体前摆，触球瞬间颈部做爆发性振摆，用前额正面将球顶出。同时两腿向前做振摆，球顶出后两腿屈膝屈踝落地（图 10-30）。

图 10-30

（4）跑动跳起头顶球：一般助跑跳起顶球时都使用单脚起跳。根据来球的速度、运行轨迹，选好起跳位置，及时跑到起跳点，起跳前一步稍大些，起跳脚用力蹬地跳起，同时另一腿屈膝上摆，两臂屈肘自然上提。其余各环节与原地跳起头顶球相同（图10-31）。

图 10-31

（5）鱼跃头顶球：对于离身体较远的低空球来不及移动到位处理，必须抢点击球时（如抢救险球、射门等）可使用鱼跃头顶球技术。

当判断好来球的路线和选择好顶球点后，以单脚或双脚用力向前蹬地，身体接近水平状态向前跃出，同时两臂微屈前伸，手掌向下，眼睛注视来球，利用身体向前跃出的冲力，以前额正面顶球。顶球后，两手先着地，手指向前，接着以胸部、腹部和大腿依次着地（图10-32）。

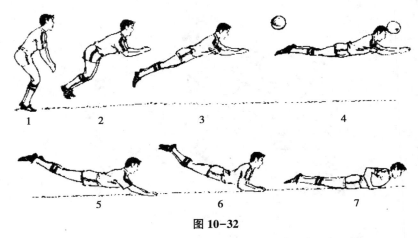

图 10-32

（6）向后蹭顶球：分原地足顶与跳起蹭顶。第一环节分别与原地前额正面和跳起前额正面头顶球相同，当球运行到身体上空时，利用挺胸、展腹、扬下颌，身体向后上方伸展，用前额正面靠上的部位用力击球的下部，将球向后上方顶出（图10-33）。

图 10-33

2. 前额侧面头顶球

（1）原地头顶球：根据来球的运行速度、运行轨迹，及时移动到位。两脚前后开立（或左右开立），出球方向的异侧脚在前，重心逐渐过渡到前脚上，眼睛注视来球，前膝微屈，两臂侧前后，自然张开，当球运行至体前上方时，用力蹬地前脚掌并适度旋转，上体随着向出球方向扭摆，同时用力向击球方向甩头，以前额侧面击球的后中部（图10-34）。

图 10-34

（2）跑动头顶球：与原地额侧头顶球动作要领相同，不同的是此动作是在快速跑动中开始和完成的，注意完成动作后的身体平衡。

（3）跳起头顶球：分为原地跳起顶球与助跑跳起顶球。起跳动作及第一环节与前额正面跳起头顶球相同。在起跳后的身体上升阶段上体向出球的相反方向侧摆，在身体达到最高点时，上体急速向出球方向摆出，颈部扭摆甩头，用前额侧面击来球的后中部，将球击向预定的目标。落地时屈膝以缓冲落地力量并保持身体平衡（图 10-35）。

图 10-35

（二）易犯错误与纠正方法

1. 由于害怕心理，顶球时闭眼，以致造成错误部位顶球。

2. 对运行中球的速度、轨迹判断不准确，因而不能很好地选择顶球位置与起跳位置，顶不着球。

3. 掌握不好起跳时机，造成顶不着球（或早或迟），有时虽可顶着球，但也顶球无力。

4. 身体摆动环节不能协调有力地进行，影响顶球力量。

5. 由于习惯性闭眼或害怕缩颈等使接触球部位不准，影响出球准确性。

6. 跳起头顶球时，由于不能很好地控制身体，容易产生不协调的摆动，不仅影响出球的力量，也影响出球的准确性。可多做一些无球模仿练习，使身体腾空后能协调地摆动。

七　假动作

足球比赛中，运动员为了争取时间、空间的优势，取得控球权或控制好球以达到射门的目的，常采用一些虚假动作掩饰自己的真实意图。虚假动作使对手产生错误的判断，造成重心错误的偏移，形成对自己有利的形势以实现自己的目的。

假动作渗透在各种技术中，如踢球、接球、顶球、运球、抢截球、掷界外球以及守门员技术等。

（一）技术动作要领

1. 传球前的假踢

传球前为了使堵住传球路线的对手闪开空当，可先向一方做假踢动作，当对手去堵假踢的传球路线时，突然改变踢球脚法将球从另一方向传出（图10-36）。

图10-36

2. 接球前的假接

如对手在体侧紧逼的情况下，可先向一侧做假接球动作，当对手重心发生不适当的偏移时，突然改变向另一侧接球。

3. 接球前的假顶

接高度在胸或头部的空中来球，对手迎面上来准备在自己接球后立即抢截，接球者可做出假顶的动作，迫使对手减速或停下，远离自己准备截获顶出之球，此时突然用头或胸将球接在自己控制范围。

4. 顶球前的假接

面对高空来球，做出胸部接球的假动作，诱使对手逼近准备抢球，等对手逼近时，突然用头将球传出，使对手来不及去防守接球的队员。

5. 运球过人假动作：

（1）运球过人时的虚晃假动作。如面对对手控球过人时，对手逼得较紧，可向一例用身体或腿部做虚晃动作（或是身体与腿同时并用）诱使对手跟随运球虚晃动作发生重心的偏移，然后迅速用另一例脚背外侧向同侧拨球．并转身越过对手（图10-37）。

（2）用减速或停顿的假动作，再突然启动的方法越过对手。快速运球时，对手在自己一侧紧追不舍，待与自己跑平时，做一个减速或停顿的假动

图 10-37

作，使对手产生错觉。当对手也减速或停顿时突然加速推球向前甩掉对手。

（3）当对手在侧后追抢时，运球者上前用异侧脚向前从球上跨过，诱使对手堵抢，然后用同一脚脚背外侧将球向另一侧扣回（或用另一脚脚背内侧将球扣回），甩掉对手。

（4）防守者从正面迎上准备抢球，运球者用一只脚假做向另一侧前方踢球，诱使对手上前堵截，此时改假踢脚为支撑脚，用另一脚内侧将球向另一侧推出或向对手胯下将球推过，接着迅速绕过对手运球前进。也可用脚背外侧做假踢将球从对手胯下拨过，运球继续前进。

6. 抢球假动作

作为防守者，当对手运球向自己跑来时，如果防守者能调动进攻者，就可以变被动为主动，而抢截假动作就是达到此目的的一种手段。如先使用假动作去堵截某一方向，使进攻者不敢从这一方向出球或运球，而从另一方向出球或运球，却正是抢截真动作实施的方向，就可将球截获。

由于高速运球较难抢截，稍一错移重心就会被运球者越过，因而防守者对于高速向自己运球而来的进攻者可采取假动作前扑，当对手看到防守者猛扑时会一拨而过，但防守者假扑后立即转身将运球者拨出之球夺下来。使用这种假动作时应注意距离，离进攻者太远时对方不易上当；离进攻者太近易弄巧成拙，反被进攻者突破。

（二）易犯错误与纠正方法

1. 假动作不够逼真，易被对方识破。

2. 真动作衔接太慢不易收到意想的效果。

3. 缺乏观察判断和随机应变能力，不善于假作真来真作假，真真假假迷惑对手。

八　掷界外球

由于掷界外球时接球人不受越位规则的约束，因此，不仅用于恢复比赛，而且可以为进攻创造有利条件。尤其是在前场 30 米内掷界外球，将球直接掷入门前，可以给对方造成很大威胁。

（一）技术动作要领

1. 原地掷界外球：面对出球方向，两脚前后或左右开立，每脚均应有一部分站立在边线上或边线外。膝关节弯曲，上体后仰成背弓，重心移到后脚上（左右开立时，重心在两脚间），两手自然张开，拇指相对，持球的侧后部，屈肘将球置于头后。掷球时，后脚用力蹬地（或两脚用力蹬地），两腿迅速伸直，身体重心由后脚移到前脚，收腹屈体，同时两臂急速前摆。当球摆到头上时用力甩腕将球掷入场内。掷球时，后脚可沿地面向前滑动，两脚均不得离地（图 10-38）。

图 10-38

2. 助跑掷界外球：两手持球放在胸前，在助跑迈出最后一步时，上体后仰成背弓，同时将球上举至头后，掷球时的动作与原地掷界外球动作相同。将球掷出后，后脚可在地面上向前滑行，但不得离地。

（二）易犯错误与纠正方法

1. 掷界外球时动作不符合规则要求，造成犯规。

2. 用力不协调，掷出角度不合理而影确出球的远度。

九　守门员技术

（一）接球

接球是守门员最主要的技术，它包括接地滚球、平空球和高空球。

（1）接地滚球。

1）直腿式：两腿自然并立，脚尖正对来球，上体前屈，两臂并肘前迎，两手小指靠近，手掌对球。手触球的刹那随球后引屈肘、屈腕，两臂靠近将球抱于胸前（图10-39）。

图 10-39

2）跪撑式：多用于向侧移步接球。接左侧球时，左腿屈，右腿跪撑于左脚附近，距离不得超过球的直径，其余动作与直腿式接球相同（图10-40）。接右侧球时，动作相同，方向相反。

图 10-40

（2）平空球。

指膝以上、胸以下的空中球。接球时面对来球，两手掌心向上，两手小指相靠，前迎接球。上体前屈，当手触球时两臂向后撤引缓冲，将球抱于胸前（图10-41）。

图 10-41

（3）高空球。

面对来球，两臂上伸，两手拇指相对呈八字形，其余四指微屈，手掌对球（图10-42）。在最高点手触球瞬间，手指、手腕适当用力，缓冲来球并将球接住，顺势转腕屈肘、下引将球抱于胸前（图10-43）。

图 10-42　　　　　　　　　图 10-43

（二）击托球

守门员在与一个或多个对手争抢空间或自己身体失去平衡时，运用拳击球。

1. 技术动作要领

（1）拳击球。

准确判断来球运行路线，及时移动到位，握紧拳，在接近球的刹那迅速出拳击球。拳击球有单、双拳击球，单拳击球动作灵活，摆动幅度大，击球力量大（图10-44）。双拳击球接触球面积大，准确性高。

图 10-44

（2）托球。

判断来球运行路线后，向后跃起托球。托球时手指微张，手掌向外翻转，用手掌前部触球的下部，使球改变运行轨迹，呈弧线越过球门横梁

（图 10-45）。

图 10-45

2. 易犯错误与纠正方法

（1）托球时，手触球部位不对。

纠正：自己抛球，练习托球，注意用手掌前部触球。

（2）托球用力方向不对。

纠正：强调用手掌前部触球，向后上方用力。

（3）拳击球时，击球力量过小。

纠正：手臂收回，击球时动作快，摆动幅度大，击球就有利。

（三）扑接球

1. 技术动作要领

（1）扑侧面球。异侧脚用力蹬地，双手快速向侧伸出，一手置于球后，另一侧手置于球的侧后上方。同时身体向同侧脚方向倒地，落地时以小腿、大腿、臀、肘外侧依次着地，落地后抱球团身（图 10-46）。

图 10-46

（2）扑平空球。近侧脚用力蹬地使身体跃起，身体在空中伸展，手指用力抓住球，接球后以球、肘、肩、上体、臀、腿外侧依次着地并迅速团身（图 4-47）。

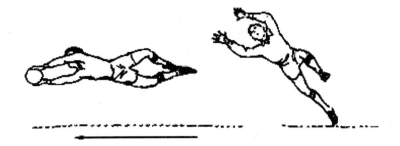

图 10-47

2. 易犯错误与纠正方法

（1）扑侧面球时，手型不对，接不住球。

纠正：倒地持球体会接球手形。

（2）扑侧面固定球，接球后注意手形是否正确。

（3）扑球时落地顺序不对。

纠正：手持球原地练习倒地，体会落地顺序。

（4）扑球时有恐惧心理，不敢做动作。

纠正：讲解动作要领，做思想工作，并将动作分解让学生练习，使学生逐渐克服害怕心理。

（四）发球

1. 技术动作要领

（1）手掷球。

1）单手肩上掷球：两脚前后开立，两膝弯曲，单手持球，屈臂于肩上。掷球时，持球手臂后引，同时身体随之侧转，重心移到后脚上。掷球时，后脚向后蹬地，用转体和挥臂、甩腕的力量将球掷向预定的目标。（图 10-48）。

图 10-48

2）侧身勾手掷球：两脚前后开立，身体侧对出球方向，单手持球后引，臂微屈，同时重心移到后脚上。掷球时，后脚用力向后蹬地，同时转体，重心由后脚移向前脚。当持球手臂由后经体侧沿弧线摆至肩上时，手指和手腕用力将球掷向预定的目标。（图 10-49）

图 4-49

（2）脚踢球。

1）踢空中球：将球置于体前，在球自由下落过程中踢球。多用于远距离或雨天场地泥泞时。

2）踢反弹球：体前抛球，在球落地后反弹起来的瞬间将球踢出。这比踢空中球准确性要高，速度较快，出球弧度低，隐蔽性强。

这两种踢球的动作与脚背正面踢球基本相同，但由于要求踢得远，所以守门员都是向前上方踢。

2. 易犯错误与纠正方法

（1）踢球部位不正确，导致发球不准确。

纠正：击准球的部位，反复多次练习。

（2）摆腿方向不对，向内侧摆，导致球发生侧旋，使发出的球不准确。

纠正：每次踢球时，向踢球方向摆腿，反复练习，才能提高。

（3）踢反弹球时，时机掌握不好。

纠正：开始抛球不要离身体太远，力量不要过大，主要掌握技术动作；动作熟练后，练习向指定地点踢反弹球。

（4）手抛球距离太近，力量太小，使抛球达不到所需的目标。

纠正：加强手臂的力量练习，每次抛球时，尽量向远抛；每次练习时向指定地点抛球。

第三节　足球的基本战术

足球战术是指在比赛攻守过程中，为了战胜对手，根据主客观的实际所采取的个人行动和集体配合的总称。

足球比赛时由攻防这一对矛盾所组成的，比赛中进攻与防守不断地变换就组成了比赛的全过程。因此，足球战术可分为进攻战术和防守战术两大系统。

一　进攻战术

(一) 跑位与摆脱

跑位可以起到接应、策动、牵制、突破等作用。接应是对运球的同伴进行支持和帮助。接应时首先要拉开，另外接应要及时，到位要快。接应跑位能起到转移进攻点的作用。如几个队员同时接应时，则要保持纵横和宽度。

摆脱时，经常采用突然启动，冲刺跑，急停突然变向和假动作。

(二) 传球

传球时集体配合的基础，它是完成战术配合，创造射门机会的主要手段。

传球按距离可分为短传（15 米）以内，中传（15—25 米），长传（25 米以上）。

传球按出球的高度可分为高球（指高于身体）、平直球（指膝部以上头部以下）、低球（低于膝部的平直球）和地滚球。

传球按方向可分为直传（传球方向平行拉边线）、横传（传球方向平行于端线）、斜传。

传球的目标：传球的目标可分为向脚下传和向空位传两种。

传球的时机：一是传球在先，跑位在后；另一种是跑位在先，传球在后。

传球的力量：一般来说，传球的力度应该适宜，有利于接球者处理球，并且要准确。

(三) 运球突破

运球突破时进攻战术中极为重要的个人战术，是突破密集防守，创造射门机会的有效手段，是冲破紧逼盯人造成局部以多打少，觅得传球空当，获得射门机会的有效方法。

（四）"二过一"战术配合

指在局部地区两个进攻队员通过两次传球和跑位突破一个防守队员的配合。这种配合分为完成式（踢墙式）二过一和间接式二过一。

1. 斜传直插二过一：当控球队员与接应队员之间有一定宽度时采用的二过一的方式。

2. 直传斜插二过一：当防守者身后出现大空隙时采用的二过一配合。

3. 回传反切二过一：当接应队员与控球队员有一定的纵深距离，并且防守者身后有较大空隙时采用的二过一配合。

（五）边路进攻

在对方后场两侧地区展开的进攻称之为边路进攻。边路进攻包括边线或其他到边锋位置的队员运球突破下底或里切，边锋与边锋运用二过一突破，由后卫沿边线插上配合，斜线传中的进攻方法。

（六）中路进攻

从比赛场地中间地带展开的进攻称为中路进攻，中路进攻包括回传反切、前卫插上、短传配合等方式。

二　防守战术

（一）个人防守战术

1. 选位：防守队员选择的位置，原则上是站在对手与本方球门中心所构成的一条直线上，与对手的距离要根据场区以及所处的位置来决定。另外防守者的选位应使自己能够清楚地观察到场上情况和球的移动方向，使球和人都能处于自己的视野中。

2. 盯人：是指防守者身体所处的位置能够限制、看守对手的活动，达到及时地封堵对手接球或传球路线，盯人有两种：紧逼盯人和松动盯人。紧逼盯人是贴近对手不给其从容活动的机会。松动盯人是与对手保持一定距离，以便随时上前抢截对手的球或在对手得球后能立即逼近对手。两种方法都应根据场上球与人的活动情况灵活运用。一般情况下，离球远的一侧可采取松动盯人，离球近或有可能接球的队员以及对球门有威胁的队员要采取紧逼盯人。

（二）局部防守战术

保护与补位是局部地区集体防守的基础，保护是补位的前提，没有保护也不可能有效地补位。防守队员补同伴在防守中出现漏洞称为补位。补位有两种，一种是队员去补空当，人边后卫插上进攻退守不及时，就由其他同伴暂时补他的位置，以防对手利用这一空当打快速反击；另一种是临近队员相互补位，即交换防守。

（三）全局战术

全局防守战术包括：盯人防守、区域防守和混合防守三种。混合防守就是盯人防守和区域防守相结合的防守方法。它是目前世界上较流行的一种防守战术。它集中了盯人防守和区域防守两者的优点，从而防守中能够根据场上情况进行逼抢、盯人和补位，以达到稳固防守的目的。

延缓对方进攻的速度；快速退守到位，保持防守层次；紧逼盯人，严密封堵门前 30 米范围是全队集体防守的关键。

三　定位球战术

（一）角球攻守战术

1. 角球的进攻战术：

直接传球至门前，本队队员包抄攻门：一般由传球较好的队员主踢角球，并由头顶球能力较强的队员争顶球。踢角球一般是踢内弧线球，把球传至远端门柱前 40 米左右地点，包抄队员应在球发出后，根据球的运行路线选择位置抢点射门，而不是过早地等在那里。也可将球踢至近端门柱附近，由处于中间位置的同伴抢点射门或摆渡，跟进队员抢点射门。

短传配合：这种方法一般在对方人高马大、争高球能力强，而本方队员身材矮小，头顶球较差或碰到较大的逆风时运用。

2. 角球防守战术：对方踢脚球时，前锋、前卫要快速回防，迅速组织防守。一般以头顶球好的队员守住门前危险区，重点防守顶球好的进攻队员，其他防守队员进行盯人防守，防止漏人；守门员的站位应稍靠近远端门柱附近，以利于观察并随时准备出击；由一名后卫站在近端门柱处，以防发向近门柱的球。一名队员应站在端线附近，距离角球区 9.15 米处，以防对手采用外线配合或传低平球，并起到对发球队员心理上的扰乱作用。守门员出击接球时，要有两名队员及时退至球门线，补守门员的位置。

（二）任意球战术

1. 任意球进攻战术：前场任意球尤其在罚球区附近的任意球能直接

威胁球门，是一次极好的射门机会，各队都十分重视该区域任意球的战术配合。

直接射门：罚直接任意球时，当距球门较近，守方筑"人墙"有漏洞或守门员位置不当，或攻方罚球队员善踢弧线球时，要大胆采用直接射门。直接射门的球应做到高于守方的"人墙"，当守方未布好防线时，应抓住时机直接射门。当守方已布好防线时，应由射门脚法较好，善于踢弧线球的队员直接射门，同时其他进攻队员则要采用穿插跑位等行动干扰守方主防队员和守门员。

传球配合射门：传球配合射门方法很多，不论哪一种方法都要求队员之间的配合默契。

2. 任意球的防守战术：无论是直接任意球还是间接任意球，守方的所有队员应迅速退守。有可能直接射门的任意球，要筑"人墙"。组织任意球防守战术时应注意：

队员要迅速回防，需进行筑"人墙"时，筑"人墙"要快，并且在组织好防线前，应由一名队员干扰进攻队员发球，以避免攻防队员袭击。

根据任意球的位置决定筑"人墙"的人数，一般"人墙"是由2—5人组成。射门角度大，"人墙"人数多，反之则少。

筑"人墙"要听守门员的指挥。人墙封堵球门的近角，守门员则封远角。

除守门员外，其他任何防守队员都不要站在"人墙"的后面，以限制进攻队员在罚任意球时越过"人墙"自由活动。

摆脱与跑位练习中要做到跑动目的明确，线路清楚，动作灵活，跑位突然、隐蔽、及时。

配合中的传球要稳、准、快，要注意传球的力量，抢断要狠且及时。

第四节　足球竞赛规则简介

一　越位

（一）构成越位的条件

该队员在对方半场；

该队员较球更接近对方球门线；

在该队员与对方球门线之间，对方队员不足两人。

上述三条中缺少任意一条者，队员不处于越位位置。

（二）判断越位的时间

判断队员是否处于越位位置的时间是同队队员踢或触及球的一瞬间，而不是该队员接获球时。

（三）什么情况下判罚越位

当同队队员接或触及球的一瞬间，队员处于越位位置，裁判员认为其已"卷入"了现实比赛中才被判为越位犯规：

干扰比赛；

干扰对方队员；

利用越位位置获得利益。

（四）什么情况下不判罚越位

裁判员认为，队员只是仅仅处在越位位置；

如果队员直接接到球门球、掷界外球、角球时不判该队员越位。

二　犯规与不正当行为

严重犯规是指队员在抢球过程中对对方队员施加故意的暴力性犯规行为。暴力行为是指比赛进行中或比赛成死球时队员目的不在球，而向对方队员施加的暴力性犯规行为。

（一）判罚直接任意球

1. 踢或企图踢对方球员。

2. 绊摔或企图绊摔对方队员。

3. 跳向对方队员，指队员跳起的目的不在球，而向对方进行冲撞或蹬踏的犯规。

4. 冲撞对方队员（包括下面所列条款）：

冲撞时目的不在于球；

冲撞时球必须在双方控制范围内；

必须用肩至肘关节部位冲撞对方的相应部位，并且上臂不得扩张；力量要适当，不得猛烈或带有危险性。

5. 打或企图打对方队员。

6. 推对方队员。

7. 为了得到球的控制而抢截对方队员时，于触球前触及对方队员。

8. 扯拉对方队员。

9. 向对方队员吐唾沫。

10. 故意手球（不包括守门员在本方罚球区内）。

（二）判罚间接任意球

如果守门员在本方罚球区犯有下列五种犯规中的任何一种，将判给对方踢间接任意球。

1. 当手控制球时，在发出球之前持球超过 6 秒。

2. 发出球之后，再次用手触球。

3. 用手触及同队队员故意踢给他的球。

4. 用手触及同队队员直接掷入的界外球。

5. 拖延时间。

裁判员认为，如果队员出现下列情况时，也将判给对方踢间接任意球。

6. 动作具有危险性。

7. 阻挡对方球员。

8. 阻挡对方守门员从其手中发球。

9. 违反规则第十二章以前未提及的任何其他犯规，而停止比赛被警告或罚令出场。

（三）警告与罚令出场

队员凡有下列七条中任何一条将出示黄牌警告。

1. 凡有非体育道德行为。

2. 以语言或行动表示异议。

3. 持续违反规则。

4. 延误比赛重新开始。

5. 当以角球或任意球重新开始比赛时，不退出规定的距离。

6. 未得到裁判员许可进入或重新进入比赛场地。

7. 未得到裁判员许可故意离开比赛场地。

如果队员犯有下列七种犯规中的任何一种，将被罚令出场并出示红牌。

1. 严重犯规。

2. 暴力行为。

3. 向对方或其他任何人吐唾沫。

4. 用故意手球破坏对方的进球或明显的进球得分机会（不包括守门员在本方罚球区内）。

5. 用可判为任意球或球点球的犯规。

6. 使用无理的、侮辱的或辱骂性的语言或动作。

7. 在同一比赛中得到第二次警告。

三　任意球

1. 凡判罚直接或间接任意球，必须具备下列四项基本条件：

犯规队员是场上队员；

队员违反规则的有关规定；

犯规地点是在比赛场地内；

犯规时间是在比赛进行中。

2. 直接任意球可以直接踢入对方球门得分，如果直接踢入本方球门将由对方踢脚球。

3. 间接任意踢脚球直接踢入球门不算得分，必须经场上其他队员触及后进入球门方可算胜一球；如果间接任意球直接踢入对方球门，由对方踢门球。如果直接踢入本方球门，由对方踢脚球。

四　罚球点球

1. 当队员在比赛进行中，在本方罚球区内故意犯规时，即被判罚球点球。

2. 罚球点球时球和队员的位置：

球放在罚球点上；

明确主罚队员；

守方守门员在球被踢出前，面对主罚队员，两脚留在两门柱间的主线上（可以左右沿线移动）；

除主罚队员和守门员外，其他队员均应站在罚球区外的比赛场内，并至少距罚球点 9.15 米以及在罚球区后面。

3. 执行罚球点球时，在裁判员鸣哨后比赛恢复前，如遇以下情况则应重罚：

主罚队员违反比赛规则或攻方其他队员过早侵入罚球区，罚中无效，应重罚；

守门员违反竞赛规则，球进入球门，得分有效，如果球未进入球门应重踢；

守门员的同队队员进入罚球区，或在罚球点前，或距罚球点小于9.15 米，如果球进入球门，得分有效，如果球未进入球门应重踢；

攻守双方队员都违反犯竞赛规则应重踢。

五 掷界外球

1. 比赛中，当球的整体在外面或空中越过边界时即为球出界。应在出界前最后触球的对方队员在离球出界的边线一米范围内将球掷入场内。

2. 掷界外球的方法是：双手持球置于头的后方，面向场内，双手平均用力，从头后经头顶用一个完整的连贯动作将球掷入场内。

3. 掷球时，允许脚在地下滑动，但任何一只脚都不得全部离地。

4. 掷界外球不能直接掷球入球门，如果直接将球掷入对方球门，则由对方踢门球，如果直接掷入本方球门，由对方踢角球。

如队员不在球出界处掷界外球，应由对方在原出界处掷界外球。

六 球门球

1. 球由地面或空中踢或出对方球门线时，由对方在球门区内任何地点踢球门球，踢球门球可以直接得分；

2. 踢球门球时，当球直接踢出罚球区进入场内时，比赛方为恢复；

3. 踢球门球时，队员不得故意延误比赛时间，否则应给予警告。

七 角球

1. 当队员踢或触球的整体在空中地面从球门外越出本方球门线时，由对方球员将球的整体放定在离球出界较近的角球弧内踢脚球。

2. 角球可以直接胜一球。

3. 踢角球时，在比赛恢复前，对方队员至少距球 9.15 米。

4. 队员踢出的角球，如果球中门柱或处于场内的裁判员而弹回时，该队员补射入门，应判连踢犯规，进球无效。

思考题

1. 简述足球运动的概念及发展概况。
2. 简述足球运动的技战术特点及练习方法。
3. 简述足球比赛的编排方法及裁判规则。
4. 简述足球守门队员的技术要领及特点。

第十一章

乒 乓 球

第一节　乒乓球运动的概述

现代的"三球"（网球、乒乓球、羽毛球）均直接派生于中世纪的网球。19世纪后半期，这项运动最早始于英格兰。1890年，英国人詹姆斯·吉布从美国带回赛璐珞球代替当时的软木和橡胶球。因为在盖皮纸拍上击出"乒乓"声，因此以击球声命名为"乒乓球"（Table Tennis），一直沿传至今。

1918年，各国乒联先后成立，交往日益增加，形势发展促使人们希望成立国际性乒乓球联合组织。当1926年在柏林举行比赛时，在德国勒赫曼博士的倡议下，决定成立临时国际乒联，并决定第一次国际乒联代表大会和第1届欧洲锦标赛于当年12月在伦敦举行。12月12日举行第一次会议通过了国际乒联章程：主要宗旨是协调规则，促进乒乓球运动在全世界开展，筹备组织世乒赛。全体代表大会为乒联的最高权力机构。还通过乒乓球规则草案，成立第一届主席团，主席是英国人依沃·蒙塔古。从2000年10月1日起乒乓球体直径由28毫米增至40毫米。2002年9月1日实施新的发球规则，同时每局比分由21分改为11分。国际乒联至今拥有五大洲170多个会员国，是国际体坛中享有较高声誉和引人注目的世界体育组织。目前已成立国际乒联奥林匹克委员会，乒乓球运动已经列入奥运会的竞赛项目。

第1届欧洲锦标赛在英国伦敦举行，有奥、匈、英、捷、瑞、德、威尔士、丹、印9个队的64名男女运动员参加。由于印度的参加和倡议，国际乒联决定改为第1届世乒锦标赛。第1届只举行5项（男团、单、双，女单，混双）比赛。现今正式项目有男、女团体，男、女单，双打和混双共 7 个项目。

我国乒乓球运动得到党和国家的关心，对之加以爱护、扶植、发展、普及、提高，使乒乓球运动技术水平 40 多年来一直处于世界领先地位。中国队取得成功的三点经验是：学习和运用唯物辩证法指导训练工作；贯彻百花齐放，以我为主的方针，有计划、按比例地发展各种不同类型的打法继承和发展，学习与创新。国际舆论普遍认为中国是"世界头号乒乓球国家"。我国为推动世界乒乓球运动的发展做出了积极贡献。

第二节　乒乓球的基本技术

乒乓球运动由于运动员的特点各不相同，对用球拍的人要求也因人而异，因而形成目前世界上流派众多的打法和技术风格。这里我们根据普通高校乒乓球选项课教学任务，介绍我国传统打法即直拍近台快攻。

一　直拍快攻类的主要技术

一是攻球技术主要有正手攻球与接发球、反手攻球与接发球、侧身攻球。

二是发球技术主要有低抛发球、高抛发球、下蹲发球。

三是接发球技术主要有接发球的站位与判断，接发球的各种方法。

四是推挡技术主要有快推、加力推、减力推、推挤、下旋推、正手推挡。

五是搓球技术主要有快搓、慢搓、搓转、不转、快摆、搓侧旋。

二　直拍快攻型左推右攻打法的主要技术

（一）站位、准备姿势、握拍

1. 站位：左推右攻打法基本站位在近台中间偏左 1/4 处，离台 40 厘米左右。

2. 准备姿势：屈膝提踵站位法，有四句口诀："右手持拍放胸前，两腿开立身前倾（两腿间距比肩稍宽），屈膝提踵略内扣，重心居中视来球。"

3. 握拍：中钳式握拍法，拇指第一关节扣拍柄左侧，食指第一、二关节扣拍柄右侧，其余手自然弯曲斜形重叠，以中指第一关节托于球拍背面 1/3 上端，使球拍保持平稳。这种握拍法手腕较灵活。在发球时，可以利用手腕动作，发出动作相似而旋转、落点不同的球，又可灵活地打出斜、直线球，对台内球处理较好。由于手腕转动灵活，变换拍形快，有利于反、正手击球动作迅速转换，对中路追身球、近身球可用手腕及时调节拍形，合理地回击来球。

（二）步法

1. 重要性：重视步法的训练是适应乒乓球运动发展的需要，是适应乒乓球竞赛特点的需要。步法比手法更重要，步法不到位，手法再好击球也会被破坏。对于步法的要求：一是反应判断要快；二是脚步移动要灵活。

2. 种类：乒乓球步法种类见表 11-1。

表 11-1　　　　　　　　　　乒乓球步法种类

名称	采用情况	方法
单步	在来球角度不大的情况下	以一脚前掌为轴，另一脚向前、后或左右移动一小步
换步	从基本站位向左右移动时为了更好地调整身体位置	一脚向来球方向移动另一脚随即跟着移动一步
跳步	在来球速度较快、角度大的情况下	一脚用力蹬地，使脚离开地面，同时向前、后、左、右跳动
跨步（跟步）	在来球急、角度大的情况下	一脚用力蹬地，使脚离开地面，同时向前、后、左、右移动
侧身步	在来球紧逼身体的情况下	左脚向左跨一步，右脚随即向左后方移动，亦可以左脚向前插上，右脚向右后移动
交叉步	在来球远离身体的情况下	先以与来球反向的脚向来球方向移动，并超过另一只脚，然后用另一只脚向来球方向移动

3. 练习方法：

（1）注意各种步法和准备姿势的结合练习；

（2）注意各种步法和手法的结合练习；

（3）利用多球进行步法训练。

三　发球与接发球

（一）发球

1. 发球可以不受对方制约，选择最合适的位置，按自己的意图把球发到对方球台的任何位置，用以压制对方的进攻，为自己进攻创造有利条

件，甚至直接得分。所以，发球是乒乓球比赛中力争主动先发制人的第一
环节。

2. 规则对发球的规定：

（1）不执拍手执球时应张开、伸手、球放在掌上，持球手掌始终在
比赛台面的水平面以上。

（2）球上抛时要直，不得偏离垂线45度，不得使球旋转，离开手掌
上升不少于16厘米。

（3）必须在下降期击球，并使球首先触及自己的台区，然后直接越
过网或绕过球网再触及接球员的台区。

（4）击球点要在短线及其假想延长线之后，球台面水平以上。

3. 发球的技术动作特点与方法：见表11-2。

表 11-2　　　　　　　　**乒乓球的发球技术特点与方法**

名称	特点	方法
平击发球	一般不带旋转为初学者的最基本的发球方法	站位时正手发球左脚在前，身体稍向右转（反手发球右脚在前，身体稍向左转） "抛"动作：持球手将球向上抛起 "拉"动作：右臂稍向后引拍 "打"动作：球略低于网时向前挥拍，拍形稍前倾，击球后中上部
反手发右侧上（下）旋球	右侧上（下）旋转力强，对方挡球后向其左侧上（下）反弹	站位（左半台）：右脚稍前，持拍手位于身前，持球手位于身体左侧 右侧上旋：　　　　右侧下旋： "抛"动作：同前　　"抛"动作：同前 "拉"动作：右臂向左上方引拍"拉动作：右臂向左后上方 "拎"动作：触球时，前臂带动、引拍手腕在向下方挥动的同时，"切"动作：触球使拍面略向前臂略内旋，拇指压拍，后仰，从球的左中下部拍面渐向左倾斜，从球的中下部向右侧下部摩擦左中下部向左侧面摩擦
正手发左侧上（下）旋球	左侧上（下）旋转力强，对方挡球后向右侧上（下）反弹	站位（左半台）动作：右脚稍前，见持拍手位于身前，持球手位于身体右侧 左侧上旋： "抛"动作：同前 "拉"动作：右臂向上方引拍 左侧下旋： "抛"动作：同前 "拉"动作：右臂向后上方引拍 "拎"动作：触球时，在向左球的侧下方挥动的同时，食指压拍，拍面略向左倾斜，前臂略向外旋，实拍从球的中下部向左侧面摩擦 "切"动作：触球使拍从中下部向左侧下部摩擦，前臂略外旋

练习方法：

（1）徒手模仿分解及完整练习；

（2）两人一组，一人发球一人接球练习；

（3）先发斜线后发直线：先发不定点，后发定点球；

（4）在练好发各种性能的球的基础上，练习者同一种手法不同旋转和落点的球；

（5）进行各种发球练习。练发各种具有旋转性能的球；

（6）进行各位置的练习发球。

（二）接发球

1. 比赛中双方接发球机会与发球相同，如果接发球接得好，不仅有机会直接得分，而且能破坏对方的抢攻，从而为自己的进攻创造有利条件。

2. 要判断好对方发球性质。如发球力量的大小，是上旋球，还是下旋球、侧旋球等。

四 攻球

攻球是乒乓球比赛中争取主动、克敌制胜的重要技术。它具有快速有力的特点，能够体现快速主动、快速进攻的指导思想。

（一）攻球技术动作特点与方法

乒乓球技术运动特点与方法见表11-3。

表 11-3　　　　　乒乓球攻球技术动作特点与方法

名称	特点	方法（站位、击球时间，击球部位，拍形角度，发力方向和方法）
正手快攻	站位近、动作小、速度快、进攻性强	离台40厘米、上升期、右中上部、前倾，前臂发力为主、配合手腕旋内，向前上方挥拍
正手拉攻	站位稍远、靠主动发力，是还击下旋球的有效方法，也可作为过渡技术	离台60厘米，下降期、右中部或右中下部，接近垂直，接触球前，前臂加速提拉，向前上方挥拍
正手中远台攻球	站位较远，力量较重，进攻性较强	离台70—100厘米，下降前期，右中部或右中上部，稍前倾，以上臂带动前臂发力，配合运用腰腿力量，向前上方发力
侧身攻	站位偏左方，利用侧身动作来发挥正手攻球作用	运用侧身步、结合其他步法，根据来球情况，在侧身位置采用快攻、拉攻、中远台攻球、扣杀等技术

（二）练习方法

1. 徒手模仿，分解和完整练习；

2. 单个动作练习，一发一攻、一推一攻、一搓一拉；

3. 搓攻、推攻、对攻练习，逐步增加落点、线路、节奏的变化；

4. 攻球的徒手动作要反复多练，技术动作要定型；

5. 要循序渐进，先学练攻球、再学练反手攻球，先慢后快，先轻后重，先稳后凶；

6. 练习中，要注意步法移动，不能站死。

五　推挡

推挡球是左推右攻型运动员主要技术之一，推挡技术特点是站位近、动作小、变化多。

乒乓球推挡技术动作特点与方法见表11-4。

表 11-4　　　　　　　　　　**乒乓球推挡技术动作特点与方法**

名称	特点	方法 （站位、击球时间，击球部位、 拍形角度，发力方法，方向）
挡球	球速慢、力量轻、初学者入门技术	离台50厘米，上升期，中部，垂直、前臂与台面平行稍向前移
快推	回球速度快，落点变化多，借力回击，力量较轻	立台50厘米，上升期，左中上部，稍前倾，前臂前推手腕外旋，前下方推球
加力推	回球力量重，球速快，击球点高	离台50厘米，上升后期或高点期，左中上部，前倾，前臂向前推压，拍形固定，手腕不加转动
减力挡	回球弧线低，落点近，力量轻	离台50厘米，上升期，左中部，拍触球时有一个前臂稍后收的缓冲动作

练习方法：

1. 徒手模仿、分解和完整练习；

2. 两人对挡、对推练习，先斜线，后直线；

3. 推攻结合（左推右攻），先单线，后复线；先定点，后不定点。

六　搓球

搓球是近台还击下旋球的一种基本技术，它与攻球结合成为搓攻战术，搓球可用于接发球，比赛时用它作为过渡技术。

（一）搓球技术动作特点与方法

乒乓球搓球技术动作特点与方法见表 11-5。

表 11-5　　　　　　　　**乒乓球搓球技术动作特点与方法**

名称	特点	方法 （站位，击球时间、击球部位、 拍形角度，发力方法方向）
慢搓	动作较大，球速较慢	离台 50 厘米，下降期，左中下部，后仰，手腕配合前臂向前下方作前送动作
快搓	动作较小，速度较快	离台 40 厘米上升期，左中下部，稍后仰，前臂向前下方用力，手腕不转动
搓转不转	有旋转变化，为进攻创造机会	快、慢搓都能搓加转与不转球，加转时前臂和手腕加速向前下方用力，用球拍的中下部擦击球的左中下部，搓不转球时，前臂和手腕多向前上方用力，用球拍的中上部撞击球，形成相对不转

（二）练习方法

1. 徒手模仿，分解和完整练习；

2. 一发一搓；

3. 对搓练习，先定点，后不定点，先慢后快，快慢结合；

4. 搓拉结合练习，先单线搓中定点拉，后全台搓中拉。

第三节　乒乓球的基本战术

一　战术制定的基本原则

在制定战术时，应遵循以下基本原则：

1. 知己知彼，有的放矢；

2. 机动灵活，随机应变；

3. 以己之长，制彼之短；

4. 善于观察，善于分析；

5. 勇猛顽强，敢打敢拼。

以上各个原则是有机联系、互为条件、辩证统一的。制定和运用战术的前提条件是必须了解对手的技术特点和打法情况，因此，在培养自己战术意识的同时，应着重培养观察对方战术特点和打法情况的能力。

二　快攻型打法的基本战术

快攻打法战术的指导思想就是充分利用快速多变的特点来调动和控制对方。对付攻球打法时，主要是运用推挡和近台正、反手攻球来攻击对方，并利用发球、拉球、搓球等手段为攻球创造条件。对付削球打法时，主要运用拉球、突击和扣杀来攻击对方，并利用发球、搓球、推挡等手段为攻球创造条件。

快攻型打法的基本战术大致可以分为发球抢攻、对攻、拉攻、搓攻、接发球五项。

（一）发球抢攻

利用发球力争主动，先发制人。结合落点和速度的变化，发转与不转球或用相似手法侧上、侧下抢攻。

（二）对攻

是进攻打法相互对抗，双方利用推挡、攻球、弧圈的速度、旋转和落点的变化以及力量的轻重来控制对方，力争主动的一种手段。常用的有：

1. 紧压反手，结合边线，伺机抢攻；

2. 调右压左；

3. 加、减力推压中路及两角，伺机抢攻；

4. 连压中路或正手，伺机抢攻。

（三）拉攻

是对付削球打法的主要战术，也就是利用拉球的旋转、速度、力量和落点变化创造机会进行突击和扣杀。迫使对方后退防守，从而达到控制对方、赢得主动的目的。常用的有：

1. 拉反手后侧身突击斜线，然后扣杀中路或两大角；

2. 拉对方中路，伺机突击两大角再杀空挡；

3. 长短球和拉搓结合。

（四）搓攻

是快攻型打法对付攻球和削球打法的辅助战术，也是利用搓球的旋转、落点、速度变化为进攻创造机会的战术。常用的有：

1. 长短结合伺机突击；

2. 搓中变线伺机突击；

3. 快、慢结合转与不转创造机会突击。

（五）接发球战术

积极利用快速多变的各种手段去接发球，并尽可能与个人的打法特点密切配合，以便充分发挥自己的特长，接发球战术对整个战局能否获得主动起着重要作用。快攻型接发球战术主要有：

1. 用拉攻或推挡控制对方反手，伺机抢攻；

2. 用搓短球为主结合挫底线长球，力争主动抢攻；

3. 若自己站位较好，又能正确判断对方发球时，可用快点、快攻或中等力量的突击进行接发球抢攻。

三　双打战术

为了协同作战，加强配合，双打选手在发球时可用手势相互暗示发球意图，尽量为同伴创造抢球条件，力争主动。在接发球时应以抢攻、抢位为主。当发球或接发球后，可运用打一角的战术，迫使对方两人在一角匆忙换位，再突袭另一角；亦可交叉攻两角或长短结合的战术，打乱对方两人的基本站位、走位，从中创造进攻机会。

思考题

1. 简述乒乓球运动的概念及发展概况。

2. 简述乒乓球的基本技术特点及练习方法。

3. 简述乒乓球的基本技战术特点及练习方法。

第十二章

网　　球

第一节　网球运动的概述

网球运动是在 19 世纪后期随着西方近代体育的传播而进入我国的。旧中国共举行过七届全国运动会，在第一届运动会上，男子网球就被列入正式比赛项目。从第三届运动会开始，又增加了女子网球比赛项目，并一直延续到 1948 年的第 7 届全运会。1924 年至 1946 年，我国选手共参加了 6 次戴维斯杯网球赛。

新中国网球运动的国际交往是从 1956 年到 1958 年，新中国首次派队参加温布尔登网球赛。1980 年，中国网球协会被接纳为正式会员。1981 年，中国集中了当时国内最优秀的女子网球选手参加了"联合会杯"赛。1983 年，中国参加戴维斯杯网球赛，中国队在东方区的半决赛中被淘汰。但同年获得了亚洲男子网球团体冠军。1986 年的第 10 届亚运会上，中国女子网球队以 2 比 1 战胜韩国队，摘取了女子网球团体冠军。我国首次承办国际网联（ITF）男子网球巡回赛是在 1993 年，共有 15 个国家和地区的运动员参赛。

当今标志着世界最高水平的网球比赛有温布尔登网球锦标赛、美国公开赛、法国公开赛、澳大利亚公开赛。这 4 大比赛每年一届，凡参加"四大赛"的选手，如有一名（单打）或两名（双打）运动员能在一个年度内赢得这四个锦标赛的单打或双打冠军，就被誉为"大满贯得主"。

网球运动有独特的健身价值。据统计，在一场较高水平的网球比赛中，运动员所跑的路程是 5000 米左右，有的甚至达到 10000 米，不低于一场激烈的足球赛。网球运动员在比赛中做出及时的判断、移动，有时要跃起猛烈挥拍扣杀。所以，参加网球运动，能锻炼人的力量、速度、耐力、柔韧和灵敏等方面的身体素质。

网球运动还有独特的欣赏价值。它是一种技巧性很强的对抗，如有些网球高手使发球、击球技术达到炉火纯青的地步，看了令人叫绝。网球比赛中的战术运用也令人回味无穷。在前后左右、真真假假的变化中，表演出多少令人眼花缭乱的精彩场面，使人乐而忘返。

此外，网球比赛的环境布置，十分注意美的氛围的营造，如运动员的服装早就自成体系，别具一格。男性要穿翻领上衣、短裤、女性要穿短裙子，且洁白一色，缀以各种线条，给人一种朝气、健康、向上的美感。

第二节　著名网球赛事

一　温布尔顿网球锦标赛

温布尔顿网球锦标赛由全英俱乐部和英国草地网球协会于1877年创办。首次正式比赛在该俱乐部位于伦敦西南角的温布尔登总部进行，名为"全英草地网球锦标赛"，是现代网球史上最早举办的重要赛事之一。该赛事在每年的6月底7月初在英国伦敦西郊的温布尔顿进行，是草地型网球比赛，是四大网球公开赛的第三站赛事。

二　美国网球公开赛

美国网球公开赛始于1881年，1968年被正式列为四大网球公开赛之一。该赛事于每年的8—9月进行，是商业化程度较高的硬地型网球比赛，为四大网球公开赛的最后一战。

三　法国网球公开赛

法国网球公开赛始于1891年，该赛事于每年的5月底6月初在巴黎西部蒙特高地的罗兰·加罗斯体育场进行。该体育场始建于1927年，是以在第一次世界大战中为国捐躯的飞行员罗兰·加罗斯的名字命名的。法国网球公开赛为慢速红土场型比赛，是四大网球公开赛的第二站赛事。

四 澳大利亚网球公开赛

澳大利亚网球公开赛于 1905 年创建，是四大网球公开赛中历史最短的赛事。该赛事于每年的 1 月底 2 月初在墨尔本举行，属硬地型网球比赛，为四大网球公开赛的第一站赛事。

五 戴维斯杯赛

戴维斯杯赛是由美国人于 1990 年创办的一项世界男子团体网球比赛，因此，该赛事又称为世界男子团体网球赛。第一届戴维斯杯赛是在美国波士顿举行，当时的比赛规模较小，仅有美国和英国两个国家的选手参赛。

戴维斯杯赛采用 4 单 1 双 5 盘 3 胜的赛制。比赛分 3 天进行，第一天为两场单打，第二天为一场双打，第三天为两场单打，且第三天的比赛采用三盘两胜制。

戴维斯杯赛赛地的确定类似主、客场制的比赛，两队首次交锋，则抽签决定其中哪个国家为比赛地点；如以后再次相遇，则赛地安排在另一国家。

六 联合会杯赛

1962 年，在巴黎举行的国际网球联合会上，由英国人玛丽提议的关于举办国际女子网球团体赛的建议获得通过，并于 1963 年在英国伦敦的女子俱乐部举行了第一届联合会杯比赛。随着女子网球运动的普及，联合会杯赛的参赛队不断扩大，原有的竞赛体制已不能满足日益膨大的赛事要求。因此，1995 年，联合会杯赛采用了最新赛制，比赛在不同国度进行，并以主客场的形式出现。

七 大满贯杯赛

网球赛事中的大满贯是指球员在一年之中同时获得澳大利亚、法国、温布尔顿和美国四大网球公开赛冠军的称号。因此，四大网球公开赛又被称为"四大满贯赛事"。

大满贯杯赛是由国际网球联合发起并主办，参赛选手为每年四大网球公开赛中获得优异成绩，在当年世界排名前 16 位的男球员。比赛实行淘汰制，只设奖金而没有积分。大满贯杯赛以高额的奖金著称，1990 年，在德国慕尼黑举办的首届赛事，即以总奖金 600 万美元，冠军奖金 200 万美元创下了职业网坛的奖金纪录。

八　年终总赛事

年终总赛事是指世界男子网球协会（ATP）、国际女子职业网球协会（WTA）组织的世界网球锦标赛。该赛事是 ATP、WTP 巡回赛的最后一战，在每年 11 月进行，世界优秀选手的年终排名将由此最终决定。

ATP 年终排名由每年 1 月在德国汉诺威举行的 ATP 世界锦标赛最后确定，且只有获得世界排名前 8 的选手才有资格参加。而 WTA 的年终排名，则由美国纽约举行的 WTA 世界锦标赛最终确定。

第三节　网球的基本技术

一　握拍方法

握拍方法一般有三种，分别称为："东方式""西方式""大陆式"。对于初学者，可先学习"东方式"握拍法，以此为基础，再变换握法。

（一）"东方式"正手握拍法

"东方式"正手握拍法对初学者来说比较容易掌握，也适合于各种类型的球场及各种击球方式，这种握拍方式类似与人握手，先将球拍柄水平放置，拍面与地面垂直，右手掌也与地面垂直，然后把手掌紧贴在拍柄上，这时大拇指与食指之间的"V"形虎口恰好对在拍柄的上平面偏右的位置上，大拇指第一关节位于拍柄的上部左上斜面，食指则轻轻绕至拍柄右侧到下平面，中指、无名指、小指握紧，并与大拇指接触，手掌底部与拍柄顶端对齐。（见图 12-1）

（二）"东方式"反手握拍

就是在正手握拍的基础上，将握拍手沿逆时针方向旋转一个平面，使手掌的"V"形虎口略偏左侧，位于左垂直面与上平面之间的左斜面，食指关节在右上斜面的位置。（见图 12-2）

图 12-1　　　　　　　　　　　　　　　　　图 12-2

二　准备姿势

任何一种击球运动都要从准备姿势开始，准备姿势正确与否关系到启动的快慢和击球效果。正确的准备姿势应当是：双脚自然立开，略比肩宽，前脚掌着地，脚跟抬起，身体重心置于两脚前脚掌之间，两膝微屈，并保持膝关节良好的弹性，上体微微前倾，两眼注视对手或来球。球拍自然地置于腹前，拍头指向前方，微上翘，手腕低于拍头，不持拍的手轻夹球拍顶部。不要轻视扶拍手的作用，它不仅可以扶住稳定球拍，减轻持拍手的负担，还能起到将球拍引至身体一侧的辅助作用，有利于动作加快。

三　击球步法

在网球的各种击球中，必须使人与球保持一个适当的距离，需要一种合适的站位，才能得心应手地打出各种好球。步法大致包括：闭锁式步法、开放式步法、滑步、跨步、踮步、交叉步、跑步、跳步和小步调整等。

无论采用哪种步法，在击球前都应及时主动。当来球落点较远时，启动要快，步幅稍小，中间加大步幅，接近球时，再用小步调整人与球之间的距离，这样才能以适宜的身体姿态比较从容地击球。如果击球时身体仍处在快速向前跑动的状态中，那么不仅这一拍球很难打好，还会给下一拍的击球带来更大的困难。

四　正、反手抽球技术

正、反手抽球是网球技术中最基本的技术，是在端线附近回击球和向对方进攻的比较重要的技术，也是初学者最先要学习和掌握的动作。正、反手抽球速度快、力量大，球被击中后有一定弧线，能够准确地将球击入对方场区，比赛中球员在底线时运用较多，在上网前的一击中也多次采用正、反手抽球技术。

（一）正手抽球技术动作要领（以右手持拍为例）

从准备姿势开始，当判断出对方来球的方向和落点位置时，应立即启动，快速移动到适当的位置（身体与球保持正确位置），并要相对静止，将球保持在身体右前方，开始准备击球。击球前先迈出左脚，身体左侧朝向来球方向，这时将球拍充分后摆，动作要自然而放松，左手也应配合身体的转动，拍头翘起，手臂伸展，眼睛注视来球，然后手臂由后摆转向前挥。在向前挥拍迎球的过程中，为了使动作不间断，要形成一个小弧形的动作，球拍由低向高挥动，拍与球碰撞的击球点应在身体的右前方，高度保持在腰与肩之间。拍触球时，拍面垂直或向前倾，击球的中部或中上部。手腕固定握紧球拍，手臂和腰部要随身体而转动，利用身体的转动力量来带动手臂向上前方挥拍，身体重心从右脚逐渐移到左脚，击球后球拍随势挥至身体的左侧前上方。在整个动作过程中，球拍的顶端必须始终高于手腕。抽球动作完成后迅速还原，恢复成准备姿势。

（二）反手抽球技术动作要领

反手抽球是球落在身体左侧时采用的一种击球方法，当判断出来球飞向自己的反手方向时，应立即把球拍调整到反手握拍方式。然后，根据球的速度和弧度迅速判断出球的落点位置，应快速移动到适当位置处。在移动过程中要把球拍收向身后，移动到击球位置的最后一步时，要保持右脚在前，屈膝，身体重心前移，身体右侧朝向来球，同时，球拍开始向左后摆动，持拍手臂的肘部保持适当的弯曲，拍头稍翘起；在迎球过程中，左脚用力蹬地，挥拍手臂与身体的右转相配合，发力用在击球动作上。球拍由后向前挥动，击球点应在身体的左前方，高度在腰间。球拍触球时手腕固定握紧球拍，拍面垂直地面或稍后仰，击球的后部。击球后球拍随势挥至身体的右侧前上方，身体重心从左脚逐渐到右脚，然后迅速还原成准备姿势。

五 发球技术

发球是比赛开始的第一个动作，应当把发球看作是进攻的开始，它是网球技术中非常重要的一项技术，特别是在硬地和草地球场上发球更显重要。好的发球应具有较强的攻击性，可以使发出的球在速度、力量、旋转和落点方面不断变化，造成对方接发球困难而直接得分或制造反击机会。发球的好坏基本上取决于抛球的准确性。由于抛球的位置不同，以及击球时拍面与球接触的方向不同，可以击出多种性能的球，使球形成各种不同的旋转及飞行路线，这样发出的球不仅准确、有把握，并且球的速度快。

发球技术动作要领：两脚自然站立，侧面对着球网，前脚与端线大约成 45 度角，身体重心置于后脚。抛球时，球拍开始靠近膝关节，然后向后下方摆动，左臂和左肩上举将球抛起。球应抛在自己身体的右前上方，这时右肘弯曲，使球拍在背后下垂双腿微屈，上体稍后仰。当球拍向上挥动击球时，手臂充分伸展，双腿蹬地，腰部由后仰随手臂而一起向前压，这时手臂、腰部和腿部同时用力作用于球拍回击球的瞬间。击球时，拍头朝前，在自己身体尽量伸展到最高点时击球。击球后，球拍向右下挥过身体，并迅速还原成准备姿势。

发球一般分大力发球和侧上旋发球等多种，但它们的基本动作是一样的，只是在球拍击球时，通过拍面的变化，击中球的不同部位，使球产生不同的旋转。大力发球一般是拍面平击球的后部偏上一点的部位，也就是球拍作用力方向与球体的重心方向垂直，因为是平击，球拍在球面上没有较长时间的滑动，球也不太旋转，因此这种发球控制能力及发球的准确性也就相对低一些，体力消耗也大。其特点是击出的球力量大、速度快、落点深，常用于第一发球。侧上旋发球就是充分利用身体的转动，结合手腕的爆发力与灵活性，使球拍在球面上滑动，使发出的球带侧上旋，它的特点是旋转力强，在空中高弧度飞行，准确性高。此种球发到对方反手区后弹起较高，并且向对方的反手方向拐弯，给对方接球造成困难。

六 截击球技术

截击球是网前技术中的一种攻击性击球方式，在球落地之前将球回击到对方场区，它回球速度快，力量重，威胁大。目前网球运动向快速方向发展，优秀运动员都采用快攻上网型打法，因而截球技术就成为进攻的重要手段。

截击球技术动作要领：截击空中球的准备姿势应该是站在网前2.5—3米。面对球网，随时准备迅速向前侧移动。

（一）正手击球动作要领

做好准备姿势，但球拍要举得高一些，约与眼部同高，当判断来球在正手时，身体向右侧转，拍头后引至体后上方，手腕略向后屈，左脚向前45°方向跨出，球拍由后向前下击球的瞬间手腕要固定，握紧球拍，类似向前推击的动作。截击时后摆动作要小，击球点应保持在身体的右前方。高于网的来球截击时，平击的成分可多一些，这样击出去的球具有攻击性。低于网的来球截击时必须充分下蹲，拍头仍然高于或平行于手腕，截击球的中下部，成为切下旋球，此时应以推深落点为目的。

（二）反手截击球动作要领

当判断来球在反手时，身体向左侧转动，向左上方引拍，要高于来球。当来球逼近时，要主动去迎击球。肘微屈，腕内收，击球时手腕要固定，手臂由左肩上部向前下方压。截击时后摆动作要小，击球点应保持在身体的左前方。高于网的来球和低于网的来球截击动作要领同正手截击球动作要领。

七　高压球技术

高压球是指击球者在头顶上方尽可能高处将球有力地击向对方场区，这是对付挑高球的一种有力的回击手段。

高压球的握拍法及击球法均类似于发球，不同点是发球由发球者自己抛球控制球的高度和击球点；高压球必须由击球者根据对方挑球的高度及落点来移动自己步伐，在适当的高度击球。而且，高压球下落速度比发球抛球下落速度快得多，因而击球时要以较小的身体动作和短而直接的后摆动作把球拍后引至头后，以平击的击球方式击球，不要任何花哨的动作。

高压球技术要领：当高球飞过来时，要及时移动脚步，侧身对着来球，右手收拍，左手指着来球，眼睛始终盯着来球；当高球飞近击球点的位置时，迅速挥拍，展开身体，踮起脚尖，向前收腹，在头顶前上方尽可能高处击球，击球后右脚向前跨出一步，完成跟进动作，保持身体平衡。

击球时注意手腕的动作，类似于排球的扣球，要有扣腕动作，以免球失去控制飞出界，击球时的身体如同一根弹簧，击球前伸直。准备击球时身体尽量展开成背弓状，像一根绷紧的弹簧。击球时随着向上回拍收腹，身体前屈，右脚向前跨，身体成弯月形，像弹出去的弹簧。

高压球是一种强有力的进攻方式，即使一次击球不能置对方于死地，但也能使对方处于被动的地位。初学者一定要放开来打，若来球飞得太高，从高处垂直落下，难于掌握击球点，则可以等球落地让球弹起后再击打高压球，此时球速虽然大大减慢，但比较容易掌握击球点。

八　挑高球技术

挑高球是将球挑向高空击到对方后场，挑高球可分为防守性和进攻性两种。当对方正在冲上网或距离网过近的时候，利用挑高球使球落入对方后场区，这就是主动且具有进攻性的挑高球。当自己处于困境或被迫远离球场的不利位置时，最好的回击球的方法就是利用挑高球，争取时间，做好准备，这是防守性的挑高球。

进攻性挑高球技术要领：不论是正拍还是反拍挑高球，其准备动作都应与正拍或反拍击球的准备动作相同，这样对方就难以判断是击球还是挑高球，只有在击球前很短的时间内突然改变动作，使拍面转向上，挥拍弧线稍向前上方，造成对手的措手不及，发挥挑高球的主动进攻作用。

防守性挑高球技术动作要领：一般是运用平击挑高球的方法，这也是最容易掌握的一种挑高球技术，攻击性较小，击球时能将球挑的较高、较深（接近底线），对方难以直接进行高压球回击，只好让球落地弹起后再还击。从而使挑高球者有更多的时间由被动转向主动，或占据有利位置进行防守。

九　放小球技术

放小球是指将球轻轻地击到对方网前，当对方站在端线附近或远离球场时，采用这种战术打法很容易得分，至少会使对方疲于奔命，大大消耗体力。放小球应具有突然性和隐蔽性，使用次数不能多，被对方识破了往往会使自己处于被动挨打的地位。

放小球的技术动作要领：放小球的握拍法与正、反手击球握拍法相同，击球时后摆收拍动作较小，往往采用削球的方式击出下旋球。记住放小球时手腕不能放松，击球点仍在身体前方，击球时拍面稍向上，成托盘状将球轻松打过球网。

第四节 网球的基本战术

网球运动战术是为争取比赛胜利而采取的各种攻防技术策略性运用的原则和方法。战术是以技术为基础的。两个技术水平相当的球员，比赛获胜者往往是能够灵活、正确运用战术之人。因此，了解和掌握一定的基本战术就显得十分必要。

一 单打战术

（一）发球战术

应考虑到以下几个方面：发球不受对方支配，可通过力量、速度和准确性达到得分目的；针对对方弱点，攻其薄弱环节；利用不同的发球方式，随之上网截击；运用相似手法，发不同性能的球，使对方不易捉摸；利用外界条件（如风向、阳光、硬地和草地等）发球，给对方接发球制造困难。

1. 发球站位：在右区发球时，尽量接近终点线，这样既可控制全场，又可发直线球遏制住对方的反拍；在左区发球时，站位可距中点线稍远，便于以更大斜线发对方反拍区，扩大自己正拍防守区域。

2. 第一次发球：多采用大力平击发球或强烈上旋发球方式，将球打到对方右区的中线附近。用这种发球命中率高，直接得分的可能性大。

3. 第二次发球：机不可失，重点在准确，力求凶狠，打落点。多用切削发球或上旋发球。

4. 上网的发球：上网的发球应该是有力的上旋发球。因为强烈的上旋发球落地后能高高弹起并向前冲，造成接发球的难度增加；更重要的是上旋球在空中飞行弧度大，时间长，有利于发球后跑至网前进行截击。

（二）接发球战术

接发球方一般处于被动地位，但处理得好可以减少被动，甚至化被动为主动。

1. 接发球站位：站在对方可能发到的角度的分角线上。当对方发向外或向内旋转的球时，要靠近旋转方向一点。此外，应尽量站在底线里边半米左右，这样距离短，回击快，可压制对方上网，便于自己上网。

2. 接发球破网：对付发球后直接猛冲到网前的对手，挑出较长的高球是相当有效的；而对付发球后上网较慢的对手，最有效的破网办法是在他上网的跑动中把球打到他的脚下，若能打出带有强烈上悬的球，则效果更好。

（三）上网战术

上网是积极主动的打法。在发球或接球后，冲到离网接近的位置，不等对方回击的球落地便进行空中截击或高压。

1. 上网时机：多用于第一次发球。发上旋球后，借球在空中飞行时间长、对方难于回击之机上网截击。若击球后上网，则出球要斜、要深、要重，或近中央地带。

2. 上网站位：尽可能站到大约距离网2米处。近网则进攻威胁性大，封网角度小，防守控制面积大。但必须有强力高压球作保证，否则对方挑高球时便会陷于被动。此外，站位应在对方可能的击球角度的分角线上。上网时，还要提防对方击直线球。

二　双打战术

双打比赛因为是两人配合，控制面积较大，不易找到对方防守的漏洞，并且比赛速度比较快，因此，要求运动员具有较高的战术意识。要求运动员动作迅速，反应灵敏，并且要有高度的判断力、预见性和良好的配合能力。双打战术包括发球战术、接发球战术、网前交锋战术、底线作战战术等。

（一）双打战术

双打比赛中采用强劲的攻击性发球，对保证上网和争取胜利是极其重要的。

1. 发球时的位置：不论是在右边发球或在左边发球，都是同样的站法。发球者应站在中线与边线之间，这里上网的距离最近，也便于在向前移动的过程中根据来球的方向而改变移动方向。发球者的同伴（网前队员）应根据本身的条件选择位置，一般可站在离网2—3米、离边线3米左右的地方。

2. 发球者的主要任务：一是运用各种发球方法迫使对方的接球员不能进行主动反击，从而取得比赛的主动，创造得分机会。二是发球后要迅速上网，取得网前的主动地位，准备迎击对方的回击球。

在双打比赛中一般都采用急速旋转的发球方法，发向对方的反拍。这是因为，运动员的反拍大多数击球力量较小；接发球者的反击角度最小；对方如采用挑高球时，一般网前队员可以很容易地用正拍进行有力的高压扣杀。

（二）接发球战术

接发球者一般处在防守的不利地位，因而接发球者应该运用由不利转为有利的进攻技术。这就要求接球者必须掌握各种击球技术，适应各种发球。一般来讲，接发球时，首先要将球击回给对方，这是最根本的；其次要力争主动；最后要争取及时抢先上网。

1. 接发球时的位置：一般是站在端线内 1—2 步的地方，并且应站在对方可能发球角度的分角线上，这样可以缩短击球的距离、加快反击的速度，并且可以控制较大的面积。接发球者的同伴一般应站在半场处，并在发球线以内，以便于迅速上网截击抢攻或后退到端线防守。

2. 回击：回击球的路线很多，可以根据对方的特点以及自己击球技术的特点选择运用，但必须注意回击球的过网点要尽量低。回击球时一般采用斜线，使球经过网中央的上空落入对方场区，这是因为网中央的高度比两侧要低些，球可以以更低弧度过网，更快地落地；注意技术运用的突然性，以使对方准备不足。

（三）网前交锋战术

双打的网前交锋速度相当快，双方队员都抢在网前，距离很近。因此，要求球员除必须具备更快的反应速度和高度的注意力外，还应做到以下几点：

1. 占据正确的位置：两个人都在网前不可能严守全场，因此占据正确合理的位置非常重要。正确的网前位置一般应离网 2—3 米，这样不仅可以尽可能地在球高于球网时进行攻击性较强的击球，而且还可以迅速后撤对付对方的挑高球。另外同伴之间的距离不宜过大。但上述站位方法只是基本的站位方法，网前队员还必须根据对方击球的地点和击球方法，灵活机动地选择位置。

2. 预判比赛中的变化：在快速比赛过程中，只依靠反应的速度是不够的，必须具备很好的判断和预见能力。要提高预判能力，一方面要注意判断对方脚步移动、击球动作情况，另一方面还要很好地了解对方的技术、战术特点。此外，要很好地预测球的来往情况，了解同伴的击球特点和战术意识。

3. 控制网前球是关键：由于在双打比赛中主要的得分手段是网前截击，所以必须学会控制好各种网前截击球，特别要掌握好截击高球、中路球和低球的拍面。在遇到高球时，可以抽击、重打或在近处左右轻拨；在遇到中低球时，可用切削法击球。

打网前截击球的击球力量要控制好，理想的截击目标是把球打到对方队员的腰部以下，迫使对方向上击球而送出一个好打的球来。

（四）底线作战战术

双打比赛尽量避免在底线击球，因为这是最被动的局面，如果已经被迫退到了底线，则必须争取一切机会，创造条件抢先上网。处在底线时可以用两种方法进行作战。

1. 击短球、低球：击短而低的球可以用削击和拉击旋转球等方法，这是在底线作战时最有效的击球方法。因为这种击球的速度较慢，可以给自己冲到网前创造充足的时间，同时，较慢的球对方难以做出有力的回击；这种击球的过网点较低，使对方无法做攻击性的回击球。但是，如果对方离网较近或本方在端线外较远的地方时，击短球、低球是比较危险的，必须慎重使用。

2. 抽球：准确而底平地抽向对方两人之间的球威胁也是较大的。如果对方两人比较靠近时，他们的两侧一般是有漏洞的，这时可以采用直线或斜线击球，攻其两侧，大力、快速的球常常会使对手出现错误，尤其是从中场向对方做大力抽球威胁更大。但一般来讲，只有把握性较大时才采用大力球。

思考题

1. 简述网球运动的概念及发展概况。

2. 简述网球运动的基本技术特点。

3. 简述网球运动的基本战术特点。

第四篇　体育健身篇

第十三章

形体健美运动

第一节 形体健美的概念与标准

一 形体健美的概念

形体健美是指人的健康强壮的身体所显现出的审美属性。它是人们追求人体美的一个综合的标准，指人的肌肉、骨骼、血液、肤色充满着生命的活力，无论其外部形式或内部结构都是匀称、协调、充满生机的。它是由多方面因素构成的，如强壮的体魄、健美的体型、良好的姿态、高雅的气质和风度等，是自然美与社会美的综合表现。

（一）健康是健美的基础

加里宁曾说过："没有结实健康的身体就不可能有人体之美。"可见，健康是形体美的首要条件。只有健康均匀的肢体、优美的曲线、丰腴的肌肤、红润的面庞、乌黑的头发、水灵的双眼，才能充分表现出生机勃勃、精力充沛、富有生命力的人体美。这种纯真自然的魅力和风采，只有在健康的基础上，采用利于塑造形体的专门综合练习，才能使形体更加健美。

（二）优美的体形是自然美的重要标志

体形是指人体的外形特征与体形类型。一个人的体形固然与先天遗传因素有关，但是通过后天有针对性的锻炼，使之形成正确的身体姿势，也可矫正不良的形体，使身体变得健美均匀。如果一个人生来含胸端背，通过长期的形体训练，完全可以使其形成优美挺拔、正确的身体姿势，弥补先天的不足，而健美操锻炼可使其达到塑造良好体形的目的。

（三）姿态美是人体美的主要特征

形体美不单取决于好的体形，更重要的是使人们从人体的动作姿势中感受到自然美。人们往往从一个人的一举一动和坐、立、行这些基本动作中就可以看出一个人的知识水平和文化素质。优美的姿态、潇洒的风度可以为形体美增姿添色，而通过形体健美训练，可以改善体态，培养优美正确的身体姿势。

二　形体健美运动的标准

我国体育美学研究人员胡小明综合古今中外美学专家对人体健美的见解，结合我国民族的体质和体形现状，归纳出人体健美运动的基本标准。

1. 骨骼发育正常，关节不显粗大突出。
2. 肌肉均匀发达，皮下脂肪适当。
3. 五官端正，与头部配合协调。
4. 双肩对称，男宽女圆。
5. 脊柱正视垂直，侧视曲度正常。
6. 胸廓隆起，正背面略呈 V 字形，女性胸廓丰满有明显曲线。
7. 腰细而结实呈圆柱形。
8. 腹部偏平，男子有腹肌垒块隐现。
9. 臀部圆满适度。
10. 腿修长，大腿线条柔和，小腿腹部稍突出。
11. 足弓高。

第二节　形体健美的基本动作与锻炼方法

一　形体健美的基本动作

（一）形体健美肌肉练习方法

1. 孤立练习法，2. 预热练习法，3. 渐增超负荷练习法，4. 优先练习法，5. 三组合练习法，6. 静力练习法，7. 张紧练习法，8. 循环练习法，9. 锥性加重练习法，10. 局部集中练习法，11. 综合练习法，12. 肌肉混淆练习法，13. 强迫次数练习法，14. 兼顾练习法，15. 反重力练习法，16. 变换角度练习法，17. 发胀练习法，18. 停息练习法，19. 逐降组数练习法，20. 分化练习法，21. 优质练习法，22. 局部次数练习法，23. 本能练习法，24. 快速练习法，25. 助力次数练习法，26. 交叉练习法，27. 复合组练习法，28. 多组合练习法，29. 顶峰练习法，30. 超组合练习法等。

（二）形体健美组合练习方法

1. 模仿练习法，2. 领操法，3. 组合练习法，4. 线性渐进法，5. 表演评分法，6. 递加法，7. 镜面教学法，8. 过度动作法，9. 层层变化法，10. 连接法，11. 集体纠正法，12. 念动练习法，13. 鼓励法，14. 金字塔练习法等。

（三）形体健美内在气质练习方法

1. 身韵练习，2. 乐感练习，3. 把杆练习，4. 组合练习，5. 舞蹈练习，6. 节奏感练习，7. 基本姿态练习等。

二　形体健美运动的锻炼方法

（一）合理安排运动量

运动量的安排是科学锻炼的重要环节之一。实践证明，消瘦者应以中等运动量（每分钟心率在 130—160 次）的有氧锻炼为宜，器械重量以中等负荷（最大肌力的 50%—80%）为佳。可安排每周练 3 次（隔天 1 次），每次 1 至 1 个半小时。每次练 8 至 10 个动作，每个动作做 3—4 组。做法是快收缩、稍停顿、慢伸展。连续做一组动作时间为 60 秒左右，组间间歇 20—60 秒，每种动作间歇 1—2 分钟。一般情况下，每组应连续完成 8—15 次，如果每组次数达不到 8 次，可适当减轻重量；以最后两次必须用全力才能完成的动作，对肌肉组织较深刺激，"超量恢复"明显，锻炼效果极佳。

（二）注意安全

健美锻炼的器材都有一定的重量，不仅锻炼前后要做好准备活动和整理活动，而且要注意检查器材安装得是否牢固，以防不测。锻炼时要注意重量是否适度，切勿做力不能及的练习。使用杠铃等重器械时，要有人保护。最好是在专业教练的指导下锻炼，以便互相鼓励，互相帮助，互相保护。

（三）打好基础

消瘦者在初练阶段（2—3 个月）最好能进健美培训班学习锻炼，以便正确、系统地掌握动作技术，全面提高身体素质。特别要注意肌肉力量和耐力的锻炼，逐步提高机体的适应能力，打下良好的基础。

（四）要有重点和针对性

消瘦者经过 2—3 个月锻炼后，体力会明显增强，精力也会比以前充沛。这时应重点锻炼大肌肉群，如胸大肌、三角肌、肱二头肌、肱三头肌、背阔肌、臀大肌和股四头肌等，运动量要随时调整。另外，同一个部位的肌群可采用不同的动作、不同的器械进行锻炼，并且要使所练肌群单独收缩。随着肌肉力量的增加和动作协调性的提高，锻炼的效果会越来越显著。一般情况下，练习动作一个半月到两个月变换一次。此外，锻炼时精神（意念）要集中于所练部位，切忌谈笑、听音乐等。所练部位肌肉的酸、胀、饱、热感越强，锻炼效果越佳。这样，再坚持半年到一年，体型就会发生显著的变化。

（五）少练其他项目

消瘦者进行健美锻炼时，最好少参加其他运动项目的锻炼，特别是耐力性项目的运动，如长跑、踢足球、打篮球等。因为这些运动消耗能量较多，不利于肌肉的增长，而且会越练越瘦。此外，平时不要做耗费精力太多的其他活动。

（六）合理的膳食

只有摄入的能量大于消耗的能量，人才能变胖。因此，消瘦者的膳食调配一定要合理、多样，不可偏食。平时除食用富含动物性蛋白质的肉、蛋、禽类外，还要适当多吃一些豆制品及赤豆、百合、蔬菜、瓜果等。只要饮食营养全面，利于消化吸收，再加上适当的健美锻炼，就能在较短时间内变得丰腴起来。

思考题

1. 如何理解形体健美运动。
2. 形体健美运动的标准。
3. 形体健美运动的锻炼方法。

第十四章

体　操

第一节　健美操

一　健美操的概念

健美操是集音乐、舞蹈、体操、美学于一体的新型体育项目。它以其自身固有的价值和魅力，风靡世界，深受广大青少年学生及群众的普遍喜欢。目前，健美操已列入我国学校体育教育教学大纲，成为学校体育教育的主要内容。本节重点阐述了健美操的概念、分类与特点，使青少年学生对健美操有一个基本的了解。

二　健美操的分类

目前，世界健美操和我国健美操种类繁多，分类方法也各不相同。因此，根据健美操的目的和任务，可以将其分为健身健美操、竞技健美操和表演健美操三大类。

（一）健身健美操

健身健美操，也称为大众健美操，是集健身、娱乐、防病为一体的群众性普及性健身运动。健身健美操的主要目的在于健身，因此，其运动强度和动作难度相对较低，可为社会不同年龄、层次、性别、职业的人所选用。根据不同的需要，健身健美操还可从不同的角度进一步分类和命名。

（二）竞技健美操

竞技健美操是根据竞赛规则与规程的要求组编的一套具有较高艺术性、以比赛取得优异成绩为主要目的的健美操。竞技健美操只进行自编动作的比赛，有特定的比赛规则和评分方法，需完成一定的难度动作，对人体的心肺功能、身体素质、技术技能和艺术表现能力有较高要求。一般较适合于青年人。竞技健美操比赛共设五个项目：男子单人、女子单人、混双、混合三人、混合六人健美操。

（三）表演健美操

表演健美操主要是以在表演中展示自己的价值和魅力；在观赏中陶冶情操、净化心灵、促进健美操活动的广泛开展；满足人们展开和表现自我的需要为目的，在特定的活动场合或节日庆典中进行表演，集观赏、娱乐为一体的体育节目。一般而言，健身健美操用于表演极其普遍，竞技健美操用于表演时可不受规则的限制。

三　健美操的特点

（一）集健美和健身于一体

健美操是以健身为基础，根据人体解剖学、运动生理学、体育美学等多学科理论，为使人体健康健美地发展而编排的。健美操动作讲究健美大方，强调力度和弹性，练习内容讲求针对性和实效性，不仅能使身体各部位的关节、韧带、肌肉得到充分锻炼，使人体匀称和谐地发展，而且还能增强体质，培养健美的体形和风度，塑造健美的自我。因此，健美操是一项既注重外在美的锻炼，又强调内在美的培养人体运动方式，对人身心影响较为全面。

（二）鲜明的节奏感和韵律感

健美操是一种必须在音乐伴奏下进行的身体练习，音乐是健美操的灵魂。与艺术体操相比，健美操更强调动作的力度。因此，健美操的音乐节奏趋于鲜明强劲，风格更趋于热烈奔放。健美操音乐多取材于迪斯科、爵士、摇滚等现代音乐和具有上述特点的民族乐曲，而正是音乐中的高低、长短、强弱、快慢等有节奏的变化，使健美操更富有一种鲜明的现代韵律感。此外，旋律清晰、活泼轻快、情绪激奋的音乐，不仅能振奋练习者的精神，使人产生跃跃欲试的动感，而且还能使人在练习过程中，忘却疲劳，产生一种轻松愉快的心情。

（三）动作的多变性和协调性

健美操成套动作的多变性，不仅表现在动作的节奏和力度上，而且还表现在动作的复合性方面。其每节操很少是单个关节的局部动作，大多为多关节的同步运动。如在完成大幅度的上肢动作时，常伴有腰、膝、髋、踝和头部等的动作。这不仅可使身体各关节的活动次数成倍增长，而且还能有效地改善和提高人们身体的协调性。

（四）广泛的群众性

健美操是一项富有趣味性的运动，它能给人们带来热情奔放的情感体验，符合现代人追求健美、自娱自乐的需要，因此深受广大群众的喜爱。同时由于健美操，尤其是健身健美操，其练习形式多样，运动负荷和难度可以自我调节，不同年龄、性别、形体、素质、个性、气质的练习者都可酌情择项参加锻炼，各种人群都能从健美操练习中找到适合自己的练习方式，并通过训练增强体质，弥补自身的某些不足，并且还可从中获得乐趣。因而，健美操是男女老幼所青睐的一项运动。此外，由于健美操不受气候的影响，对场地、器材条件的要求不高，练习起来简便安全，适合不同地区、不同条件的单位和部门开展。因此，这项运动具有广泛的群众性。

第二节　艺术体操

一　艺术体操的概念

艺术体操是体操的一类。由舞蹈、跳跃、平衡、波浪形动作及部分技巧运动动作组成。一般在音乐伴奏下进行，富有艺术性，艺术体操（Rhythmic Gymnastics）是一项新型的女子竞技体育项目，是奥运会、亚运会比赛项目。又常被译为韵律体操。有团体赛、个人全能赛和个人单项赛。

二　艺术体操的起源和发展

艺术体操起源于欧洲。艺术体操是一种新兴的体育项目，是一种从事徒手或手持轻器械，在音乐的伴奏下进行的体育运动。艺术体操也叫韵律体操，是一种艺术性很强的女子竞赛体操项目。它起源于 19 世纪末 20 世纪初的欧洲，并于 20 世纪 50 年代经苏联传入我国。

艺术体操是一项新兴的体育项目，它在 20 世纪 80 年代以其特有的魅力在各体育院校广泛开展起来，随着社会的发展，该项目在中国国内已产生了较大的影响。

艺术体操于 1984 年第 23 届奥运会被列为比赛项目。艺术体操运动有利于发展人的协调、柔韧、灵巧等身体素质，也是进行美育的一种手段。19 世纪末 20 世纪初起源于欧洲。瑞士日内瓦音乐学院教授 E. J. 达尔克罗兹为了实现身体运动与音乐的结合，创编了节律运动、训练听力动作和即兴动作，用人的身体运动，把音乐节奏表现出来。现代舞创始人之一、德国的 L. 冯拉班在现代舞的基础上创立"学校教育舞蹈"，为艺术体操的形成做出了贡献。

20 世纪 20 年代，艺术体操逐步发展为竞技运动项目。1928—1956 年间的 6 届奥运会均规定每个国家的女队必须参加由 6—8 人组成的轻器械集体操比赛，这成为国际艺术体操比赛的最初形式。1962 年国际体操联合会确定艺术体操为女子竞赛项目。1963 年在匈牙利布达佩斯举行了第 1 届世界艺术体操锦标赛。

三　艺术体操的特点

（一）艺术体操提倡韵律和节奏，是以自然性的动作为基础的节奏运动

什么是节奏呢？节奏就是动力在时间、空间上达到最合理的分配，用最省的力量完成最复杂的动作。节奏的根本规律是紧张和松弛的合理交替，所以，艺术体操要求练习者一定要掌握松弛的技术，防止由于过分紧张用力而造成动作僵硬。节奏的基本动作是摆动、波浪和弹性动作。因此，波浪起伏、流动和节奏是艺术体操区别于其他运动项目的主要特点。

（二）艺术体操要使用轻器械

运动员要手持各种不同的轻器械完成各种器械动作（如抛接、滚动、转动等）和身体动作（如跳跃、转体、平衡等）。对于艺术体操，不管使用何种器械，对动作来说，都是起辅助作用的，应把它们看作是身体某一部分的延长，起到加大整个动作幅度的作用。为了使身体动作和器械动作有机地结合，初学者应在掌握基本身体动作之后才能运用器械，即徒手练习是基础。如果在使用器械时，没有身体动作，那么器械动作难度再高，也不能称为艺术体操，因为那种单纯使用器械的动作与杂技演员的动作没有什么区别，已失去了艺术体操的基本特点。

（三）艺术体操必须有音乐伴奏

音乐是艺术体操的灵魂，是充分体现其韵律和节奏的最主要的表现手段。一首优美动听、与动作协调配合的乐曲，不仅能激发练习者的情绪，提高练习的兴趣，最主要的是能使艺术体操动作更富有感染力和表现力，对于初学者来说，音乐不是单纯的"节拍器"，而是通过听音乐做动作，培养练习者的节奏感。同时，音乐还有助于练习者合理地掌握动作技术。

（四）艺术体操适合广大群众

由于艺术体操所特有的韵律性和艺术性，以及不受场地器材限制的优点，使这个项目很容易在大、中、小学中普及，在女生中尤其易于开展。它可以根据各校的特点和条件，选择不同难度、不同动作幅度、不同动作类型的练习内容，可以室内练习也可在室外练习，只要有一块平坦的场地即可。艺术体操还是雨天体育课的好教材，在教室里、在走廊上或门厅内，都能进行，这也是区别于其他运动项目的特点之一。

四 艺术体操的分类

根据艺术体操的目的和任务，可分为一般性艺术体操和竞技性艺术体操两大类。

（一）一般性艺术体操

其任务是发展协调、柔韧、灵巧等身体素质，增进健康，培养练习者良好的身体姿态，使其获得健美的体魄，一般性艺术体操以徒手练习为主，包括各类基本动作组合及成套练习。简单的持轻器械练习也是一般性艺术体操的主要内容，器械的选用应根据各地条件和练习的任务而定，没有硬性的规定。一般性艺术体操结合队形的变化，可进行集体表演，也可作为普及性的比赛内容。这些练习可以广泛地在大、中、小学中开展，因为它不受场地器械的限制，灵活性强。如今，我国不少地区已把艺术体操列入体育教学内容中，成为体育教育的一种手段和开展课外活动的内容之一。

（二）竞技性艺术体操

它是在一般性艺术体操基础上，通过更精确的动作技术和高度的艺术性，在规定的时间内，表现出身体与器械完美结合的一种集体和个人的比赛。竞技性艺术体操正式比赛项目有绳、圈、球、棒、带五种器械，有时间、场地、人数的规定，在自选动作中，还有动作数量、动作难度、动作类型的规定，有专门的竞赛规则，裁判员根据规则要求对运动员成套动作的编排和完成情况分别给予评分。运动员要在比赛中获胜，必须具备以下条件，即高超的难度动作技巧，新颖独特的编排，高质量的动作完成，音乐与动作完美的配合，以及运动员丰富的表现力。而这一切都是与运动员平时艰苦、系统的专项训练分不开的。

第三节 器械体操

一 器械体操的概念

利用规定的器械，按一定的时间、空间顺序进行各种身体锻炼的体操。器械体操是在人的中枢神经系统支配下，在悬垂或支撑状态中利用身体各关节的屈伸完成各种静力性、动力性的动作，以增强身体素质，提高各器官功能，促进身体发育，培养刚毅、勇敢、果断的品质。一般常用的器械有单杠、双杠、吊环、鞍马、平衡木、高低杠、跳马、跳箱、山羊等。

二 器械体操的分类

（一）娱乐类器械体操

1. 绳操

即各种花样跳绳。跳绳是一种古老的健身活动，在中国已有 1000 多年的历史。据《酉阳杂俎》记载，唐代就有人"透索为戏"，透索即跳绳。现在跳绳用的绳子，用亚麻、棉或尼龙编成。绳子的长短以练习者脚踏绳的中部，两手持绳的两端，长度达到两臂侧举齐肩的高度为宜（一般约为 280 厘米）。直径 1 厘米，中间部分可加粗。跳绳可分跳长绳和跳短绳两种。跳长绳由两人摆绳，1 人或多人跳绳，可跳 1 次也可连跳若干次，在连跳中还可以加做转体等动作。跳短绳可自摇自跳，也可以 1 人摇 2 人跳。摇绳可分前摇、后摇、交叉摇、双摇、三摇等，还可以做摆动、不同面和方向的绕和抛接动作。

2. 圈操

1936 年在柏林举行的第 11 届奥林匹克运动会上，德国艺术体操家 H. 梅道设计的一套团体操动作中，利用圈来象征奥运会的五个连接环。

以后圈操在许多国家相继开展起来。1963 年第 1 届世界韵律体操锦标赛把圈操列为比赛项目。圈重 300 克以上，内径 80—90 厘米，用木或塑料制成，圈的横切面呈椭圆形。圈的基本握法有单手握、双手握、正握、反握、正反握。圈操的基本动作有举、摆、滚动、旋转、抛接、跳跃、钻圈等。

3. 球操

20 世纪 20 年代初，欧洲的一些体操学校就已在韵律体操中加进了球操。球重 400 克以上，直径 18—20 厘米，用胶皮或塑料（抗静电）制成。基本技术包括摆动、绕环、拍球、抛接和滚动（在地上或身上滚动）等。

4. 火棒操

火棒是最早使用的一种体操器械。起初主要是男子使用，经过长期的变革发展成为女子竞技性项目之一。火棒长 40—50 厘米，重 150 克以上，用木或塑料制成。做火棒操时，以大拇指、食指、中指握住棒端小球做绕环动作；以手腕为中心的称小绕环，以肘为中心的称中绕环，以肩为中心的称大绕环。还可以做不同面和方向的各种抛接动作。

5. 带操

1971 年第 5 届世界韵律体操锦标赛中，被列为比赛项目。这种带子由手柄和绸（缎）带组成。手柄长 50—60 厘米，直径 1 厘米以内。绸（缎）带重 35 克，长 700 厘米，宽 4—6 厘米，靠柄端的一段带子双叠 100 厘米，带实长 600 厘米。带和柄间连接装置（包括线和轴承）不得超过 7 厘米，手握部分可缠胶布 10 厘米。手柄以竹、木或塑料制成。带操的基本动作包括摆动、绕环、抖动和抛接等。带子的花形有螺旋形、蛇形、环形、小 8 字、大 8 字等。

6. 纱巾操

纱巾长一般为 150—250 厘米，宽度为 70—100 厘米，可用丝绸、尼龙纱或其他轻纤维材料制成。纱巾操的基本动作有摆动、绕环、抛接等，还可利用纱巾做各种跳步、转体、舞步等。

7. 棍操

棍长 90—120 厘米，直径 2—3 厘米。握棍的方法有单手握、双手握、正握、反握、正反握、宽握、窄握等。基本动作有大、小绕环和跳棍，也可以做限制性动作，如用不同宽度的握法做转肩动作或双人对抗动作。

8. 实心球操

球的直径为 20—30 厘米。球心填塞棉、棕、铁沙等，表面用皮革、人造革或帆布缝制；重量一般为 1—5 公斤。实心球操主要是做个人或双人的肩上、头上、胯下的抛接动作。也可以用脚做抛接动作或利用球的重量做发展腹背肌群的动作。

（二）竞技器械体操的分类

1. 肋木

把许多根圆形横木平行排列起来，两头固定在框架上的一种简易器械。可安装在室内或室外（离墙 100—200 毫米）。肋木分一列木、双列木和多列木 3 种。肋木用韧性材料做成，其规格通常为：支柱高 3000—3200 毫米，每列宽 950—1000 毫米，横木间距离 100 毫米，横木数为 19—21 根，每根直径约为 3 厘米。肋木的练习适用于各种训练水平的人，可以从不同高度的横木开始，做各种攀登、移动、压腿、压肩、体后屈和悬垂举腿动作等，可单人或双人同时练习。还可根据教学训练的需要，利用肋木做各种游戏。进行肋木练习，可以发展人体的灵巧和攀登能力，增强力量和柔韧等素质。

2. 体操梯

一种形似梯子的器械。有垂直梯、水平梯和倾斜梯三种。垂直体操梯，可以上下攀登，也可绕梯作螺旋式攀登。水平体操梯，可做正向前移，也可在悬垂姿势中放开一手加转体向前移动。倾斜梯与垂直梯相仿，但正面攀登时比垂直梯容易。

除上列器械外，航海、航空和宇宙航行人员还可以根据工作性质的不同，采取一些特制的体操器械来进行训练，以提高前庭分析器（平衡器官）的机能和平衡能力。

第四节 健美运动

健美运动是一项非常有益于身体健康的体育项目，它跨越传统的体育范畴，以多元的内容满足不同人的需求。它既能塑造静态美，又能培养动态美，既能进行姿态训练，又能塑造形体。通过健美运动人们可以体验音乐感、艺术感，丰富社会文化生活，促进社交活动，因此深受广大青年喜爱。

一 健美运动的概念

健美运动是一项根据人体结构、生理特点和美学原理，针对不同性别、年龄、体质状况和体形特点的人，通过徒手或利用各种器械，运用专门的动作方式和方法进行锻炼，以增强体质，增加体力，发达肌肉，改善体形，培养优美人体姿势的身体锻炼项目。

二 健美运动的特点

健美运动同其他体育运动项目一样具有强身健体作用，但又不完全等同于一般体育活动，其名称本身就规定它既要"健"又要"美"。它的练习动作和手段、教学内容和方法、比赛内容和评比标准都体现健与美的特征。所以在健美锻炼中，不仅要追求美的体形、美的仪表，而且也要追求美的心灵、美的情操，努力提高自己的文化、艺术修养，做到体态美、行为美、心灵美，真正把体育与美育、外在美与内在美融为一体。具有设备简易、易于普及，有节奏性、综合性与多样性等特点。

三 健美运动的作用

长期进行形体健美锻炼，不仅能发达肌肉，增强肌肉的弹力和肌力，而且能增进健康、增强体质、改善体形、矫正体态畸形、调节心理活动、陶冶情操、提高中枢神经系统机能，培养顽强的意志品质。

四 健美的标准

（一）男子健美的标准

1. 肌肉发达，健壮有力

早在古希腊人们就崇尚人体美，他们认为，健美的人体应具有宽阔的胸部、灵活而强壮的脖子。著名雕刻大师米隆所创造的《掷铁饼者》以其精湛的技艺塑造了人体健美的外形。诗人马雅可夫斯基曾经说："世界上没有更美的衣裳像结实的肌肉与新鲜的皮肤一样。"可见发达的肌肉和强健的体魄是人体美的重要因素。随着竞技健美运动的发展，人们对人体肌肉的发展愈加重视，要求也越来越高。

2. 体形匀称，线条分明

对于健美的体形，不同国家、不同民族、不同的人有不同的看法，但有一点是共同的，就是经常从事体育锻炼能使体形更匀称更健美。人们根据人体的脂肪所占比例和肌肉发达程度等并参照肩宽和臀围的比例划分不同体形，一般分为胖型、肌型（运动型）和瘦型三类。

胖型。其特点是上（肩宽、胸围）、下（腰围、臀围）一般粗，腰围很大，腹壁脂肪很厚，胸部脂肪多下坠，体重超标。

肌型（运动型）其特点是肩宽、背阔、腰细、体形呈现"V"形，腹壁肌肉垒块明显，四肢匀称，肌肉发达，体重在标准体重加减5%以内。

瘦形。其特点与胖形相反，腰围小，但因胸腔小而上下一般细，肩窄、胸平、四肢细长、肌肉不丰富、脂肪极少，体重小于标准体重25%—35%。

肌型。为标准体形，经常从事各项体育活动的人，特别是运动员，多为肌形，知道了体形分类，就可通过健美锻炼来改变自己的体形。

3. 精神饱满、积极向上

精神饱满其外在的表现是皮肤美、姿态端正、动作洒脱，其内在的表现则是有朝气、勇敢顽强、坚韧不拔。皮肤美是人体美的重要表现，皮肤也是健康状况的镜子，健康的人往往"红光满面"，优雅的姿态和洒脱的动作会给人以美的印象。

4. 健美的体围标准

男子健美体围标准详见表14-1。

表 14-1　　　　　　　　　　　**男子健美体围标准**

身高 （厘米）	体重 （千克）	胸围 （厘米）	扩展胸围 （厘米）	上臂 （厘米）	大腿 （厘米）	腰围 （厘米）
153—155	50	94	97	32	48	65
155—157	52	94	98	32	49	65
157—160	54	95	98	33	50	66
160—163	56	95	101	33	51	66
163—166	59	98	102	34	52	68
166—169	61	100	103	34	53	69
169—171	63	100	104	35	53	69
171—174	65	102	105	35	54	70
177—180	67	103	107	36	55	71
177—180	70	103	108	36	55	72
180—183	72	104	109	37	57	72

（二）女子健美标准

女子体形可谓千姿百态，但从健美的标准衡量，女子健美体形的特点是躯干呈三角形、四肢匀称、肌肉圆滑、胸部丰满、腰细臀圆、颈长腹平，胸、腰、臀富于曲线美。

女子健美肌肉特点是肌肉发达，线条清晰，肌肉分布匀称和有别于男子的富有曲线美的肌肉清晰度。

另外女子健美标准还应看言谈举止是否高雅，仪表和姿态是否端庄。因此，女子健美爱好者，在追求健美外表的同时，要努力提高自己的文化、艺术修养，真正把内在美与外在美融为一体。

女子健美体围标准详见表 14-2。

表 14-2　　　　　　　　　女子健美体围标准

身高 （厘米）	体重 （千克）	扩展胸围 （厘米）	臀围 （厘米）	腰围 （厘米）
152—154	47.5	88	88	58
154—158	48.5	88	88	58
158—161	50	89	89	59
161—163	51.5	89	89	60
163—166	53	90	90	60
166—169	54.5	90	90	61
169—171	56	92	92	61
171—174	58	92	92	62
174—176	60	94	94	64
176—178	62.5	98	96	66

五　姿态健美标准

姿态美指日常生活中人处于静止状态（坐、立、卧等）或从事一些基本技能活动（走、跑、跳、投等）时，身体各部位（如头、躯干、四肢）的相互关系应符合美学要求。俗话说："坐如钟、立如松、卧如弓"，是对正确的坐、立、卧姿势的一种形象概括。有些人虽然五官端正、体形匀称，但因身体各部分不能按美学要求协调配合，造成姿态不雅。

姿态健美是通过长期坚持不懈的形体训练获得的。每个人在体形、体态上都或多或少有些缺陷，但通过形体训练，有助于提高身体各部分的灵活性和协调性，使姿态和动作变得优美和谐。下面介绍三种日常生活中的基本身体姿态。

　　正确的坐姿应是保持身体挺直姿势，用骨骼肌和肌肉支撑全身的重量，在前倾或侧倾时，应从腰际倾向前或侧面（图 14-1）。正确的站立姿势是挺胸、抬头、目平视、腹微收、立腰、胯上提、臀收紧、腿夹紧、脊椎挺直（图 14-2）。正确的走姿是挺拔、自然、均匀。挺拔指保持整个身躯正直，抬头挺胸自然，双肩自然下垂，肘稍屈，协调在身体两侧摆动，均匀抬步，膝关节和脚尖对前方，着地时脚掌应向后向前均匀支撑身体的重量（图 14-3）。

图 14-1　　　　　　　　　图 14-2　　　　　　　　　图 14-3

第五节　瑜伽健身

一　瑜伽的起源

　　瑜伽一词源于梵文音译，有结合、联系之意，这也是瑜伽的宗旨和目的，是为达到冥想而集中意识之意。可究竟是什么同什么"结合"呢？其实瑜伽是为指明人类本能从较低到较高的"结合"，用同样方式也可从较高到较低的"结合"或同自我结合。这也意味着与最高的宇宙万物之灵相同化，使自己从痛苦和灾难中获得解脱。（1）导论。瑜伽，又作瑜伽，原为梵文，yoga 之中文音译，本意是"合一""连接""结合"；即中国人所说的"天人合一"。古时东西方文化都有大我（天、宇宙万物之母）与小我（人、真我、小宇宙）要"合一"的概念。这是通过修行而达至的"境界"。故"瑜伽"一词指的是梵我合一的"境界"，是身、心、灵三者的升华，而非什么动作。这境界是无数求道者所渴望，通往解脱之门。所谓明心见性，人在宁静中容易领悟真我与实相，冥想固然是重要课题。唐玄奘法师所译的《瑜伽师地论》，指的正是瑜伽师（修行者）禅定时渐次发展的境界（地）。我们只要翻查稍为大本的辞书，都会找到瑜伽一词的本意，实与今人所听闻的相去甚远。瑜伽哲学及其实践方法，对佛教、耆那教和印度教都影响深远。（2）字源浅译。瑜伽（yoga）一词，本出自梵文"Yuj"，原是指用轭连起，〔轭又作軶，即"辕前以扼牛马之颈者"（辞海）〕即服牛驾马之意。而后来引申为接连、连系、结合、归一、化一、同一、统一之意，有和谐、等同的含意。有趣的是，英文'Yoke'一词，也正是"轭"，其拉丁文字源也是"连合"、"结合"之意。古代印度重要经典，如奥义书、吠陀经等一再提及"瑜伽"，指的都是"个体的灵"（小我，Atman）与"宇宙大灵"（大我，Mahatman）的和合归一，即中国人所说万化归一、天人合一的状态。这与佛教和印度教所指的三摩地（三昧）、觉醒、觉者、解脱、涅槃一脉相承。（3）中文里的瑜伽一词，在佛典中曾取其意译，旧译作"相应"，似乎是自从玄奘开始才通用音译瑜伽。自此这个词在意义方面开始蜕变、复杂化、思维化，甚至与原意脱轨。藏传佛教尤甚。打开中文佛学或宗教辞书自一目了然。到近代，很多人名用珈，成了时尚，很可能是取其与瑜字同部首，外形统一，易于记忆；更可能是发音的取向：珈的国音"现在"译得较准确。但是否因元、清两朝外族入主中土，汉语正音受干扰，北音南移之故？还是原文也经历了语音上的演变？那是语言学的课题。有关瑜伽修行中所唤醒的那个沉睡的能量，位于脊柱底部荐骨里的"kundalini"，音译作"昆达里尼"。印度文化初传至中国时，因其梵文本意为卷曲（kunda）。

二　练习瑜伽的健身功能

（一）保持青春的瑜伽姿势（Asana）

瑜伽认为衰老的原因是自体中毒（Autointoxication），即身体长年积存大量毒素，无法排出体外所致。多练习瑜伽姿势，身体会变得强壮，体内不会积存过多胆固醇和脂肪，血压恢复正常，心脏变得更健康。整体健康改善了，人自然更青春、更有活力。瑜伽的每一个姿势都有令身心畅通、提升或恢复元气，达到头脑冷静、情绪稳定的作用。当人变得健康，心灵变得更豁达、更坚强了，自然更能面对生活上种种无形的压力和挫折。

（二）提神醒脑的调息法（Pranayama）

瑜伽调息法是一种呼吸技巧，为脑部提供更多氧气，令整个精神状态变得平静和积极。它甚至可以在缩短每日所需的睡眠时间的同时，让头脑保持清晰稳定。

（三）洁净身心的瑜伽法（Yoga Nidra）

身心长期处于紧张状态，抵抗力便会减弱，疾病自然有机可乘。在每一趟瑜伽练习的最后部分，都会以"仰卧式"来结束。它有极大的放松及静心作用，予人一种既松弛又平和的感觉。长期练习瑜伽姿势、调息法及放松法可预防百病，尤其是糖尿病、高血压、饮食失衡、关节炎、动脉硬化、静脉曲张、哮喘等慢性疾病。可以有效调节神经系统及内分泌系统，进而改善个人整体健康水平。

三　高温瑜伽的练习效果

（1）高温瑜伽可以迅速减脂瘦身。

（2）刺激淋巴系统，排除体内毒素。

（3）增强肌肉结实度，锻炼身体柔软度，防止运动损伤。

（4）增强自主神经系统，培养专注力，增强自信心。

（5）提高心肺功能，促进血液循环及新陈代谢，帮助消化，提高身体免疫力。

（6）对长期失眠、偏头痛、腰背痛、颈椎病、肠胃疾病有治疗作用，同时还可以减少面部皱纹，使人感觉年轻。瑜伽增高的原理是将肌肉和筋腱舒展开，改变一些不良体态造成的脊椎变形或者弯曲，瑜伽可以重新让脊椎舒展，是可以让人增高两三公分的。

第六节　体育舞蹈

一　体育舞蹈的概述

体育舞蹈也称"国际标准交谊舞"。体育运动项目之一。是以男女为伴的一种步行式双人舞的竞赛项目。分两个项群，十个舞种。其中摩登舞项群含有华尔兹、维也纳华尔兹、探戈、狐步和快步舞，拉丁舞项群包括伦巴、恰恰、桑巴、牛仔和斗牛舞。每个舞种均有各自舞曲、舞步及风格。根据各舞种的乐曲和动作要求，组编成各自的成套动作。

二 体育舞蹈的起源与发展

标准交谊舞起源于古代土风舞，经历对舞、圈舞、行列舞、集体舞等演变过程，成为流传广泛的社交舞蹈。19世纪20年代后，英国皇家舞蹈教师协会对原"舞种""舞步""舞姿"等进行规范整理，制定比赛方法，开始形成国际标准交谊舞，并于1947年在德国柏林举行了第一届世界标准交谊舞锦标赛。现已发展成艺术性高、技巧性强的竞技性项目。

比赛分团体赛和个人赛两种，按预赛（淘汰赛）、复赛（选拔赛）、半决赛（资格赛）、决赛（名次赛）的程序进行。团体赛由每个参赛单位的8对男女运动员组成，按顺序进行比赛。个人赛分职业组和业余组，分别进行不同要求的比赛。对比赛舞种也有不同规定。比赛场地长23米，宽15米。

比赛按音乐节奏配合、身体基本姿势、舞蹈动作、旋律的掌握以及对音乐的理解、舞步等方面评定运动员的成绩。体育舞蹈的音乐不超过4分30秒。视比赛规模设5—9名裁判员，按国际评判标准规定的基本技术、音乐表现力、舞蹈风格、舞蹈编排、临场表现、赛场效果等六个方面进行评分。1992年，国际标准交谊舞被列为奥运会表演项目。

国际标准交谊舞20世纪30年代传入中国，80年代发展较快，先后与日、美、英等国家进行交流活动。我国1987年举办首届全国国际标准交谊舞比赛，1991年举行了首届全国体育舞蹈锦标赛。

三 体育舞蹈的分类

（一）摩登舞（modern）

又译"现代舞"。体育舞蹈项群之一。内容包括华尔兹、维也纳华尔兹、探戈、狐步和快步舞。特点是由贴身握抱的姿势开始，沿着舞程线逆时针方向绕场行进。步法规范严谨，上体和胯部保持相对稳定挺拔，完成各种前进、后退、横向、旋转、造型等舞步动作。具有端庄典雅的绅士风度。曲调大多抒情优美，旋律感强。服饰雍容华贵，一般男着燕尾服，女着过膝蓬松长裙。

（二）拉丁舞（latin）

体育舞蹈项群之一。内容包括伦巴、恰恰、桑巴、牛仔和斗牛舞。特点是舞伴之间可贴身，可分离。各自在固定范围内辐射式地变换方向角度，展现舞姿。步法灵活多变，各舞种通过对胯部及身体摆动不同的技术要求，完成各种舞步，表现各种风格。舞姿妩媚潇洒，婀娜多姿。风格生动活泼，热情奔放。曲调缠绵浪漫，活泼热烈，节奏感强。着装浪漫洒脱，男着上短下长的紧身或宽松装，女着紧身短裙，显露女性曲线的美。

拉丁舞又称拉丁风情舞或自由社交舞，是拉美人民在漫长的历史长河中形成的具有鲜明特点的激情、浪漫而又富有活力、火热的艺术表现形式，有较大的自由发挥空间，以运动肩部、腹部、腰部、臀部为主的一种舞蹈艺术，其中包括五个舞种：伦巴、恰恰、桑巴、斗牛、牛仔。

（三）华尔兹舞（waltz）

用 W 表示。也称"慢三步"。摩登舞项目之一。舞曲旋律优美抒情，节奏为 3/4 的中慢板，每分钟 28—30 小节。每小节三拍为一组舞步，每拍一步，第一拍为重拍，三步一起伏循环。通过膝、踝、足底、跟掌趾的动作，结合身体的升降、倾斜、摆荡，带动舞步移动，使舞步起伏连绵，舞姿华丽典雅。是维也纳华尔兹（快三步）的变化舞种。19 世纪中叶，维也纳华尔兹传到美国，当时美国崇尚舒缓、优美的舞蹈和音乐，于是将快节奏的维也纳华尔兹逐渐改变成悠扬而缓慢、有抒发性旋律的慢华尔兹舞曲，舞蹈也改变成连贯滑动的慢速步型，即今之华尔兹舞。

（四）维也纳华尔兹（Viennese waltz）

用 V 表示。也称"快三步"。摩登舞项目之一。舞曲旋律流畅华丽，节奏轻松明快，为 3/4 拍节奏，每分钟 56—60 小节，每小节为三拍，第一拍为重拍，第四拍为次重拍。基本步伐是六拍走六步，两小节为一循环，第一小节为一次起伏。基本动作是左右快速旋转步，完成反身、倾斜、摆荡、升降等技巧。舞步平稳轻快，翩跹回旋，热烈奔放。舞姿高雅庄重。源于奥地利的一种农民舞蹈，由男女成对扶腰搭肩共同围成一个圆圈而舞，故被称为"圆舞"。著名的约翰·施特劳斯为华尔兹谱写了许多著名的圆舞曲。

（五）探戈舞（tango）

用 T 表示。摩登舞项目之一。2/4 拍节奏，每分钟 30—34 小节。每小节二拍，第一拍为重拍。舞步有快步和慢步，快步（quick）占半拍，用 Q 表示；慢步（slow）占一拍，用 S 表示。基本节奏是慢、慢、快、快、慢（S、S、Q、Q、S）。舞曲节奏带有停顿并强调切分音；舞步顿挫有力，潇洒豪放；身体无起伏、无升降、无旋转；表情严肃，有左顾右盼的头部闪动动作。源于阿根廷民间，20 世纪传入欧洲上层社会，后流行于世界各国。

（六）狐步舞（foxtrot）

也称"福克斯"。用 F 表示。摩登舞项目之一。舞曲抒情流畅，节奏为 4/4 拍，每分钟 28—30 小节，每小节为四拍，第一拍为重拍，第三拍为次重拍。基本步伐是四拍走三步，每四拍为一循环。分快、慢步，第一步为慢步（S），占二拍；第二、三步为快步（Q），各占一拍。基本节奏为慢、快、快（S、Q、Q）。以足踝、足底、掌趾的动作，完成升降起伏，注重反身、肩引导和倾斜技术。舞步流畅平滑，步幅宽大，舞态优雅从容飘逸，似行云流水。20 世纪起源于欧美，后流行于全球。据传系模仿狐狸走路的习性创作而成。

（七）快步舞（quick step）

用 Q 表示。摩登舞项目之一。舞曲明亮欢快，舞步轻快灵活，跳跃感强，是体育舞蹈中一种轻快欢乐的舞蹈。节奏为 4/4 拍，每分钟 50—52 小节。每小节四拍，第一拍为重拍，第三拍为次重拍。舞步分快步和慢步。快步用 Q 表示，时值为一拍；慢步用 S 表示，时值为两拍。基本节奏是慢、慢。快、快、慢。舞步组合有跳步、荡腿、滑步等动作。起源于美国，20 世纪流行于欧美和全球。

（八）伦巴舞（rumba）

用 R 表示。拉丁舞项目之一。节奏为 4/4 拍，每分钟 27—29 小节。每小节四拍。乐曲旋律的特点是强拍落在每小节的第四拍。舞步从第 4 拍起跳，由一个慢步和两个快步组成。四拍走三步，慢步占两拍（第 4 拍和下一小节的第一拍），快步各占一拍（第二拍和第三拍）。胯部摆动三次。胯部动作是由控制重心的一脚向另一脚移动而形成向两侧作" ∞ "型摆动。具有舒展优美，婀娜多姿，柔媚抒情的风格。其产生与西班牙和非洲的舞蹈有密切关系，后在古巴得到发展。

（九）恰恰舞（cha-cha-cha）

用 C 表示。拉丁舞项目之一。节奏为 4/4 拍，每分钟 30—32 小节。每小节四拍，强拍落在第一拍。四拍走五步，包括两个慢步和三个快步。第一步踏在第二拍，时间值占一拍；第二步占一拍：第三、四两步各占半拍；第五步占一拍，踏在舞曲的第一拍上。胯部每小节向两侧摆动六次。舞曲热情奔放，舞步花哨利落步频较快，诙谐风趣。源于非洲，后传入拉丁美洲，在古巴得到发展。

（十）桑巴舞（samba）

用 S 表示。拉丁舞项目之一。舞曲欢快热烈，节奏为 2/4 拍或 4/4 拍，每分钟 52—54 小节。强拍落在每小节的第二拍或第四拍。每小节完成一个基本舞步。舞步在全脚掌踏地和半脚掌垫步之间交替完成，通过膝盖上下屈伸弹动，使全身前后摇摆，并沿着舞程线绕场行进，属"游走型"舞蹈。特点是流动性大，动律感强，步法摇曳紧凑，风格热烈奔放。源于巴西，是巴西一年一度狂欢节的舞蹈。

（十一）斗牛舞（paisobopli）

用 P 表示。拉丁舞项目之一。音乐为旋律高昂雄壮、鲜明有力的西班牙进行曲。节奏为 2/4 拍，每分钟 60—62 小节。一拍一步，八拍一循环，特点是舞步流动大，沿着舞程线绕场行进，游走型"舞蹈。舞姿挺拔，无胯部动作及过分膝盖屈伸。用踝关节和脚掌平踏地面完成舞步。动静鲜明，力度感强，发力迅速，收步敏捷顿挫，源于法国，盛行于西班牙，系据西班牙斗牛场面创作而成。男为斗牛士，气宇轩昂，刚劲威猛，女为红色斗篷，英姿飒爽，柔美多变。

（十二）牛仔舞（jive）

用 J 表示。拉丁舞项目之一。旋律欢快，强烈跳跃，节奏为 4/4 拍，每分钟 42—44 小节、六拍跳八步。由基本舞步踏步、并合步，结合跳跃、旋转等动作组合而成。要求脚掌踏地，腰和胯部做钟摆式摆动。特点是舞步敏捷、跳跃，舞姿轻松、热情、欢快。源于美国，原是美国西部牛仔跳的踢踏舞，20 世纪 50 年代爵士乐的流行，加速和完善了这种舞蹈，但风格上还保持美国西部牛仔刚健、浪漫、豪爽的气派。

思考题

1. 简述形体健美的概念及其标准。

2. 简述形体健美的锻炼方法。

3. 简述健美操的概念、分类及其特点。

4. 简述艺术体操的概念及其特点。

5. 简述健美运动的概念、特点及其作用。

6. 简述瑜伽的健身功能。

第十五章

健身运动

第一节　健身走

一　健身走的概述

（一）健身走的概念

健身走是介于散步和竞走之间的一种健身运动。健身走的姿势是在自然行走的基础上，躯干伸直，收腹挺胸抬头，随走步速度的加快，肘关节自然弯曲，以肩关节为轴自然前后摆臂，同时膝盖朝前，脚跟先着地，过渡到前脚掌，然后推离地面。健步走时，上下肢应协调运动，并配合深而均匀的呼吸的一种运动形式。

（二）健身走的种类

1. 慢速健身走

慢速健身走即平常的散步，每分钟 70—90 步，每小时 3—4 公里。散步是一种全身运动，可不拘形式，闲散、从容地踱步。四肢协调运动，使全身关节筋骨得到活动。散步可以增加腿足部的血流量，双腿肌肉有节奏的舒缩，从而促进全身血液循环，改善心脏功能，调节内脏机能，促进新陈代谢，消除大脑疲劳和紧张，使情绪变得轻松起来。

2. 中速健身走

中速健身走即普通步行，每分钟 90—120 步，每小时 4—4.5 公里。能进一步提高大脑血流量，增加营养物质的供应，以便能更好地发挥脑细胞的功能。

3. 快速健身走

快速健身走即快步走，每分钟 120—140 步，每小时 5—7 公里。速度和耐力两者相结合，可以很好地增进心血管系统的功能。

二　健身走的技术特点

健身走的要领在于昂首挺胸，眼平视前方，双肩放松，直腰收腹。脚跟先着地，过渡到全脚掌，再到脚尖蹬地。双臂前后摆动，身体稍稍前倾。速度可快可慢，根据个人情况而定。如身体条件允许则尽量快速。开始时以慢速为宜，两周后可用中速，第四周后采用快速行走。每次锻炼时尽量保持匀速度运动。

三　健身走的功能

（1）健身走可以降低心脑血管病的风险；
（2）有效提高心肺功能，增强肌肉和骨骼强度；
（3）锻炼身体柔韧性，降低血脂；
（4）正常消耗热量来控制体重；
（5）使人情绪愉快，有益心理健康。

第二节　跳跃健身运动

一　跳跃健身运动的概念

跳跃健身运动是一种良好的健身方法。经常进行跳跃性锻炼，使体内得到保健性振荡按摩，从而增进身体健康，增强体质，提高运动素质水平。反复地重复持续练习跳跃动作，使人体承担一定的运动负荷，有利提高身体机能水平、平衡能力、发展协调能力和灵敏素质的一种运动项目。

二　跳跃健身运动的种类及方法

（一）原地徒手跳跃练习

就是不用任何器械进行原地向上连续重复练习跳的动作。如：直腿跳——从深蹲开始摆臂蹬地向上跳起，下落缓冲还原到深蹲，如此反复练习5—10次一组，每周练习2—3次就可以了。收腹跳——从半蹲开始摆臂跳起收腿收腹，下落还原后，再连续重复练习。每周2次，每次练3

组，每组 10—20 个，就可以了，对腹部减肥很有效。还有原地单脚跳、交替腿跳、抱膝跳、拍手跳等练习方法。

（二）行进间跳跃练习

用双腿连跳又叫蛙跳，单腿向前连跳，交替腿向前跨跳等练习，都是在行进中练习的跳跃。这种练习一般固定练习距离，10—30 米，连续重复练习，每周 1—2 次，每次 2—3 组，就可以收到健身效果。

（三）立定跳远

就是原地两脚蹬地，同时摆臂向前猛力一跳的练习。这种方法可以重复数次练习，一般重复 3—10 次。可以用来评价自己的弹跳能力、腿部力量、协调能力。也是一种良好的锻炼方法。

（四）负重跳跃练习

就是在身体上附加一定重量的物质如沙袋，进行原地或行进间地连续跳跃练习。这种练习增加了运动的难度和负荷，对锻炼身体有良好作用，但要根据自己身体条件，灵活掌握练习的次数和时间。

（五）跳绳练习

有单人跳、双人跳、多人跳、单脚跳、双脚跳、交叉跳等多种跳绳方法。对锻炼身体、提高身体机能、协调能力都有良好作用。练习安排应根据自身条件，每次练习 10—20 分钟，灵活掌握练习的运动量，自身感到疲劳为度。

第三节 跑步健身运动

一 跑步健身运动的概念

跑步健身运动是指是参加跑步健身运动的人，都应注意坚持经常和循序渐进，同时要注意控制运动量和学会"自我控制"，跑步健身的运动负荷的一种最简单、实惠、方便的健身形式。因为人们有时跑步健身的愿望会突然消失，这就需要将"不能跑"还是"不想跑"加以区分。当然，如果有病时绝对不要跑步，而在其他情况下则应克服"惰性"，坚持锻炼。

二 跑步健身运动的原则

因人而异是"健康跑"的重要原则。一般来说，每一个人的体质和健康情况各有不同，因此在跑步中一定要结合自身条件进行，同时遵循以下原则。

（一）跑速要慢

不同的跑速对心脑血管的刺激是不同的，慢速跑对心脏的刺激比较温和。一般来说每一个人的基础脉搏数是不一样的，如有的中老年人的心律过缓，晨脉每分钟才五六十次，而有些中青年人的晨脉却达到每分钟七八十次。因此，根据自己的每分钟晨脉数乘以 1.4 至 1.8 所得到的每分钟脉搏次数，来控制初期健康跑强度是比较适宜的。

（二）步幅要小

步幅小但动作要均衡。步幅小的目的是主动降低肌肉在每跑一步中的用力强度，尽可能延长跑步的时间。有许多人在跑步中过多地脚腕用力，还没跑多远就出现局部疲劳，往往使人放弃跑步。

（三）跑程要长

跑程长最为重要的一点是，人体内可"主动地"将当前血液中的血糖全部消耗掉，同时还消耗掉人体内蓄积的多余热量。这种主动消耗是降低血脂、血糖、缓解血压的最好方法。就减肥而言，更为关键的是其对健康的伤害几乎为零。

思考题

1. 简述健身走的概念及其功能。
2. 简述跳跃健身运动的概念及其方法。
3. 简述跑步健身运动的概念及其原则。

第五篇　体育欣赏篇

第十六章

体育竞赛中的欣赏价值

体育既是人体文化，又是人本文化。体育竞赛不仅体现了健与美的结合，竞争与协调的融会，同时也展示着体育的精神价值，既突出为国争光、振奋民族精神的激励价值，又发扬竞争精神的竞争价值和宣扬公平、公开、公正精神的道德规范价值。体育竞赛既有观赏价值，又有现实的教育意义。

我国施行的每周 40 小时工作制，为人们休闲提供了充裕的时间。现代科学技术的发展和先进的交通工具，为人们参加体育竞赛提供了物质条件。远在大洋彼岸的国际体育比赛，只要打开电视机，就会看到实况转播，激烈争夺的场面、运动员迷人的风采都尽收眼底，使人有身临其境之感，从而引起人们精神上的各种情感变化。如何观赏运动竞赛，提高欣赏水平是大学生不可忽视的一课。

体育竞赛与一般身体锻炼不同，它最本质的特征就是争胜负、比输赢。这一特征决定了竞赛中双方运动员都全身心地投入，并动员机体发挥最大的机能和充分发挥技术、战术水平去争得胜利，夺取金牌。但我们往往发现，在竞赛中取得优胜固然受到人们的赞美，可体现于竞赛之中的顽强斗志及高尚风格等优良品质和道德规范同样也为公众所称道。由此可见，竞赛不仅需要夺取优胜和奖杯，还必须追求高尚的情操，它们之间并行不悖，体现了体育竞赛的基本宗旨。

在 1927 年 4 月 7 日，现代奥林匹克运动会的奠基人皮埃尔·德·顾拜旦曾发表过一篇《致各国青少年运动员书》，他写道："当今世界，充满发展的极大可能，但同时也存在着危险的道德衰败，奥林匹克精神能建立一所培养情操高尚与心灵纯洁的学校，也是锻炼身体耐力和力量的学校，但这必须在进行强化身体练习的同时，不断加强荣誉观念和运动员大公无私精神的条件下才能做到。"因此，他竭力提倡继承和发扬古代奥林匹克精神，把"和平、友谊、进步"作为奥林匹克运动的宗旨。

1912 年，顾拜旦在他著名的诗篇《体育颂》中，也曾满怀激情地歌颂体育，把体育看成是美丽、正义、勇气、荣誉、健康、进步与和平的化身。他极为赞赏他的好友亨利马丁·迪东所办学校的校训："更快，更高，更强"，并把这作为奥林匹克的格言写在奥林匹克宪章上。这句格言虽然也概括了体育竞争的特点，但它还有更深刻的含义。这就是要求社会上所有的人们，当然也包括运动员在内，都要有一种不断进取、永远向上的精神。只有这样，人类社会才会不断发展与进步。

奥林匹克的宗旨与格言，可以理解为从"和平、友谊、进步"的愿望出发，通过运动员"在奥运会上相见"，在"更快，更高，更强"的口号下进行"公正坦率的体育比赛"，从而"促进和加强各国运动员之间的友谊"，并增强和提高人类的体质、运动技艺和精神境界。这就是伟大的奥林匹克精神的完整内容。这种精神寄托了人类千百年来所追求的美好理想。这种理想成为一条友谊的纽带，将世界上不同种族和民族、不同肤色的人们连在一起，友好相处。可以说，奥林匹克精神现今已经成为各种体育竞赛的根本宗旨。

第一节　观赏体育竞赛的意义

一　享受生活乐趣

大家都有这样的体会，经常观赏体育竞赛，除可以享受各种运动美感外，还常被那绚丽多姿的文化氛围和社交环境所感染。这表明，体育竞赛有着无穷的魅力，它可以通过运动中的腾飞、旋转、冲刺和追逐等，文化中的道德、伦理、风俗、习惯等，艺术中的造型、乐感、旋律、色彩等，人际关系中的交往、和谐、举止、风度等因素，使观众的心理与之同步运动，从而起到满足精神需求的作用。特别是竞技有胜负之分，观众若受那些不确定的悬念所驱动，总能使自己的情绪处于兴奋中。因此，我们在学习、工作之余，若能通过观赏体育竞赛，体验在日常生活中难以涉及的既复杂又多变的空间感受，无疑将为我们的生活增添无穷的乐趣。

二 领悟人生真谛

按照自然法则,·人类生存与发展都是竞争的结果。体育竞赛中的竞争,实质是体力、智力和意志力的较量,它对现实生活的启迪,在于为人们提供实现人生价值应具有的信念、勇气和力量。由于这些极具内涵的精神品质,通常更容易在竞技场上得到最形象化的表现,因而通过观赏体育竞赛,在享受运动美感的同时,若能进一步深刻体验运动员为争取比赛胜利,在激烈竞争中表现的坚定不移、临危不惧和顽强拼搏等优秀品质,内心情感就会发生变化,而由此产生的激励作用,往往可以使人从逆境中奋起,领悟唯有勇往直前、遇到困难也永不退缩,才能实现自身价值的人生真谛。

三 品尝体育文化

具有千姿百态的体育竞赛发展至今,都有极其深远的历史背景。若就文化内涵而言,它们作为人类智慧的结晶,又集中反映了不同国家、民族的风俗民情和意识观念。比如,极富内向、务实和封闭性色彩的东方体育竞赛,与表象外向竞争和开放性特征的西方体育竞赛,就属于两种风格迥异的体育形式,这需要我们去细细品味。

体育文化的外在表现,则反映在围绕体育竞赛而进行的文化艺术活动中,它包括竞赛期间的文艺演出、绘画展览、火炬接力、新闻报道、电视转播、发行邮票及纪念币等内容。由于这些活动的开展,使色彩各异的体育文化形式得以在全世界传播。因此通过观赏体育比赛,人们除了可以了解各种人文景观,还能品尝独具风采的文化艺术表演。

四 陶冶道德情操

良好道德情操的形成,受内在和外部两方面因素的影响。作为外部影响因素,体育竞赛所创造的文化环境是以其特有的价值观念、道德意识和审美情趣,在健康、进取、意志、信念等方面,对人的行为施加影响,并为协调人际关系和化解社会矛盾创造有利条件。因此,人们通过观赏体育竞赛,不仅可以体验奥林匹克精神和原则,使自己的行为与社会保持一致性,而且还能从运动员遵守道德、服从裁判、公平竞争等行为表现中,接受道德情操的教育,树立良好的社会风尚。

五　振奋民族精神

凡属重大国际比赛，均规定以国家为参加单位，为了表达对优胜者的崇敬，且有升国旗、奏国歌、颁奖杯、授金牌等礼仪。即使以个人名义参加的大型比赛，运动员也总是代表自己的国家。这表明，尽管世界各国的政治观点和生活方式不同，但凡世界性体育竞赛，都直接关系到国家与民族的尊严和荣誉，它必然对观众的思想、情感、精神和意志产生巨大的影响，并从本国运动员的胜利中，使民族自尊心得到满足，自信心不断增强，爱国主义情感更加浓厚。但体育竞赛场上的胜负，毕竟又不能与国家的强盛等同起来，如果过于宣传狭隘的民族主义精神，观众面对失败就容易产生逆反心理，反而会导致行为上的越轨。因此，我们对振奋民族精神的认识，是要从体育竞赛的精神内涵中寻求动力，而绝不单纯以胜负论英雄。

第二节　如何观赏体育竞赛

一　树立正确的审美观点

在漫长的历史长河中，人类相信"美"具有满足憧憬未来的动力。于是承认美的价值，并怀着无限的向往去追求和创造美。体育之所以有如此魅力，即在于它所表现的"体育美"是以复杂多变的直观形象作用于观赏者的视听器官，进而引起各种平日难以体验的奇特审美观点。

距今几千年的古希腊文化，因受尚武精神的影响，一直是以崇尚"强健的身体"为审美追求，把人体、力量和运动作为判断体育美的标准。但在现代社会中，由于物质、文化水平的提高，伦理道德观念有所变化，人们为追求现代化生活方式，在充分肯定以人体、力量和运动为外在审美对象的同时，还强调把审美的意蕴引向内部，即通过观赏体育竞赛使自己的道德情操、意志品质、审美情趣受到美的熏陶。这就是说根据外观与内涵结合的现代审美观，我们在直感体育美的基础上，还应注意观察运动员的内在表现力、意志力、想象力、创造力和艺术感染力，并坚持摒弃那些有碍健康、伦理、道德及缺乏价值的审美观点。

二　对不同体育审美的欣赏

（一）欣赏形体美

美学家认为，人的美感最先产生于对"轮廓"的良好印象。这里说的"轮廓"是指人体的外观形象，亦可简称为形体，它包括人的体型、姿态和风度等内容。体育竞赛作为人体生理性对抗的一种运动方式，通常以空间活动表现人的体型、姿态和风度，故具有复杂多变、造型奇特、动态鲜明等特点。因此，由人体运动姿态、艺术造型和表演风格构成的形体美，离不开对身体匀称、曲线和姿态，当然还有肌肉形态、皮肤色泽、面部表情和气质风度等内容进行评价。特别是那些艺术造型的竞技项目，往往通过超凡的力量、动作技巧和造型艺术，把运动员匀称的肌肉、矫健的身姿、优美的体型雕刻得玲珑剔透；通过极富神韵的表演风格，把运动员的雍容仪态和内在情感展现得淋漓尽致，使观赏者体验到一种朝气和青春活力。

（二）欣赏健康美

健康作为人体生存的基础，对追求和创造美的生活具有重要意义，观赏体育竞赛可以体验健康美。当观众见到运动员体态匀称、肌肉强健、动作敏捷、技艺超群、肌肤滑润等外观形象，就能产生"由表及里"的视觉效果，并把这些体育健康美的感觉印刻在心。如果按"启迪自我"的高标准要求，还可以从自我健康的对比中，接受活泼、欢快、纯洁、开朗和创造热情等健康因素的感染，进一步认识体育锻炼对塑造人体健康所起的作用，由此建立对健康追求的信念，从中获得改善自我健康的勇气和力量。

（三）欣赏运动美

根据体育竞赛的竞技性特点，由动作、技术和战术综合表现的"运动美"，是观赏体育竞赛的核心内容。"动作"对人体运动的影响至关重要。运动员唯有完成各种动作，才能使人体运动具有实质性内涵。观众对动作美感的体验，主要从身体姿势、动作方向、幅度、力量、速度、节奏、频率的变化和起伏迭宕中获得。

为了提高运动水平，必须寻求合理有效完成动作的方法，于是"战术"又成为体育竞赛的关键因素。而运动员为追求理想的动作模式，在高、难、险、新技术方面所作的努力，又使"技术"更添美的魅力。

由"战术"表现的美感，可在比赛双方战术的选择、应用和变化中得到反映。此时，观众若能注意观察运动员根据各自情况，在合理分配体力、调节力量方面采取的措施，欣赏他们巧施计谋，在比赛中"以柔克刚""出奇制胜"，就能从更高层次体验美的意蕴。

（四）欣赏行为美

按伦理学观点，体育道德规范是判断体育行为美和丑的标准，其内容包括：对集体、国家的责任心和使命感；同心协力、顽强拼搏的精神；胜不骄、败不馁的道德风尚；遵守纪律、尊重裁判和观众的体育道德原则等。欣赏体育竞赛中的"行为美"，是针对运动员的行为道德、思想作风而言的。诚然，体育竞赛是以取胜为目的的一种运动方式，但如果运动员心怀集体、魂系祖国，且已竭尽全力表现出为国争光和赶超世界水平的坚定信念，即便比赛可能失败，观众也会对他们的执着、勇敢、顽强的拼搏精神持肯定态度。我们常说的"虽败犹荣"，其实正是对高尚体育道德行为的赞美之词。相反，若为取胜而不择手段、投机取巧，或畏强欺弱，甚至采取蛮横等手段，就必须对这种卑劣行为予以谴责。实践证明，观众对"行为美"的正确判断和评价，不仅有助于良好社会风尚的形成，也是对自身文化、教育和审美修养的考验。

三 对不同运动项目的欣赏

随着竞技体育广泛发展，用于体育竞赛的运动项目也日益增多，它们以其不同的竞赛规则，独有的竞技方式和表现风格，吸引着世界数以亿计的观众，为我们提供了丰富的文化、艺术享受内容。显而易见，要对如此众多的运动项目作全面介绍，实在是件很难的事。但无论是怎样形式的运动项目竞赛，都有其共性。在我们欣赏体育的时候，无不对运动员在比赛或表演中动作的美、力量的美、速度的美、战术的运用以及运动员们顽强拼搏、团结协作的优良品质所吸引。譬如：

（一）欣赏测量类项目

欣赏测量类项目时，由于此类项目的共性是以高度、远度、重量和通过一定距离所需要的时间确定比赛成绩的，因此具有最大限度克服生理障碍、挖掘人体潜能的特点。

（二）欣赏评分类项目

欣赏评分类项目是按一定标准，对完成动作质量进行评分确定比赛成绩的项目，包括竞技体操、艺术体操、竞技健美操、技巧、健美、跳水、花样滑冰、花样游泳等。它们以一连串的动作组合为基本的表现形式，具有空间运动、动静变幻、神形兼备等特点。观赏这类运动项目的比赛，应把动作准确、娴熟、协调、完美放在首位，注意编排结构、艺术造型和完整套路的变化，并从中领悟刚柔相济以及蕴含于风姿绰约中的内在魅力。

（三）欣赏得分类项目

得分类项目是根据规则按每局得分达到规定数目确定比赛胜负的项目，包括乒乓球、羽毛球、网球、排球等。由于比赛双方各占场地一方，隔网相对，并根据得失分转换速度较快，具有运动员可在重新发球或接发球间歇中有较充裕时间思考的特点。观众应针对攻、防技术和战术的灵活应用，注意观察运动员的想象力、创造性和心理自制能力。

（四）欣赏命中类项目

命中类项目是以命中目标数确定比赛成绩的项目，包括设防型和无防型两个分类。

1. 设防型项目

在设防型项目中，运动员通常按技术规范和事先布置的战术，在规则的严格控制下参与比赛，具有直接对抗、攻防变换、竞争激烈等特点。为了取得比赛胜利，运动员的个人技术和体力固然重要，但更强调勇敢顽强、集体配合和战术意识，其中包括观察、判断和预测能力。如篮球、足球等项目，具有较强的观赏性。

2. 无防型项目

无防型项目是在无人防守、干扰的情况下，运动员凭借个人技术和体力优势，以命中目标多少计算成绩的项目。具有单兵作战、内紧外松的特点。沉着冷静、耐心细致、意念集中是取胜的关键。如射击、斯诺克台球等。

（五）欣赏制胜类项目

制胜类项目决定成绩的方法比较特殊，它既含命中对方而得分的因素，又可直接制服对手而获胜。譬如在欣赏拳击项目比赛时，运动员是如何利用各种组合拳突然向对方发起进攻，并给予对手致命一击的精彩场面。在欣赏摔跤项目比赛时，主要欣赏在攻防中采用的过胸摔、过背摔、跪撑、搭桥等技巧，以及运动员的个人"绝技"和顽强的意志品质。在欣赏柔道项目比赛时，主要欣赏运动员如何占据合理位置，使用关节技、

绞技、固技和巧劲，摔倒并制服对手的精彩场面

第三节　体育竞技中的人文精神

人文精神是一种普遍的人类自我关怀，表现为对人的尊严、价值、命运的维护、追求和关切，对人类遗留下来的各种精神文化现象的高度珍视，对一种全面发展的理想人格的肯定和塑造。其目标是追求善良和美好，其核心是以人为本。

一　人文精神的认识

（一）什么是"人文"

《易·贲》指出："刚柔交错，天文也。文明以止，人文也。观乎天文，以察时变。观乎人文，以化成天下。"即文明到达的地方，通过文化教育使人的行为有所约止，有了道德规范就可以达到文明的、人文的境地。要观察宇宙自然的变化，研究其规律，也要观察研究人伦社会的现象及规律，教育人们摆脱野蛮，完善文明的社会。

"人文"一词在西方文化中的含义有两种，一方面与"人性"（humanity）等同，一方面与"人文学科"（humanities）等同。英文的humanities直接来源于拉丁文humanitas，而拉丁文humanitas继承了希腊文paideia的意思，即理想人性的培育、优雅艺术的教育和训练。古希腊人认为，在所有的动物中，只有人追求"优美之艺的教育与培训"。因此，那些热切地渴望和追求这种知识的人们便具有了最高的人性。

由此可见，无论中国还是西方，"人文"一词都包含有两层意思：一是指理想的人或人性，二是指培养理想的人或人性的途径，即中国的人伦教化和西方的人文教育课程。这两层意思密切关联，前者为目的，后者为手段，学科意义上的"人文"服务于理想人性意义上的"人文"。

（二）"人文精神"的认识

中国是个古国，前人所流传下来的文化传统对体育的人文精神有着极为重要的影响，体现出的人文精神是"天人合一""崇尚和谐""恪守中道"。所谓"天人合一"是中国人文精神之一，其基本思想是强调人与自然的统一，认为天与人、天道与人道、天性与人性是相同的、一致的。人

的生理活动和社会活动都应遵从于自然规律。人不能违背自然规律，不能超越自然界本身的承载能力而任意破坏自然，只能在尊重自然规律的前提下利用自然和调整自然，使自然万物都能够依照自身的本性正常自然地存在、生长。就是把自然与人这两大要素看作是一体，即人体要适应自然变化的节律，使二者相互融合。"崇尚和谐"不论是人与自然或者是人与人我国都崇尚相互协调和谐，重养生之道，吸天地之灵气于一身，重在内在修养。"恪守中道"是儒家学说的主张之一，也是古代文化传统对中国影响较深的人文精神之一。恪守中道是指坚持原则，不偏不倚，无过无不及，待人接物采取不偏不倚，调和折中的态度，即中庸之道。主张以广阔的胸襟、宽容的情怀去接纳不同的对象，只有这样，世界才能生生不息地发展下去。

在西文中，"人文精神"一词应该是（humanism），通常译作人文主义、人本主义、人道主义，体现出的人文精神是"个人中心""崇尚竞争"。以自己为中心，重视个人能力的发展，并强调个人要超越自然。如想要突出个人使自己成为佼佼者就必定引出竞争，只有在竞争中赢得胜利的才会"鹤立鸡群""独领风骚"，成为霸主。

人文精神的问题，近年来受到了很多人的关注。中国现代文化讲究"以人为本"的人文精神，就是要尊重人、理解人、关心人，强调以人为中心，更多地考虑社会问题，注重现实人生生活的幸福；强调人的社会责任和人的群体性，强调社会道德属性而非个人的自由权利是一种道德化的人本主义，渗透出中国文化独特的浓厚的伦理特色和人文精神。从根本上说人文精神就是人文文化与教育的深化和升华。它以追求真善美等崇高的价值理想为核心，以人的自由和全面发展为终极目标，着眼于人类对自身命运和世界的认识和改造。

二　中西方体育人文精神的差异

中西方人文精神的差异体现在于对待体育的理解、认识的不同，这同中西方历史文化的底蕴是不可分割的。中西方人文精神的差异使得体育内容与训练方法也同样有明显的差异。

中国体育文化是注重修身养心得，通过体育使身体与心灵得到协调；西方体育侧强调的是"竞技"。我国传统体育是由外到内的一种健身养心的；西方体育重视竞技，通常都会在激烈的竞赛中充分发挥自我，取得胜利，并引以为傲，受人尊敬。中国体育文化缺乏竞技性，或说竞技性很弱，主要表现在竞技体育项目较少，没有有规模、长期性的大型比赛，有的只是一些让人观赏的表演性运动，我国古代就不重视竞技体育，不赞同那种激烈的体育运动，渐渐地使我国体育变得不堪一击。就拿我国传统体育的典型项目太极拳来说吧，其特色是以柔克刚、动静结合、以静制动、以不变应万变等，将人与自然融为一体不受外界因素干扰，并要有良好的心态，不急不躁、静观其变。练习太极拳就要先从内心开始修养，再由内到外。它的目的在于修身养性而不是争强好胜。

　　而西方国家与我国恰好相反，就拿美国来讲，它为什么会成为世界体坛中的霸主？美国是个完全崇尚个人主义的国家，追求个人自由，其竞争氛围强大，充分肯定运动员个人的自身价值及顽强奋斗的精神，推崇力量、技巧、拼搏、竞争的发展。就是这种精神使运动员不断地发掘自身潜力，挑战自身，勇攀高峰。西方体育还极力推崇超越自然，在挑战和超越了人的生理极限后，就要开始挑战超越自然。所以西方人都有冒险的精神，如登山、漂流等，这些都是极其危险的项目，稍有闪失就会出事故，但我们每年还是会看到很多外国人参与到挑战自然这一活动中去实现自我。而中国却很少有人敢于挑战这类冒险项目，究其原因，主要是来自各方面的阻拦或规劝，使我们的勇敢、挑战、超越的精神在逐渐丧失殆尽。

三　奥林匹克运动中的人文精神

　　理解了"人文"一词的基本含义，就不难理解"人文"这一申办理念的意蕴。我们提出的"人文奥运"有三个方面的含义："人文奥运"是以人为本的奥运，就是要大力弘扬人文精神，使人的身体素质和精神文化素质都得以提升，以求得人的自我完善；"人文奥运"就是"文化奥运"，是将奥林匹克运动中的文化内涵突出地显现出来，使奥运会的全过程及其每一个方面都体现出高雅的文化追求，努力促进不同文化之间的平等交流；"人文奥运"同时又是"文明奥运"，就是通过举办奥林匹克运动会，引导人们遵守基本道德规范，形成良好的礼仪习惯和文明风尚。

　　百年奥运，风云变幻，不变的是始终如一的人文精神。在光彩照人的奥林匹克精神中，人文内涵是不朽的底蕴。它作为一种特殊的精神动力，凝聚着人们向往进步的共同心声。中国体育文化与西方体育文化的碰撞与交流，从更广泛的意义上说，还包括体育竞技和体育文化在内的中国文化和西方文化在当今新的国际国内背景下的交流与融合。这就要求我们必须考察奥林匹克运动的文化传统和精神实质，寻找中国文化精神与西方文化精神的差异点与契合处，使两种文化、两种精神在当今新的世界历史时代得以融合，使中国、西方和奥林匹克运动在这一全新的交流与融合中，赋予各自、对方和整个世界更为丰富的文化色彩，携手走向人类更理想的目标。

四　奥林匹克运动与中国文化及中国人文精神的结合

（一）二者结合的必要性

奥林匹克运动与中国传统文化结合的必要性表现在两个方面：一方面指只有实现二者的结合，奥林匹克运动一贯追求的世界性、开放性和平等性才能得以更加充分的实现；二是指只有实现二者的结合，奥林匹克运动才能体现出文化的多元性，才能使奥林匹克的文化内涵更加丰富，文化色彩更加斑斓，人文精神更加独特。

（二）二者结合的可能性

实现奥林匹克运动与中国文化的有机结合不仅是必要的，而且是可能的。首先，二者都有深刻的思想内涵与丰富的文化形式，有很大的共通性和互补性。现代奥林匹克运动以人本主义为其根本精神，以人的全面和谐发展，以不同国家、不同民族、不同文化的相互理解、团结、友谊和建立一个和平美好的世界为宗旨，并在今天已发展成为世界上规模最大、参加人数最多、最富吸引力和影响力的体育与文化盛会。而中国文化经过几千年的积淀，已形成了具有东方魅力的独特风格。将两个置于不同地域、不同社会历史背景下的文化结合在一起，一定会有异曲同工之妙。其次，奥林匹克运动与中国文化又有很大的互补性。奥林匹克运动是西方文化孕育出来的，注重的是个人自由、力量和竞争，有更大的开放性；而中国文化强调的是责任、义务和社会角色，追求安稳与和平，竞争观念不足。这些差异的存在说明两种文化的对立性，同时又表明二者间有很大的互补性，可以相互学习、吸收和补充。再次，二者都具有开放性和兼容性。虽然奥林匹克运动和中国文化在各自的发展历程中都曾表现出一定的排他性，但从整体上讲，二者都是以一种开放的姿态接纳了其他异族文化，从而使自身更加丰富和更有活力。

（三）奥林匹克运动与中国文化的"互动"

人类文化的丰富和发展正是在不同文化的相互碰撞、相互交流、相互融合的"互动"过程中实现的，奥林匹克运动与中国文化在新的时代条件下的结合既是完全必要的，又是充分可能的。二者之间的"互动"也一定会产生让双方各得其所、皆大欢喜的"双赢"结局。

奥林匹克运动对中国的意义是显而易见的。申奥成功提高了中国的国际地位，说明中国作为世界上人口最多、经济发展速度最快、社会事业全面进步的发展中大国，其重要地位正为世界充分肯定；申奥成功给中国带来了无限商机，推动中国经济的进一步发展，加速中国的现代化进程。同时，北京申奥成功的文化意义也将突出地显示出来。奥林匹克运动对于中国文化的影响表现在如下方面。

首先，2008 年在中国成功举办的奥运会，大大激发了中国人民的爱国热情，增强人民对民族文化的自信心和自豪感，形成巨大的民族凝聚力。

其次，举办世界性的奥运会为中国提供了向全球展示中国文化独特魅力的绝佳机会。奥林匹克运动一贯倡导体育与文化的结合，历届奥运会的主办国都借用奥运会这个世界最大的体育盛会向全人类展示本国、本民族的历史传统与文化魅力。

最后，举办奥运会有助于我国人民文明素养的提高，进一步促进人们开放观念、平等观念、竞争观念的形成。奥林匹克运动强调参与、奋斗、竞争，在参与中展现自我，在奋斗中完善自我，不断追求卓越。中国文化追求和谐、平稳，奥林匹克运动主张的竞争、参与对每一个人都是平等的。这一观念将对培养中国人平等竞争的精神有重要意义。

另一方面，我们在看到奥林匹克运动将给中国注入现代文化精神的同时，也要看到中国文化对奥林匹克运动同样会产生非常积极的作用。在中国举办奥运会必将使奥林匹克运动更加具有世界性、开放性和平等性，使奥林匹克运动赋予文化多样性的色彩。

中国文化和中国人文精神对于丰富、发展奥林匹克主义和奥林匹克精神会起到以下独特的作用。

第一，中国人文精神与奥林匹克主义有一个契合点，即都主张"以人为本"，以人为中心，以人为目的，这是二者的共同之处。

第二，中国文化是"伦理型"文化，以伦理为中心，高度重视道德教化的作用，强调人们对伦理秩序的遵守，形成了浓厚悠久的道德传统，奥林匹克运动也强调对道德规则的遵守，通过体育竞技陶冶情操，促进身心和谐发展。

第三，中国文化有"刚健有为"的精神，这与奥林匹克格言"更快、更高、更强"的追求是一致的。二者结合可以使体育做到刚柔结合，快慢有序，动静自如，达到运动的更高境界。

因此，我们完全可以将中国文化和中国人文精神与奥林匹克精神有机地结合起来，努力寻找两种文化的差异和共同之处，求同存异，相互交流，相互补充，相互融合，相互促进。

思考题

1. 观赏体育竞赛的意义。
2. 欣赏体育竞赛应树立怎样的审美观？
3. 人文精神的中西方的含义有无共同点？
4. 奥林匹克运动中的人文精神体现在哪些方面？

第十七章

休闲娱乐体育

第一节　飞盘

飞盘运动是一项集速度、优美、有力的投掷和矫健的步伐为一身的运动。

飞盘比赛的简介。

极限飞盘是一种在大型的长方形草地上举行的七对七的比赛。在场地的两端都画有长线，长线外侧的地方叫底线区域（就像美式足球的达阵区），这些区域就是得分区域。当进攻方队员在得分区域接到飞盘（或者跑动中）就算得分。

场地：长方形的场地，并且两端有底线区域。标准的场地是长 64 米宽 37 米，底线区域 18 米深。

如何比赛：

两队都整齐地站在各自端线前面。防守方把飞盘扔向进攻方。每次得分后两队都这么站到端线前面出飞盘，继续新一轮的比赛。正规的比赛要求两队各有 7 名队员。

得分：

进攻方在防守方底线区域完成一次传接就算得一分。

飞盘的运动：

飞盘可以向任何方向扔给自己的队友。队员不能拿着飞盘跑（类似于篮球里的走步），持有飞盘者有十秒的时间扔出飞盘，由防守飞盘持有者的人数在进攻队员手上滞留的时间。

进攻权的转换：

当队友互相传接没有成功时（如脱手、掉在地上、被封盖、被阻截），进攻权马上转换。

替补：

场下队员可以在某一次得分后替补上场，或者在有队员受伤时叫暂停后上场。

接触：

双方队员之间不能有身体接触。掩护和挡人也是被禁止的。有身体接触就是犯规。

犯规：

当一方队员和另一方队员有身体接触时就是犯规。犯规会改变攻防权，如果进攻方被犯规，则进攻继续。当嫌疑犯规队员不认同自己犯规时，比赛重新从犯规前开始。

自我判罚：

队员要对自己的犯规以及是否出线负责。队员自己解决争议，没有专职的裁判。

比赛的精神：

极限飞盘强调运动精神和公平竞争，飞盘鼓励激烈的比赛，但是队员也一定要相互尊重，遵守比赛规则和享受比赛的乐趣。

有几种不同的飞盘游戏，有的是由飞盘本身特性决定的，有的是模仿其他的运动项目。最流行的叫极限飞盘。另一个叫飞盘高尔夫。不像真正的高尔夫球那样有球洞，飞盘高尔夫有篮子。选手尽力把飞盘扔进篮子里。用最少次数把飞盘扔进篮子的选手就是胜利者。甚至对狗来说，接住飞盘也成为一项流行的运动。

在我国台湾，飞盘运动非常流行。它看似简单，其实是一种非常讲究技巧的运动。飞盘运动与人的手臂摆动的幅度、抛掷的方向、力度等都有很大的关系，如果不懂得其中的技巧，抛出去的飞盘多半会胡乱飞几下就掉下来了，这也是初学者经常遇到的问题。在飞盘运动中，接盘与掷盘是最基本的动作。台湾同胞在飞盘的抛掷技法上巧妙多样，招式各有不同，可以说是千变万化。小小的飞盘在他们的手中被玩出了各种花样，下面就让我们一起来欣赏一段精彩的飞盘表演……反手投、正手投、拇指推投、指弹投掷、背后投掷、胯下投掷、弹弓投掷、正手转体投掷；手指接、脚踝接、抬腿接、追接、颈后接、转身后接、正面胯下接、手掌夹接、侧身胯下接、仰头追接、抬腿跳接、弯身背接、双手交叉接、双手后接。在台湾，飞盘不仅仅是一种休闲游戏，也是一种时尚的竞技运动。这些人现在正在进行一种叫做飞盘高尔夫的竞赛。比赛的玩法和规则都与高尔夫球很相似，不同的是选手要将飞盘投进铁制的篮架中才算得分。除了飞盘高尔夫，台湾飞盘的比赛形式还有很多。这是飞盘勇气赛，也是飞盘团体赛中最常见的比赛形式。勇气赛将选手分为攻、守两方，在限定的范围内，攻方施展全力用飞盘攻击守方，如果守方没有接住飞盘，就是攻方得分，如果攻方超出攻击线的范围，攻方便要被扣分。在这种比赛里，没有足够的勇气是不行的，所以叫作勇气赛。这是飞盘躲避赛。它的游戏规则和躲避球很像。因为飞盘的飞行曲线变化多端，往往令人防不胜防，玩起来更加紧张刺激。在飞盘个人赛中，比较常见的有两种。一种是回收计时赛。就是从飞盘抛出到接住为止，时间拖延得越长分数便越高。另一种是掷准赛。就是用不同的方法将飞盘投进掷准架，只有进入门框才算得分，这不仅考验选手的抛掷技巧，更考验选手的稳定性。

个人正式比赛项目

（一）掷准赛

是以离地一米（约一般成人腰部的高度），长、宽均为 1.5 米的四方形掷准架为目标，以正面 13.5 米、22.5 米、31.5 米三处，左、右两侧约 20 度斜角 13.5 米、22.5 米四处等七个位置，分别各投掷四次共 28 次，以投进方形目标的次数为成绩。

投掷的方法有三种：正手投掷法、反手投掷法、正手倒盘投掷法。两侧角度之投掷法，以弯盘投掷法较适合，正面角度可自由选择。

（二）掷远赛

简单地说就是利用任何一种投掷法，将飞盘投至最远的地方。比赛时一般选手都采用反手投掷法，但有少部分选手以正手投掷法。投掷前若再加上助跑、转身动作，可使飞行距离更远。比赛方式与田径标枪掷远相似，唯投掷后可越线，但投掷前不可以踏线。距离测量有两种方法：量实际距离、量垂直距离。以距离最远者为优胜。

（三）回收计时赛

将飞盘往正逆风方向与风向成 30—45 度的夹角与仰角之方向投掷，待飞盘飞至最高点后顺风飘下时，以单手将飞盘接住。成绩计算是以飞盘离手时开始计时，一直到用单手接住飞盘时停表，以时间较久者为优胜。接盘时以飞盘快接近地面再接盘为最佳。若第一次接盘时，未能将飞盘接住，可在飞盘未落地前用单手再将飞盘接住，或用单手将飞盘拍起再接盘，但以第一次触盘时，停表计算时间。投掷法一般采用反手投掷法为主，正手投掷法较少。

（四）投跑接赛

与回收计时赛相同，唯一不同的地方是成绩的计算是以测量选手在 2 米半径之圆圈内投掷后至接住飞盘时，飞盘中心点垂直地面之点至 2 米支圆圈的距离，测量时以距离最长者为优胜。投掷法一般采用反手投掷法为主，正手投掷法较少。

（五）高尔夫赛

比赛方式与一般高尔夫球赛相似。一般高尔夫球是以球杆将球打进洞，而飞盘高尔夫是以手运用各种投掷法将飞盘掷进高尔夫篮架内，以投掷次数最少者为优胜。比赛时所应用的技巧多，变化也多，相对的困难度增高，因而稳定性是很重要的因素，常可看到选手因情绪拿捏不当，而造成成绩落后。

本项比赛在 2001 年世界全运会上已被列为正式比赛项目之一，另一项为争夺赛。

（六）越野赛

比赛选手须准备三片飞盘，在主办单位设计的路线上（全程 1000—1200 米）运用各种投掷法以最短的时间，一面投掷、一面跑、一面拾盘。第二次以后之投掷，须在前一次飞盘之落停点后方一米内投掷才算合法，之后再将前一次投掷之飞盘拾起。以此方式来完成全程，以时间最少的为优胜。由于在比赛过程中，设有很多限制与障碍，所以在比赛中常会发生找不到飞盘的状况。因此，选手可以有一次不用找出飞盘的机会，继续完成全部路程，若第二次再发生此状况时就以弃权论。

（七）双飞盘

比赛场地为两个边长为 13 米的正方形，中间距离 17 米；每两人一队，两队各站立于一正方形场地内，每队其中一人各持一片飞盘，作为相互掷接攻击的比赛。类似羽毛球双打比赛，但因用两片飞盘比赛，所以另有一种格调。比赛时要利用掷快、慢盘的配合，来控制对方，利用时间差来制造对方有持双飞盘的状况，而能得两分；单一失误、出界、只失一分；若双方同时各得一分或失误、出界时，则不予计分。每次双方两位选手要轮流发盘。在比赛中为避免被对方造成双飞盘，在未接到飞盘之前可利用拍、顶飞盘，使飞盘再一次短暂的在空中停留，之后再接飞盘，避开与另一位队友同时接住飞盘或同时碰到飞盘，使其有先后之别而继续比赛。投掷时飞盘落地与地面之角度不可以大于30度。

（八）花式赛

以二人或三人为一组，配合音乐的节奏在限定时间内利用各种投掷后之旋盘，表现各种技巧动作与接盘动作。是可看性相当高的一项比赛，以选手的各种动作之连贯性、难易度、失误率、合作性为评分之标准。

（九）飞盘狗

人与狗同时进行的一项比赛。从小训练家里所饲养的狗，与它一起玩飞盘，使它产生兴趣去咬飞盘，进而以滚飞盘或将飞盘拿在手上使它跳起、最后抛至空中，让它跳起咬住飞盘。

第二节　飞镖

一　飞镖的起源与发展

飞镖运动于20世纪兴起于英格兰，20世纪初，成为人们在酒吧进行日常休闲的必备活动。20世纪30年代，飞镖运动日趋职业化，出现了职业协会、职业比赛，以及大量的职业高手。今天，飞镖在英国、法国、美国已是非常普及的大众运动。

飞镖运动是一项手持飞镖投向靶盘的娱乐运动项目。它起源于16世纪英国贵族绅士在酒吧玩的小圆盘式金属飞镖，后来在欧美许多国家盛行，其历史与高尔夫球一样悠久。然而不能自动记分，是飞镖运动百余年来一直未有发展提高且不能形成潮流的关键。DCF飞镖机是一款安全的软式飞镖机，按选定的规则显示所得分数，并用中、英文报分，使飞镖变得更有乐趣，适用于各种娱乐场所。内设有标准比赛及娱乐性规则；标准比赛用18英寸镖盘；中英文语音报分及自动复位功能等。既能满足专业运动员对比赛和训练的要求，又能满足初学者及经营者对娱乐性的需求。

它是一种新型的高品位低消费给人们带来乐趣和刺激的项目，且操作简单、容易上手，同时又不失为高档次的运动和娱乐。它可以锻炼眼力、注意力、平衡力和稳定性，能够振奋精神、消除疲劳，有效促进人在动作中的控制能力，培养人的冷静与自信，体现竞赛者的情趣和文化素养。

DCF全自动飞镖机的尖端科技电脑芯片，内存八种国际标准比赛方式，除能自动记数、记分、报分、显示外，它的优越性还在于不受场地和体力的限制，投击距离仅为2.37米，可以作为台球馆、保龄球馆、文化宫、俱乐部、KTV酒吧、旅游景点、购物中心、健身中心等场所的配套设施，也可独立设置飞镖馆供宾客娱乐健身。可以组织比赛，请飞镖高手即兴表演，提高宾客兴趣。目前国内各地都相继成立了飞镖俱乐部，定期举办各种不同规模的比赛。况且，国家体育总局以落实飞镖为全国发展的全民运动，预示着飞镖运动将渐渐走入中国人的消闲视野中，成为大众娱乐时尚的潮流。

（一）运动方法

弯曲形投掷器械。起源于澳大利亚（飞镖运动起源于15世纪的英格兰而不是澳大利亚）。最初曾是澳大利亚土著人用于捕猎或打击敌人的武器。分为两种。一种为不可飞回的飞镖，仅可做直线飞行，一般为棒状，有一端呈鹤嘴锄状。另一种为可飞回的飞镖，由不飞回的飞镖发展而成，在飞行中会突然转向，体轻而细，多用坚硬的曲形木做成。可飞回的飞镖一般长约30—75厘米，重约340克，其形状有V字形、十字形、螺旋桨形等，以V字形最为常见。

投掷可飞回的飞镖作为一种体育运动在澳大利亚、美国、法国等国家相当普及，足球场、马球场或空旷的郊外，都可以作为投掷飞镖的场所。投掷时，手持镖的一叶，利用腕部力量将镖向前掷出，使飞镖的旋转平面与水平面成一定角度。1983年第一届世界飞镖锦标赛在澳大利亚举行。美国也在每年的6月举行一次好莱坞国际飞镖银杯赛。在这项运动中，澳大利亚运动员的水平较高，他们在动作的精确性及速度上都占有优势。而美国运动员更喜欢做花样投掷，在动作技巧和表演难度上领先。比赛分为几种形式：一种比在一定时间内连续掷出和收回飞镖的次数；另一种比飞镖飞行距离；再一种是比飞镖飞行的时间。

飞镖是古代战场上常用的暗器之一，亦称脱手镖，无论在马上或步下，飞镖的作用不亚于弓箭，百步以内可打击敌人的头部各要害，或者腿部、身体躯干等部位，杀伤力颇大。镖以铜制，头为三棱形，尾为平顶，长 12 厘米，重 300—350 克。镖有三种：镖尾系有长约 7 厘米的红、绿绸者，名带衣镖；不带衣者名光杆镖；用毒药煎煮或在镖头上涂有毒药膏者名为毒镖。练习时，先以中指、食指和无名指拢成槽形，挟住镖之三平面（中指挟于较阔的一面），拇指挟住镖背，镖根抵住手心，小指紧靠无名指，以中指为准，用腕劲直掷发镖。镖法有：①阴手镖。手心向下，向正面或外侧发射，目标低于胸部。②阳手镖。手心向上，向正面或内侧发射，目标高于胸部。③回手镖。手心向下，向后面发射。④接镖。闪身让过敌镖，随即抓住镖尾，练习时忌迎接镖头。

购买时要注意飞镖盘的尺寸，详细的标准尺寸可参看规则，主要应注意以下几条：

双倍环外直径 = 342 毫米

飞镖盘的总直径 = 457 毫米

有些便宜的玩具飞镖盘比标准尺寸小得多，不适于正式比赛或练习。

飞镖的选购

对于初学者来说普通的黄铜飞镖就够了。但一定要注意：飞镖应有完整的镖针、镖筒、镖杆和镖翼；手感十足，重心稳定，飞行线路易掌握。常见的劣质飞镖镖筒很短，镖杆与镖翼合而为一；它手感过轻，飞行线路很不稳定，千万不要贪便宜去买。

握镖

把飞镖放在掌沿上，找出它的平衡点（即重心）。现在用拇指把飞镖滚到四指尖端，再把拇指放到重心后面一点点，最后用其余手指抓住它，至于用几个手指就随你自己方便。现在可以举起手臂来掷镖了。

大多数握镖法与这种标准握镖法只有细微的差别。

（二）飞镖运动的基本要求

镖针朝上！正如你读到的，握镖一定要使镖尖略朝上。如果你的镖针朝下，请马上改变过来！

稳定但不紧张。握镖必须稳定，但不能使你的手指肌肉紧张。如果你的指尖因压力过大而发白，或者镖筒上的纹路已印到你的指尖上，就是你过分紧张了。握镖只要飞镖不会滑动就够了，不过要保证在加速过程中能很好地控制飞镖。在握镖中通常出现的错误都是太紧了而不是太松了。

几根手指？这是个常常被问起的问题，但它没有准确的答案。最少三根手指（大拇指+2），最多五根。用到的手指应接触镖筒或者镖针，任何手指都不应接触到镖杆甚至镖翼。两指握镖不能很好地控制飞镖，所以至少要三指。多用手指，在加速时能得到更好的控制，但在释放时会困难一些，因为需要协调更多的手指。在释放飞镖时，手指的协调动作是握镖的关键点。你必须要保证在释放的最后一刻不会有手指不幸地"踢"了飞镖一下。这会影响它的飞行方向。

1. 镖筒形状

在不同的镖筒上，可能有些握镖法不太好用。你不但要找到适合你自己的握镖法，也要找到适合你自己的镖筒形状。这二者是互相影响的。这方面会依个人习惯而有所不同。不要握拳！不握镖的手指怎么办？可以把它们伸开，或保持与其他手指一样的位置。比如说，你用四个手指时，小指习惯地圈过飞镖接触到手掌（就像握拳时一样），就是个坏习惯。握拳会使其他手指过分紧张，释放时比较困难，而且还会增大前面提到的"踢"镖的概率。

2. 握镖的禁忌

禁忌之一：镖针朝下。握镖一定要保持镖尖略朝上。

禁忌之二：两指握镖。这不是酷不酷的问题，三点才能保证稳定，因此至少要三根手指握飞镖，用五根也没关系。多用手指，在加速时能控制得更好，但在释放时会困难一些。

禁忌之三：握拳。不握镖的手指可别习惯性地握起来，可以把它们伸开，或保持与其他手指一样的位置。握拳会使其他手指过分紧张，释放时比较困难，还容易蹭到飞出去的镖，影响精度。

（三）比赛规则与胜负判定

飞镖运动的比赛规则很简单，靶子上有1到20分的分区，中央的小圆心是50分区，边缘是25分区，二道粗圆线所覆盖的扇形区域是1到20分的相应双倍和三倍分区，投中双倍和三倍分区是很重要的，命中50分区更难，国际上501分制飞镖晋级规则，是指每个选手一轮投三标投中的分数依次减去，当分数减完后谁使用的标少，谁就胜出，不过，最后一标必须是双倍分区结束，如果最后计算或投标失误，减分过501分也算失败。

二 现代飞镖历史

飞镖是具有悠久历史的英国酒吧游戏。20世纪70年代以后，飞镖成为世界上最受欢迎的运动之一。长久以来这项运动的起源被认为是标枪、弩箭或箭术，而其中最可能的是射箭。事实上，回想最早的飞镖靶，你会发现这些有着同心圆的靶子就是射箭靶的模型。更确切地说，飞镖最可能被当作"箭"来认识。

直到 20 世纪初期，飞镖才以不同的形式出现在英国部分地区，这种简单比赛只出现在组织内部或关系较好的酒吧间的友谊赛（运动的费用在那个时期都是非常昂贵的）。然而，第一次世界大战结束以后，随着第一个啤酒厂联合会的出现，得到了一定程度的发展。到 1924 年，一个全国性的飞镖组织初露端倪。在 1927 年新闻杯世界大赛在伦敦举办，到 1930 年末的时候飞镖已经扩展到了英国大部分地区，在 1938—1939 年期间在英格兰飞镖运动参与者达到 28 万。随着啤酒人的继续从事和公开赛的进行，飞镖运动得到了发展和壮大。到 20 世纪 30 年代飞镖已经成为英格兰整个地区和威尔士部分地区非常流行的运动，并受到社会各阶层的欢迎，它的出现甚至鼎立于当时的九柱戏和室内套圈。不过，飞镖运动也在一些地区受到了阻碍（曼彻斯特部分地区）。

飞镖运动在第二次世界大战期间鼓舞了士气，它经常出现在军官的食堂里和战俘的营地里。飞镖被指定为 NAAFI（英国海陆空军小吃部）体育运动。美国士兵把飞镖带到了美国，并开始对这项古老的英国运动产生兴趣，因为在美国很少有人玩这种游戏。1947—1948 年，世界个人飞镖锦标赛开始复苏，这次是建立在全国性基础上的。但最初的全国性飞镖组织已不复存在，即使很多人意图再另外建立一个，直到 1954 年仍没有公司愿意成为控股机构。

20 世纪五六十年代，尽管个人水平已经很高了，但飞镖运动仍保持着低调。NDAGB 计划建立一个郡联盟，并组织一个高水平的竞赛。20 世纪 60 年代，电视台第一次对飞镖比赛进行了直播。英国飞镖组织（BDO）在 1973 年建立。随着电视切换屏幕技术的出现飞镖走进了全英国。

20 世纪 70 年代和 80 年代出现了第一批飞镖明星，像艾里克·布利斯托、约翰·劳、艾伦·埃文斯、乔克·威尔森、莱顿·瑞斯、克里夫·拉扎仑克……

1992 年建立了职业飞镖协会（PDC），它的前身是世界飞镖委员会。现在著名的赛事有：世界对抗赛、大奖赛、世界锦标赛……

（一）【飞镖术语】

ARROWS 箭，即飞镖。

BABY TON 小吨，分数 95，通常是打了 5 个 19 分。

BAG O'NUTS 一袋坚果，分数 45。

Barn Dart 进仓镖一轮中的第三支镖打中了头两支没打中的瞄准目标。

Bombs/Bombers 轰炸机很大或者很重的飞镖。

CHUCKER 乱射（胡打），根本不瞄准就胡乱投镖。

CLOCK 钟面，即飞镖盘。

ROBIN HOOD 罗宾汉，把后一支镖打在前一支镖的镖杆上。

THREE IN A BED 三人行，三支镖打在同一个分数上。

SHUT OUT 关在门外，一分没得就输掉了一场比赛。

SKUNKED 惨败，一分没得就输掉了一场比赛。

WHITE HORSE 白马。打出（T20，T19，T18）后泛指同一轮中命中三个不同的三倍。

（二）比赛规则

1. 基本原则

对记分员（Scorekeeper，Marker，Scorer，Chalker）的要求是，他/她本身应是一个有经验的飞镖选手，并且熟悉飞镖比赛规则。在记分时，应被比赛双方所接受，应保持中立和公正。在非正式的比赛中，上一场比赛的负者应为下一场比赛记分。

以镖尖接触到镖盘的有效计分区为基本原则。

投掷飞镖以 3 镖为一轮，用手投出，每次投一镖，飞镖向镖盘投出离手后并超越了投掷线，就算投出一镖。飞镖应投在有效记分区内，飞镖投在镖盘以外，镖盘外沿，被镖盘弹回，投中后未及拔镖而掉落（或在镖盘停留未超过 5 秒钟，5 秒钟是指第 3 支镖或最后一支镖投后），扎在前一支镖的镖杆上，均算投出一镖，且不得分。

任何人的手接触到镖盘上的飞镖，该轮就算结束，选手不必一定要投完 3 支镖再去拔镖（或破坏墙壁），计分员在 3 镖之间一定不能接触盘上的飞镖。选手自己、记分员或己方队友触到了镖，该轮比赛结束，计算已投出镖的得分。对方触到了镖，该轮比赛也算结束，计算已投出镖的得分，罚对方空一轮比赛。

2. 例外情况

（1）镖尖并未扎入镖盘，而是搭在前两支镖上接触到镖盘，应予计分；

（2）镖杆倒着扎入镖盘（投掷前尾翼已掉），不得分（除了镖尖，任何其他部位接触镖盘均不得分）；

（3）从铁圈下扎入镖盘。在使用正常状态的镖盘情况下，以飞镖首先接触的分区为准；

（4）飞镖弹出用手接住后能否再投？正式规则不能。有些飞镖联盟规定只要接镖时未越过投掷线，就可以再投；

（5）飞镖掉落情况的处理。对最后一镖的处理有不同说法，按正式规则如该镖停留不到 5 秒钟，则此镖无效。有些联盟规定只要双方认可，该镖也可以得分；

（6）爆镖。收 DOUBLE 时，如前一镖爆镖，剩余的镖就不能再投，希望将前一镖打掉，或用后两镖再练习一下都是不允许的。但有时在未爆镖的情况下将前一支不稳的镖打掉，会是一个好的选择；

（7）飞镖投在两个分区之间如何处理？有时会因为选手使用的飞镖重量过重，或镖盘质量有问题而将铁丝扎断，甚至铁丝将飞镖镖尖劈开，飞镖正好投在两个分区之间。此时要按较高的分区计算得分；

（8）收 DOUBLE 时，头一镖已投中应投的分区，因光线、角度等原因未看清楚，以为没有投进，又投中一镖至该分区或其他分区，是否算爆镖（1998 年 Howso Titan 与 Locals Ⅱ 在镖协杯半决赛时，对方张建就出现过这种情况）？以前的规则规定算爆镖，但 WDF/BDO 世界飞镖联合会和英国飞镖组织的新规定，任何在结束比赛后"意外"投出的镖都不予计算。因此这种不算爆镖，算取得比赛利；（规则：当结束比赛的镖投中，比赛就告结束，其后投出的镖不予计算）。

（9）当计分员在记录正确的情况下报错分数，如你剩 36 分，计分员告诉你剩 46 分，你按 46 分结束了比赛，如何处理？算你爆镖！因为只有你自己对你的得分和投的镖负责。

3. 选手的准则

（1）不要急于拔镖，一定要等计分员看清分数，并报出分数后再拔（根据规定，如选手在记分员记录得分之前从镖盘上拔镖，该轮得分可能被计为零）；

（2）在非大型正规的比赛中，自己应向计分员和对手报出分数；

（3）不要报对方所得的分数；

（4）不要探身看对手所得的分数；

（5）比赛时自己用心计算分数，同时检查计分员所记分数是否正确，出现错误，要及时提出；

（6）可以向计分员询问自己所投的每一镖的分数，以及一轮结束后剩余的分数；

（7）一般规定，选手一轮 3 支镖要在 2 分钟内投出；如选手器材损坏，允许有 3 分钟的时间修理或更换器材；选手如确有紧急原因要离开赛场，应在 5 分钟内返回。

（8）在一方投镖时，另一方选手应站在其身后至少 60 厘米以外。

（9）尊重计分员和对手。

4. 计分员的职责

站稳，少说话

（1）你应报出 3 镖的总分，或根据要求报出单镖的分数；

（2）你应告诉选手他所剩的分数；

（3）选手结束了比赛要及时宣布；

（4）你应在双方争红心时判断谁的镖距红心近；

（5）你应警告选手不能越过投掷线，或判决犯规选手的投掷无效；

（6）你应在比赛中调整好镖盘的位置；

（7）在 "01" 比赛中，所剩的分数写在记分板中间，得的分数写在记分板外侧。

5. 北京飞镖联盟比赛中的记分问题

（1）根据联盟比赛规则规定，主队负有整场比赛记分的义务，但也鼓励由双方来轮流记分；

（2）按惯例，第一场 1001 的团体比赛应由主队记分；

（3）记分时不要用 X9 的方式记录选手所剩的分数，以避免提示或误导选手。

（4）除记分员外，任何其他人都不应在投掷区内，以免干扰和影响比赛选手。

（5）不要告诉或提示对方选手剩多少分和如何投。

6. 如何争红心？

正规比赛先掷硬币以决定谁先投，猜中硬币者可选择先投或后投。镖投在记分区内有效。联盟比赛时可由客队先投。争红心时，双方各投一镖，距红心近者胜，并由其首先开始比赛。如双方的镖距红心距离相同（或不易判别）、都投在单倍红心区或双倍红心区内，双方需要重新争，投掷顺序应予轮换。在先投者的镖投在双倍红心区内时，后投者可要求其拔下镖后再投，也可以不让其拔镖，如后者也将飞镖投在双倍红心区内，算后者胜。如在记分员未宣布争红心的结果时，一方就拔出了镖，则判镖仍留在镖盘上的一方获胜。在团体或双打比赛中，则依靠双方的配合，争红心者不一定要先发。

7. 比赛规则

附属规则：可选择单/双靶心、正常/双倍入、正常/双倍/三倍出。

一局十轮，每位选手起始为 301 分，选手积分随投掷得分而递减，首先将分减为 0 者获胜，如十轮投掷完成后无选手将积分减为 0，则积分最低者获胜。如果选手投中某镖后使积分减成无法结束游戏的分数（正常出积分<0；双倍出积分≤1；三倍出积分≤2 或者在双倍/三倍出条件下，投中非双倍区/三倍区使积分减为 0）为"爆镖"，发生爆镖后，取消该轮得分，同时结束本轮投掷，轮到下位选手投镖。

附属规则：可选择单/双靶心、正常/双倍入、正常/双倍/三倍出。

一局二十轮，每位选手起始为 501 分，选手积分随投掷得分而递减，首先将积分减为 0 者获胜，如十轮投掷完成后无选手将积分减为 0，则积分最低者获胜。如果选手投中某镖后使积分减成无法结束游戏的分数（正常出积分<0；双倍出积分≤1；三倍出积分≤2 或者在双倍/三倍出条件下，投中非双倍区/三倍区使积分减为 0），称为"爆镖"，发生爆镖后，取消该轮得分，同时结束本轮投掷，轮到下位选手投镖。

21 点（GAME 21）

附属规则：可选择单/双靶心。

一局七轮，每轮投掷机器随机指定的分值区。投中指定分值区的单倍区、双倍区、三倍区得 1、2、3 分，积分正好达到 21 分者获胜。如果完成七轮投掷，无选手使积分达到 21 分，则积分高者获胜。若选手投中某分值区使积分超过 21 分，称之为"爆镖"，产生爆镖后，取消该轮得分，同时结束这位选手的本轮投掷，轮到下一位选手投镖。

打飞碟（SHOOT OUT）

无附属规则。

一局七轮，机器随机指定一个分值区，选手在 10 秒钟内投中指定分值区得 1 分，投中其他区域不得分，超时不投镖，此镖失去投掷资格。

初始每位选手 20 分，每投中一次指定分值区积分减 1，首先将积分减为 0 者获胜。如完成七轮投掷后，无选手积分为 0，则积分最低者获胜。

高得分（HIGH SCORE）

附属规则：可选择单/双靶心。

一局七轮，完成七轮投掷后，得分最高者获胜。

杀手（KILIER）

无附属规则。

一局七轮，选手首次投中未被其他选手选定的分值区，即为该选手选定的分值区，并保持至局终。投中自己选定的分值区得 1 分。在积分≥6 分之前，投中其他区域无效。当选手积分≥6 分后成为"杀手"。杀手投中自己选定的分值区，积分加 1（积分加至 9 分后不再增加）。投中其他选手选定的分值区，被投中选手积分减 1。如果某选手积分≤0，则这名选手被淘汰出局，剩下的最后一名选手为获胜选手。如完成七轮投掷，仍有不少于 1 名选手，则积分最高者获胜。

设定目标（SUPER SCRAM）

附属规则：可选择单/双靶心。

二人游戏，不需设定参赛人数，一局七轮，由上、下两局得分决定胜负。每局先投镖者为封区选手，其任务是关闭分值区，后投镖选手为得分选手，其任务是从未关闭的分值区中得分。对封区选手，累计投中某分值区三次（投中单倍区、双倍区、三倍区，等于投中某分值区 1 次、2 次、3 次），此分值区即被关闭。对得分选手，投中未关闭的分值区得相应分，投中已关闭的分值区无效。关闭了所有分值区，或者完成七轮投掷，结束一局。

第二局，两位选手交换角色，（即第一局先投镖者，第二局为得分选手后投镖；一局后投镖者，第二局为封区选手先投镖）完成两局比赛，得分高者获胜。

顺序得分（SHANG HAI）

附属规则：可选择单/双靶心。

一局七轮，按次序依次投掷 1—20 各分值区及靶心，投中目标区得相应分（如投中 5 分目标分值区的三倍区，得 5×3＝15 分），投中非目标区无效（得 0 分）。每一分值区投中一镖即转入下一分值区的投掷。如某选手一轮的三支镖投中指定目标分值区互不相同的三个分值区（即单倍、双倍、三倍各一镖）时，该选手即获得这局比赛胜利。若完成七轮投掷，无选手用上述方法获胜，则积分最高者胜。

追杀（LUDO）

附属规则：可选择单/双靶心。

一局十轮，首先使积分达到 321 分者获胜，如果十轮投掷完成后，无选手积分正好为 321 分，则积分最高者获胜。如选手投中某镖后使自己积分和其他选手已得积分相等时，则积分被追上的选手，其积分将被清为 0，称之为"追杀成功"。

如果选手投中某镖后使积分超过 321 分，称之为"爆镖"。发生爆镖后，取消该轮得分，同时结束本轮投掷，轮到下位选手投镖。

第三节 台球

一 台球的起源

台球运动已有近 600 年的历史了。据作家、台球史学家亨德利克斯考证，世界第 1 张台球桌的出现是在公元 1400 年，当时的球桌无袋，只有拱门或柱门。后来人们在桌子中心开了一个圆洞，继而又在桌子四角开了四个洞，同时也激发了人们的玩球兴趣，直到在桌子上开了六个圆洞，才演变成了今天落袋式台球球台的雏形。关于台球的起源有如下几种说法。

（一）起源于法国

1904 年美国人道逊在他的著作中说，法王查理七世时期，已经有台球运动了。台球的名称来自法语，早在 15 世纪法国已出现了"台球"一词，俄语中的单词"BILLE"（台球）就是来自于法语。

（二）起源于中国

英国诗人科顿 1674 年所著之书中，描写了有关台球的历史，书中谈到台球是十字军东征时，从东方带到欧洲的一种古老的游戏，后经意大利和西班牙改进而成。

（三）起源于英国

英国人很喜欢这一运动，1836 年 12 月，第一张台球桌在伦敦设置，第一家台球馆随后在伦敦开办，第一个台球协会也是在英国自发成立。

斯诺克台球的兴起可以追溯到公元 1875 年，是由驻扎在印度的一位英国军官内维尔·鲍斯·张伯伦（Neville Bowes Chamberlain）和他的战友们首先发明的。

在斯诺克球产生之前，台球游戏早就存在，而且有多种玩法。其中，有一种叫做"黑球入袋"（Black Pool）的玩法，在内维尔·鲍斯·张伯伦所在的军队中非常流行。这种玩法有 1 个白球，15 个红球和 1 个黑球。有一天，内维尔·鲍斯·张伯伦和他的战友们觉得"黑球入袋"的玩法太简单、乏味，便决定增加黄色、绿色、粉色三个彩球上去。不久，又嫌不够，再加上了棕色球和蓝色球。这样便形成了至今已风行全球的 22 个球的斯诺克台球。

据说，斯诺克台球的命名也与内维尔·鲍斯·张伯伦有关。有一次，内维尔·鲍斯·张伯伦同一个伙伴在打这种由他们新发明的 22 个球的台球时，一个很容易的进球对方没有打中。他便顺口戏谑对方是斯诺克（斯诺克是那时当地军事院里对一年级新生的流行称法）。他这么顺口一叫，提醒了大家，使大家意识到，对于这种新的台球玩法，大家都是新手，都是斯诺克。于是，斯诺克的叫法便开始流行并固定下来。斯诺克台球很快便被传回了台球的故乡——英国。但是，当时在英国，传统的BILLIARDS台球占据着主导地位，被认为是正统的和科学的玩法。斯诺克台球一时只能是民间的一种娱乐方式，难于登上大雅之堂。在斯诺克爱好者们坚持不懈的努力下，于 1916 年首次举办了英格兰业余斯诺克锦标赛。然而，一直到 20 世纪 20 年代出现了斯诺克大明星乔·戴维斯（Joe Davis），斯诺克台球才真正开始在英国流行。

乔·戴维斯是第一位认识到控制白球回位的重要性的斯诺克选手，他利用控制白球的回位，创造连续进球机会，多次刷新单杆得分最高纪录。在此之前，打斯诺克的一般概念，是将明显可以进的球打进袋，然后打一个安全球，等待下次进球机会。所以，当时单杆进球 20 度或者 30 度，已被认为相当不错。然而，乔·戴维斯却将这个水平标准大大提高了。

　　乔·戴维斯的精湛技艺吸引了大批观众。1926 年，在乔·戴维斯和他的朋友们的努力下，台球协会和管理俱乐部（BA&CC）终于同意并且成功地在伦敦举办了历史上首届斯诺克台球世界职业锦标赛，奠定了斯诺克在台球界的地位。经过六个月的奋战，也完全在大家的预料之中，乔·戴维斯以绝对优势夺得了首届世界职业锦标赛的冠军。在一片胜利的欢呼声中，诞生了第一颗耀眼夺目的斯诺克明星。乔·戴维斯在以后每年举办的世界职业锦标赛中，一直稳坐冠军宝座，直到 1946 年退休为止。在所有的正式比赛中，乔·戴维斯没有输过一场。而且，每次决赛结果，冠亚军之间都差距悬殊。现在，世界前 100 名职业选手之间。已不再存在如此明显差距了。乔·戴维斯真可谓斯诺克历史上的一位奇才。

　　乔·戴维斯退休以后，他的弟弟弗雷德·戴维斯（Fred Davis）和沃尔特·唐纳德森（Walter Donaldson）控制了世界职业锦标赛。直到 1957 年，约翰·普尔曼（John Pulman）登上冠军宝座，并且一直保持到 1969 年。不幸的是，在约翰·普尔曼的时代里，大众失去了对斯诺克的兴趣，但是不是他本人的错，斯诺克职业选手几乎从公众娱乐舞台上销声匿迹。

　　直到 1969 年，随着彩色电视的诞生，斯诺克台球再次获得新生，并且得到蓬勃发展。当时，英国 BBC 电视台正在开发以迎合彩色电视播放的体育节目，而斯诺克台球以其所具有的丰富色彩，显而易见是最能发挥彩色电视优势的体育节目，理所当然得到了 BBC 电视台的青睐，很快，BBC 电视台推出了斯诺克台球的比赛专栏，并且直播一些斯诺克比赛实况。斯诺克台球明星很快就成为家喻户晓的人物。随之，也诞生了新一代的斯诺克职业选手。

　　1969 年，约翰·斯潘塞（John Spencer）赢得了他三次世界职业锦标赛冠军的第一次。1970 年，雷·里尔顿（Ray Reardon）赢得了他六次世界锦标赛冠军的第一次。20 世纪 70 年代的斯诺克，可以说是雷·里尔顿的年代。亚历克斯·希金（Alex Higgins）夺得了 1972 年世界职业锦标赛的冠军，而特里·格里菲思（Terry Griffiths）则获得了这项大赛 1979 年的冠军称号。1980 年的世界职业锦标赛的冠军为克里夫·桑本（Cliff Thornburn）所获得。从 1981 年起，这项代表世界斯诺克最高水平的锦标赛桂冠，便经常成了史蒂夫·戴维斯（Steve Davis）的囊中之物，在 20 世纪 80 年代，他六次夺得了这项大赛的冠军，成为新一代的斯诺克霸主。

丹尼斯·泰勒（Dennis Tayler）在 1985 年的世界职业锦标赛击败史蒂夫·戴维斯的那场快赛，吸引了成千上万名观众，创下了英国 BBC 电视台一千八百多万观众的体育节目收视纪录。乔·约翰逊（Joe Johnson）赢得了 1986 年的冠军、1986 年的冠军，1989 年，史蒂夫·戴维斯又一次夺得这项大赛的冠军，得到的奖金高达 105000 英镑。

现在，斯诺克台球已广泛地开展到了地球的各个角落。亚洲同欧洲是发展最快的地区，1988—1989 年，两个世界排名赛首次分别在加拿大和法国举行。接着，一些世界排名赛又相继在香港、曼谷、迪拜举办。1988 年的亚运会，台球被列为金牌项目。今日，斯诺克台球已成为各国人民喜爱的一项国际性体育运动。

二　台球分类

（一）台球按玩法、规则分类

落袋式台球和撞击式台球。

（二）按地区分类

英式台球、法式台球、美式台球。英美属于落袋式，法国属于撞击式。

美式台球（16 球）在我国普及最广，玩法主要有：轮换球、8 号球、换击球、见子打子、定球打法。英式台球（22 球）又叫斯诺克（司诺克），有 15 颗红球、6 颗彩球、1 颗白球，共 22 球，国际大赛一般多指英式斯诺克台球。

三　台球的场地及器材

（一）台球的场地及特点

1. 对场地要求小

斯诺克（司诺克）台球桌尺寸：3820mm×2035mm×850mm

美式落袋台球桌尺寸：2810mm×1530mm×850mm

花式九球台球桌尺寸：2850mm×1580mm×850mm

摆放球桌时外框四周一般留出 1.5 米的打球区域就可以了。

2. 台球运动的特点：是室内运动，不受季节、天气、时间等因素影响；台球的运动量不大，参加人数灵活，老少皆宜；台球运动不仅健身，而且益智。

（二）台球的器材

1. 球桌

球桌形似长方形会议桌，因此台球又叫"桌球"。台球桌内框尺寸长宽比应为2∶1，一般都是用坚硬的木材制成，特别是球桌四边的小帮，更是采用优质硬木，如柚木、橡木、柳按木等，这样边框弹性大，耐撞击，木质边框上还镶有一条三角形橡胶边，以增加边框的弹性。台面由3—4块石板铺成，石板表面光滑，经安装师傅调平后，接缝严密、平整，石板上再铺粘一层绿色的台呢，增加台面的摩擦力。球桌分为底台边、顶台边、左台边、右台边。置球点：从顶台边到底台边的四分之一处，与纵向中线相交的那一点，在此处摆目标球。内区：在台面上距底台边的五分之一处划有一条横线（分界线）把台面分为两部分，靠底台边的五分之一的区域称为内区。外区：从分界线到球顶台边的五分之四的区域称为外区。底袋：位于底台边的球袋称为底袋，左边叫左底袋，右边叫右底袋。中袋：位于左台边二分之一处的球袋称为左中袋，位于右边的称为右中袋。顶袋：位于顶台边的两个球袋分别为左顶袋和右顶袋。开球区：以球台宽的六分之一为半径，在分界线的中点向内区画半圆，所形成的半圆区即为开球区。

2. 台球的材质

早期的台球是用上好的象牙制成，现在使用的台球大多用优质塑料制成，塑料球的弹性、韧性都比较好，表面光滑，质地均匀，重心位置准确，圆度精确，不易变形。

3. 球杆

球杆用优质木材做成。杆体呈圆形，前细后粗，长度在 1.3—1.5m 之间，可长可短，一般以齐肩长为宜，重心要正确，应在球杆尾部的四分之一或三分之一处，杆头直径在 9—12mm。球杆前端是金属或塑料制成的杆头，杆头前粘有皮头（又称枪头），皮头是用优质皮革制成，质量好坏直接影响到击球。皮头富有弹性，可以控制击球时的撞击力，同时防止打滑。击三四次球之后为了防止打滑，应在皮头上擦涂壳粉。皮头要不时修整打磨，使之处于最佳状态。

4. 球杆架、壳粉、三角框等

这些设备、器具虽然看上去不起眼，但也必不可少。

5. 灯光

照明灯要装在灯罩中，有利于聚光，也避免刺眼。灯罩距球台上方75cm，亮度需要 300 瓦左右。

（三）台球术语

1. 主球

运动员从始至终用球杆直接击打的球，并利用该球运动的力量撞击其他球而得分，这个球就叫"主球"，或叫"母球"。斯诺克台球和美式台球是双方运动员共同使用一个白色球为主球。三球落袋式台球和四球撞击式台球双方球员分别使用一个白色球为主球，首杆运动员使用带黑点的白色球为主球，二杆运动员使用不带黑点的白色球为主球。

2. 目标球

运动员用主球可以首先直接撞击的球都是目标球。三球落袋式台球和四球撞击式台球除主球外都是目标球。斯诺克台球和美式台球，每一击的目标球都是变化的。击球运动员：正要击球或正在击球的人叫"击球运动员"，在一击球或一杆球结束之前，也就是裁判员宣布"失机"或"犯规"之前，此人保持击球运动员的身份。

3. 一击球

凡是击球运动员使用球杆顶端皮头击打主球，无论是得分、犯规或失机，都叫做"一击球"。如果得分后，再进行一次击打主球，算作下一击球。

4. 一杆球

击球运动员第一次击球得分，再次击球得分，连续得分直至失机或犯规为止，称"一杆球"。

5. 自由击球权

（1）一方犯规时，对方可将主球置于台面任意位置开始击球。

（2）线的自由球是指开球一方犯规时，获自由球的一方只能将主球在开球线后任意放置，并只可击打开球线与顶边之间的任意目标球。

四　台球的比赛事宜

（一）比赛方式

8 球比赛使用同一颗主球（白色）及 1 到 15 号共 15 颗目标球，1 到 7 号球为全色球，8 号为黑色球，9 到 15 号为双色球（又称花色球）。

比赛双方按规则确定一种球（全色或是花色）为自己的合法目标球，在将本方目标球全部按规则击八袋中后，再将 8 号球击入袋的一方获胜该局。若一方在比赛中途将 8 号球误击入袋或将 8 号球击离台面，则对方获胜该局。

（二）器材

1. 球台：

内沿尺寸 2540mm×1270mm，从地面到库边顶部高度为 800—850mm。

2. 球杆：须符合中国台球协会认可的标准。

3. 架杆：比赛须采用赛会所提供的。

4. 置球点：球台长边中线上距顶库 635mm 的点。

5. 开球线：平行于球台底库，距底边 450mm，并与左右两库相交的直线。

6. 开球区：由赛事组委会在台面上划出的有效开球区（一般出现在职业赛事上）。

（三）摆放球

开球前目标球排列为三角形，共 5 排，每排球数分别为 1—5 颗。第一排的一颗球置于"置球点"，8 号球位于第三排的中间位置，其他目标球全色和花色间隔开随意摆放，但必须彼此紧贴。比赛双方均有权检查球摆放是否符合规则，并要求修正。

（四）开球

1. 首局开球权的确定由双方在开球线后同时分别向底边击打同一规格的两颗主球，碰底边弹回后静止。球离顶边较近的一方获得开球权。

若击出的球未触底边或入袋则为犯规，由对方获开球权；若双方球离顶边距离相同无法判定或双方犯规，则重新进行直到一方获开球权。

2. 竞赛组委会可在赛前确定多局比赛时为双方轮流开球或由胜方开球。

3. 开球后，必须使任何一颗目标球入袋或至少四颗目标球碰触台边。若开球后主球跳离台面或主持入袋或碰触台边的目标球数少于四颗，则为犯规。

违反本项规则的处罚：对方可要求摆球，由自己或犯规方重新开球或对方获线后自由击球权。

4. 若开球后，8 号球直接入袋，则由开球方重新开球。

5. 开球后若无进球亦无犯规，则换对方继续击球。

（五）确定花色

1. 一方在开放球局中合法进球后，其所进球的种类（全色或花色）为该局该方合法目标球，另一类球为对方该局合法目标球，球局关闭。

2. 开球有球入袋，不论数量、花色、先后、开球方继续击球并有权继续选择种类。此后，其所选择的一类球有合法入袋，则球局关闭；若其选择的一类球没有入袋，则球局仍开放，换对方击球可继续选择种类；若其选择的一类球虽有入袋，但同时伴有主球入袋或主球、目标球出台等犯规情况，则球局仍开放，对方获自由击球权。

3. 球局开放时，击球方可用一种花色的球间将不同花色的球传击入袋或用 8 号球将其他目标球传击入袋而不犯规，但该进球不能使球局关闭，换对方击球。

（六）击球

1. 选手每次击球无须指定入袋球或袋口（打 8 号球时除外），其击球全部过程没有犯规，则本方目标球入袋均有效，获继续击球权；若本方目标球入袋同时有对方目标球入袋，对方目标球亦不再拿出；若仅有对方目标球入袋，亦不犯规，换由对方击球。

2. 任何一方击球后，主球最先碰触的必须是本方目标球（本方目标球已全部入袋后，8 号球为本方目标球）。

违反本项规则的处罚：对方获自由击球。

3. 一方击打主球碰触目标球后，若没有目标球入袋，必须至少有一颗球碰触台边（含主球）。

违反本项规则的处罚：对方获自由击球权。

4. 击球后，未入袋的目标球和主球必须停留在台面上。

违反本项规则的处罚：若 8 号球停留在台面以外，则击球方该局负；若其他球停留在台面以外，则对方获自由击球权，跳离台面的目标球合理消失。

5. 击球过程中（包括出杆前后），击球者除杆头以外的任何身体部分（包括服饰）、器材（包括杆身、架杆、擦粉）均不得碰触台面上的任何球。

6. 在一次击打过程中，杆头不能碰触主球两次以上（含两次）。

违反本规则的处罚：对方获自由击球权。

（七）贴球

1. 主球与台面上本方目标球相贴时，击球方击打主球后，可以使该目标球移动，且出杆角度没有限制，但击打动作必须明显，若反向击打，该目标球没有移动，并不算已碰触目标球。

违反本项规则的处罚：对方获自由击球权。

2. 主球与台面上非本方目标球相贴时，击球方击打主球后，该目标球不能因此击而直接移动。

3. 目标球与台边相贴时，主球击打该目标球后，该目标球必须离开台边后再次碰触台边或有其他球、碰触台边或有目标球入袋。

违反本项规则的处罚：对方获自由击球权。

（八）跳球

1. 击球方可根据技术需要将主球击离台面，跃过其他目标球直接击中本方目标球。但规则六的条款依然适用。

2. 跳球时，击球者只能用杆头击打主球球面 1/2 以上的区域，且所用球杆不能短于 90 厘米。

违反本项规则的处罚：对方获自由击球权。

（九）连续三次犯规

当一方在同一局比赛中连续三次犯规时，则其该局负。但裁判有义务在一方连续两次犯规后，对其提出警告。

连续两次犯规——指一方接续连三次击球过程均出现犯规行为，与对方击球、进球或犯规与否无关。若一方已连续两次犯规，轮其上场击球后，一击有合法进球，则犯规不再连续。

（十）输局

1. 对方在没有犯规的情况下击打 8 号球落入指定的球袋或己方连续三次犯规。

2. 未将本方目标球全部击入袋中而先将 8 号球击入袋。

3. 将 8 号球击出台面（开球时除外）。

4. 击打 8 号球时，主球落袋或跳离台面。

5. 一击使本方最后一颗目标球与 8 号球同时或先后入袋。

6. 打 8 号球时所进球袋非指定球袋

五　九球

（一）器材：

1. 台面规格：

a. 内沿长 254 厘米。

b. 内沿宽 127 厘米。

c. 高 80 厘米。

d. 角袋口内沿最近距离为 10.5 厘米（±1 毫米），腰袋袋口比角袋宽 1.5 厘米。

2. 台面标志：

开球线：在台面内沿长 1/4 点，画一条平行于台面宽的横线，即开球线。

置球点：台面内沿长 3/4 点的横线与内沿宽中心竖线的交叉点，即置球点。

3. 球：

主球（白色）、1（黄）、2（兰）、3（红）、4（紫）、5（粉）、6（绿）、7（棕）、8（黑）、9（黄条花色）。

每个球重 170 克，直径 5.71—5.75 厘米。

（二）九个彩球的摆放

九个彩球摆成菱形，1 号球位于置球点上，9 号球位于菱形中间，其余球可任意摆放，九个球要摆正紧靠，不可有空隙。

（三）开球权

两位选手各持有一颗球，在开球线后，同时将球击向顶岸，使其再弹回来，球最接近底沿的选手，有权选择开球。

若有下列情况，则丧失选择权：

1. 球碰到了左或右的岸边；

2. 球超越中心线；

3. 球未碰到顶岸；

4. 将球打进袋；

5. 将球打到袋口边，而且球的边缘已超过岸边。

（四）规则

开球选手在开球线后，自由选择开球位置，从 1 号彩球开始打起，依序把9号球打进袋，算赢一局，台面上的目标球永远是最小号码的彩球。

（五）开球

1. 开球选手必须先撞击1号球，并且九个球中，最少要有四个彩球碰到岸边，或彩球进袋，方算开球有效。

2. 开球后，若主球进袋或击出台面不必重新开球，换对手开自由球。

3. 开球后，若把彩球击出台面，离台的球不必放回台面，换对手开自由球。

4. 开球后，若把9号球击出台面，则把9号球摆在置球点，若置球点上有球挡住，则把9号球摆在置球点与顶岸的垂直线上靠近置球点的位置上，换对手开自由球。

5. 开球后，若有彩球进袋，选手可继续击球。

6. 若在开球时，依规则把9号球击进袋，则算赢一局，可继续开球。

7. 谁赢得本局胜利自然获得下一局开球权。

（六）自由球

当选手犯规时，对手可以把主球拿到对自己最有利的位置上击球。

（七）任何失误或犯规把彩球击进袋或击出台面，一律不把彩球放回台面（9号彩球除外）

（八）间接进球

选手根据规则，在击打台面最小号码的彩球后，利用彩球或主球撞击其他彩球进袋，有效。可继续击球，如果撞击9号球进袋算赢一局，可继续开球。

（九）跳球

主球与目标球中间若有其他彩球挡住，造成障碍球，选手可采取合法跳球方式跳跃障碍，撞击目标球。

（十）合法跳球

选手必须从主球的上半圆地方出杆，利用球的急速逆向旋转与台面的摩擦而使球产生跳跃，这样称为合法跳跃。若选手从主球的下半圆地方出杆，铲球以达到跳球目的，则属犯规。

（十一）击打球

如果选手击打目标球后没有进袋，则主球或彩球至少要有一个球碰到岸边否则算犯规。

（十二）推球

开球后，如果有彩球进袋，但台面球势的位置不理想，选手有一次推球机会，把球击到另一个位置上，主球可不必碰到岸边，推杆前必须先告知裁判或对手，如果选手开球后没进彩球，换对手击球时若发现台面球势位置不理想，也可采用推球，但推球后对手有权不打，则选手必须自己打。

（十三）犯规

遇有下列情况之一者，属犯规行为由对手开自由球。

1. 主球未碰触目标球（主球与目标球相贴除外）。

2. 主球落袋。

3. 主球跳出台面。

4. 任何彩球跳台面。

5. 以球杆、身体、衣服等碰触台面上的任何球。

6. 当目标球或主球紧靠着岸边击球后，如果目标球未进袋，主球或彩球也没有碰到岸边。

7. 出杆时双脚离地。

8. 击球时台面上的球未完全静止。

9. 开球时，将主球放在开球线外，经裁判告知后，仍强行出杆。

（十四）犯规的处罚

1. 犯规选手的对手拥有自由球。

2. 在同一球局中，如果选手连续犯规三次出现，则算输掉此局。

3. 当目标球与岸边的距离在一球之内时。选手以轻微及合法的方式击球，应以两次为限，若选手以相同方式第三次出现，则该三次球全属犯规，即输掉此局。

4. 选手连续犯规已达到两次对，裁判或对手应予告知，否则其犯规记录仍为两次。

（十五）合法球

任何球跳离台面后，自然滚回台面算合法击球。

（十六）犯规

选手每次的击球时间为一分钟，过时为犯规，裁判应在45秒时警告选手。如果第二次过时出杆，裁判可裁定其"故意犯规"。

（十七）故意犯规

选手不可使用任何东西在台面上做记号，不可以用各种测量工具判断球与球之间的距离，违反这一规定可判故意犯规。

（十八）对故意犯规的处罚

当选手第一次犯规时，此次犯规应记录下来并丧失该局，当第二次发生故意犯规时，应立即取消其比赛资格。

（十九）附加规则

比赛的主办单位可根据上述规则有权议定附加规则，如：比赛的局数、限制击球的时间等。

除 9 号球的特殊规定外，其他斯诺克所规定的犯规条例，也适用于 9 号球

第四节　保龄球

一　保龄球的起源

保龄球的起源也许可以追溯到公元前 5200 年的古埃及，人们在那里发现了类似现代保龄球运动的大理石球和瓶。在 13 世纪的德国教会里，流行着一种"九柱球"的游戏，来检验教徒对宗教的信仰程度。直到宗教革命之后，马丁·路德统一了九瓶制，成为现代保龄球运动的真正起源。如今，保龄球已经成为现代社会中的一项时尚运动，流行于欧、美、大洋洲和亚洲一些国家。保龄球，英文名是 bowling，又称地滚球，它是在木板道上滚球击柱的一种室内运动。

保龄球最早开始于公元 3—4 世纪的德国。最初，天主教徒在教堂走廊里安放木柱，用石头滚地击之。他们认为击倒木柱可以为自己赎罪、消灾；击不中就应该更加虔诚地信仰"天主"。直到 14 世纪初，才逐渐演变成为德国民间普遍爱好的体育运动项目。后来，荷兰人和德国人的后裔移居美国，便把保龄球传到了美国。

在 16 世纪时，保龄球是 9 个瓶的游戏，数年后，演变成 10 个木瓶，瓶的摆设形状也从钻石形变成三角形。1895 年，美国保龄球总会正式成立。

1951 年，国际保龄球联合会成立，1954 年，第一次保龄球国际比赛在芬兰的赫尔辛基举行。1988 年的奥运会，保龄球被列为表演项目。

保龄球比赛分个人赛和多人赛。赛前以抽签决定道次和投球顺序。比赛时，在球道终端放置 10 个木瓶成三角形，参加比赛者在犯规线后轮流投球撞击木瓶；每人均连续投击两球为 1 轮，10 轮为一局；击倒一个木瓶得 1 分，以此类推，得分多者为胜。

规则规定，运动员投球时必须站在犯规线后面，不得超越或触及犯规

线，违者判该次投球得分无效。投球动作规定用下手前送方式，采用其他
方式为违例。

保龄球具有娱乐性、趣味性、抗争性和技巧性，给人以身体和意志的
锻炼。由于是室内活动，不受时间、气候等外界条件的影响，也不受年龄
的限制，易学易打，所以成为男女老少人人皆宜的特殊运动。

二　保龄球的技法

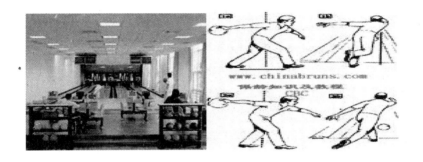

（一）球的选用

保龄球的重量基本上从 6 磅到 16 磅，11 个级。

（二）简便的选球标准

6—7 磅，小学生；

8—9 磅，中学生；

10—12 磅，女青年；

13—14 磅，男青年；

15—16 磅，中、高级球员；

（三）以体重 1/10 为依据的选球标准

40—49 千克，10 磅；

50—54 千克，11 磅；

55—59 千克，12 磅；

60—64 千克，13 磅；

65—69 千克，14 磅；

70—74 千克，15 磅；

75 千克以上，16 磅；

（四）保龄球技法最常用有：直线球，飞碟球，弧线球

三　保龄球的规则

保龄球的计分不难，每一局总共有十格，每一格里面有两球，共有十支球瓶，我们要尽量在两球之内把球瓶全部击倒，如果第一球就把全部的球瓶都击倒了，也就是"STRIKE"，画面出现"X"，就算完成一格了，所得分数就是10分再加下一格两球的倒瓶数，但是如果第一球没有全倒时，就要再打一球了，如果剩下的球瓶全都击倒，也就是"SPARE"，画面出现"/"，也算完成一格，所得分数为10分再加下一格第一球的倒瓶数，但是如果第二球也没有把球瓶全部击倒的话，那分数就是第一球加第二球倒的瓶数，再接着打下一格。依此类推直到第十格。但是第十格有三球，第十格时如果第一球或第二球将球瓶全部击倒时，可再加打第三球，如此就完成一局了，不难吧！

国际保龄球联盟（FIQ）世界十瓶保龄球联合会（WTBA）竞赛规则及规定共六大章，详细内容如下。

目录是：

第一章　竞赛规则

第二章　赛事的批准规则

第三章　世界和区域业余保龄球锦标赛

第四章　世界青年锦标赛竞赛规则

第五章　在奥运会、地区运动会、世界运动会及其他全球性运动会中的保龄球比赛竞赛规则

第六章　世界十瓶队际杯赛竞赛规则

第一章　竞赛规则

第101条　比赛的定义：

十瓶制保龄球比赛的每一局由十格组成。如果没有任何全中，每个运动员可以在前九格的每一格中投两个球。如果第十格投出全中或补中，则该运动员可以在该格投三次球。每个运动员必须以正常的顺序投完每一格。经世界十瓶保联确定的自动记分装置，可以在世界性和区域性锦标赛以及被世界十瓶保联批准和承认的其他国际比赛或其会员协会组织的比赛中使用。这种装置应该按照记分规则，显示出得分记录，并能进行每格的

核对。当球离开运动员的手，越过犯规线进入球道时，就是合法投球。除非被宣布为死球，每一球都应被记录并计算。保龄球必须完全用手投出，不得使用任何附加装置，不论是球内的带动装置，还是附贴在球表面上的装置或投球时可分离的附加装置，均不得使用。

第 102 条 比赛的记分：

除全中的记分外，将运动员投出的第一个球所击倒的瓶数记在记分表上方左边的小方格内。将运动员投出的第二个球所击倒的瓶数记在记分表上方右边的小方格内。如第二次投球未击中任何一个剩余的球瓶，分数不变。

第 103 条 全中：

如果每一格的第一次投球击倒了全部竖立的十个球瓶，则称之为全中。用（X）符号将全中记录在记分表上该格上方左边的小方格内。全中的得分是 10 分加上运动员下两次投球击倒的瓶数。

第 104 条 两次全中：

连续两次全中称为两次全中。第一次全中那格的得分为 20 分再加上随后第一球所击倒的瓶数。

第 105 条 三次全中：

连续三个全中称为三次全中。第一次全中那格的得分是 30 分。一局的最高分是 300 分，运动员必须连续击出 12 个全中。

第 106 条 补中：

如果每格的第二次投球击倒了该格第一次投球后所剩余的全部球瓶，则称其为补中。补中用符号（/）表示，记录在该格右上角的小方格内。补中的得分是 10 分加运动员下一个球所击倒的瓶数。

第 107 条 失误：

除了第一次投球形成分瓶的情况外，如果运动员在某格两次投球后，未能将十个瓶子全部击倒，则称之为失误。

第 108 条 分瓶（技术球）：

分瓶是指在第一球投出后，把 1 号瓶及其他几个瓶击倒，剩下的瓶子呈下列状态：（1）2 个或 2 个以上的瓶子，他们之间至少有 1 个瓶子被击倒。如：7 号瓶和 9 号瓶、3 号瓶和 10 号瓶。（2）2 个或 2 个以上的瓶子，紧挨在他们前面的瓶子至少有一个被击倒。如：5 号瓶和 6 号瓶。

注：分瓶在记分表上用（O）符号表示。

第 109 条　比赛形式：

每一局比赛应在相互毗邻的一对球道上进行，参加队际赛、三人赛、双人赛、单人赛的运动员应连续按顺序在一对球道上投完一格球后换到另一球道上投下一格球，直到在这对球道的每条球道上各投完五格球。

第 110 条　投球顺序：

一名或数名运动员可在一对球道上进行比赛。在一节比赛开始后，即不得改变这局比赛的投球顺序，除非根据规则第 307-6-c 和 d 及规则第 310 条的规定换人。

第 111 条　比赛中断：

在比赛进行过程中，如某一球道因为设备故障而耽误比赛的正常进行时，执行裁判可允许运动员在另外的一对球道上继续完成比赛。

第 112 条　合法击倒球瓶：

运动员合法投球后球瓶发生下列情况，将被认为是合法击倒球瓶：

（1）球瓶被球和其他瓶直接击倒或击出放瓶台。

（2）球瓶被从两侧边墙隔板或球道后部缓冲板反弹回来的瓶所击倒或击出放瓶台。

（3）在清扫球瓶前，球瓶被扫瓶器横杆反弹回来的瓶所击倒或击出放瓶台。

（4）球瓶斜靠在边墙隔板上。在下次投球前，这些瓶都应该被清除掉。

第 113 条　不合法击倒球瓶：

凡属下列情况者，投出的球有效，但被击倒之瓶不予记分。

（1）球在到达球瓶前先脱离球道，然后才击倒的球瓶。

（2）投出的球从后部缓冲板反弹回来击倒的球瓶。

（3）瓶接触摆瓶员身体任何部分反弹回来击倒的球瓶。

（4）被自动摆瓶器碰倒的瓶。

（5）在清除倒瓶时被碰倒的瓶。

（6）被摆瓶员碰倒的瓶。

（7）运动员犯规后击倒的瓶。

（8）投球后在球道和边沟里出现倒瓶，球在离开球道表面前碰倒这些瓶。不合法击倒球瓶一经出现，应恢复原位。运动员有权在该格投另一个球。

第 114 条　位置不正确的球瓶：

当运动员在十个瓶全部被放置的情况下投球或投补中球时，如果球已投出，即使立即发现有一个或多个球瓶的位置排列不当，该投球和其得分应被计算。决定瓶的位置是否正确，责任在运动员。应在投球前，指出那些位置不正确的球瓶，否则就认为是对瓶的排列表示满意。在一次投球后，未倒之瓶的位置不得变动，即：被自动摆瓶器移动或错误放置的瓶子必须保留在被移动后错误放置的位置上，而不得人为地加以改动。

第 115 条　弹回的球瓶：

被击出球道后，反弹回来并竖立在球道上的瓶，视为竖立的瓶。

第 116 条　不被承认的倒瓶：

除了被运动员以合法的投球所击倒或击出球道的球瓶外，其他所有被击倒之瓶均不予承认。

第 117 条　球瓶的更换：

在比赛中球瓶如被击坏或严重损伤，应立即更换一个尽可能和当时使用的球瓶重量相等、形状相同的球瓶。应由执行裁判决定球瓶是否放回原处。

第 118 条　死球：

如发生下列情况之一，所投之球为死球：

（1）在一次投球后（在同一球道下次投球前），立即发现所摆的球瓶缺少一个或数个。

（2）在球未接触到球瓶前，摆瓶员干扰了任何球瓶。

（3）在球瓶停止转动之前，摆瓶员移动或干扰了任何剩下的球瓶。

（4）一名运动员在错误的球道上投球或没有按照正确的顺序投球，或各队的一名运动员在一对球道的错误球道上投球。

（5）当运动员已经开始投球，但投球动作尚未完成前，其身体受到其他运动员、观众或运动物体的干扰时，必须选择是接受此球将要击倒的球瓶之结果，还是宣布为死球。

（6）运动员投出的球未接触球瓶之前，球瓶发生移动或倾倒。

（7）运动员投出的球接触任何障碍。

当死球发生后，其得分不予记录，球瓶必须重新放置，运动员必须重新投球。

第 119 条　球道使用错误：

按规则第 118 条规定，当以下情况发生时，应视为死球，运动员可以要求在正确的球道上重新投球：

（1）一名运动员投错球道。

（2）各队的一名运动员在一对球道上投错球道。

a. 当同队一名以上的运动员已经在错误的球道上投球时，这一局比赛就不需要更正球道，可以在此球道上继续完成该局比赛，但下局比赛必须在规定的正确球道上进行。

b. 在个人对抗赛中，运动员每次投两格球，并交换球道。当发现运动员投错球道时，该球为死球，要求这名运动员回到正确的球道上重投。如对方运动员已投球后才发现这一错误，则该运动员的得分应予以记录，但以后应在正确的球道上投球。

第 120 条　犯规的定义：

在投球时或投球后，运动员的部分身体触及或超越了犯规线，以及接触了球道的任何部分和其设备建筑时，即为犯规。该次犯规的时效直到该名运动员或下名运动员投球为止。

第 121 条　故意犯规：

当运动员为获得好处而故意犯规时，他在整个此格的击倒瓶数将被认为是零。此格不准再投球，如有问题，参看规则 126 条临时性投球。

第 122 条　犯规的记录：

除每一格的最后一次投球外，运动员的犯规应用符号（F）记录在记分栏中，但击倒之瓶不记录，应将被击倒之瓶重新排列，运动员可继续投本格的下一个球。每一格的最后一次投球时犯规，应作相应记录，并结束该格的比赛。

第 123 条　犯规的监测：

竞赛委员会可以采用由世界十瓶保龄球联合会确认的自动犯规监测装置，如比赛场地没有这种设备或该设备损坏，则应设立犯规线裁判员，他必须在其视线不受阻挡的条件下，看清犯规线。

第 124 条　明显犯规：

如果一个明显的犯规未被自动犯规监测装置或犯规线裁判员发现，但为以下人员认定，仍应宣布并记录为犯规。

（1）双方队长或双方一名以上运动员。

（2）计分员。

（3）一名执行裁判员。

第 125 条　对犯规提出申诉：

除了以下情况外不允许对犯规提出申诉：

（1）证明自动犯规装置不能正常工作。

（2）对比赛之运动员未犯规提出强有力的证据。

第 126 条　临时性投球：

当对犯规、被击倒之瓶或死球提出抗议，而执行裁判无法立即解决时，必须让该运动员投临时性的一个球或一格球，以供裁决时使用。

（1）一名运动员对该格的第一次投球或第十格全中后的第二次投球出现争议时。a. 无论运动员是否犯规，该运动员必须完成这一格的投球，并继续完成临时性的一格投球。b. 如对认为不合法击倒之瓶有争议，该运动员必须完成该格的投球后，将瓶重新排列，再投临时性一球。c. 如遇是否为死球的争论，该运动员应完成该格的投球后，再投临时性一球。

（2）如抗议是针对该格的第二次投球或第十格的第三次投球，运动员应投临时性的一球，这时瓶的数量及位置应与其第二次投球时瓶的状态相同。但若是死球的争议，则不必做临时性投球。

第 127 条　个人专用球：

保龄球应该是个人专用的，除非该球的拥有者同意，其他运动员不得使用该球。

第 128 条　改变球的表面状态：

在经批准的比赛中，禁止使用磨料来改变保龄球的表面状态。凡用此法改变了表面状态的球均不能在比赛中继续使用。

第 128 条　附则：

此条规则不禁止在被认可之比赛中使用公认的保龄球清洁机器。

注：如证明某运动员曾在以前的比赛中违反过本条规定，而在本次比赛中再次违反本条规定，则其这局比赛成绩无效，并将取消该名运动员参加本项目比赛的资格。

有些被允许的清洁剂和磨光机不在此限。

第 129 条　必须保持助走道的完好：

因运动员的正常活动可能对助走道表面任何部分造成损伤的物品都被禁止使用，例如：滑石粉、硅石、松香等物品，同时禁止使用软橡胶鞋底或带有橡胶后跟的鞋。禁止将任何粉末带入运动员比赛区域。

第 130 条 对记分错误的抗议：

在比赛中出现的记分错误或计算方面的错误，必须由计分员或比赛执行裁判立即予以纠正。对有疑问的错误应由竞赛委员会决定处理。对于记分上的错误所提出的抗议，其期限是从这个项目结束后或当天的这一节比赛结束后的一小时之内，但必须在颁奖典礼或下一项比赛开始之前（取决于哪个时间在前）。在这条规则精神下所提出的每条抗议，必须具有其本身的内容，不可用过去曾相似的违例来作为依据。

第 131 条 对参赛资格及竞赛规则提出抗议：

对参赛资格或竞赛规则提出抗议，必须以书面形式在发生犯规的这局比赛结束后 24 小时内，或在发奖前（取决于哪个时间在前），提交给比赛执行裁判。对犯规或合法击倒球瓶提出抗议，该协会代表应向执行裁判提交有关的证据。如在上述期限内没有提交书面抗议，则比赛结果就被认可。在这条规则精神下所提的每条抗议不可用过去曾相似的违例来作为依据。世界性和地区性锦标赛中的抗议遵照规则 313-1-c 和 313-2 执行。

第 132 条 正式记分：

在每个赛事中，都应有正式计分员或自动记分装置记录所有比赛成绩。如犯规未被计分员记上，运动员又伴称未看记分表，应在执行裁判员的监督下将分数改过来。一局比赛中，分数没有累计，执行裁判员对该运动员原有成绩应予确认。每个被批准的比赛必须在记分表上详细填写每一次投球所击倒的瓶数，以便于每格均可以核实查对。每个运动员和队长应在每局比赛后立即在记分表上签名确认成绩，之后收到一张记分表的副本。除了分数的计算有明显的错误外，成绩一经记录不得更改。一旦发现有明显的错误，执行裁判应立即改正。可疑的交竞赛主任处理，竞赛主任将按照规则，在限定的时间内将错误改正。一局比赛进行中出现漏记分数，在符合竞赛规则的情况下，经竞赛主任批准可以重投。

第 133 条

迟到运动员或运动队在比赛时迟到，应在所分配的球道上按当时正在进行比赛的那一格开始比赛，并记录得分。如单独被分配一球道，应从该场比赛已进行的各球道中格数最少的一格开始记录其得分。

第二章 赛事的批准规则

第 201 条 批准的条件和选择：

任何赛事的筹办应向世界十瓶保联或区域保联申请。当邀请个人或协会参赛而总数多过五个单位以上，必须申请批准。如参与单位来自同一区域，则需向区域保联申请，如来自不同区域时，则应向世界十瓶保联申请。申请费用由区域或世界十瓶保联决定。

第 202 条　批准：

要获得批准，赛事筹办国必须保证实施所有世界十瓶保联的竞赛规则（第一章），赛事的批准（第二章）和设备规格（第七章）等规则。并提出申请报告。凡是以获胜者将被冠以世界保龄球冠军或世界十瓶保龄球冠军，或世界业余保龄球冠军为名，来推广其赛事的比赛，将不被认可。各国协会不得批准其运动员参加此种比赛。

第 203 条　批准手续：

主办赛事的会员协会其权利是：负责进行批准申请；并证明确实执行世界十瓶保联的所有规则、规定和规格。如此，主办协会可获得 50% 由世界十瓶保联所收得之批准费用。申请批准时一定要说明：此赛事只限于国际保联属下会员协会的球员参与，或非会员协会的球员也可参加。

第 204 条　参赛资格：

凡由世界十瓶保联和国际保联批准的赛事只准其属下近期会员协会的球员参与。（1）被任何一个会员协会判罚停赛的球员不得参加任何经批准的国际赛事。（2）非国际保联会员国的运动员，在第一次参加世界十瓶保联批准的比赛 24 个月内，可参加不超过两次的比赛，此后该协会必须取得国际保联的会籍，它的球员才可以参加被批准的赛事。世界十瓶保联常务委员会可再次批准这类非会员协会的球员再度参加比赛。（3）当确信某一比赛能促进保龄球运动的发展，而会员获得该地区保联常务委员会批准，可以派代表参加非国际保联会员国所主办的比赛，除非是国际奥委会不鼓励去那些国家参加比赛。

第 205 条　主办赛事的职责：

主办世界十瓶保联或区域保联批准的国际赛事将要：（1）审批参赛各国际保联会员国的每一位球员是否持有其代表协会的证明。（2）向世界十瓶保联秘书长呈交一份有关所有参赛的会员国及非会员国的报告。（3）随时向世界十瓶保联提供所要求的报告。

第 206 条

慢投球 308 条适用于世界和区域锦标赛，而本条禁止获准举办比赛的组织者采用自己的慢投球规则。经批准的比赛的规则应包括有关运动员踏上掷球台时的权力与义务。当此权利与义务未得到遵守时，应包括惩罚之叙述。（1）准备踏上助走道投球的运动员，必须遵守下列规则：a. 有权向位于自己左侧，准备踏上助走道或已站在球道上准备投球的运动员要求由自己先投球；b. 让道予其右侧准备投球的运动员；c. 轮到自己投球时，应立即准备好，如相邻两侧的球道都无人投球，则不应延误投球。（2）如运动员没有遵守上面1-a、b、c之要点，即构成慢投球，应由执行裁判给予以下警告：a. 第一次犯规，以白牌警告（不予罚分）。b. 第二次犯规，以黄牌警告（不予罚分）。c. 在一节比赛中（指单人赛、双人赛的六局，三人赛、五人队际赛的三局，精英半决赛一天八局，精英决赛中所有的局数），从第三次犯规开始，每犯规一次，出示一次红牌，且该格的分数为零。（3）为判断和实施这条规则，竞赛委员会应特别注意这样的运动员，他们在单人赛、双人赛、精英赛中落后于领先者四格，在三人赛或队际赛中落后两格，已结束的比赛的球道不算在内。（4）在精英赛中，不论何时执行上述规则发生争议时，由竞赛委员会作最后裁决。

第 207 条　同分裁决程序：

比赛中发生第一名同分时，如果竞赛规程没有说明处理办法（如加赛第九第十格或宣布并列冠军），则加赛一局。

第 208 条　申诉

申诉只对除了世界性或地区性锦标赛以外的比赛对竞赛委员会的决定提出申诉，应在比赛后一个月内直接向主办国协会提出。该协会应在 30 天内对这一申诉作出裁决，同时将有关决定的副本寄交申诉人、区域保联主席及世界十瓶保联常委会。对此裁决提出的申诉，须在得到裁决后 30 天内、向区域保联的执委会提出。区域保联执委会应在 30 天内作出裁决，此裁决的副本应寄交申诉人及世界十瓶保联常委会。最后的申诉应在 30 天内向世界十瓶保联常委会提出，最后的裁决应在 30 天内通知申诉人及区域保联主席。

第 209 条　比赛服装：

运动员应该穿着其国家协会规定的服装，不允许有差异。男运动员应穿着裤子或便裤；女运动员应穿着裙子、裤子、便裤或短裤，但不能混穿。（主席团建议此条从第二章开始删除）

第 210 条　违反规则：

任何主办赛事机构违反本条规则而被定罪时，将会被要求说明原因，使将来申办赛事的批准不会被世界十瓶保联或国际保联否决。球员参加需要批准而未经批准的赛事，亦将会失去参加世界十瓶保联或国际保联未来批准的赛事的权利。

第211条　违反规则的处罚：

除了上述已明确规定了处罚办法的那些规则外，违反规则的处罚如下：（1）如运动员在比赛中第一次犯规，执行裁判将给予黄牌警告（不予处罚）；（2）如运动员在比赛中第二次犯规，将会被取消比赛资格，并受到停止参加任何世界十瓶保联或区域保联认可的赛事90天的处罚。（3）如同一运动员在12个月内，在三个不同赛事中均受到一次警告，他将受到禁止参加任何世界十瓶保联或区域保联认可的赛事90天的处罚。（4）所有犯规的报告将由竞委会的秘书呈递给世界十瓶保联秘书长，由他向所有的会员协会发出通报。

第三章　世界和区域业余保龄球锦标赛

第301条　日期和地点：

举办世界保龄球锦标赛的主办协会和预定日期应在世界保联代表大会上决定。举办区域性锦标赛的主办协会和预定日期应在区域保联的代表大会上决定。比赛的主办协会必须遵照国际保联的竞赛规则和规定，并在世界十瓶保联或区域保联的指导下组织和进行比赛。世界锦标赛只能由至少可提供32条球道，并在一个场地举行本赛事的会员国协会主办。

第301条附则

（1）世界十瓶保联锦标赛的正式名称如下。（这些赛事的各项事宜都应使用正式名称）

a. 国际保联世界十瓶保龄球锦标赛

b. 国际保联世界青年十瓶保龄球锦标赛

c. 国际保联美洲十瓶保龄球锦标赛

d. 国际保联亚洲十瓶保龄球锦标赛

e. 国际保联欧洲十瓶保龄球锦标赛

f. 世界十瓶队际杯赛

（2）开幕式至少包括运动员持旗列队入场及主办协会、世界十瓶保联和国际保联致辞，仪式安排应经世界十瓶保联或区域保联主席的批准。

（3）发奖仪式奖章的图案和质量应事先由世界十瓶保联主席批准。除精英决赛在闭幕式发奖外，发奖仪式应在该项比赛后下一项比赛开始之前。奏冠军国歌。颁发方案由主办协会制订，并经世界十瓶保联主席批准。请贵宾颁奖。（4）闭幕式至少应包括主办协会、世界十瓶保联和国际保联致辞。仪式方案应经世界十瓶保联或区域保联主席批准。

第 302 条

世界和区域锦标赛的检查、准备、推广和财政考虑主办协会在获选主办赛事后九个月内，承担由世界十瓶保联主席或其指定的代表的费用，以便检查和确认主办协会为承办锦标赛所提供的申请报告。此时双方开始签署协议。

（1）如发现场地设施不足时，世界十瓶保联的代表立即呈报常务委员会，审查后，有权改变比赛地点。

（2）需要翻新的球道完工后（如是木道），主办协会将要支付技术代表的费用，以便检验球道及联络竞赛主任和球场职员，指示对球道的落油程序，并立即将此资料通知所有会员协会。技术代表还应与组织委员会商讨有关锦标赛各项活动的细节，并立即向世界十瓶保联主席提交详细报告。

（3）在与世界十瓶保联签约后，主办协会至少每六个月将筹备进度的报告呈交世界十瓶保联和国际保联主席。

（4）世界十瓶保联主席或秘书长最少每年一次将筹办锦标赛的情况通报各会员协会，并在每次常务会议中提出报告。如证明主办国不能履行协议上的条件时，常务委员会有权更换赛事地点。

（5）主办协会应在举办锦标赛前两年的代表大会上提出一份详细报告，包括比赛日期、有关活动、比赛球场、大会总部及认可的酒店等情况。

（6）在截止交纳参加费用一年前，主办协会要将所有必需文件及资料等发给每个世界十瓶保联会员协会，以表明其参赛意愿。所有文件要预先获得世界十瓶保联主席的认可，最低限度的解释是：

a. 任何会员协会在截止日期内未能填报文件及费用交纳将不准参赛。

b. 每个参赛的会员协会要负责提供三面典礼国旗（1 米×2 米）和一盒国歌录音带。主办协会最少要多发一份附加资料给所有世界十瓶保联会员。

（7）财政考虑：

a. 主办协会可发售竞赛及相关活动的门票，但价格须获得世界十瓶保联主席的同意。

b. 主办国售卖与锦标赛有关的纪念品，必须获得世界十瓶保联常务委员会的批准。

c. 锦标赛和有关活动的赞助权只能经世界十瓶保联常务委员会许可。

d. 锦标赛全部或部分的电视转播权只能经世界十瓶保联常务委员会许可。区域锦标赛亦应遵循相同的步骤。

第 303 条　参赛手续和费用：

（1）各协会应不迟于锦标赛开幕前三个月，向主办协会提交参赛意愿书，同时交纳正式代表团的全部报名费。金额有世界十瓶保联规定，缴后不予退回。

（2）协会必须证明所有参赛球员的资格符合规则第 305 及 306 条的规定。

（3）为获得世界或区域锦标赛的参赛资格，协会必须缴清其国际保联、世界十瓶保联和区域保联的会费。主办协会须每周向秘书长呈报参赛的协会，使他能查证他们的会员资格。

第 304 条　比赛设备及练习：

比赛必须在符合世界十瓶保联规格的球道上进行。若为木制球道，必须在赛前六个月内完成打磨和修缮球道的工作。世界锦标赛及世界运动会必要时经世界十瓶保联主席批准，区域锦标赛时由区域保联批准，可放弃此项要求。如竞赛用球道在比赛前无法提供非正式练习，必须安排两天的正式练习（第一天每协会二小时，第二天每协会一小时），否则需要有一天的正式练习。此后整个比赛期间，除比赛规定的练习外，参赛球员不能使用比赛球道练习。每项比赛前，必须清除整条球道上的油，擦干后再落油，这是最低要求。不能有意限制技术委员会可能制订的任何追加擦干和落油的程序（见规则 313 条）保龄球的表面硬度不得低于硬计度读数。比赛开始前，所有将要使用的球必须经过检查，要符合本规则第七章有关保龄球重量、平衡、孔、表面硬度的规定。比赛期间，保龄球如被带出赛场外，必须在下一项目比赛前重新检验。

第 305 条　参赛资格：

只有已向国际保联付过会费的会员协会的本国公民才有资格代表其国家参加世界和地区的业余比赛。并由本国协会提交参赛名单和交纳费用。

如某一运动员曾代表其国家参加过国际保联举办的世界或区域的锦标赛或奥林匹克运动会或世界运动会或区域运动会，该运动员就不得在国际保联举办的比赛中再代表另一国家，但有下列情况者例外：

a. 当其代表的国家和另一国家合并时。

b. 其以前代表别的国家是因为当时其国家的保龄球协会不是国际保联会员国。

c. 自其申请另一国家国籍被批准之日起满三年。

d. 从其最后一次代表以前的国家参加比赛的日期后一年，经两国协会同意，相应区域保联的批准及国际保联的允许。

e. 女运动员因结婚而改变国籍时，可以代表其丈夫的国家。殖民地或领地的公民想要代表宗主国时，如该殖民地或领地的保龄球协会尚未加入国际保联，则在殖民地或领地出生的公民才可代表宗主国。殖民地、领地和宗主国的公民可以交换，具体条件是：（a）要代表殖民地或领地或宗主国参加比赛，至少要在该地居住三年以上。（b）或至少居住一年以上，但在这种情况下，必须具备下列条件：（1）其要代表的国家的法律不允许其入其国籍。（2）必须得到两国保协的同意及所属区域保联的批准和国际保联的允许。在其父母拥有公民权以外的国家出生的运动员，在下列情况下可代表其父母国家参加比赛：（a）在其父母的国家已获公民权，并已成为该国公民；（b）从来没有代表其出生国参加过比赛。（3）任何被证明是职业选手，或是某个职业保龄球组织成员的个人没有资格参加所有国际保联的世界和区域锦标赛、奥运会和所有世界或地区运动会。

第306条　比赛权的恢复：

（1）任何个人曾为职业球员或职业保龄球机构成员一次以上或超过一年以上者，经证明他至少在三年内能遵守规则第305-2条的资格条件，就可再取得世界十瓶保联比赛的参赛权。

（2）任何个人曾为职业球员不超过一年以上者，经证明他至少有一年遵守规则第305-2条的资格条件，可再取得世界十瓶保联的参赛权。注：三年或一年的算法是从有争议的该年度的一月一日算起。

第307条　赛事：

（1）参赛运动员人数每一会员协会可派出不超过6名男运动员和6名女运动员所组成的一个队参加比赛。在正式练习开始前，每队的队员就应该选好。

（2）练习，如果在竞赛前没有球道可供运动员进行非正式的练习，那么就要保证有第一天2个小时、第二天1个小时的练习时间。如果只有一天的练习时间，那么每一会员协会不得少于1小时。当球道已经准备好，正式练习开始之后，在整个锦标赛期间，不允许任何参赛人在竞赛球道上随意玩练。除非锦标赛有说明：本赛不阻止比赛后或比赛间隙玩练保龄。单人赛或双人赛允许5分钟的练球时间，三人赛10分钟，5人队际赛15分钟。

（3）球道分配，除在精英赛、单人赛、双人赛有特殊需要外，球道的分配应抽签决定。比赛一经开始，预定在某一球道上的人数在比赛过程中不能改变。

（4）球员区域球员区域由竞赛主任划定，必须与观众有明显的隔离。每一会员协会只准一位教练或一位官员进入运动员区。

四　保龄球的姿势

（1）持球：持球时姿势要对，手臂要夹紧胳肢窝，确定身体、肩膀摆正，原本半蹲的姿势也要改过来变成直立，因为腿的姿势如果半蹲，也会消耗掉能量。注意，任何弯曲的动作都会消耗能量，懂物理的人都应知道。持球最好不要将球摆胸前，因为很多人会惯性地将球摆往后右方，球应该持在与右肩平行的位置，再用左手拖住。如果球摆在胸前，摆球时也应该先将球往右肩平行的位置移动，然后再做摆球的动作。

（2）摆球：摆球时将原本弯曲的手臂放下伸直并往正后方摆动，这个姿势很重要，持球的位置越高、向后摆的幅度越高，球速就会越快。但是，很多人向后摆的姿势会偏掉，要特别注意胳肢窝仍要夹紧，手仍然要伸直。

（3）出手：出手时手还是一样伸直，不可弯曲，不可用力，因为姿势对的话，球速会自然增加。

（4）走步：可将走步速度变快，只是变快不要变乱，因为助走也可以加快球速。

（5）左手：很多人会忽略左手，所以球速都没完全发挥。左手的作用是在平衡右手的重量，唯有在平衡时速度才能发挥。走步时左手应像老鹰展翅一样，左手抬得越高，能量就聚集越多。注意，出手时不仅右手出力，连左手都应出相等的力气，不然您的姿势会因不平衡而垮掉，出手时左手应向后方撞。

（6）落点：放球时尽量不要将球腾空，不然很多能量会因和球道碰撞而抵消，放球时没有声音是最能打出球速的。

以上所谈只适用右手出手者，如果您是左手请自己修正过来。

五　保龄球的打法

初学者想要打好保龄球，最重要的就是要学好如何助走以及正确的出球方式，助走实际上就是由站在球道上，到出球的时候所需要走的路线。通常分为三步助走、四步助走及五步助走，步伐较大的可采用比较少的步数，但是也要配合自己身体的协调性以及灵活性。右手出球的人，最后把球送出时，应该是右脚交在左脚的后面，左手反之。

助跑道上通常都会有标示前、中、后三个点，这三个点各离球道犯规线的远近不同，站在后点（靠近座位），用四步助走，这样能够有足够的时间调整球的角度以及调整出手。另外需要注意到一点，不要超过球道上的犯规线，在正式比赛中，那条犯规线是有用处的，球员如果踩到犯规线，那一格就算 10 分了，普通打球虽然没有开犯规线，但是万一您哪天心血来潮想去参加比赛，如果踩到犯规线那岂不是很糗吗？

保龄球的礼仪：

进投球区时，必要更换保龄专用鞋。

只使用自己选定的保龄球。

等到瓶完全置完之后再投球。

不要进入旁边的投球区。

不可以随意进入投球区。

先让已经准备好投球姿势的人投球。

同时进到投球动作的情况时，由右边的人先投球。

在投球区，投球的预备姿势不可以太久。

投球动作结束后，不可以长久地站在投球区。

不可投出高球。

不可影响正在投球人的注意力。

不在投球区挥动保龄球。

成绩不好时，不要怪球道情况不良。

不可批评别人的缺点。

不可把水撒落在投球区上。

六　保龄球的记分

1. 全中：当每一个格的第一次投球击倒全部竖立的十个瓶子时，称为全中。用（X）符号记录在记分表上该格上方左边的小方格中。全中的记分是 10 分加该运动员下两次投球击倒的瓶数。一局的最高分 300 分，运动员必须投出十二个全中。

2. 补中：当第二次投球击倒该格第一个球余下的全部瓶子，称为补中，用（/）表示。记录在该格右上角的小方格内。补中的记分是 10 分加运动员下一个球击倒的瓶数。

3. 失误：除第一次投球后形成分瓶外，当运动员在某格两次投球后，未能将十个瓶子全部击倒，即为失误。

4. 分瓶：分瓶是指在第一球投出后，把 1 号瓶及其他几个瓶子击倒，剩下的瓶子呈下列状态：

（1）2 个或 2 个以上的瓶子，它们之间至少有 1 个瓶子被击倒时，如：7 号瓶和 9 号瓶、3 号瓶和 10 号瓶。

（2）2 个或 2 个以上的瓶子，紧挨在它们前面的瓶子至少有 1 个被击倒时。如：5 号瓶和 6 号瓶。

注：分瓶在记分表上用（O）表示。

5. 犯规：在投球时或投球后，运动员的部分身体触及或超越了犯规线，以及接触了球道的任何部分和其设备建筑时，即为犯规。该次犯规的时效直到该名运动员或下一名运动员投球为止。犯规在记分表上用（F）表示。

6. 合法击倒球瓶：

运动员合法投球后球瓶的下列情况，将被认为是合法击倒球瓶：

（1）被球和其他瓶直接击倒或击出放瓶台之瓶。

（2）被从两侧边墙隔板或球道后部缓冲板反弹回来的瓶所击倒或击出放瓶台之瓶，均作为击倒之瓶计算。

（3）在清扫球瓶之前被扫瓶器横杆反弹回来的瓶所击倒或击出放瓶台之瓶。

（4）斜靠在边墙隔板上之瓶。

在下一次投球前，这些瓶都应清除掉。

7. 不合法击倒球瓶

凡属下列情况者，投球的球有效，但被击倒之瓶不予记分：

（1）当球在到达球瓶前先脱离球道，然后才击倒的球瓶。

（2）投出之球从后部缓冲板反弹回来击倒球瓶。

（3）当瓶接触摆瓶员身体的任何部位反弹回来击倒的球瓶。

（4）被自动摆瓶器碰倒的瓶。

（5）在清除倒瓶时被碰倒的瓶。

（6）被摆瓶员碰倒的瓶。

（7）运动员犯规后击倒的瓶。

（8）投球后在球道和边沟里出现倒瓶，球在离开球道表面前碰倒这些倒瓶。

不合法击倒球瓶一经出现，应恢复原位。运动员有权在该格投另一个球。

七　如何打保龄球

初学者要从重量轻的球练起，一般用相当于身体重量1%的球。

投球步骤：首先，将右手（或左手）的拇指全部插入球孔，中指和无名指分别插到第二关节最合适，手心托着球到胸前，两手将球拿正，身体摆正，松肩，精神集中，然后起步。步法分为3步、4步、5步3种，4步法比较常用。第1步先从右脚踏出，同时将球向前伸出；第2步左脚踏出，球在手上与身体约成90度角；第3步右脚向前踏出时，球的位置放到后面；第4步左脚滑出时，同时将球从手里轻力送出。注意投球进最后一步不要超过犯规线，否则会被扣分。

如何打钩球？钩球的站立与瞄准要点：钩球的站点每位球手各有不同喜爱。

1. 将右脚尖对着第10块木板站（即左脚尖在15块木板），将球滚过一箭半或第 2 个箭。

2. 将右脚尖对着 20 块木板站（即左脚尖在 25 块木板），将球滚过第 3 箭头或第 2 个箭头，力度自己适应调整。

3. 将右脚尖对着第 25 块木板站（即左脚在 30 块木板），将球滚过第 3 个箭头（即第 15 块木板）。

4. 将右脚尖对着第 30 块木板（即左脚尖在 35 块木板），将球滚过第 4 个箭头。

以上为一般钩球打者常用的站点与瞄准选择方式。

钩球的持球方法：先将两指尖插入两小指的球孔，并且塞紧，再将拇指伸入拇指孔，必须伸入至虎口，小指贴靠无名指，食指张开，将球持于皮带前方约 10 公分处，手肘紧贴靠着腰，拇指朝 11 点钟方向，上身微微向前倾约 10 度角脚尖朝向球瓶方向，双膝半弯曲站立，行进时双膝还是保持半蹲弯曲姿势前进，因为助走至最后一步时，才能顺势滑步。

行进助走的动作：持球的整只手臂，如果是走 4 步者，开步必须完全将手臂伸直，顺势垂直，摆荡进行。如果是走 5 步者，第二步就要完全伸直，也顺势垂直手臂摆荡前进，并且在行进过程中，上身保持不能边走边弯腰，胸、脸必须保持对着前方的球瓶，双肩必须保持平衡，肩不可左右倾斜，不可前后摇晃。

投球的动作：最后一步滑步时，持球的手臂顺着滑步的时间向前摆伸撒手时，拇指先脱离球孔瞬间利用大臂带小臂。小指钩旋球，上扬手臂的动作一气呵成，弓步、挺腰、拉高、掌心朝头的正后方，如果动作做得完整、流畅，控制球的滚向路线，您将会打出完美的球。

八　保龄球的意义

1. 满足在现代文明社会里人性潜在的破坏欲，缓解、消除工作和生活中的压力。

2. 不分年龄、性别，男女老少均能参与，无论个人体质好坏，都可得到好的成绩。

3. 不管身体的强弱，只要通过努力均可获得高分，因此可培养和增强人的自信心。

4. 弥补日常生活中和工作重负下的运动不足。

5. 是不受天气、时令影响的运动。

6. 长久不衰，文明的社交场所。

据计算，参加保龄球运动的运动量与以下几种常见运动的运动量的比较。

3 局保龄球＝骑车 20 分钟

3 局保龄球＝跑步 15 分钟

3 局保龄球＝网球 20 分钟

九　保龄球的术语

保龄球的术语，一般俗称 STRIKE，SPARE，在此将会做详尽的介绍。

STRIKE——在一格里面的第一球打出全倒，称为"全中"

SPARE——第一球并未全倒，于第二球打

SPLIT——很难打到的球，俗称技术球

TURKEY——连续打出三次全倒

INSIDE——出手时由球道左边出手

OUTSIDE——出手时由球道右边出手

POCKET——球击到球瓶时 1、3 瓶先倒

CLOSE——球击到球瓶时 1、2 瓶先倒

退八股——飞碟球出手后往右移动

连信——飞碟球出手后往左移动

第五节　轮滑

一　轮滑的概述

（一）轮滑的概念

轮滑（Roller skating），又称滚轴溜冰、滑旱冰，是穿着带滚轮的特制鞋在坚硬的场地上滑行的运动。今日多数的滚轴溜冰者主要都使用直排轮，又称刷刷、66，（直排旱冰爱好者对这项运动的别称，来源于溜冰中轮子和地面摩擦时所发出的声音，同时也称溜冰鞋为"刷子"，称在马路上溜冰为"刷街"，而 66 与溜溜同音，更有趣味顺口，多为爱好者的互称）。因此直排轮也几乎成为轮滑运动的代名词。

（二）轮滑的发展历史

最早于 1100 年的溜冰鞋是利用骨头装在长皮靴脚掌上，帮助猎人能在冬天进行打猎的游戏。苏格兰人 Dutchman 于 1700 年爆炸性地创造了第一双溜冰鞋；他希望能在夏天模拟出冰上溜冰，于是用敲钉的木制的线轴长条林木附上他的鞋子上。在这年年中在爱丁堡组成了第一个溜冰俱乐部。

下一款新鞋出现在 1760 年，一位伦敦乐器制造商约瑟夫·梅林（也许是第一位真正发明单排轮的人）决定制造金属有轮子的长靴。一天他参加妆舞，他从入口溜冰进去演奏小提琴。不过在还不知道如何刹车以及如何控制那双附有轮子的鞋子情况下，撞向了一面价值 500 英镑的镜子（当时的镜子可比金子还贵），撞得头晕目眩，人严重割伤，提琴毁了都无所谓，问题是那镜子他赔得起吗？他在一面巨大的镜子前结束溜冰表演，直到舞会结束时他仍没有学到该如何刹车停止和掌握方向。的确，单排滑轮鞋要领不是在于如何开始起步，而是如何停止。

1819 年，M. Peitibled 在法国发明专利中记载了第一双单排滑轮，那双鞋的构造是由 2—3 个轮子组成一条直线，但是这个构想却未到达到预期的"流行"，以不了了之收场。1823 年伦敦，Robert John 设计了一双溜冰鞋称它"rolito"，经由放置于五个轮子成一排地在这一双鞋的底部。

1863 年，美国 Plimpton 发现一途径制造可使用的溜冰鞋。他提出一双有四轮的溜冰鞋且轮子是并排——溜冰轮鞋。它允许转弯、前进和向后溜冰。也就是最传统的溜冰鞋。1884 年，滚珠轴承轮子的发明帮助了以后溜冰运动得以蓬勃发展。

直到 1980 年，明尼苏达州两位热爱冰球的兄弟，为了在球季之余能够继续练习，便将轮子装在刀底座之内，产生了第一双单排轮滑鞋这种轮子排列成一条直线的溜冰鞋，并正式被命名为 In-Line Skate，成为今天单排轮滑的正式名称。

1984 年，Rollerblade Inc. 开始研发各种不同用途之轮滑鞋，ROLLERBLADE 一直是国际飞轮业界领导品牌，1994 年更把 ABT 简易刹车系统带入市场，就是我们今天看到的单排轮滑。单排轮滑运动，不单限于曲棍球运动员，更成为一种时尚休闲运动风行世界各地。

1995 年，ESPN 第一届极限运动更把特技单排轮滑运动（AggressiveIn-line Skate）推向了全世界！特技单排轮滑运动起源于美国，其特技鞋也不同于普通单排轮滑，是在单排轮滑附加了许多配件。最终使单排轮滑更好玩、更刺激。

速度轮滑已进入 2010 年广州亚运会竞赛项目，共设 6 块金牌。

二　轮滑分类

1. 极限轮滑

极限轮滑也叫特技直排轮，玩极限轮滑的人被称为 ROLLERBLADING。极限轮滑受现在年轻人的追捧。主要分为街式和专业场地，专业场地分道具赛和半管（U 形池）。

轮滑是一项休闲运动，但同时也是竞技项目，随着它的不断完善，目前已形成多项轮滑竞技项目，目前的全运会已出现轮滑的身影了。现代轮滑运动分为速度轮滑、花样轮滑和轮滑球三大项。

2. 速度轮滑。以单排、双排轮滑鞋为比赛工具的竞赛项目，分场地跑道比赛和公路比赛两种。世界锦标赛场地跑道正式比赛距离为：300 米计时赛、500 米淘汰赛、1000 米、5000 米、10000 米积分赛、20000 米积分赛；公路比赛包括女子 21 千米半程马拉松赛、男子 42 千米马拉松赛。场地跑道像自行车场一样呈盆形。

3. 花样轮滑。分为规定图形滑、自由滑、双人滑和双人舞 4 个项目。比赛在不小于 50 米长、25 米宽的场地上进行。参赛各队每项比赛可以参加 3 人，男女总计 12 人。根据动作的难易程度、舞姿的优美程度打分确定胜方。轮滑球：看上去像是冰球和曲棍球的结合体，打法同冰球打法相似，比赛两队各上场 5 人，其中 1 名为守门员。运动员脚穿轮滑鞋，手执长 91—114 厘米的木制球杆在一块长 22 米，宽 12.35 米的长方形水泥质或花岗石制成的硬质地面球场上进行比赛。运动员可以传球、运球，通过配合把球攻入对方球门为得 1 分，得分多者为优胜队。球门高 1.05 米，宽 1.54 米，分置于球场两端线的中间。比赛用球形如棒球，重量为 155.925 克。每场比赛分两局进行，每局 20 分钟。

4. 休闲轮滑：以休闲健身为目的，穿着单排轮滑鞋，在各种场地、环境中无拘无束地进行各种滑法，最主要的活动是"刷街"，慢慢滑行，浏览着街景，沐浴着阳光，呼吸着新鲜空气，身心放松。

5. 自由式轮滑（Free Style），其中最有代表性的就是过桩（Salomon）的平地花式。不同于花样轮滑（一般是指双排轮滑），平地花式讲究过桩的足部花式技巧，同时也要有全身性的节奏感，具有非常高的观赏性。

轮滑项目主要有：双排花样轮滑、单排花样轮滑、速度轮滑（直排）、轮滑球（直排为主）、极限轮滑（街区和U形池）、轮舞、自由轮滑FSK（休闲与野街）、平地花式（速度过桩、花式过桩、平地刹停）、速降、跳高（平地、抛台）。在世界各地的参与者中，有热衷于其中一项的，也有参与其中几项的。虽说都是轮滑，但不同项目给参与者带来的感觉不同。

三　轮滑优点

1. 娱乐性：轮滑有很强的娱乐性和趣味性，通过这项运动，可使人们从平时紧张、繁重的学习和工作中解脱出来，达到身心放松的目的。

2. 健身性：轮滑是一项全身性运动，它能促进心脑血管系统和呼吸系统机能的改善和代谢作用的加强，能增强臂、腿、腰、腹等肌肉的力量和身体各个关节的灵活性，特别是对人掌握平衡能力有很大作用。

3. 工具性：除了上述两个特性外，轮滑还具有很多体育项目所不具备的一个特性，就是它可以当做交通工具。一般情况下，在平整的路面上，轮滑都可以代步成为交通工具。在交通越来越拥挤的今天，轮滑不啻为一种流行和时髦的交通工具。不过，在你滑着轮滑穿梭于车来人往的大街上时，一定要注意交通安全。

四　轮滑健身的七大好处

1. 大脑：锻炼平衡能力，堪称脑部平衡操。

2. 减肥：缓步持续刷街30分钟平均消耗热量285卡；间断式轮滑（1分钟低姿冲刺+1分钟的直立式轻松滑）30分钟内耗掉了450卡热量。

3. 关节：轮滑对关节所造成的冲击力比跑步低大约50%。

4. 心脏：促进心脑血管系统和呼吸系统机能的改善和代谢。缓步持续轮滑30分钟心跳达每分钟148次。

5. 体形：大腿后部、臀部、下背部更有型。如果加强手臂摆动，还有助于前臂与胸部塑型。

6. 环保：既不消耗能源也不造成环境污染。

7. 减压：轮滑的愉悦性，让你因工作而紧张的神经得到放松。

五　轮滑装备

（一）轮滑鞋

1. 鞋身：轮滑鞋的外壳可以防止外来的冲击，具有保护脚部的作用。一般用有鞋扣的鞋身较方便穿着；绑鞋带的会较贴脚，但穿脱较麻烦。一般比较好的单排轮滑鞋都是绑带加一个扣的设计。一般的单排轮滑鞋都有一个内靴，可以缓冲足部和鞋壳之间的摩擦，以保护足部，使皮肤不易擦伤和起水泡。好的鞋身应该够坚固，海绵要够厚，密度也要够大。

2. 底架：底架为连接轮子及鞋壳之结构体，底架系统的坚韧性，是决定溜冰鞋寿命的一大因素。通常底架的设计都有不同的类型，有的较厚，有的较薄。底架一般装上四个轮子，但也有装置三个轮子的小底架，以及可以装置五个轮子的速度鞋。铝合金的底架比较好，因铝合金的底架较坚硬，不容易变形，但价钱较贵。

3. 轮子：轮子必须是高弹性轮，绝不能是塑料轮子。最好选聚酯材料制的，即胶轮，它适应各种场地和状况。胶轮比较软，弹性较好，塑料轮子则是硬硬的，你可试敲地面听听声音来感觉，你会发现塑料轮子的声音尖锐，容易打滑。有些轮滑鞋会配置六角扳手，用以拧紧轮子。

4. 大小：除了注意鞋子的各部分质量以外，还要注意脚的尺码。专家建议，就买平时穿的尺码，一定要自己穿过。绝对不能太大，只要不觉得紧不顶脚，就可以了。一般系好鞋带、小腿和地面垂直时，脚的最前端和鞋内套的距离是半个大拇指（手）那么多就好，太大的鞋不安全。

初学阶段可以买非专业性滑轮。一般说来，初学者还应练习在路面上做简单滑行、转弯、刹车等基本动作，非专业性的滑轮就能满足这些要求，而且价格比较便宜，一两百元就能买到。但是当水平提高开始学习各种极限动作时，就必须买专业级滑轮了，因为那些高难度动作不是一般的滑轮可以承受。

（二）极限鞋特点

极限轮滑鞋和其他轮滑鞋主要有四大区别。一是鞋底部的轮。普通的轮子是空心的，轴部可见规则小孔，轮底常是圆形，极限鞋则相反，轮子实心，轮底是平的，这样可以承受较大的冲击，完成很多高难度的跳跃动作。二是鞋底中部有一个卡槽。这个凹槽是滑竿时与铁杆嵌合时用的。三是鞋底的"桥"。极限鞋的"桥"比较结实、厚。四是鞋的重量。极限轮滑鞋由于很多部位是实心，又采用十分坚固的材料制成，所以分量都比较重。

护具

护具是最容易被忽视，但又很重要的一项装备，包括头盔、护肘、护腕和护膝。很多人出于怕被人认为娇气或者嫌麻烦的心理不愿戴护具，但几乎所有长期练习轮滑的人都认为，戴护具不仅能保护自己，还能保持良好的练习心态。

（三）轮滑鞋保养常识

平常应做到：

1. 切勿在草地、泥地上经过，因为这样做会让碎石磨损轮滑鞋的轮子，而且沙子会跑到轴承中，需要经常清洗。

2. 下雨天尽量不要玩轮滑，因为水会让轴承生锈。

3. 轴承生锈了须买一小瓶润滑油（汽油，机油也可），200 毫升就够了。将轴承放进去泡上三四天，就可将锈去掉。到了一定的时候，就应该保养鞋子。轮子的保养。

轮子会随着使用时间的增加而渐渐磨损，所以轮鞋最重要的保养是轮子的检查，最好每周检查轮子一次，查看轮子的磨损程度，如果轮子有某一边磨损较严重，则需要早一点交换位置，不然轮子可能会破裂，此外还必须用布擦掉轴承上的污垢，检查轴承垫圈和轴承、旋转轴之间是否会发出奇怪的声音，同时转动每一个轮子，看看是不是都能正常滚动，另外也要注意旋转轴是否弯曲。（由于这些零件常常磨损，最好是随时准备一套备份）

轮子的更换秘诀

1. 先把轮子编号，并做上记号。

2. 调换轮子时，建议你把左脚的 1 号轮子与右脚的 3 号轮子互换，而且，最好轮子的内外侧也做调动（反转）。根据这个法则，再将左脚的 2 号轮子和右脚的 4 号轮子互换，接着左脚的 3 号轮子和右脚的 1 号轮子互换，最后，左脚的 4 号轮子和右脚的 2 号轮子互换。特别注意的是调换轮子的动作只需要半个月到一个月做一次就可以了。

轮子高度的调整。

有些型号的轮鞋，将轮子安装在底座时，需要一种叫做调整垫的零件，可以配合各种运动所需，调整轮子的高度。

轴承的清洁。

轴承如果沾染上灰尘，可以用干布或牙刷来清理它。如果想让它转动得更顺畅，可以使用专用的保养油。

轴承的更换。

以三叉的螺丝起子把轴承卸下来，用干布擦拭，请注意！将轴承装回去时，螺丝不要锁得太紧。

内衬的清理。

直排轮运动是耗费体力的运动，运动后若将吸了汗的衬垫放着不管，就会发出可怕的异味，除了安全帽之外，像护膝护肘等衬垫类，不但容易吸汗，跌倒时更容易沾上污垢，因此很快就变得又臭又脏，因此必须每隔一段时间固定清洗。

内衬的清洗步骤。

步骤一：将衬垫类放在洗衣盆里加温水。

步骤二：再加入浸泡专用、不必冲洗的洗涤剂。

步骤三：浸泡一个晚上，第二天再取出，放在阴凉处晒干即可。

（记得要用温水，若用冷水或热水浸泡，会造成衬垫破损。）

更换刹车片

鞋后跟上的刹车装置如果经常使用，很快就会磨损，一旦磨损严重，踩刹车时容易失去平衡，还可能导致刹车不灵，因此刹车片磨平之后，必须马上更换。

（四）安全措施

1. 练习轮滑前，应先做好准备活动，尤其是手腕和下肢各关节及韧带，要充分活动开。

2. 如有可能，应戴一些防护用具，如轮滑专用的护腕、护肘、护膝及头盔等。现在很多体育商店都有这种轮滑的专用护具。

3. 练习前要检查轮滑鞋的螺丝等紧固部件，以免滑行中因轮滑鞋出问题而受伤。

4. 初学者应在初学场内或规定范围内练习，或尽可能在人少的地方练习，不要任意滑行。初次学习轮滑时，最好有滑行熟练的同伴或辅导员进行辅导。

5. 禁止做危险或妨碍他人的动作，特别是在人多的公共轮滑场内，如几人拉手滑行，在速滑跑道上逆行或与大家滑行方向逆行，乱蹦乱跳，在场内横插乱窜，追逐打闹，突然停止等，这都是既妨碍他人又容易发生危险的事情。如果在公路上滑行，更要注意交通安全，最好要在人少车少的地方练习。

6. 学习轮滑时摔跤是不可避免的，但要学会在摔跤时做自我保护。方法是：当要向前或向侧摔倒时，要主动屈膝下蹲，用双手撑地缓冲，减小摔倒的力量；当要向后摔倒时，也要主动屈膝下蹲，降低重心，尽量让臀部先坐下，并注意保护尾骨处，同时低头团身，避免头部向后仰磕地；摔倒时应尽量避免直臂单手撑地，这样很容易损伤手腕。

7. 患有严重疾病的人（如有心脏病、高血压等）不宜参加激烈的轮滑活动，最多可以慢速滑锻炼一下。此外，饮酒后和过度疲劳的人也不宜参加轮滑活动。

六　普通的轮滑技巧

▲站得稳稳、直直的：将两只脚站成 T 字形或将两脚脚跟并在一起，成 V 字形。

▲起步：从 T 字形站姿起步，让前脚保持前进姿势，后脚向外方推轫，就会有向前前进之力量。

▲滑行：滑行时为保持较好的平衡，让一脚稍稍提起放在另一脚前方，膝盖弯曲。

▲身体的摆动：将重心放到左脚，用右脚推轫并伸向外侧伸展、滑行；然后将双脚并行。接下来将重心放到右脚，左脚向外推轫、伸展、滑行，如此左右不断互换。

▲身体的姿势：身体稍稍半蹲，像是要坐。将双脚向前伸出，弯曲膝盖及脚踝，使重量在整双鞋上放松。

▲停止：以上述姿势滑行，双脚靠近保持平行，由刹车的脚稍稍向前滑行，使两脚距离约有半个脚，提起脚尖直到刹车碰触到地面，然后慢慢将重量移到刹车，增加压力，直到停下来。

轮滑练习

轮滑是一项极易掌握的体育运动，任何人都能很快地学会它。但对很多人来说，初次接触轮滑时，心理上会产生一种畏惧感——担心摔跤。其实，只要简单地掌握一些轮滑的方法和技巧，就能把这项运动变成乐趣。

初学轮滑者一定要有耐心，请记住以下禁忌：滑行前不做准备活动，不戴护具，滑行后立即喝水。初学时一定要注意培养正确姿势，滑行时腰、膝、踝关节保持弯曲，降低身体重心，身体失去平衡时要向下蹲。以下是高手总结出的口诀，不妨看看：滑需团身、弯曲求稳、重心稍后、欲进先侧、先蹬后落、斜中求正、先倾后蹬、先蹬后落、跨部摆动、三点对齐。

平衡是掌握轮滑的基础。由于轮滑鞋与地面接触面积小，加之滑轮与地面摩擦后的滚动，所以就不易掌握平衡。练习平衡是非常重要的，具体的做法是：

（1）原地踏步，练习静平衡，熟悉轮滑的性能；

（2）用互助法和扶助法练习平衡，两个人相互扶助或双手扶住身边的其他物体，前后左右移动，练习平衡技术；

（3）借助外力练习平衡，比如可以通过对静止物体的反作用力使自己滑动，或让别人用力将自己推动，也可以抓住正在移动的人或其他物体，使自己前进或后退。

1. 移动重心的练习

（1）原地站立与踏步：

穿好轮滑鞋，两脚平行站立与肩同宽，两腿微屈，上体稍前倾，两臂自然下垂。身体重心移至左腿，右腿稍抬起、放下。然后身体重心移至右腿，左腿稍抬起、放下。反复进行练习，逐渐加快速度。

（2）单脚支撑平衡：

在掌握原地踏步基础上，保持原来姿势，手扶栏杆或同伴，将重心移至一条腿上，另一腿向侧伸出再收回成开始姿势，换脚重复以上动作。

（3）模仿滑行姿势的蹲起练习：

速度轮滑的滑跑姿势直接关系到滑行速度的快慢。正确的滑跑姿势，是上体前倾接近水平，肩背稍高于臀部，腿部弯曲，上体与地面成15—20度角，大腿和小腿成90—110度角，踝关节成50—70度角，两手互握放于背后或在体侧自然摆动，头部自然抬起，眼向前看5—10米处。

（4）"八"字行走练习：

两脚成外"八"字站立，保持好站立的姿势，重心移至左脚上，右脚向前迈一小步，重心随之移至右脚上，然后抬左脚向前迈一步，重心随着移至左腿上，然后抬左脚向前迈一步，重心随着移至左腿上，重复上述练习。

（5）交叉步行走：

原地站立，先将重心移至左腿上，收右腿，向左腿前外侧迈步，成交叉姿势，重心随着移至右腿上，接着收左腿，向左侧跨一步，成开始姿势，反复练习。

2. 直道滑行

（1）单脚蹬地双脚滑行练习：

右脚用内刃蹬地，将重心推送至向前滑行的左腿上，右脚蹬地后迅速与左腿并拢成两脚滑行。接着用左脚蹬地，将重心推送至向前滑行的右腿上，左脚蹬地后迅速与右腿并拢两脚滑行。

（2）单脚蹬地单脚滑行：

上体前倾，两臂自然下垂，两脚稍分开，成外"八"字站立，重心移至右腿上，用右脚内刃蹬地，左脚用力向前滑出，随着蹬地动作结束，把重心推送至左腿上，左腿成半蹲支撑惯性滑行，接着向前收右腿，同时左脚蹬地，随左腿蹬地运作结束，把重心推送至成半蹲支撑惯性滑行的右腿上。反复进行。

（3）初步体会直道滑行方法：

上体前倾，肩背稍高于臀部，两手互握放于背后或自然摆动，腿部弯曲，上体与地面成15—20度角，膝关节成90—110度角，踝关节成50—70度角。保持这种姿势做单脚蹬地、单脚支撑惯性滑行练习。

（4）直道滑行的摆臂动作：

有力的摆臂是顺着身体纵轴前后加速摆动，当两臂向上摆动时，可增加蹬地腿的蹬地力量。同时，两臂摆动越快，身体重心的移动也越快。所以要提高滑动的频率，就必须减小摆臂的幅度，加快摆臂的频率。

3. 弯道滑行

弯道滑行技术和直道滑行技术有明显的区别。弯道滑行的技术特点在于练习者用交叉步滑行。由于向心力的作用，上体不仅前倾，而且还要向左倾。

（1）左脚支撑、右脚连续蹬地的滑行：

从站立姿势开始，左脚用外刃支蹬地后迅速与右脚并拢，接着右脚再做一次蹬地动作，左脚继续做前外曲线滑行。

（2）在圆弧上做不连贯的交叉步滑行：

在圆弧上用直线滑行步法，中间插入弯道交叉步。当左脚有稳定的平衡时，右脚向左脚左侧前方迈一小步；只要右脚有短暂的滑行之后，左脚就迅速从右腿后方收回，同时右脚蹬，左脚直线滑进。重复上述动作。

4. 停止法

在滑行中，有时需要及时停止滑行，所以在初步掌握滑行基本动作的同时，就要学会停止滑行的方法。常用的停止法有"T"形停止法和双脚急停法。

（1）"T"形停止法：

在向前滑行中，将重心放在右脚上，右膝弯曲，同时抬起左脚横放在右脚后成"T"形，然后以左脚四轮的侧面摩擦地面，减缓滑行速度，直到停止滑行。

（2）双脚急停法：

在向前滑行中，两脚并拢，两脚同时向逆时针方向（或顺时针方向）转体90度，右脚以内侧轮、左脚以外侧轮压紧地面，同时屈膝后坐，上体前倾，身体向左（右）倾倒，两臂前伸，两脚用力压紧地面，就会停止滑行。

七　如何避免轮滑运动伤害

首先在溜冰前多做一些热身运动，尤其是关节部分，还可以多做一些伸展操（所谓伸展操，一般来说包含许多拉筋、压腿的动作）。再者场地的选择也很重要，尽量不要在粗糙的地面溜，因为不知道下一秒钟是否会跌倒，而且在粗糙的场地溜时，若轮子太硬或是自己膝盖的柔软度不够时，常常会在不知不觉中会造成脚踝和膝关节震伤，这也是为什么我们强烈建议不要用太差的鞋子来溜的原因之一。

若真的不小心跌倒，也要注意跌倒的姿势。不要管跌倒的姿势，不论跌得多丑，只要不受伤就好。我们常常看到许多人跌倒时都会去用手撑，只为了不让屁股着地。这样的动作常常造成手肘受伤，想想看几乎全身的重量由一只手来支撑，手臂不受伤都很难，而且这伤通常是外表看不出来的。

通常我们跌倒时在地上滚个一两圈是很正常的事，这样大多拍拍屁股就可以站起来了，总比鼻青脸肿起来好吧！还有，若感觉快跌倒时就赶快往前蹲，往前可以让你不要后摔，摔到后脑、可是很严重的事，蹲下来可以让你重心变低变稳，即使还是会跌倒，蹲下来的高度跌下来也比较不严重，希望大家能多多注意不要造成自己运动伤害。

八　轮滑活动管理办法

第一条　为加强对我国轮滑活动的管理，保障和促进其持续、健康地发展，根据《中华人民共和国体育法》和《全民健身计划纲要》制定本办法。

第二条　轮滑活动是指使用各种滚轴类鞋、板等类似器材（主要包括单排轮滑鞋、双排轮滑鞋、滑板等）在各种场所进行的速度轮滑、花样轮滑、轮滑球和极限轮滑（滑板）以及经国家体育总局审定的归类项目的竞赛、训练、表演、培训、技术交流、娱乐等活动。

第三条　本办法适用于在中华人民共和国境内从事的轮滑活动和代表中国参加国际轮滑活动的组织和人员。

第四条　国家体育总局社会体育指导中心主管全国的轮滑活动，中国轮滑协会具体组织实施管理。

地方各级体育行政部门（含人民政府授权管理体育工作的机构，下同）对本行政区域内的轮滑活动进行管理，地方各级轮滑协会（未成立轮滑协会的可以由体育总会代行职能，下同）协助本级体育行政部门做好相关工作。

第五条　鼓励单位和个人作为团体会员和个人会员加入轮滑协会，加入轮滑协会的单位和个人可以在参加轮滑活动方面享受优待。

第六条　中国轮滑协会负责实施对轮滑活动场所（含综合性娱乐设施中开展轮滑活动的场所）的等级评定；负责实施对轮滑项目从业人员（包括运动员、教练员、裁判员、健身指导员和管理人员等）的资格认证管理，具体办法另行制定。

地方各级轮滑协会在各自职责范围内对上述场所和人员实行管理。

轮滑活动从业人员未经培训、考核和资格认证，不得从事任何形式的有偿服务。

第七条　在中国境内举办的国际性轮滑活动以及代表中国参加的国际轮滑活动，必须由国家体育总局社会体育指导中心统一组织，并报经有关部门批准后进行。

举办全国性和跨省、自治区、直辖市的轮滑活动，必须报国家体育总局审批。

在各级行政区域内举办的轮滑活动，由相应地方体育行政部门自行审批、管理。

第八条　承办轮滑活动的单位，其广告、赞助、资金、物品的管理和使用应当严格执行国家有关规定，并自觉接受审计、税务等部门的管理和监督。

第九条　在从事轮滑活动过程中，违反本办法的，由各级轮滑协会根据有关法规予以处罚。

第十条　本办法实施前已从事轮滑活动的单位和个人，应在本办法颁布之日起一年内，前往本级体育行政部门或轮滑协会补办有关手续。

第十一条　涉及香港特别行政区和澳门、台湾地区的轮滑活动，在遵守国家有关法律、法规的前提下，参照本办法执行。

第十二条　本办法自颁布之日起施行。

九　轮滑、体育用品行业发展前景

半个世纪以来，凭借丰富的劳动力资源、巨大的潜在市场和各项优惠政策，中国体育用品行业从小到大、从仿制到创新、从计划到市场、从封闭的自给自足到走向国际市场，取得了令人瞩目的成绩，引起了境外业界人士的普遍关注。由于中国体育用品行业起步和进入市场较晚，存在着结构体系不合理、企业营销规模分散、标准化程度低和品牌效应差等问题，这在一定程度上制约了行业的再发展。

2007 年 1 月—11 月，中国体育用品制造行业规模以上企业实现累计工业总产值 54755927 万元，比上年同期增长了 17.36%；2008 年 1 月—11 月，中国体育用品制造行业规模以上企业实现累计工业总产值 62499521 万元，比上年同期增长了 18.31%。

到 2010 年，中国体育用品产业的年产值占 GDP 的比重有望增至 0.3%。后奥运时代，中国体育用品产业仍有很大的发展空间。另外，城市居民对体育用品的消费已经从低档为主向中高档方向发展，农村居民尤其是已经进入小康生活标准的农村地区，对中低档体育用品的消费也将逐步形成新的需求。

思考题

1. 飞镖、飞盘、轮滑等概述及发展历史。
2. 飞镖、飞盘、轮滑等技术特点及注意事项。
3. 举例说明轮滑体育休闲项目发展的前景。

第十八章

奥林匹克运动

奥林匹克运动是在奥林匹克主义指导下，以体育运动和四年一度的奥林匹克庆典——奥运会为主要活动内容，促进人的生理、心理和社会道德全面发展，沟通各国人民之间的相互了解，在全世界普及奥林匹克主义，维护世界和平的国际社会运动。奥林匹克运动包括以奥林匹克主义为核心的思想体系，以国际奥委会、国际单项体育联合会和各国奥委会为骨干的组织体系和以奥运会为周期的活动体系。

奥林匹克运动是人类社会的一个罕见的杰作，它将体育运动的多种功能发挥得淋漓尽致，影响力远远超出了体育的范畴，在当代世界的政治、经济、哲学、文化、艺术和新闻媒介等诸多方面产生了一系列不容忽视的影响。奥林匹克运动不仅构成了现代社会所特有的体育文化景观，以其特有的文化魅力愉悦人们的身心，更以其强烈的人文精神催人奋进，生生不已。

奥林匹克运动是时代的产物，工业革命大大扩展了世界各民族之间在经济、政治和文化等方面的联系，各国交往日益密切，迫切需要以各种沟通手段来加强国与国之间的相互了解。奥林匹克运动正是为适应这种社会需要而出现的，是人类社会发展到一定阶段的必然产物。

第一节　奥林匹克运动的起源

奥林匹克运动因起源于古希腊奥林匹亚（Olympia）而得名。古代奥运会从公元前 776 年到公元 394 年，历经 293 届，后被古罗马皇帝狄奥多西一世以邪教活动罪名而废止。1894 年在巴黎召开的国际体育会议，根据法国贵族皮埃尔·德·顾拜旦（Pierre de Coubertin）的倡议成立了国际奥委会，并决定恢复奥运会。现代第一届奥运会于 1896 年在希腊雅典举行，此后在世界各地轮流举行。由于 1924 年开始设立了冬季奥林匹克运动会，因此奥林匹克运动会习惯上又称为"夏季奥林匹克运动会"。

古代奥林匹克运动会

古希腊人于公元前 776 年规定每 4 年在奥林匹亚举办一次运动会。运动会举行期间，全希腊选手及附近的黎民百姓相聚于奥林匹亚这个希腊南部风景秀丽的小镇。公元前 776 年在这里举行第一届奥运会时，多利亚人克洛斯在 192.27 米短跑比赛中取得冠军，成为国际奥林匹克运动会荣获第一个项目的第一个桂冠的人。后来，古希腊运动会的规模逐渐扩大，并成为显示民族精神的盛会。比赛的优胜者获得月桂、野橄榄和棕榈编织的花环等。

从公元前 776 年开始，到公元 394 年止，历经 1170 年，共举行了 293 届古代奥林匹克运动会。公元 394 年奥林匹克运动会被罗马皇帝狄奥多西一世禁止。

一 奥运会传说

有关古代奥运会起源的传说有很多，最主要的有以下两种：一是古代奥林匹克运动会是为祭祀宙斯而定期举行的体育竞技活动，另一种传说与宙斯（Zeus）的儿子赫拉克勒斯（Heracles）有关。赫拉克勒斯因力大无比获"大力神"的美称。他在伊利斯城邦完成了常人无法完成的任务，不到半天工夫便扫干净了国王堆满牛粪的牛棚，但国王不想履行赠送 300 头牛的许诺，赫拉克勒斯一气之下赶走了国王。为了庆祝胜利，他在奥林匹亚举行了运动会。

二 奥运会历史

发起和兴盛（公元前 776 年至公元前 388 年）。公元前 776 年，伯罗奔尼撒的统治者伊菲图斯努力使宗教与体育竞技合为一体。他不仅革新宗教仪式，还组织大规模的体育竞技活动，并决定每 4 年举行一次。时间定在闰年的夏至之后。所以公元前 776 年的古代奥林匹克运动会就正式载入史册，成为古代奥运会的第 1 届。当时仅有一个比赛项目，即距离为192.27 米的场地跑。

这一时期各城邦之间虽有纷争，但希腊是一个独立的国家，政治、经济、文化都较发达，是运动会的黄金时期。特别是公元前 490 年，希腊雅典在马拉松河谷大败波斯军之后，民情奋发，国威大振，兴建了许多运动设施、庙宇等，参赛者遍及希腊各个城邦，奥运会盛极一时，成为希腊最盛大的节日。

古代奥运会衰落（公元前 388 年至公元前 146 年）。

由于斯巴达和雅典长期的伯罗奔尼撒战争（公元前 431 年至公元前 404 年），希腊国力大减，马其顿逐渐吞并了希腊。马其顿君王菲利普还亲自参加了赛马。随后亚历山大大帝虽自己不喜爱体育活动，但仍积极支持并视奥运会为古希腊的最高体育活动开幕式，不过，这一时期古奥运会精神已大为减色，并开始出现职业运动员。

古代奥运会消亡（公元前 146 年至公元 394 年）。

罗马帝国统治希腊后，起初虽仍举行运动会，但奥林匹亚已不是唯一竞赛地了。如公元前 80 年第 175 届奥运会，罗马经济规律就把优秀竞技者召集在罗马比赛，而奥林匹亚只举行了少年赛。这时职业运动员已开始大量出现，奥运会成了职业选手的比赛，希腊人对之失去了兴趣。公元 2 世纪后，基督教统治了包括希腊在内的整个欧洲，倡导禁欲主义，主张灵肉分开，反对体育运动，使欧洲处于一个黑暗时代，奥运会也随之更趋衰落，直至名存实亡。公元 393 年罗马皇帝狄奥多西一世宣布基督教为国教，认为古奥运会有违基督教教旨，是异教徒活动，翌年宣布废止古奥运会。公元 395 年，拜占庭人与歌德人在阿尔菲斯河发生激战，使奥林匹亚各项设施毁失殆尽。公元 426 年，狄奥多西二世烧毁了奥林匹亚建筑物的残余部分。公元 522 年、511 年接连发生的两次强烈地震，使奥林匹亚遭到了彻底毁灭。从此顺延了一千余年的古奥运会不复存在，繁荣的奥林匹亚变成了一片废墟。

古代奥运会复苏（公元 15 世纪至公元 1896 年）

从 15 世纪开始，教育家开始提倡幸福和健康的生活方式。17 世纪，英国人约翰·洛克的"绅士教育"提出德、智、体，法国人让-雅克·卢梭建议通过游戏学习。公元 1776 年，英国考古学家在勘察中发现了古代奥运会遗址。1858 年，希腊发布了《奥林匹克令》，并于 1859 年 10 月 1 日在雅典举办了第一届泛希腊奥林匹克运动会。1875—1881 年，德国库蒂乌斯人在奥林匹亚遗址发掘了出土文物，引起了全世界的兴趣。

1889 年 7 月，在法国巴黎召开的国际田径代表大会上，后来被人尊

1887 年第 4 届泛希腊奥运会参与者目录

称为"奥林匹克之父"的法国教育家皮埃尔·德·顾拜旦（Pierre de Coubertin）首次公开了他恢复奥运会的设想。1891 年 1 月，顾拜旦以法国田径协会联合会秘书长的身份，向全世界几乎每个体育组织和俱乐部发出邀请——参加于 1894 年 6 月 16 日在法国巴黎索邦神学院召开的国际体育运动代表大会，此次大会为第一届奥林匹克代表大会。会议召开一个星期后，即 6 月 23 日，大会就通过了成立国际奥林匹克委员会的决议，而 6 月 23 日也就成了"国际奥林匹克日"（International Olympic Day）。当时，顾拜旦成为首任秘书长。大会决定在 1896 年召开首届现代奥运会，希腊的历史名城雅典获得主办权。

1896 年 4 月 6—15 日，希腊雅典举办了第一届现代奥运会。

三　现代奥林匹克运动

自 19 世纪初开始，不断有人尝试恢复奥运会。直到 19 世纪末，在法国贵族顾拜旦及其他奥运先驱者的努力下，现代奥林匹克运动终于登上历史舞台。1894 年 6 月 16 日，顾拜旦精心设计和主持的首次"国际体育教育代表大会"在巴黎索邦神学院召开。来自 9 个国家 37 个体育组织的 78 名代表到会，通过决议复兴奥运会，规定此后每隔 4 年举办一次奥运会；选出由 15 人组成的国际奥林匹克委员会。顾拜旦起草国际奥委会章程，阐述了奥林匹克运动的哲学基础、教育和美学意义，奠定了奥林匹克运动的理论基础，使奥林匹克运动发展成为持久的体育与和平运动。这次大会标志着现代奥林匹克运动的诞生。顾拜旦则被人们誉为"现代奥林匹克之父"。

1896 年雅典奥运会开幕式场景

1894 年 6 月 16 日，巴黎国际会议上通过了第一部由顾拜旦倡议和制定的《奥林匹克宪章》。它涉及奥林匹克运动的基本宗旨、原则及其他有关事宜。1921 年在瑞士洛桑奥林匹克会议中，制定了奥林匹克法，包括奥林匹克运动会宪章、国际奥林匹克委员会章程、奥林匹克运动会竞赛规则及议定书、奥林匹克运动会举行通则、奥林匹克议会规则等 5 部分。数十年来，奥林匹克法曾多次修改、补充，但由顾拜旦制定的基本原则和精神未变。

1900 年，在第二届巴黎奥运会上，有 11 名女子冲破禁令，出现在运动场上。国际奥委会经过数次争论，终于在 1924 年第 22 次会议上，正式通过允许女子参加奥林匹克运动会的决议。此后，女子项目成为奥运会不可缺少的组成部分，参赛的女运动员也越来越多。

随着奥林匹克运动的发展，国际奥委会还作出许多规定。

1913 年，根据顾拜旦的构思，国际奥委会设计了奥林匹克会旗，白底无边，中央有 5 个相互套连的圆环，分成上下两行，自左而右自上而下看，环的颜色为蓝、黑、红、黄、绿。五环象征 5 大洲的团结和全世界运动员以公正、坦率的比赛和友好精神在奥运会上相见。1914 年为庆祝现代奥林匹克运动恢复 20 周年，在巴黎举行的奥林匹克大会上首次使用会旗。1920 年安特卫普奥运会时，在运动场上升起第一面五环会旗，这以后，历届奥运会开幕式上都有会旗交接仪式和升旗仪式。为了宣传奥林匹克精神、鼓励参赛运动员，由顾拜旦提议，1913 年经国际奥委会批准，将"更快、更高、更强"作为奥林匹克格言。1908 年伦敦奥运会举行时，在圣保罗大教堂举行奥运会的宗教仪式上，美国宾夕法尼亚州大主教在其布道词中说，奥运会"重要的是参与，不是胜利"，顾拜旦对这句话极为赞赏，以后多次引用，因此不少人认为，这句话应该成为奥林匹克理想。从 1920 年第七届奥运会开始实施运动员宣誓。1968 年第 19 届奥运会又增加裁判员宣誓。1936 年第 11 届奥运会时，国际奥委会正式规定，在主体会场点燃象征光明、友谊、团结的奥林匹克火焰。此后这一活动成为每届奥运会开幕式不可缺少的仪式之一。奥运会开始前，在奥林匹亚希腊女神赫拉（宙斯之妻）庙旁用凹面镜聚集阳光点燃火炬后，进行火炬接力，于奥运会开幕前一天到达举办城市。在开幕式上由东道国运动员接最后一棒点燃塔上火焰，闭幕式时火焰熄灭。

四　奥运会宣言

1892 年 11 月 25 日，顾拜旦男爵在巴黎索邦大学举行的庆祝法国田径运动联盟成立 5 周年大会上发表了一篇精彩演讲。他号召人们"坚持不懈地追求、实现一个以现代生活条件为基础的伟大而有益的事业"。这个内容极其丰富、热情四溢的历史性演讲，后来被人们称为《奥林匹克宣言》。1914 年，第一次世界大战爆发。这份演讲稿在战乱环境中未能公开刊登，顾拜旦只能悄悄地把它藏匿起来。1937 年，顾拜旦因心脏病急性发作去世，那份曾经令人振奋和激动的宣言，随着演讲稿的不知去向，也似乎渐渐被遗忘。但热衷研究体育历史的法国外交分析专家弗朗索瓦·达马侯爵始终坚信手稿原件尚在人间，他通过当年报纸留下的点点滴滴间接信息，凭着蛛丝马迹走遍欧洲、北美、非洲。最终，达马侯爵于 20 世纪 90 年代初在瑞士一家银行的保险箱中发现了它。由此，达马侯爵成为顾拜旦《奥林匹克宣言》传播的唯一权利人。

1994 年，在纪念奥运百年活动期间，国际奥委会以英文、法文在内部出版了仅 1000 本《奥林匹克宣言》小册子，以此公布这份珍贵手稿的存在。2008 年 1 月 2 日，为纪念顾拜旦诞辰 145 周年，中、法、英三种文字的《奥林匹克宣言》全球首发庆典在北京举行。在《奥林匹克宣言》手稿遗失百年后，在中国进入奥运年时，经国际奥委会罗格主席和版权所有人法国达马侯爵同意，文明杂志社在全球首次出版发行了中、法、英三种文字的《奥林匹克宣言》。

五　奥运会项目

当希腊雅典举办第一届现代奥运会的时候，距罗马皇帝狄奥多西一世下令禁止举行的古代奥运会已经过去了 1500 多年。1896 年 4 月 6 日下午 3 点，在经过重修的雅典帕那辛尼安体育场，希腊国王乔治一世宣布：第一届现代奥林匹克运动会开幕。乔治一世在开幕词中说："但愿奥林匹克运动会的复兴能增进希腊人民与各国人民的友谊；但愿体育运动和它所崇尚的道德观念有助于造就新一代的希腊人，无愧于他们的先辈。"

　　此届奥运会设田径、游泳、举重、射击、自行车、古典式摔跤、体操、击剑和网球 9 个大项 43 个小项，共有 13 个国家的 311 名运动员参赛。

　　1900 年，第二届奥运会来到了繁华之都——法国巴黎。这届奥运会比赛时间持续 5 个多月，可谓旷日持久，而女子运动员首次登上赛场，则开创了历史的先河。

奥运会史上第一位女性冠军——夏洛特·库珀

　　首届雅典奥运会成功举办后，希腊方面曾希望将雅典作为奥运会的永久举办地，但遭到了国际奥委会主席顾拜旦等人的反对。最终，第二届奥运会落户顾拜旦的家乡法国。

　　当时的巴黎，已经成为世界闻名的繁华都市，但奥运会在这里却遭到了冷遇。由于此届奥运会被作为世界博览会的一部分，比赛时间也从 5 月中旬持续到 10 月 28 日。比赛日程很不紧凑，如击剑比赛在 6 月举行，田径和体操比赛在 7 月举行，游泳比赛在 8 月举行，堪称一次"马拉松"式的运动会。比赛场地也分散在不同的城镇举行，设施也十分简陋，再加上组织不力、宣传不够、观众不多，这届奥运会远不如首届雅典奥运会那样紧张、热烈。

　　本想利用博览会来提升奥运会知名度的顾拜旦对此非常失望，他在日记中写道："世界上有一个对奥运会非常冷淡的地方，这就是巴黎。"

不过，巴黎奥运会也有其自身的特点。一方面，巴黎名胜众多，交通便利，这对许多参赛选手很有吸引力。参赛国家从上届的 13 个增加到 22 个，运动员人数从 311 名增加到 1344 名。值得一提的是，共有来自法国、英国、美国和波希米亚的 12 名女选手参加了高尔夫球和网球比赛，这也是女性运动员首次登上奥运殿堂，而夏洛特·库珀（Charlotte Cooper）则成为奥运会历史上第一位女性冠军（女子网球单打冠军、男女混合双打冠军）。

1904 年，第三届奥运会落户美国密西西比河沿岸城市圣路易斯，这是奥运会首次在欧洲之外的国家举办，也表明奥运会在国际化道路上迈出了重要一步。圣路易斯战胜芝加哥举办了第三届奥运会，一个主要原因是世界博览会将在这里举办。这也是奥运会历史上首次以竞争形式决出举办城市。由于与博览会相互交叉，比赛从 7 月 1 日持续到 10 月底，与上届巴黎奥运会一样拖沓冗长，而奥运会的风光也被世界博览会抢走了。

本届奥运会只有 12 个参赛国家，成为历史上最少的一届。由于远隔重洋，加之东道主没能兑现派船接送欧洲选手的承诺，导致许多欧洲选手未能参赛。参赛运动员共 629 人，其中美国队就达 533 人，许多项目参赛队员都是清一色的美国人，加上美国队实力强大，夺走了绝大多数奖牌，因此有人说这届奥运会是"美国的奥运会"。

第二节　奥林匹克运动的精神象征

一　提出背景

奥林匹克精神是皮埃尔·德·顾拜旦提出的。

为了把一种充满活力的新教育体系介绍给祖国，顾拜旦从青少年时期起，就潜心钻研同时代的不同教育体系和古希腊的历史。他希望法国青年能接受一种新的教育体系，即在加强道德修养和增强信心的同时，锻炼身体，培养勇敢精神和坚强的个性。

通过对古奥运会的考察，顾拜旦认识到，古希腊人组织竞赛活动，不仅仅是为了锻炼体格和显示一种壮观场面，而且是为了教育人。他认为，体育竞赛活动能磨炼人的意志，培养人的个性，同时又能锻炼身体。

顾拜旦一直致力于古代历史和奥运会研究。当他听到希腊的伊文格罗斯–瑞卜斯愿为当地举办奥运会慷慨解囊的消息后，一个复兴古奥运会的想法在他的脑海里出现了——要像古希腊人那样，通过体育竞赛教育青年。从此，他便周游世界，到处宣传自己的主张。

顾拜旦提出复兴奥运会的主张并不复古。他建议恢复奥运会的组织形式和庆典仪式，但又认为有必要注入新的成分、以适应现代社会的要求。运动会的国际性，运动形式的多样性，运动员的业余性，以及人民之间的友好合作，将使世界和平得到巩固和加强，种族歧视也将会被废除，这便是奥林匹克精神。

奥林匹克精神

1894 年，顾拜旦召集了第一次国际体育大会，会上提出了复兴奥运会的建议并得到赞同，于是，成立了国际奥委会。

1896 年，第一届现代奥运会获得极大成功。奥林匹克精神诞生了。奥林匹克精神的目的在于促进人类的精神发展，以此造就全面发展的人。它的意图是教育人，锻炼人的性格，培养人的道德，发展古希腊人的理想——"美丽、健康"。奥林匹克精神的教育对象不只是那些参加体育运动的人，还包括人民大众。

奥林匹克精神是现代社会文明的一大奇迹。它期望建立一个没有任何歧视的社会，培养人们之间真诚的理解、合作和友谊，承认在平等的条件下为获得荣誉的公平竞争，为人们在社会的其他领域树立了一个独特而光辉的榜样。

顾拜旦认为，奥林匹克精神是一个国际体系，它是完全独立的。因此，他从一开始就不允许任何来自政治、经济或社会的因素对其进行干涉。他还为此创建了一个独立的国际奥委会，规定了国际奥委会的主要职责是用其忠诚和献身精神来保证奥林匹克理想和原则的实现。通过这种方式，奥林匹克精神的自主独立在世界范围内得到了保证。

二　历史发展

奥林匹克精神的源头是古代希腊文明，古代希腊对人的体格力量与健康的崇尚是奥林匹克运动竞技比赛的基础。古代奥运会对人的体能、技巧的挑战体现着古希腊人竞争与开拓意识。古代奥林匹克神圣休战既是对和平的渴望，也体现出希腊人对神和自然的敬畏。在古代奥运会文化背景中，有一种坚定的信念，那就是极其重视个人价值，捍卫个人的独立性。古代希腊奥林匹克运动的这些价值观念都已成为现代奥运的核心价值。

现代奥林匹克运动复兴以来，奥林匹克精神经历了从挑战自我、追求人的身心协调和全面发展到追求运动竞技的人性化、人类文化的多元和谐、人与自然和谐共存的历史演变。在现代奥林匹克运动的历史上，曾经有"永远争取第一，永远超过别人"的口号。今天，许多有识之士认为仅仅提倡"更快、更高、更强"是远远不够的，我们必须提倡一种更为人性化的，更为团结的奥林匹克精神。用1908年美国宾夕法尼亚州大主教主持讲道时的一句话来说，那就是："参与比获胜更重要。"

现代奥林匹克兴起之时，也正是人类科学技术突飞猛进之时。一个多世纪以来，科学技术给人类的生活带来天翻地覆的变革，也从各个方面深刻影响了奥林匹克运动的发展和演变，为奥林匹克精神注入了鲜明的时代特征。一方面，西方文化中民主、自由、竞争、拼搏、开拓、进取、重视个体、尊重科学等要素构成了现代奥林匹克精神的灵魂与核心，这使奥林匹克运动染上了浓重的西方文化色彩。另一方面，随着奥林匹克运动会在全球的开展和奥林匹克精神的普及，奥林匹克运动已成为各国文明与文化集萃、对话与交往的论坛，成为全球文化多样性与差异性互补共存的平台，尤其是成为东西方文明交融与互动的平台。在当代科技、人文、生态伦理的交互影响下，奥林匹克运动的这种文化多样性与文化对话主义已经成为全球化时代人类文化发展的重要表征之一。从奥林匹克文化的生产与消费情况来看，奥林匹克运动已经成为全球化的超国家、超文化、超等级、超地域的百姓的巨型狂欢节，成为一种由国家主义、消费主义、商业主义共同主宰的泛文化。

当前奥林匹克运动中出现了过度商业化、滥用兴奋剂、职业性腐败等问题。黑分、黑哨、假体育、假比赛、假球，使奥林匹克运动失去魅力和价值，危及了奥林匹克理想，玷污了崇高的奥林匹克精神。这些都与作为现代奥林匹克运动核心价值的西方理性中心主义文化有着根本的内在联系。

奥林匹克运动中出现的问题无法仅靠西方文化去解决，需要从其他文化形态，特别是东方文化中寻求有益的启示。

三　实质内容

《奥林匹克精神》是顾拜旦 1919 年 4 月在瑞士洛桑庆祝奥林匹克运动恢复 25 周年纪念会上的演说，是奥林匹克运动的重要文献，顾拜旦用诗歌般的语言阐述了奥林匹克精神的内涵与价值。

在简要回顾五年的历史后，顾拜旦说明了奥林匹克精神与纯粹的竞技精神的不同之处。他认为，纯粹的竞技精神只能带给运动员心理上自得其乐的愉悦感，奥林匹克精神带给人们的将是美感、荣誉感。这正是顾拜旦心中崇尚的精神，在《体育颂》中，他也曾热情地讴歌，赞美体育是美丽、艺术、正义、勇敢、荣誉、乐趣、活力、进步与和平的化身。

顾拜旦是一位教育家，教育思想是他体育思想的核心。在演说中，他阐释了"敲响重开奥林匹克时代钟声的原因"：基于改革教育的愿望。他不满"青少年往往为陈旧、复杂的教学方法，愚蠢和严厉相交替的说教以及拙劣肤浅的哲学所束缚而失去平衡的现状，希望通过复兴奥运会来改变传统教育方法与内容，从而促进青少年全面、均衡、协调地发展。顾拜旦曾经考察研究过希腊雅典古代奥运会的遗址，认为"古希腊人组织竞赛活动，不仅为了锻炼体格和显示一种廉价的壮观场面，更是为了教育人"。可以说，顾拜旦复兴奥运会的根本宗旨就是通过体育竞赛来教育青年。因此，他决心"把盎格鲁·撒克逊人的运动功利主义同古希腊留传下来的高尚、强烈的观念结合起来，开辟奥林匹克新时代"。

如何将奥林匹克精神变成现实？顾拜旦提出了一个重要的理念："大众"参与，即使"地位最低下的公民"也应该能够"享受"这种精神。顾拜旦的一句名言"参与比取胜更重要"（也有翻译为"重要的是参与而不是取胜"），同样强调了这一奥林匹克思想的精髓。在另一次演讲中，他曾指出："先生们，请牢记这铿锵有力的名言。这个论点可以扩展到诸多领域。对人生而言，重要的绝非凯旋而是战斗。传播这些格言，是为了造就更加健壮的人类——从而使人类更加严谨审慎而又勇敢高贵。"可以看出，顾拜旦提倡和复兴奥林匹克运动有着非常广阔的胸怀，是以全人类不断完善自我为出发点，绝非号召人们单纯为夺取桂冠和金牌而拼搏。

那么，奥林匹克精神的内涵究竟是什么呢？在第 5 段中，顾拜旦作了具体的阐述。他认为，奥林匹克精神是人类吸收古代传统构筑未来的力量之一，这种力量体现在：虽"不足以确保社会和平"，但仍可促进和平；虽"不能更加均衡地为人类分配生产和消费物质必需品的权力"，但仍可促进公平；虽"不能够为青少年提供免费接受智力培训的机会"，但仍可促进教育。和平、公平性、教育性，在他看来就是完整、民主的奥林匹克精神。

奥林匹克运动属于全人类，只有真正了解奥林匹克精神，人类才能真正拥有它。

四　精神内涵

自从两千多年前，奥林匹克运动会作为一种健康向上的体育竞技在神圣的奥林匹斯兴起，它就成为古代希腊人奉献给人类的一种宝贵的精神-文化财富。今天，奥林匹克运动的内涵已经远远超出体育竞技的范畴，它成为全人类的文化盛会和文明遗产，它的丰富内涵和它对于人类生活的重要性正在与日俱增。关于奥林匹克精神的内涵，笔者想强调以下几个方面：

奥林匹克是一种竞技精神。奥林匹克精神是一种"更快、更强、更高"的自我挑战精神，同时它也是公平、公正、平等、自由的体育竞技精神。奥林匹克包含的这种自我挑战精神和公平竞争精神构成了当代人类自我完善和社会交往的基石。

奥林匹克是一种生活态度。奥林匹克精神强调人通过自我锻炼、自我参与而拥有健康的体魄、乐观的精神和对美好生活的热爱与追求。这种乐观积极的生活态度是我们拥有完全自信和战胜一切挑战的强大动力。

奥林匹克是一种人生哲学。奥林匹克宪章指出，"奥林匹克主义是将身、心和精神方面的各种品质均衡地结合起来，并使之得到提高的一种人生哲学"。奥林匹克将体育运动与文化和教育融为一体，使人们身体与心灵，精神与品质得到完满的和谐，使人类的潜能与美德得到充分的开发，它是迄今为止人类最优良、最完善的生活哲学。

奥林匹克是一种和谐、自由、健康、积极的现代伦理。奥林匹克主义所要建立的生活方式是以奋斗中体验到的乐趣、优秀榜样的教育价值和对一般伦理的基本推崇为基础的。奥林匹克精神中的伦理价值是对人的潜能与自由创造、人类的文明与优良秩序的最大尊重与倡导，是对人类一切优良道德价值与伦理规范的继承与发扬。它引导人们追求一种最为优化的生存与发展的伦理观念，这种伦理观念是人类与环境协调共处、个人与社会协调发展的保证。

奥林匹克运动是一种人类文明的共同遗产。热烈兴奋的比赛、青年志愿者的培训、体育场馆的兴建、城市规划的构思、精彩纷呈的艺术表演、覆盖全球的赛事转播与收看都成为宝贵的奥运遗产。在全球化时代，奥林匹克运动已成为各国文明与文化共同进行精神创造的盛会。

今天，奥林匹克已经成为全人类的一种共同的愿望、一种共同的期待和一种共同的祝愿。它随着时间的流逝而不断丰富，不断增添新的内涵，成为人类不断创新、不断增长的宝贵精神文化遗产。

五　指导作用

奥林匹克精神对奥林匹克运动具有十分重要的指导作用。

首先，奥林匹克精神强调对文化差异的公正对待和理解。奥林匹克运动是国际性的运动，它不可避免地面临着世界上文化间的各种差异及由此引发的各种问题。来自各国的运动员、教练员、体育官员以及观众有不同的肤色，穿着不同的服装，说着不同的语言，有着不同的生活方式，进行不同的宗教仪式，用不同的行为方式表达自己的喜怒哀乐。这些种族的和文化的差异，又常常由于各国间在政治体制、经济制度和意识形态等方面的冲突而强化。从一定意义上讲，四年一度的奥运会将世界上所有的体育文化集中在一个狭小的空间和时间范围内，于是不同文化之间的差异尤为引人注目。差异就是矛盾，矛盾就可能引发冲突。奥林匹克精神强调相互了解、友谊和团结，就是要形成一种精神氛围。在这种氛围中，人们可以摆脱各自文化带来的偏见，在不同文化的展示中，看到的不是矛盾与冲突，而是人类社会百花齐放、千姿百态的文化图景，从而使文化差异成为促进人们互相交流的动因，而不是各自封闭的樊篱；使矛盾成为互相学习的动力，而不是互相轻视的诱因。也只有在这种氛围中，人们才能打破各自狭窄的眼界，以世界公民的博大胸怀，去认识和理解自己民族以外的事物，领悟到各个民族都有着神奇的想象力和巨大的创造力，学会尊重其他民族，以比较客观和公正的态度去看待别人和自己，虚心地汲取其他文化的优秀成分，不断丰富自己，从而使奥林匹克运动所提倡的国际交流真正得以实现。

其次，奥林匹克精神强调竞技运动的公平与公正。奥林匹克运动以竞技运动为其主要活动内容，竞技运动最本质的特征就是比赛与对抗。在直接而剧烈的身体对抗和比赛中，运动员的身体、心理和道德得到良好的锻炼与培养，观众也得到感官上的娱乐享受和潜移默化的教育。但是，竞技体育的教育功能和文化娱乐功能的基本前提是公平竞争。只有在公平竞争的基础上竞争才有意义，各国运动员才能保持和加强团结、友谊的关系，奥林匹克运动才能实现它的神圣目标。

第三节　奥林匹克运动会

奥林匹克运动会（英语：Olympic Games，希腊语：Ολυμπιακοί Αγώνες），简称"奥运会"，是一个由国际奥林匹克委员会主办的国际性综合运动会，包括夏季奥林匹克运动会、冬季奥林匹克运动会、青少年奥林匹克运动会、残疾人奥林匹克运动会、听障奥林匹克运动会和特殊奥林匹克运动会。奥林匹克运动会每四年举办一次（曾在两次世界大战中中断三次，分别为公元 1916 年、1940 年和 1944 年），每届会期不超过 16 天。

位于蒙特利尔奥林匹克体育馆前的五环标志

奥运会标志

奥运五色环标志象征着五大洲团结。奥林匹克运动有一系列独特而鲜明的象征性标志，如奥林匹克标志、格言、奥运会会旗、会歌、会徽、奖牌、吉祥物等。这些标志有着丰富的文化含义，形象地体现了奥林匹克理想的价值取向和文化内涵。

《奥林匹克宪章》规定，奥林匹克标志、奥林匹克会旗、奥林匹克格言和奥林匹克会歌的产权属于国际奥委会专有。国际奥委会可采取一切适当措施使奥林匹克标志、会旗、格言和会歌在各国和国际上获得法律保护。

会旗

奥林匹克会旗于 1913 年由顾拜旦亲自设计，长 3 米，宽 2 米。1914年为庆祝现代奥林匹克运动恢复 20 周年，在巴黎举行的奥林匹克代表大会上首次升起。1920 年安特卫普奥运会正式采用。奥林匹克会旗上面是蓝、黑、红三环，下面是黄、绿两环。五环代表五大洲的团结和全世界的运动员在奥林匹克运动会上相聚一堂。

会歌

《奥林匹克圣歌》在 1896 年第一届夏季奥林匹克运动会开幕式上被首次演唱，但当时并未确定其为奥运会会歌。20 世纪 50 年代后有人建议重新创作新曲，作为永久性的会歌，但几经尝试都不能令人满意。国际奥委会在 1958 年于东京举行的第 55 次全运会上最后确定还是用《奥林匹克圣歌》（《撒马拉斯颂歌》）作为奥林匹克会歌。其乐谱存放于国际奥委会总部。从此以后，在每届奥运会的开、闭幕式上都能听到这首悠扬的古希腊乐曲。

格言

奥林匹克格言（Olympic Motto）亦称奥林匹克口号。奥林匹克运动有一句著名的格言：“更快、更高、更强”。（Citius, Altius, Fortius）这一格言是顾拜旦的好友、巴黎阿奎埃尔修道院院长迪东（Henri Didon）在他学生举行的一次户外运动会上，鼓励学生们时说过的一句话，他说：“在这里，你们的口号是：更快、更高、更强。”

顾拜旦借用过来将这句话用于奥林匹克运动。他曾经对此作出自己的理解，这或许是对奥林匹克精神最好的阐释：

"The most important thing in the Olympic Games is not to win but to take part, just as the most important thing in life is not the triumph but the struggle. The essential thing is not to have conquered but to have fought well."

("奥运会最重要的不是胜利，而是参与；正如在生活中最重要的事情不是成功，而是奋斗；但最本质的事情并不是征服，而是奋力拼搏。")

1920 年，国际奥委会正式确认"更快、更高、更强"为奥林匹克格言，在 1920 年安特卫普奥运会上首次使用。此后，奥林匹克格言的拉丁文"Citius, Altius, Fortius"出现在国际奥委会的各种出版物上。奥林匹克格言充分表达了奥林匹克运动所倡导的不断进取、永不满足的奋斗精神。虽然只有短短的 6 个字，但其含义却非常丰富，它不仅表示在竞技运动中要不畏强手、敢于斗争、敢于胜利，而且鼓励人们在自己的生活和工作中不甘于平庸、要朝气蓬勃、永远进取、超越自我，将自己的潜能发挥到极限。

精神

《奥林匹克宪章》指出，奥林匹克精神就是相互了解、友谊、团结和公平竞争的精神。奥林匹克精神对奥林匹克运动具有十分重要的指导作用。首先，奥林匹克精神强调对文化差异的容忍和理解。其次，奥林匹克精神强调竞技运动的公平与公正。人人平等，实现更高、更快、更强的理想。正如已故美国著名黑人田径运动员杰西·欧文斯所说"在体育运动中，人们学到的不仅仅是比赛，还有尊重他人、生活伦理、如何度过自己的一生以及如何对待自己的同类"。

宗旨

《奥林匹克宪章》指出，奥林匹克运动的宗旨是："通过没有任何歧视、具有奥林匹克精神——以友谊、团结和公平竞争的精神相互理解的体育活动来教育青年，从而为建立一个和平的更美好的世界做出贡献。"

奥林匹克日

1948 年 1 月，国际奥委会在第 42 次全会上将每年的 6 月 23 日定为奥林匹克日，举行庆祝活动，纪念国际奥委会的诞生，宣传奥林匹克理想和推动普及运动。自 1987 年起，开始举行"奥林匹克日长跑"。

奖牌

1896 年，在雅典举行的第一届现代奥林匹克运动会上，冠军获得的是一枚银质奖章和一个橄榄枝做的花冠，亚军获得的是一枚铜质奖章和一顶桂冠。奖章是由法国艺术家儒勒·夏普朗精心设计的。

第二届奥运会在巴黎举行，竞赛规程规定要颁发"特别富有艺术意义"的奖品，结果取消了奖章，而给每个奥运会参加者发了一枚长方形的纪念章，图案是勇士手执橄榄枝。

随后几届奥运会，各自的奖章图案设计各具风格，没有形成固定的样式。直到 1928 年，奥运会在荷兰的阿姆斯特丹举行，奖章由意大利佛罗伦萨艺术家朱塞佩·卡西奥里教授设计，图案是象征友爱、和睦、团结的手抱橄榄枝的女塑像。这枚奖章不仅授予运动员，也授予与奥运会同时举行的艺术竞赛的优胜者。自此，以后各届奥运会奖章正面的图案保持不变，只把举办地名与届数作相应的变更。

圣火

奥运圣火首次出现是在 1928 年阿姆斯特丹奥运会。当时是顾拜旦提出了这一想法，但仅限于在体育场附近的一个喷泉盛水盘上点燃圣火。

古代奥林匹克运动会点燃圣火的仪式，起源于古希腊人类自上天盗取火种的神话，在奥林匹亚宙斯（Zeus）神前，按宗教的仪式在祭坛上点燃火种，然后持火炬跑遍各城邦，传达奥运会即将开始的讯息，各城邦必须休战，忘掉仇恨与战争，积极准备参加奥运会的竞技比赛，因此火炬象征着和平、光明、团结与友谊等意义。

1920 年，安特卫普奥运会为了纪念大战结束，点燃了象征和平的火焰；1928 年，阿姆斯特丹奥运会期间在一座高塔上燃烧着火焰，而且火种是在奥林匹克以聚光镜取得。1934 年，国际奥委会确认点燃圣火仪式并于 1936 年 7 月 20 日在奥林匹亚举行了取火仪式（1936 年柏林奥运会）。

吉祥物

在奥运史上，吉祥物第一次出现在 1972 年慕尼黑奥运会。此后吉祥物就成为构成一届奥运会形象特征的主要成分。国际奥委会和历届奥运会组委会对吉祥物的设计要求都很高，每一届奥运会吉祥物的揭晓都吸引了世界的关注，成为当届奥运会的亮点。

在吉祥物的艺术形式上，1992 年巴塞罗那奥运会以前，奥运会吉祥物大多以举办国有特色的动物形象为创作原型，一般是一个物种。1992 年后，奥运会的吉祥物出现了人物，或者是完全虚拟的形体，数量也有变化。1998 年长野冬奥会吉祥物有 4 种，2000 年悉尼奥运会吉祥物有 3 种，2004 年雅典奥运会有 2 种，而 2008 年北京奥运会更多达 5 种。不管是什么样的形式，其基本的创作核心是有利于表达当届奥运会的主题，有利于表现主办城市独特的地域特征、历史文化和人文特色，同时有利于市场开发和保护。

现代奥运会产生了造型多样的吉祥物。每个吉祥物都是独一无二的，它们富有活力的性格，体现了友谊和公平竞赛的奥林匹克理想。吉祥物首次在奥运会上发挥显著作用是在 1972 年慕尼黑奥运会上。在近些年的奥运会中，吉祥物的作用得到了加强。吉祥物将奥运会价值拟人化了，为其赋予实际的形体并使之广为儿童所接受，这是当今奥运会识别项目中其他形象所无法比拟的。

奥运会仪式

2008 年北京奥运会开始式场景

开幕式

奥运会开幕式内容包括基本仪式和富有民族特色的团体操及大型体育文艺表演，其基本仪式包括以下固定程序：

1. 奥运会组委会主席宣布开幕式开始，国际奥委会主席和奥运会组委会主席在运动场入口迎接东道国国家元首，并引导他到专席就座；

2. 各代表团按主办国语言的字母顺序列队入场（但希腊和东道国代表团例外，按惯例希腊代表团最先入场，东道国最后；2008 年北京奥运会则是按照简体汉字笔画顺序排列入场）；

3. 奥运会组委会主席讲话；

4. 国际奥委会主席讲话；

5. 东道国国家元首宣布奥运会开幕，奏《奥林匹克圣歌》，同时奥林匹克会旗以水平展开形式进入运动会场并从赛场的旗杆上升起；

6. 奥林匹克火炬接力跑进入运动场，最后一名接力运动员沿跑道绕场一周后点燃奥林匹克圣火，放飞鸽子；

7. 各代表团旗手绕主席台形成半圆形，主办国的一名运动员登上讲台，他左手执奥林匹克旗的一角，举右手宣誓；

8. 主办国的一名裁判员登上讲台，以同样的方式宣誓；

9. 演奏或演唱主办国国歌。

上述固定程序结束后，由东道国进行大型体育文艺表演。一般而言开幕式的成败与否，在很大程度上取决于大型体育文艺表演的效果。

闭幕式

闭幕式首先由各代表团的旗手按开幕式的顺序列纵队进场，在他们后面是不分国籍的运动员队伍，旗手在讲台后形成半圆形。

国际奥委会主席和当届奥运会组委会主席登上讲台，希腊国旗从升冠军国旗的中央旗杆右侧的旗杆升起，主办国国旗从中央旗杆升起，下届奥运会主办国的国旗从左侧旗杆升起。主办城市市长登上讲台，并把会旗交给国际奥委会主席，国际奥委会主席把会旗交给下届奥运会主办城市的市长。

奥运会组委会主席讲话，国际奥委会主席致闭幕词。紧接着，奥林匹克圣火在号声中熄灭，奏《奥林匹克圣歌》的同时，奥林匹克会旗徐徐降下，并以水平展开形式送出运动场，旗手紧随其后退场。同时奏响欢送乐曲。各代表团退场。

最后，进行精彩的文艺表演。由主办国把奥运会旗帜转交给下届主办国代表。缓缓熄灭圣火。

颁奖仪式

在奥运会期间，奖章应由国际奥委会主席（或由他选定的委员）在有关的国际单项体育联合会主席（或其代表）陪同下颁发。通常情况下，在每项比赛结束后，立即在举行比赛的场地以下述方式颁奖：获得前三名的运动员身着正式服装或运动服登上领奖台，面向官员席。冠军所站的位置稍高，然后宣布他们的名字。冠军代表团的旗帜应从中央旗杆升起，第二名和第三名代表团的旗帜分别从紧靠中央旗杆右侧和左侧的旗杆升起。奏冠军代表团的国歌时，奖章获得者应面向旗帜。

宣誓誓词

奥运会誓词于 1913 年由国际奥委会通过，1920 年正式实施（1916 年奥运会停办）。

运动员："我以全体运动员的名义，保证为了体育的光荣和我们运动队的荣誉，以真正的体育道德精神参加本届奥林匹克运动会，尊重并遵守指导运动会的各项规则。"

裁判员："我以全体裁判员和官员的名义，保证以真正的体育道德精神，完全公开地执行本届奥林匹克运动会的职务，尊重并遵守指导运动会的各项规则。"

奥运会赛事

在奥运会的历史上，共出现了 35 个大项（sport），53 个分项（discipline）和超过 400 个小项（event）。而其中夏季奥运会包括 28 个大项和 38 个分项，冬季奥运会包括 7 个大项和 15 个分项。

1896 年第一届现代奥运会只有 9 个比赛项目，如果划船项目没有因为恶劣的天气而被取消的话，那么第一届现代奥运会上的项目就会达到 10 个。此后，随着奥运会的影响力不断扩大，其规模越来越大，比赛项目也越来越多。到 2008 年北京奥运会，比赛项目已增至 28 个。2005 年，国际奥委会在新加坡全会上决定，2012 年伦敦奥运会只设 26 个大项，且今后每届奥运会最多不得超过 28 个大项。由此传递出一个信号：现代奥林匹克运动延续了几十年的"扩张主义"已经结束。

2007 年，国际奥委会又通过一项改革决议：从 2020 年起，奥运会将确定 25 个核心项目，之后每届奥运会固定设这 25 个大项，另外最多可以增设 3 个临时项目。这意味着，继棒球、垒球被"逐出"后，现有 28 个奥运项目中还有一个要离开。

夏季奥运会比赛项目

田径、篮球、足球、摔跤、柔道、举重、射击、射箭、击剑、赛艇、马术、拳击、手球、网球、跆拳道、羽毛球、皮划艇乒乓球、曲棍球、自行车、帆船帆板、体操、排球、游泳、铁人三项、现代五项、水球、棒球（后取消）、蹦床、垒球（后取消）（2016 年加入高尔夫球和七人制橄榄球）

冬季奥运会比赛项目

速度滑冰、短跑道速度滑冰、高山滑雪、自由式滑雪、越野滑雪、北欧两项、跳台滑雪、现代冬季两项、雪橇、雪车、花样滑冰、冰壶、冰球、滑板滑雪。

基本条件

夏季奥运会：至少在四大洲 75 个国家和地区的男性以及三大洲 40 个国家和地区的女性中广泛开展。

冬季奥运会：至少在三个洲 25 个以上国家中开展的体育运动项目才能被列为冬季奥运会比赛项目。

奥运会中运动小项是运动项目或分项中的一项比赛，在奥运会中需要产生名次，并颁发奖章和奖状作为奖励。运动小项在被列为奥运会的正式比赛项目之前，首要的也是最重要的要求是在世界范围内有足够的开展这个项目的人数和地域，并且已经举行过至少两次洲际锦标赛。主要依赖机械动力推进的项目、分项和小项不能被列为奥运会比赛项目。

除正式比赛项目外，国际奥委会还授权东道国，可将本国开展较为普及的非奥运会正式项目的 1—3 个列为当届奥运会的表演赛，其他国家亦可派队参加。作为非正式比赛，获胜者不发给奖牌。

古代奥运会比赛项目

五项全能（包含铁饼、标枪、跳远、赛跑；摔跤和拳击）、赛跑、拳击、摔跤、拳击角力（拳击和摔跤的混合运动）、四轮马车赛跑、骑马。

奥运会举办地

夏季奥运会举办地

第一届奥运会 1896 年 4 月 6—15 日 希腊·雅典（Athens）

第二届奥运会 1900 年 5 月 14 日—10 月 28 日 法国·巴黎（Paris）

第三届奥运会 1904 年 7 月 1 日—11 月 23 日 美国·圣路易斯（St. Louis）

第四届奥运会 1908 年 4 月 27 日—10 月 31 日 英国·伦敦（London）

第五届奥运会 1912 年 5 月 5 日—7 月 27 日 瑞典·斯德哥尔摩（Stockholm）

第六届奥运会 1916 年 德国·柏林（因第一次世界大战停办）

第七届奥运会 1920 年 4 月 20 日—9 月 12 日 比利时·安特卫普（Antwerp）

第八届奥运会 1924 年 5 月 4 日—7 月 27 日 法国·巴黎（Paris）

第九届奥运会 1928 年 5 月 17 日—8 月 12 日 荷兰·阿姆斯特丹（Amsterdam）

第十届奥运会 1932 年 7 月 30 日—8 月 14 日 美国·洛杉矶（Los Angeles）

第十一届奥运会 1936 年 8 月 1—16 日 德国·柏林（Berlin）

第十二届奥运会 1940 年 先日本·东京，后芬兰·赫尔辛基（因第二次世界大战停办）

第十三届奥运会 1944 年 英国·伦敦（因第二次世界大战停办）

第十四届奥运会 1948 年 7 月 29 日—8 月 14 日 英国·伦敦（London）

第十五届奥运会 1952 年 7 月 19 日—8 月 3 日 芬兰·赫尔辛基（Helsinki）

第十六届奥运会 1956 年 11 月 22 日—12 月 8 日 澳大利亚·墨尔本（Melbourne）

第十七届奥运会 1960 年 8 月 25 日—9 月 11 日 意大利·罗马（Rome）

第十八届奥运会 1964 年 10 月 10—24 日 日本·东京（Tokyo）

第十九届奥运会 1968 年 10 月 12—27 日墨西哥·墨西哥城（Mexico

city）

　　第二十届奥运会 1972 年 8 月 26 日—9 月 11 日 德国·慕尼黑（Munich）

　　第二十一届奥运会 1976 年 7 月 17 日—8 月 1 日 加拿大·蒙特利尔（Montreal）

　　第二十二届奥运会 1980 年 7 月 19 日—8 月 3 日 苏联·莫斯科（Moscow）

　　第二十三届奥运会 1984 年 7 月 28 日—8 月 12 日 美国·洛杉矶（Los Angeles）

　　第二十四届奥运会 1988 年 9 月 17 日—10 月 2 日韩国·汉城（Seoul）

　　第二十五届奥运会 1992 年 7 月 25 日—8 月 9 日 西班牙·巴塞罗那（Barcelona）

　　第二十六届奥运会 1996 年 7 月 19 日—8 月 4 日 美国·亚特兰大（Atlanta）

　　第二十七届奥运会 2000 年 9 月 15 日—10 月 1 日 澳大利亚·悉尼（Sydney）

　　第二十八届奥运会 2004 年 8 月 13—29 日 希腊·雅典（Athens）

　　第二十九届奥运会 2008 年 8 月 8—24 日 中国·北京（Beijing）

　　第三十届奥运会 2012 年 7 月 27 日—8 月 12 日 英国·伦敦（London）

　　第三十一届奥运会 2016 年 8 月 5—21 日 巴西·里约热内卢（Rio de Janeiro）

冬季奥运会举办地

　　第一届　法国·夏蒙尼（Chamonix）1924 年 1 月 25 日—2 月 4 日

　　第二届　瑞士·圣莫里茨（St. Moritz）1928 年 2 月 11 日—3 月 18 日

　　第三届　美国·普莱西德湖（Lake Placid）1932 年 2 月 4—15 日

　　第四届　德国·加米施-帕滕基兴（Garmisch-Partenkirchen）1936 年 2 月 6—16 日

　　第五届　瑞士·圣莫里茨（St. Moritz）1948 年 1 月 30 日—2 月 8 日

　　第六届　挪威·奥斯陆（Oslo）1952 年 2 月 14—25 日

　　第七届　意大利·科蒂纳丹佩佐（Cortina D'ampezzo）1956 年 1 月 26 日—2 月 5 日

第八届　美国·斯阔谷（Squaw Valley）1960 年 2 月 18—28 日

第九届　奥地利·因斯布鲁克（Innsbruck）1964 年 1 月 29 日—2 月 9 日

第十届　法国·格勒诺布尔（Grenoble）1968 年 2 月 6—18 日

第十一届　日本·札幌（Sapporo）1972 年 2 月 3—13 日

第十二届　奥地利·因斯布鲁克（Innsbruck）1976 年 2 月 4—15 日

第十三届　美国·普莱西德湖 1980 年 2 月 13—24 日

第十四届　波斯尼亚和黑塞哥维那·萨拉热窝（Sarajevo）1984 年 2 月 8—19 日

第十五届　加拿大·卡尔加里（Calgary）1988 年 2 月 13—28 日

第十六届　法国·阿尔贝维尔（Albertville）1992 年 2 月 8—23 日

第十七届　挪威·利勒哈默尔（Lillehammer）1994 年 2 月 12—27 日

第十八届　日本·长野（Nagano）1998 年 1 月 7—22 日

第十九届　美国·盐湖城（Salt Lake City）2002 年 2 月 8—24 日

第二十届　意大利·都灵（Turin）2006 年 2 月 10—26 日

第二十一届　加拿大·温哥华（Vancouver）2010 年 2 月 12—28 日

第二十二届　俄罗斯·索契（Sochi）2014 年 2 月 7—23 日

青奥会举办地

第一届　新加坡·新加坡（Singapore）2010 年 8 月 14—26 日

第二届　中国·南京（Nanjing）2014 年 8 月 16 日—28 日

冬季青奥会举办地

第一届　奥地利·因斯布鲁克（Innsbruck）2012 年 1 月 13—22 日

附　件

一　全民健身计划纲要

全民健身计划纲要

（1995 年 6 月 20 日国务院发布）

为了更广泛地开展群众性体育活动，增强人民体质，推动我国社会主义现代化建设事业发展，特制定本纲要。

一、面临的形势

（一）改革开放多年来，我国体育事业取得了很大成就。群众性体育活动蓬勃开展，参加体育活动的人数不断增加，人民体质与健康状况有了很大改善，全民健身工作日益受到社会的重视和支持，群众性体育活动的内容和形式更加丰富多彩，群众体育健身的物质条件逐步得到提高，体育在提高人民整体素质，促进社会主义精神文明和物质文明建设方面发挥着越来越显著的作用。

（二）当前，我国经济建设和社会发展对人民的整体素质提出了新的更高要求。但是，全民健身工作的现状还不能适应社会主义现代化建设的需要。群众的体育健身意识还不够强，群众性体育活动的开展还不够广泛，经常参加体育锻炼的人数还不够多，现有体育场地设施在向社会开放、满足群众开展体育锻炼的需要方面还有较大差距，全民健身工作的科学技术和监测管理还比较落后，有关的法规制度还不够完善，适应社会主义市场经济体制的全民健身管理体制和运行机制还在探索之中。这些问题，应随着经济和社会事业的发展，逐步加以解决。

（三）为进一步增强人民体质，适应我国社会主义现代化建设的需要，必须采取切实有效的措施，推行全民健身计划，发展群众体育。

二、目标和任务

（四）全民健身计划到2010年的奋斗目标是：努力实现体育与国民经济和社会事业的协调发展，全面提高中华民族的体质与健康水平，基本建成具有中国特色的全民健身体系。

（五）依据实现社会主义现代化建设第二步战略目标的要求，积极发展全民健身事业。到本世纪末，经济、社会和体育发展程度不同的各类地区，经常参加体育活动的人数都应有所增长，人民体质明显增强，群众参加体育活动的时间、体育消费额等逐步加大，群众体育健身活动的环境和条件有较大的改善。

（六）依据建立社会主义市场经济体制的要求，深化体育改革。到本世纪末，初步建立适应社会主义市场经济体制的全民健身管理体制，初步形成人民群众广泛参与、充满发展活力的运行机制，建立起社会化、科学化、产业化和法制化的全民健身体系的基本框架。

三、对象和重点

（七）全民健身计划以全国人民为实施对象，以青少年和儿童为重点。

青少年和儿童的健康成长关系到国家的富强和民族的昌盛，要发动全社会关心他们的体质和健康。各级各类学校要全面贯彻党的教育方针，努力做好学校体育工作。要对学生进行终身体育的教育，培养学生体育锻炼的意识、技能与习惯。继续搞好升学考试体育的试点，不断总结完善，逐步推开。盲校、聋校、弱智学校要重视开展学生的体育活动。要积极创造条件，切实解决学校体育师资、经费、场地设施等问题。

（八）机关和企、事业单位要加强职工体育工作，因人、因时、因地制宜，开展形式多样、健康文明的职工体育健身活动。

（九）积极发展社区体育。街道办事处要加强对体育工作的组织，发挥居民委员会和基层体育组织的作用，做好社区体育工作。体育行政部门要给予支持和指导。

（十）提高农民的体质与健康水平是农村社会发展的一项重要内容，充分发挥村民委员会和各级农民体育协会的作用，并与文化站协同配合，做好农村体育工作。继续开展评选全国体育先进县活动，推动农村体育的发展。

（十一）实施《军人体育锻炼标准》，进一步发展部队体育，增强体质，提高部队战斗力。培养部队体育骨干。部队在搞好自身体育工作的同时，要积极支持和帮助驻地附近的居民开展群众性体育活动。

（十二）积极发展少数民族体育，在民族地区广泛开展以少数民族传统体育项目为主的体育健身活动。建立健全各级少数民族体育协会，培养少数民族体育人才。

（十三）重视妇女和老年人的体质与健康问题，积极支持他们参加体育健身活动。注意做好劳动强度较大、余暇时间较少的女职工的体育工作。加强对老年人体育健身活动的科学指导。

（十四）广泛开展残疾人运动健身活动，提高残疾人的身体素质和平等参与社会活动的能力。丰富残疾人体育健身方法，培养体育骨干，提高残疾人体育运动水平。

（十五）积极为知识分子创造体育健身条件，倡导和推广适合其工作特点的体育健身方法，重视对中高级知识分子进行健康检查和体质测定工作。

四、对策和措施

（十六）把推行全民健身计划纳入国民经济和社会发展的总体规划，坚持群众体育与竞技体育协调发展的方针，以普遍增强人民体质为重点，加强领导，统筹规划，切实抓出成效。

（十七）加强宣传工作，形成全民健身的舆论导向，增强全民体育健身意识，提高对全民健身工作的重视程度。使全社会认识到，身体素质是思想道德素质和科学文化素质的物质基础，全民健身工作是社会主义精神文明和物质文明建设的重要内容，体育发展水平是社会进步与人类文明程度的一个重要标志。

（十八）加强群众体育的法制建设，认真执行现有体育法规，有计划地制定并实施社会体育督导、群众体育工作、体育社团、场地设施管理等方面的法规制度。

逐步完善群众体育运动竞赛制度，加强对工人、农民、少数民族、残疾人以及各类学生运动会等的组织和管理。突出群众体育运动会和竞赛活动的群众性、健身性、民族性、趣味性和科学性。

（十九）充分发挥各群众组织和社会团体在开展群众性体育活动中的重要作用，建立健全行业、系统体育协会和其他群众体育组织，逐步形成社会化的全民健身组织网络。

（二十）体育部门要改善资金支出结构，逐步增加群众体育事业费在预算中的支出比重。鼓励企、事业单位、社会团体、个人资助体育健身活动。提倡家庭和个人为体育健身投资，引导群众进行体育消费，拓宽体育消费领域，开发适应我国群众消费水平的体育健身、康复、娱乐等市场。

（二十一）实施体质测定制度，制定体质测定标准，定期公布全民体质状况。

实施《社会体育指导员技术等级制度》，加强社会体育骨干队伍建设。

（二十二）推广简便易行和适合不同年龄、性别、职业特点与体质状况的体育健身方法。挖掘和整理我国传统体育医疗、保健、康复等方面的宝贵遗产，发展民族、民间传统体育。

（二十三）加强人民体质与健康的科学研究和技术开发。要发挥体育科技队伍的作用，体育科研单位和体育院校要以群众体育和全民健身的科学研究为重点，要增加对群众体育科学研究的投入，加快科技成果向群众体育健身实践的转化。

（二十四）体育场地设施建设要纳入城乡建设规划，落实国家关于城市公共体育设施用地定额和学校体育场地设施的规定。任何单位和个人不得侵占体育场地设施或挪作他用。各种国有体育场地设施都要向社会开放，加强管理，提高使用效率，并且为老年人、儿童和残疾人参加体育健身活动提供便利条件。

五、实施步骤

（二十五）本纲要采取整体规划，逐步实施的方式。从现在起到 2010年分为两期工程。第一期工程自 1995—2000 年，分为三个阶段：1995—

1996 年为第一阶段，进行宣传发动和改革试点，初步掀起一个全民健身活动热潮。1997—1998 年为第二阶段，通过重点实施、逐步推进，形成崇尚健身、参与健身的社会环境和社会风气。1999—2000 年为第三阶段，全面展开全民健身计划的各项工作并普遍取得成效，建立具有中国特色的全民健身体系的基本框架。

第二期工程自 2001—2010 年，经过十年的努力，把全民健身工作提高到一个新的水平，基本建成具有中国特色的全民健身体系。

（二十六）本纲要在国务院领导下，由国家体委会同有关部门、各群众组织和社会团体共同推行。国家体委负责组织实施。

各级地方人民政府及其体育行政部门应根据当地具体情况，制定本地区的规划和实施方案。各部门、各系统也应制定相应的规划和实施方案。

中国人民解放军和人民武装警察部队可根据本纲要的要求，结合部队实际参照执行。

二 学生体质健康标准（试行方案）

学生体质健康标准（试行方案）

一、为了贯彻《中共中央国务院关于深化教育改革全面推进素质的决定》提出的"学校教育要树立健康第一的指导思想，切实加强体育工作"的精神，促进学生积极参加体育锻炼，养成经常锻炼身体的习惯，提高自我保健能力和体质健康水平，特制订《学生体质健康标准（试行方案）》（以下简称《标准》）。

二、《标准》适用于全日制小学、初级中学、普通高中、中等职业学校和普通高等学校的在校学生。

三、《标准》从身体形态、身体机能、身体素质等方面综合评定学生的体质健康状况，《标准》按百分制记分。

四、《标准》根据学生的生长发育规律，将测试对象划分为以下组别：小学一、二年级为一组，小学三、四年级为一组，小学五、六年级为一组；初中及以上年级每年级为一组，大学为一组。

五、《标准》的测试项目

（一）小学一、二年级测试项目为身高、体重、坐位体前屈三项。

（二）小学三、四年级测试身高、体重、50 米跑、立定跳远四项。

（三）小学五、六年级测试项目为六项，其中身高、体重、肺活量为必测项目。选测项目为三项：从台阶试验、50 米×8 往返跑中选测一项；从 50 米跑、立定跳远中选测一项；男生从坐位体前屈、握力中选测一项，女生从坐位体前屈、握力、仰卧起坐中选测一项。

（四）初中及以上各年级（含大学）测试项目为六项，其中身高、体重、肺活量为必测项目。选测项目为三项：从 50 米跑、立定跳远中选测一项；男生从台阶试验、1000 米跑中选测一项，女生从台阶试验、800 米跑中选测一项；男生从坐位体前屈、握力中选测一项，女生从坐位体前屈、仰卧起坐和握力中选测一项。

六、测试与评分标准

《标准》中的选测项目由各地（市）级教育行政部门在测试前随机确定。考虑到城乡的不同情况，《标准》中的台阶试验项目农村学校可选测相应项目，城市学校统一进行台阶试验的测试。

《标准》中的身体形态、身体机能和身体素质的测试方法按人民教育出版社出版的《学生体质健康标准（试行方案）解读》中的有关要求进行。

七、等级评定与登记

各个测试项目的得分之和为《标准》的最后得分，根据最后得分评定等级：86 分以上为优秀，76 分—85 分为良好，60 分—75 分为及格，59 分及以下为不及格。每学年评定一次成绩并记入《学生体质健康标准登记卡片》，小学按照组别两年评定一次，其他年级每学年评定一次。学生毕业年级的等级评定，按毕业当年的成绩和其他学年平均成绩（各占50%）之和评定。

八、本《标准》由教育部负责解释。

三　《学生体质健康标准（试行方案）》实施办法

《学生体质健康标准（试行方案）》实施办法

国家教育部　国家体育总局：2002-10-1 20：11：05

一、《标准》的实施工作在教育部、国家体育总局的领导下，由各级教育行政部门管理，体育行政部门指导。《标准》由学校负责组织实施。

各学校、各地教育行政部门应按照教育部、国家体育总局的统一部署和要求，采集、汇总、上报《标准》的有关数据。

二、本《标准》应在校长领导下，由教务处（科）、体育教研室（体育组）、校医院（医务室）、学生工作部、辅导员（班主任）协同配合，共同组织实施。《标准》的测试应与学生健康体检有机结合，避免重复测试。各测试项目的成绩，由体育教研室（体育组）汇总，并按照《标准》的要求评定成绩、确定等级，记入《学生体质健康标准登记卡》，在毕业时放入学生档案。

三、学生达到《标准》良好等级及以上者，方可评为三好学生、获奖学金（高等学校）；达到优秀成绩者，方可获奖学分（高等学校或实验新高中课程标准的学校）。对《标准》测试成绩不及格者，在本学年度准予补考一次，补考仍不及格，则学年评定成绩不及格。学生毕业时《标准》成绩达到 60 分为及格，准予毕业；《标准》成绩不及格者，高等学校按肄业处理。

四、奖励与降低分数的办法

（一）属下列情况之一者，奖励 5 分，不同项可累计加分：

1. 早操、课间操和课外体育锻炼出勤率达到 98% 以上，并认真锻炼者；

2. 获等级运动员称号者；

3. 参加校运动会及以上体育比赛获名次者；

4. 学生体育干部在组织各项体育活动中，工作认真负责者。

（二）对体育课、早操、课间操、课外体育锻炼无故缺勤，一年累计超过应出勤次数 1/10 或因病、事假缺勤，一学年累计超过 1/3 者，其《标准》成绩应记为不及格，该学年《标准》成绩最高记为 59 分。

五、因病或残疾学生，可向学校提交免予执行《标准》的申请，经医生证明，体育教研室（体育组）校准后，可以免予执行《标准》，所填表格存入学生档案。

六、各地教育、体育行政部门对本地各级各类学校实施《标准》的情况，要认真检查监督，定期抽查，并进行通报，对弄虚作假、徇私舞弊者，给予批评教育，情节严重者，给予行政处分。

七、为使《标准》的实施更加科学、准确、简便易行，各学校选用的测试器材必须是经国家质量监督部门检测达到测试要求的合格产品，同时应积极创造条件使用计算机，努力做到管理的科学化、现代化。

八、各级各类学校在试行本《标准》时，《大学生体育合格标准》、《中学生体育合格标准》、《小学生体育合格标准》即不再施行。与此同时，《标准》成绩即作为《国家体育锻炼标准》达标成绩。

九、各省、自治区、直辖市教育行政部门，可以根据本办法，制订具体实施意见。

十、本办法由教育部负责解释。

四　大学生的身高标准体重

大学男生身高标准体重（体重单位：公斤）
（身高在 165—190.9 厘米）

身高段（厘米）	营养不良	较低体重	正常体重	超重	肥胖
	7 分	9 分	15 分	9 分	7 分
165—165.9	<46.5	46.5—5.3	56.4—64.0	64.1—66.5	≥66.6
166—166.9	<47.1	47.1—57.0	57.1—64.7	64.8—67.2	≥67.3
167—167.9	<48.0	48.0—57.8	57.9—65.6	65.7—68.2	≥68.3
168—168.9	<48.7	48.7—58.5	58.6—66.3	66.4—68.9	≥69.0
169—169.9	<49.3	49.3—59.2	59.3—67.0	67.1—69.6	≥69.7
170—170.9	<50.1	50.1—60.0	60.1—67.8	67.9—70.4	≥70.5
171—171.9	<50.7	50.7—60.6	60.7—68.8	68.9—71.2	≥71.3
172—172.9	<51.4	51.4—61.5	61.6—69.5	69.6—72.1	≥72.2
173—173.9	<52.1	52.1—62.2	62.3—70.3	70.4—73.0	≥73.1
174—174.9	<52.9	52.9—63.0	63.1—71.3	71.4—74.0	≥74.1
175—175.9	<53.7	53.7—63.8	63.9—72.2	72.3—75.0	≥75.1
176—176.9	<54.4	54.4—64.5	64.6—73.1	73.2—75.9	≥76.0
177—177.9	<55.2	55.2—65.2	65.3—73.9	74.0—76.8	≥76.9
178—178.9	<55.7	55.7—66.0	66.1—74.9	75.0—77.8	≥77.9
179—179.9	<56.4	56.4—66.7	66.8—75.7	75.8—78.7	≥78.8
180—180.9	<57.1	57.1—67.4	67.5—76.4	76.5—79.4	≥79.5
181—181.9	<57.7	57.7—68.1	68.2—77.4	77.5—80.6	≥80.7
182—182.9	<58.5	58.5—68.9	69.0—78.5	78.6—81.7	≥81.8
183—183.9	<59.2	59.2—69.6	69.7—79.4	79.5—82.6	≥82.7
184—184.9	<60.0	60.0—70.4	70.5—80.3	80.4—83.6	≥83.7

身高段 （厘米）	营养不良 7 分	较低体重 9 分	正常体重 15 分	超重 9 分	肥胖 7 分
185—185.9	<60.8	60.8—71.2	71.3—81.3	81.4—84.6	≥84.7
186—186.9	<61.5	61.5—72.0	72.1—82.2	82.3—85.6	≥85.7
187—187.9	<62.3	62.3—72.9	73.0—83.3	83.4—86.7	≥86.8
188—188.9	<63.0	63.0—73.7	73.8—84.2	84.3—87.7	≥87.8
189—189.9	<63.9	63.9—74.5	73.6—85.0	85.1—88.5	≥88.6
190—190.9	<64.4	64.6—75.4	75.5—86.2	86.3—89.8	≥89.9

注：表中未列出的身高，请咨询体育教学部有关文件规定。

大学女生身高标准体重（体重单位：公斤）

（身高在 150—178.9 厘米）

身高段 （厘米）	营养不良 7 分	较低体重 9 分	正常体重 15 分	超重 9 分	肥胖 7 分
150—150.9	<39.9	39.9—46.6	46.7—56.2	56.3—59.3	≥59.4
151—151.9	<40.3	40.3—47.1	47.2—56.7	56.8—59.8	≥59.9
152—152.9	<40.8	40.8—47.6	47.7—57.4	57.5—60.5	≥60.6
153—153.9	<41.4	41.4—48.2	48.3—57.9	58.0—61.1	≥61.2
154—154.9	<41.9	41.9—48.8	48.9—58.6	58.7—61.9	≥62.0
155—155.9	<42.3	42.3—49.1	49.2—59.1	59.2—62.4	≥62.5
156—156.9	<42.9	42.9—49.7	49.8—59.7	59.8—63.0	≥63.1
157—157.9	<43.5	43.5—50.3	50.4—60.4	60.5—63.6	≥63.7
158—158.9	<44.0	44.0—50.8	50.9—61.2	61.3—64.5	≥64.6
159—159.9	<44.5	44.5—51.4	51.5—61.7	61.8—65.1	≥65.2
160—160.9	<45.0	45.0—52.1	52.2—62.3	62.4—65.6	≥65.7
161—161.9	<45.4	45.4—52.5	52.6—62.8	62.9—66.2	≥66.3
162—162.9	<45.9	45.9—53.1	53.2—63.4	63.5—66.8	≥66.9
163—163.9	<46.4	46.4—53.6	53.7—63.9	64.0—67.3	≥67.4
164—164.9	<46.8	46.8—54.2	54.3—64.5	64.6—67.9	≥68.0
165—165.9	<47.4	47.4—54.8	54.9—65.0	65.1—68.3	≥68.4
166—166.9	<48.0	48.0—55.4	55.5—65.5	65.6—68.9	≥69.0
167—167.9	<48.5	48.5—56.0	56.1—66.2	66.3—69.5	≥69.6

身高段 （厘米）	营养不良	较低体重	正常体重	超重	肥胖
	7分	9分	15分	9分	7分
168—168.9	<49.0	49.0—56.4	56.5—66.7	66.8—70.1	≥70.2
169—169.9	<49.4	49.4—56.8	56.9—67.3	67.4—70.7	≥70.8
170—170.9	<49.9	49.9—57.3	57.4—67.9	68.0—71.4	≥71.5
171—171.9	<50.2	50.2—57.8	57.9—68.5	68.6—72.1	≥72.2
172—172.9	<50.7	50.7—58.4	58.8—69.1	69.2—72.7	≥72.8
173—173.9	<51.0	51.0—58.8	58.9—69.6	69.7—73.1	≥73.2
174—174.9	<51.3	51.3—59.3	59.4—70.2	70.3—73.6	≥73.7
175—175.9	<51.9	51.9—59.9	60.0—70.8	70.9—74.4	≥74.5
176—176.9	<52.4	52.4—60.4	60.5—71.5	71.6—75.1	≥75.2
177—177.9	<52.8	52.8—61.0	61.1—72.1	72.2—75.7	≥75.8
178—178.9	<53.2	53.2—61.5	61.6—72.6	72.7—76.2	≥76.3

注：表中未列出的身高，请咨询体育教学部有关文件规定。

学生体质健康标准（试行方案）的评价指标和得分（男）

学生体质健康标准（试行方案）的评价指标和得分

评价指标	得　分
身高标准体重	15
台阶试验、一千米跑（男）、八百米跑（女）	20
肺活量体重指数	15
五十米跑、立定跳远	30
坐位体前屈、仰卧起坐（女）、握力体重指数	20

大学男生评分标准

项目与分值	优秀				良好			
	成绩	分值	成绩	分值	成绩	分值	成绩	分值
台阶试验（次/分）	59以上	20	58—54	17	53—50	16	49—46	15
1000米跑（分、秒）	3'39"以下	20	3'40"—3'46"	17	3'37"—4'00"	16	4'01"—4'18"	15
肺活量体重指数（毫升）	75以上	15	74—70	13	69—64	12	63—57	11
50米跑（秒）	6.8以下	30	6.9—7.0	26	7.1—7.3	25	7.4—7.7	23
立定跳远（厘米）	255以上	30	254—250	26	249—239	25	238—227	23
坐位体前屈（厘米）	18.1以上	20	18.0—16.0	17	15.9—12.3	16	12.2—8.9	15
握力体重指数 拉力/体重（千克）	75以上	20	74—70	17	69—63	16	62—56	15

项目与分值	及格				不及格	
	成绩	分值	成绩	分值	成绩	分值
台阶试验（次/分）	45—43	13	42—40	12	39 以下	10
1000 米跑（分、秒）	4′19″—4′29″	13	4′30″—5′04″	12	5′50″以上	10
肺活量体重指数（毫升）	56—54	10	53—54	9	43 以下	8
50 米跑（秒）	7.8—8.0	20	8.1—8.4	18	8.5 以上	15
立定跳远（厘米）	226—220	20	219—195	18	194 以下	15
坐位体前屈（厘米）	8.8—6.7	13	6.6—0.1	12	0.0 以下	10
握力体重指数	55—51	13	50—41	12	40 以下	10

学生体质健康标准（试行方案）的评价指标和得分（女）

学生体质健康标准（试行方案）的评价指标和得分

评价指标	得分
身高标准体重	15
台阶试验、一千米跑（男）、八百米跑（女）	20
肺活量体重指数	15
五十米跑、立定跳远	30
坐位体前屈、仰卧起坐（女）、握力体重指数	20

大学女生评分标准

项目与分值	优秀				良好			
	成绩	分值	成绩	分值	成绩	分值	成绩	分值
台阶试验（次/分）	56 以上	20	55—52	17	51—48	16	47—44	15
800 米跑（分、秒）	3′37″以下	20	3′38″—3′45″	17	3′46″—4′00″	16	4′01″—4′19″	15
肺活量体重指数（毫升）	61 以上	15	60—57	13	56—51	12	50—46	11
50 米跑（秒）	8.3 以下	30	8.4—8.7	26	8.8—9.1	25	9.2—9.6	23
立定跳远（厘米）	196 以上	30	195—187	26	186—178	25	177—166	23
坐位体前屈（厘米）	18.1 以上	20	18.0—16.2	17	16.1—13.0	16	12.9—9.0	15
握力体重指数	57 以上	20	56—52	17	51—46	16	45—40	15
仰卧起坐（次/分）	44 以上	20	43—41	17	40—35	16	34—28	15

项目与分值	及格			不及格		
	成绩	分值	成绩	分值	成绩	分值
台阶试验（次/分）	43—42	13	41—25	12	24 以下	10
1000 米跑（分、秒）	4′20″—4′30″	13	4′31″—5′03″	12	5′04″以上	10
肺活量体重指数（毫升）	45—42	10	41—32	9	31 以下	8
50 米跑（秒）	9.7—9.8	20	9.9—11.0	18	11.1 以上	15
立定跳远（厘米）	165—161	20	160—139	18	138 以下	15
坐位体前屈（厘米）	8.9—7.8	13	7.7—3.0	12	2.9 以下	10
握力体重指数	39—36	13	35—29	12	28 以下	10
仰卧起坐（次/每分钟）	27—24	13	23—20	12	19 以下	10

主要参考文献

［1］全国体育学院教材委员会编：《运动医学》，北京：人民体育出版社 1990 年版。

［2］金秋：《舞蹈》，杨仲华、温立伟等：《舞蹈艺术教育》，人民出版社 2003 年版。

［3］孙宗鲁等：《大学生健康教育教材》，北京：北京大学出版社 1994 年版。

［4］施仁潮：《四季气功健身术》，北京：北京大学出版社 1994 年版。

［5］刘正武、龚循磊主编：《大学生体育与健康教程》，天津：南开大学出版社 2015 年版。

［6］罗希尧主编：《中学体育教材教法》，北京：高等教育出版社 2001 年版。

［7］姚鸿恩主编：《体育保健学》，北京：人民体育出版社 2000 年版。

［8］卢锋主编：《休闲体育学》，北京：人民体育出版社 2005 年版。

［9］黄宽柔、将桂萍主编：《舞蹈与健美操》，北京：高等教育出版社 2001 年版。

［10］蔡仲林、周之华主编：《武术》，北京：高等教育出版社 1999 年版。

［11］刘俊庭、吴纪饶主编：《大学生健康教育》，北京：高等教育出版社 1998 年版。